AF532544

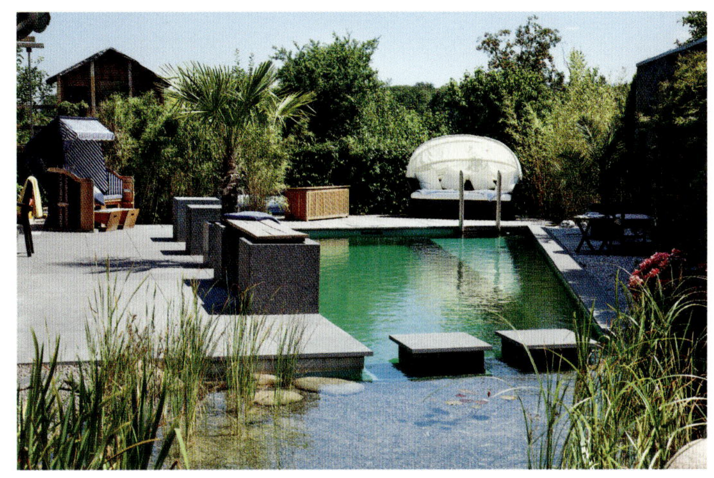

Bayerischer Landwirtschaftsverlag

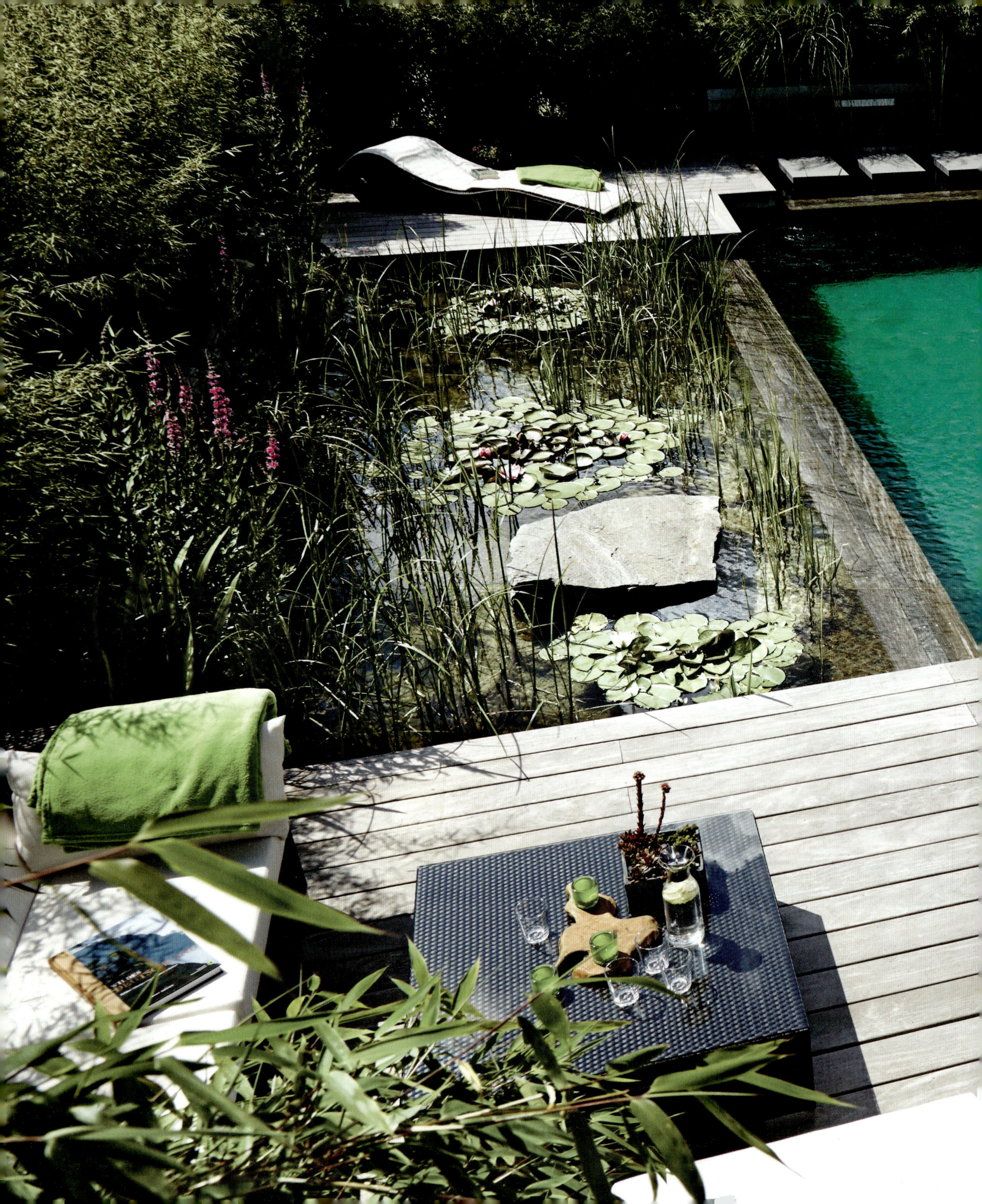

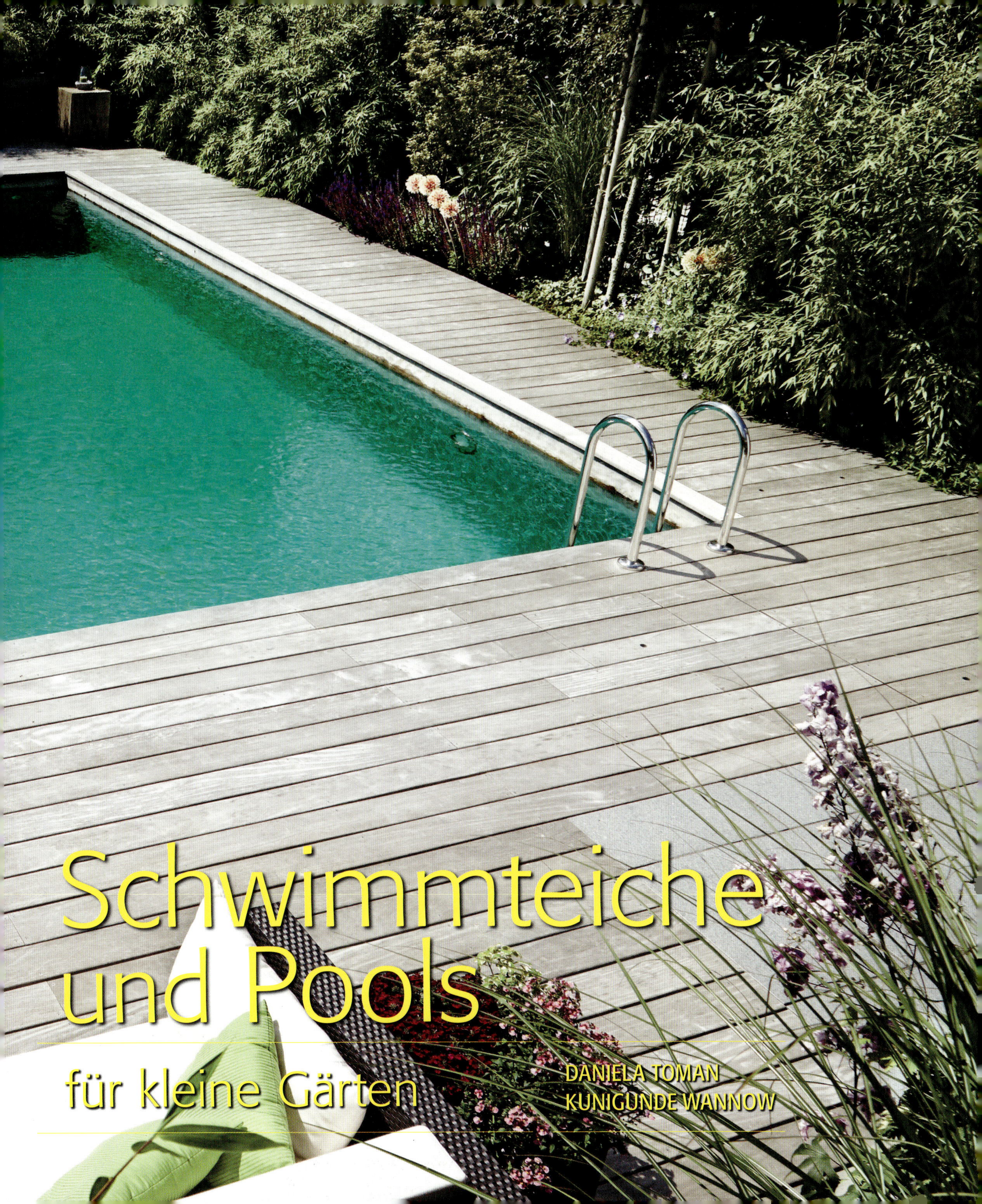
Schwimmteiche
und Pools
für kleine Gärten
DANIELA TOMAN
KUNIGUNDE WANNOW

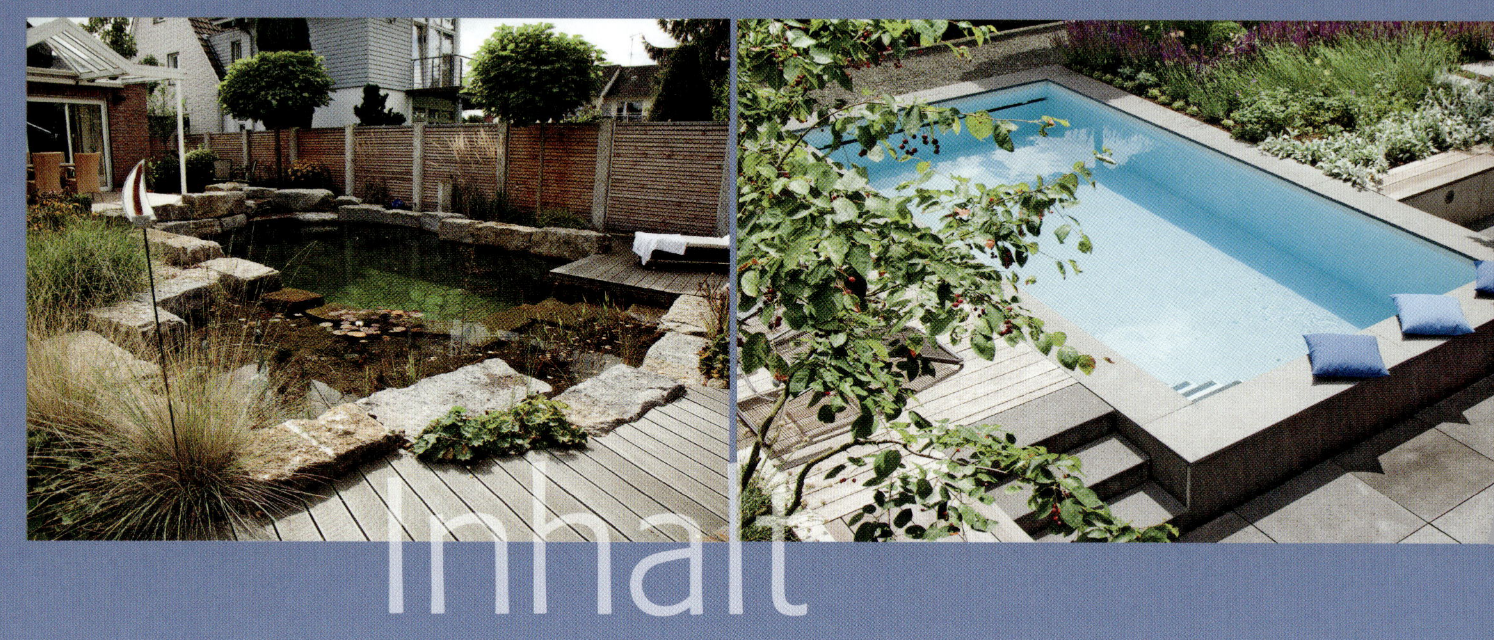

Inhalt

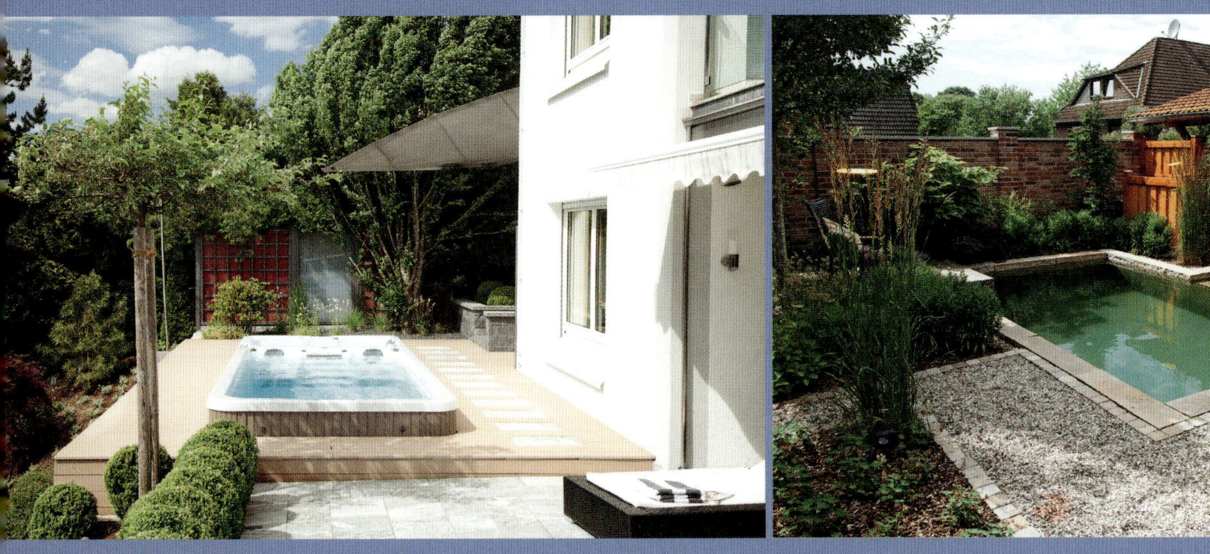

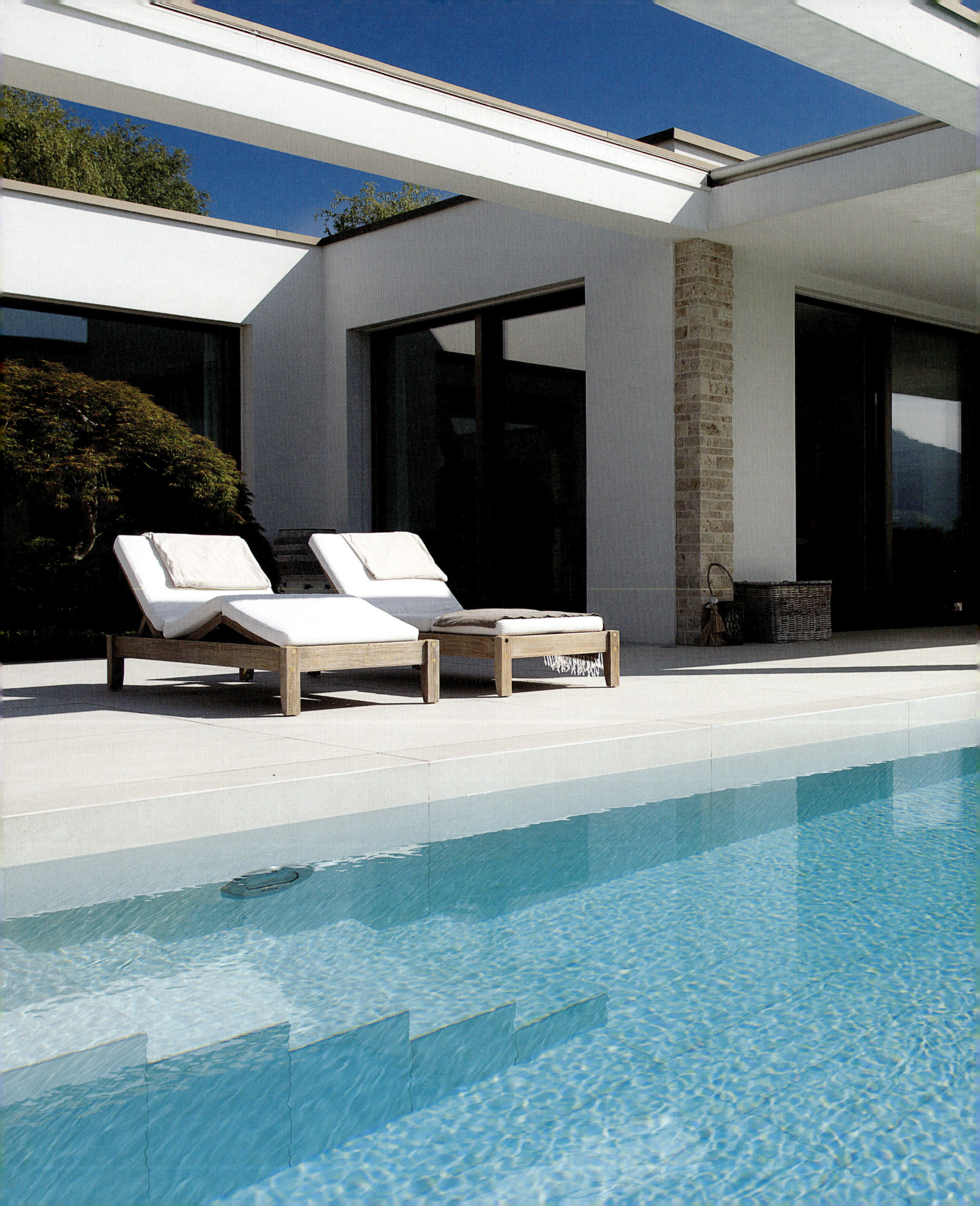

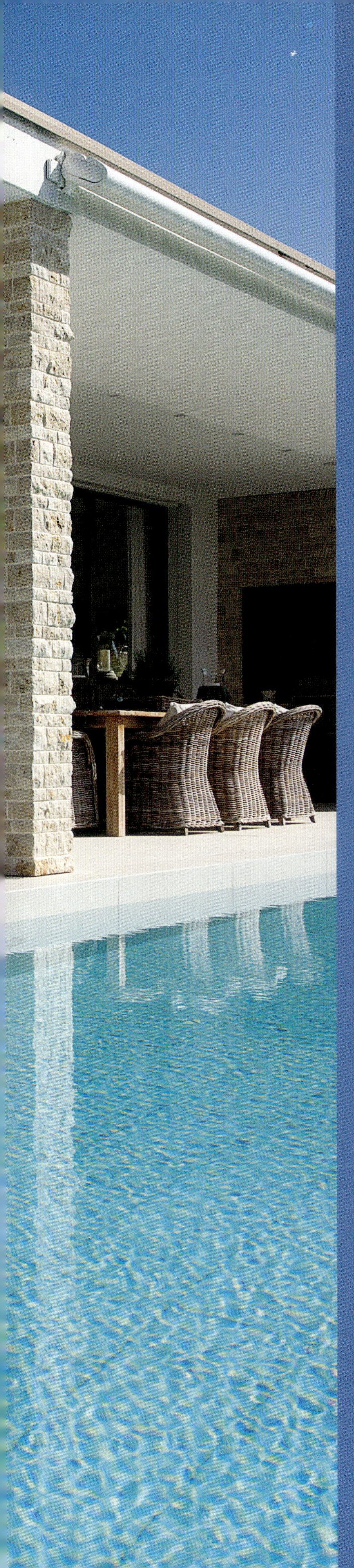

Erst mal eintauchen

Erst mal eintauchen

Wohl kaum jemand kann sich der Faszination entziehen, die vom Wasser ausgeht. Ob zum Baden, Schwimmen, Relaxen oder Toben – auch in kleinen Gärten lässt sich das nasse Element in vielerlei Hinsicht inszenieren und erleben.

Badespaß in kleinen Gärten

»Das Wasser ist ein freundliches Element für den, der damit bekannt ist und es zu behandeln weiß.« – Dieses Bonmot stammt von Johann Wolfgang von Goethe, der sich für Park- und Gartenanlagen samt Wasserspielen und Teichen begeisterte. Wasser ist jedoch mehr als nur »freundlich«. Es ist ein Lebenselixier, das auch kleine Gärten in wahre Wellness-Oasen verwandeln kann. Ob Swimming- oder Whirlpool, ob Schwimmteich oder Naturpool: In einer Zeit, in der sich die Welt immer schneller dreht und die Arbeitsbelastung stetig zunimmt, kommt dem eigenen Garten als Rückzugs- und Erholungsraum eine immer größere Bedeutung zu. Das gilt umso mehr, wenn er ein Wasserelement besitzt, das man vielseitig nutzen kann!

Die Faszination Wasser

Wasser in jeder Form fasziniert die Menschen seit jeher. Schon in der Antike tummelten sich die Griechen in privaten und öffentlichen Schwimmbädern. Die von den Römern errichteten öffentlichen Thermen waren meist monumentale, luxuriös ausgestattete Prestigebauten, ja wahre »Luxustempel«, die Besuchern aller Klassen offenstanden.

Im Mittelalter sanken Körperpflege, Badekultur und -vergnügen fast bis zur Bedeutungslosigkeit herab. Ab dem Dreißigjährigen Krieg galt Wasser sogar als schädlich, »übertriebene« Reinlichkeit als Verweichlichung. Mit der Aufklärung setzte ab Mitte des 18. Jahrhunderts ein Umdenken ein. Erste öffentliche Freibäder erfüllten nun den Wunsch vieler Menschen nach Freizeitspaß und Wassersport. 1760 wurde die erste Flussbadeanstalt in Paris an der Seine angelegt, wenig später gönnten sich auch Mannheim, Wien oder Hamburg diesen Luxus. Anfang des 20. Jahrhunderts entstanden in den USA erste private Swimmingpools, die Wohlstand, Prestige und coolen Freizeitspaß verhießen und einen Trend auslösten, der bis heute

Oben: Coole Wanne: Bei der »Dutchtub« leitet ein Gewinde das Wasser zur Erwärmung über eine Feuerstelle.

Unten: Eine Wasserfläche lässt Gärten durch die Himmelsspiegelung größer wirken als sie tatsächlich sind.

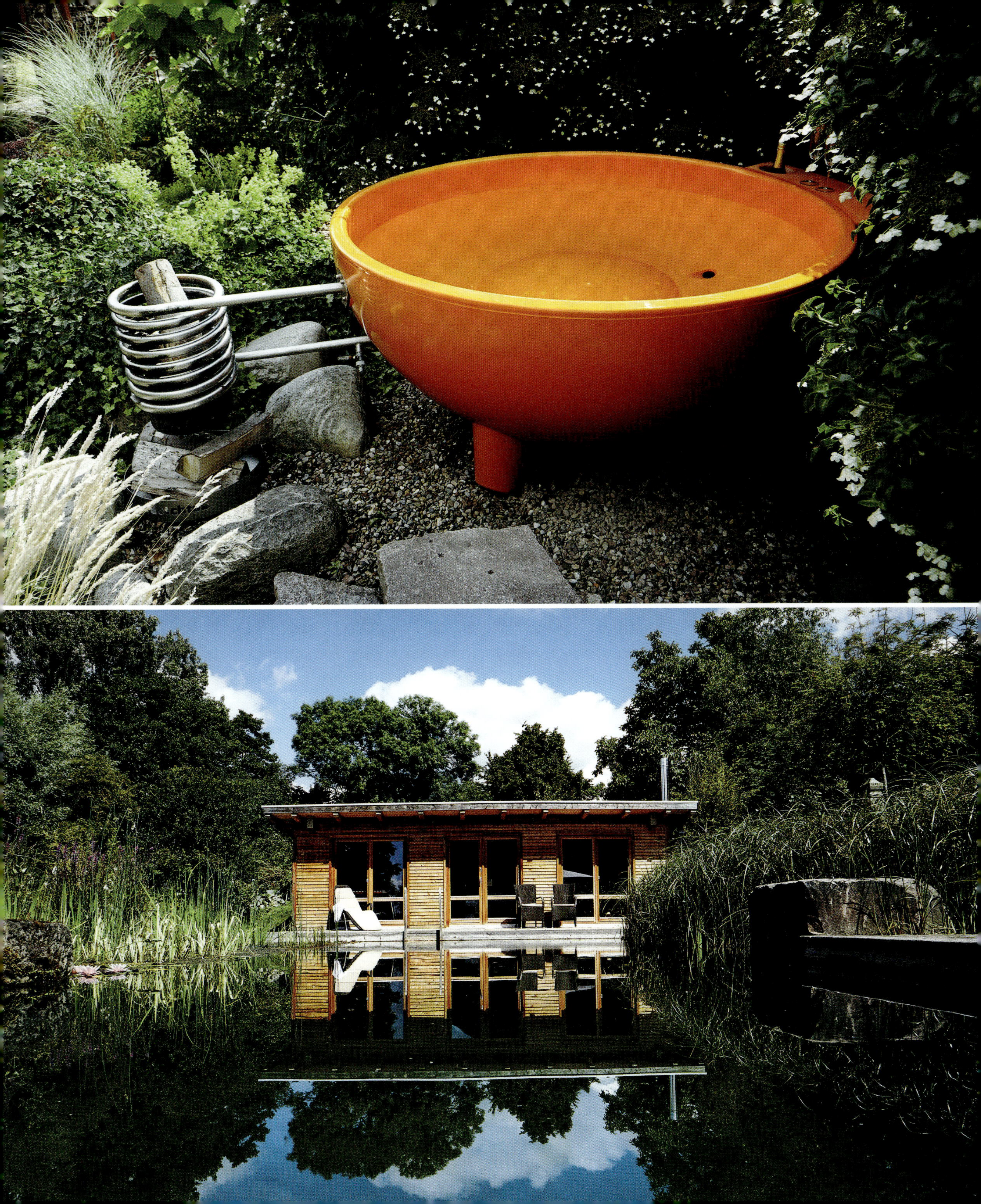

anhält. Durch den Wunsch nach mehr Natur und weniger Chemie motiviert, kamen in den 1980er-Jahren neuartige Schwimmteiche auf. Dank innovativer Wasseraufbereitung setzte mit ihnen die Entwicklung hin zum Naturpool ein, der die Vorteile von Swimmingpool und Schwimmteich kombiniert und als »das« Nonplusultra des natürlichen Schwimmvergnügens gilt.

Kleine Gärten – viele Möglichkeiten

Reihen- und Doppelhausgärten können selten mit viel Platz aufwarten. Deshalb meinen viele Gartenbesitzer, dass ihre Grundstücke für das Baden im privaten Umfeld ungeeignet seien. Das ist jedoch nicht der Fall! Kleine Gärten werden vielmehr oft unterschätzt. Mit der richtigen Planung können sie durch Wasser richtig »groß rauskommen«.
Weil die Baugrundstücke generell immer überschaubarer werden, die Ansprüche jedoch steigen, hat sich auch auf Seiten der Anbieter Einiges getan. Heute sind Swimmingpools, Schwimmteiche oder Naturpools längst auch auf engstem Raum möglich, sogar auf Flächen von nur 50 bis 200 m^2.
Welch überraschend vielfältige Badeideen sich gerade auf kleinen Flächen gestalten lassen, möchten wir mit diesem Buch anhand zahlreicher realisierter Beispiele zeigen.

Mission Traumgarten

Unabhängig davon, was für eine Form der Badeoase Sie im Sinn haben – beginnen Sie mit den wesentlichen Fragen, um Ihre Bedürfnisse und die Ihrer Mitbewohner abzuklären: Wie wollen Sie Ihren Pool bzw. Teich nutzen? Wollen Sie lange Bahnen schwimmen oder geht es Ihnen eher um den Badespaß für die ganze Familie? Träumen Sie von einem Outdoor-Whirlpool für Ihre Chill-out-Zone zum Relaxen?
Um diese Fragen beantworten zu können, bieten wir Ihnen in diesem Buch detaillierte Informationen und praktisches Hintergrundwissen zu den unterschiedlichen Pool- und Schwimmteichen an.
Voraussetzung für die Gestaltung privater Badeoasen ist immer der präzise individuelle Entwurf durch einen Fachmann. Der hängt von vielen Aspekten ab, wie etwa von der Lage und physischen Struktur des Grundstücks, von der örtlichen Wasserqualität und natürlich von den rechtlichen Bauvorschriften (siehe dazu auch Seite 144).
Last but not least: kein Schwimm- oder Badegenuss ohne regelmäßige Pflege, Kontrolle und Wartung! Erfahren Sie deshalb mehr über die im Jahresverlauf anfallenden Aufgaben.
Ganz gleich, wofür Sie sich selbst auch entscheiden mögen: Wasser passt in jeden Garten und eröffnet völlig neue Möglichkeiten der Gestaltung. Lassen Sie sich von den hier präsentierten Gärten inspirieren, dann steht auch Ihrem privaten Badespaß nichts mehr im Wege!

Daniela Toman *Kunigunde Wannow*

Oben: Vorher, nachher: Im Zuge des Umbaus wurde auch der Garten durch den Naturpool aufgewertet.

Unten: Schöner geht's kaum: Der Liegeplatz am Swimmingpool mit Außendusche lässt keine Wünsche offen.

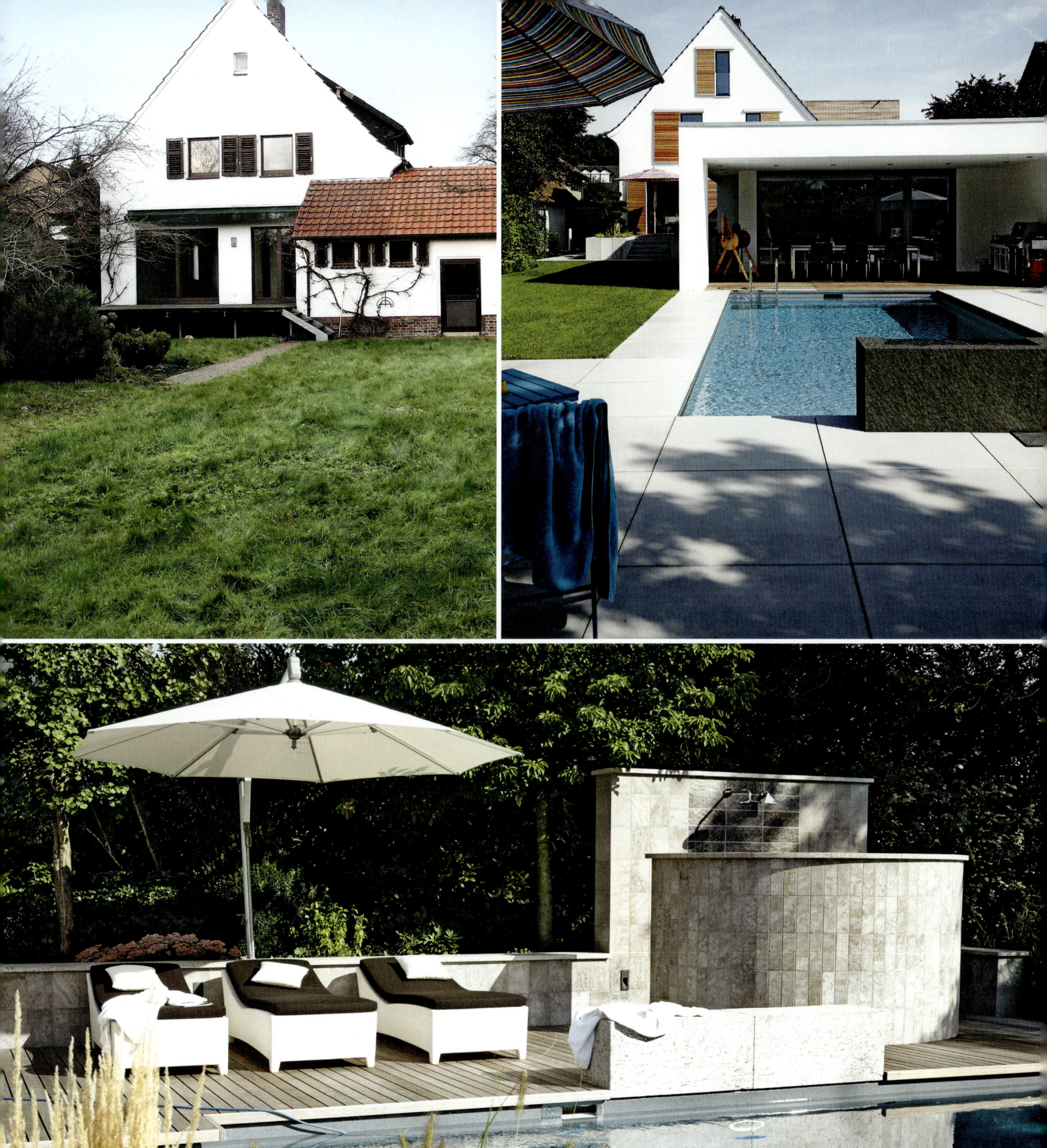

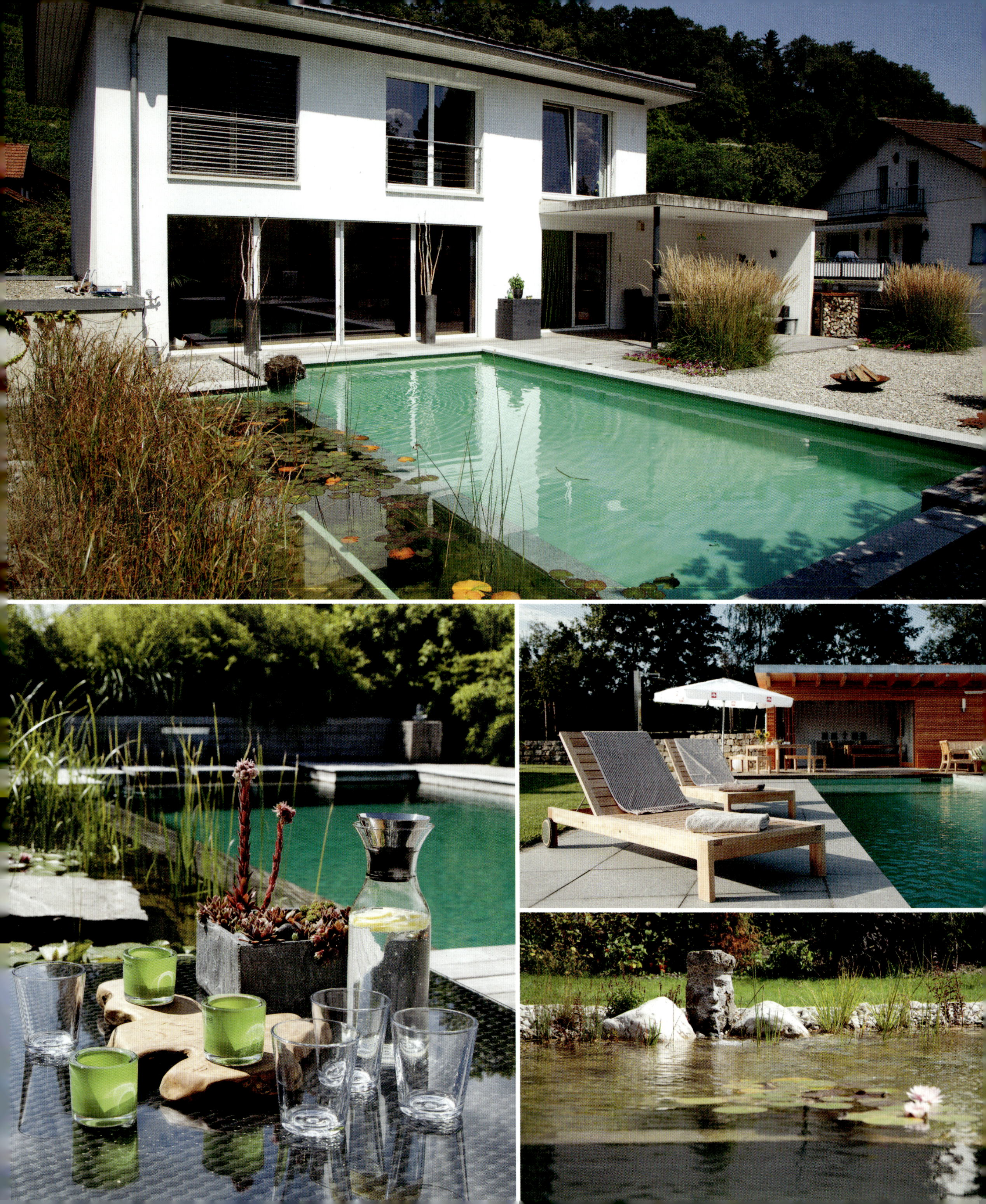

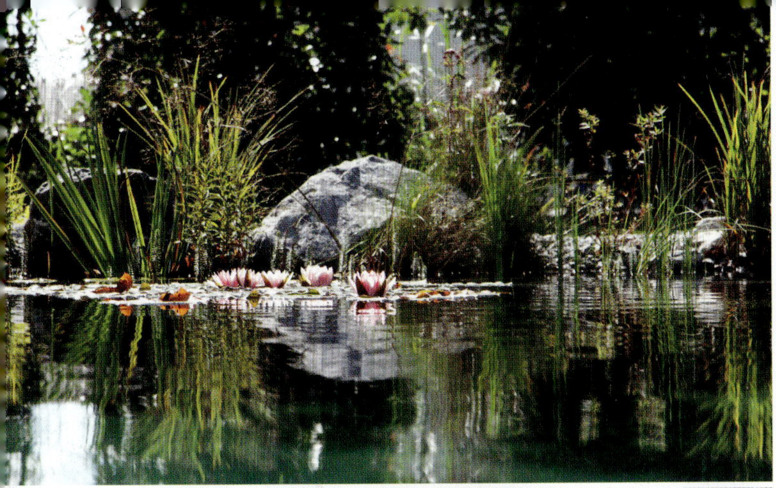

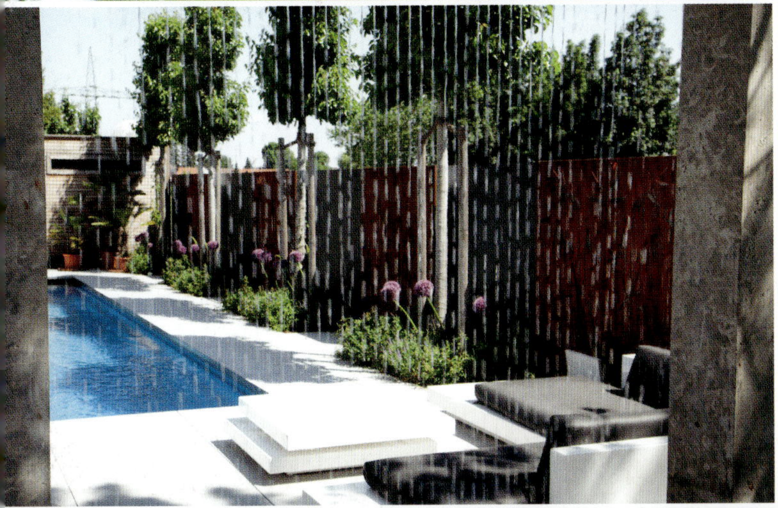

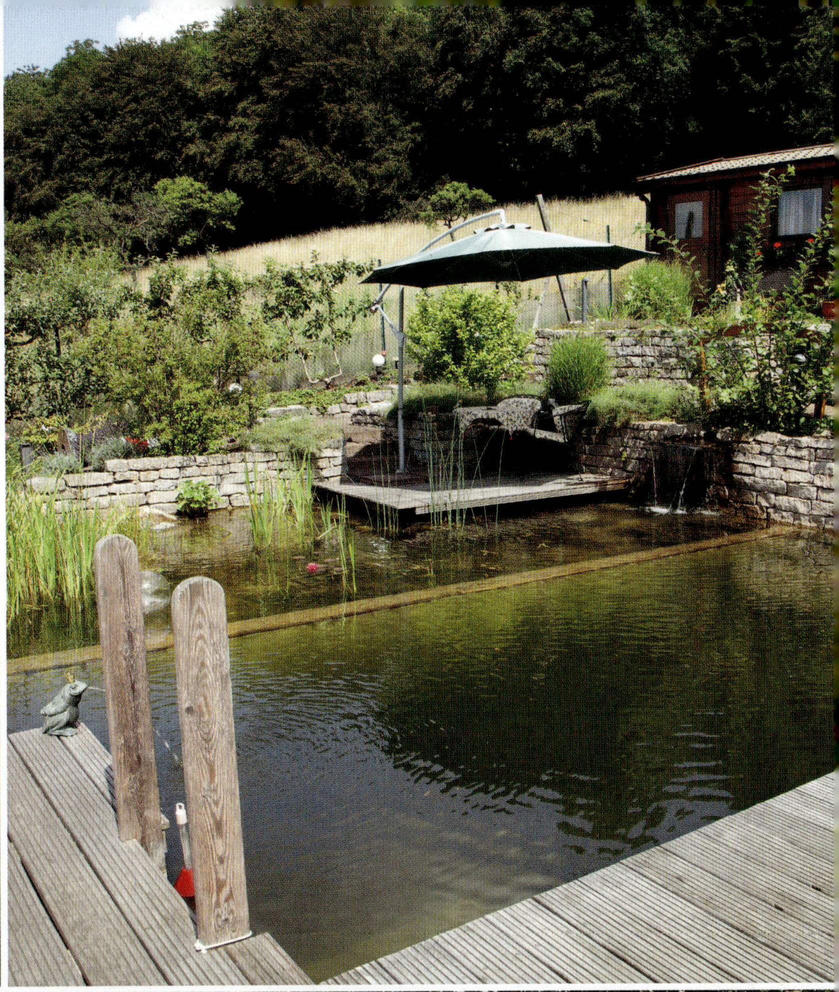

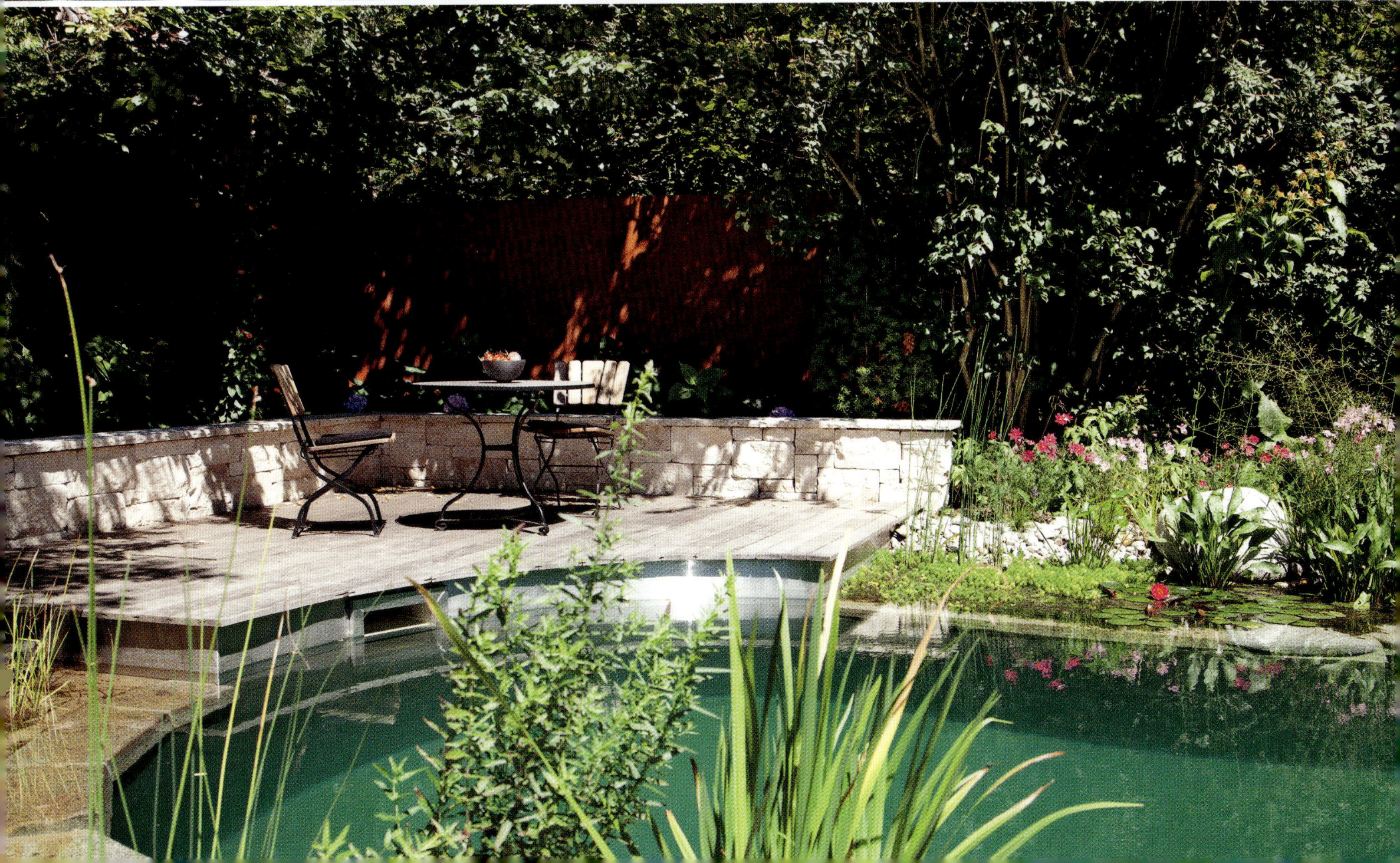

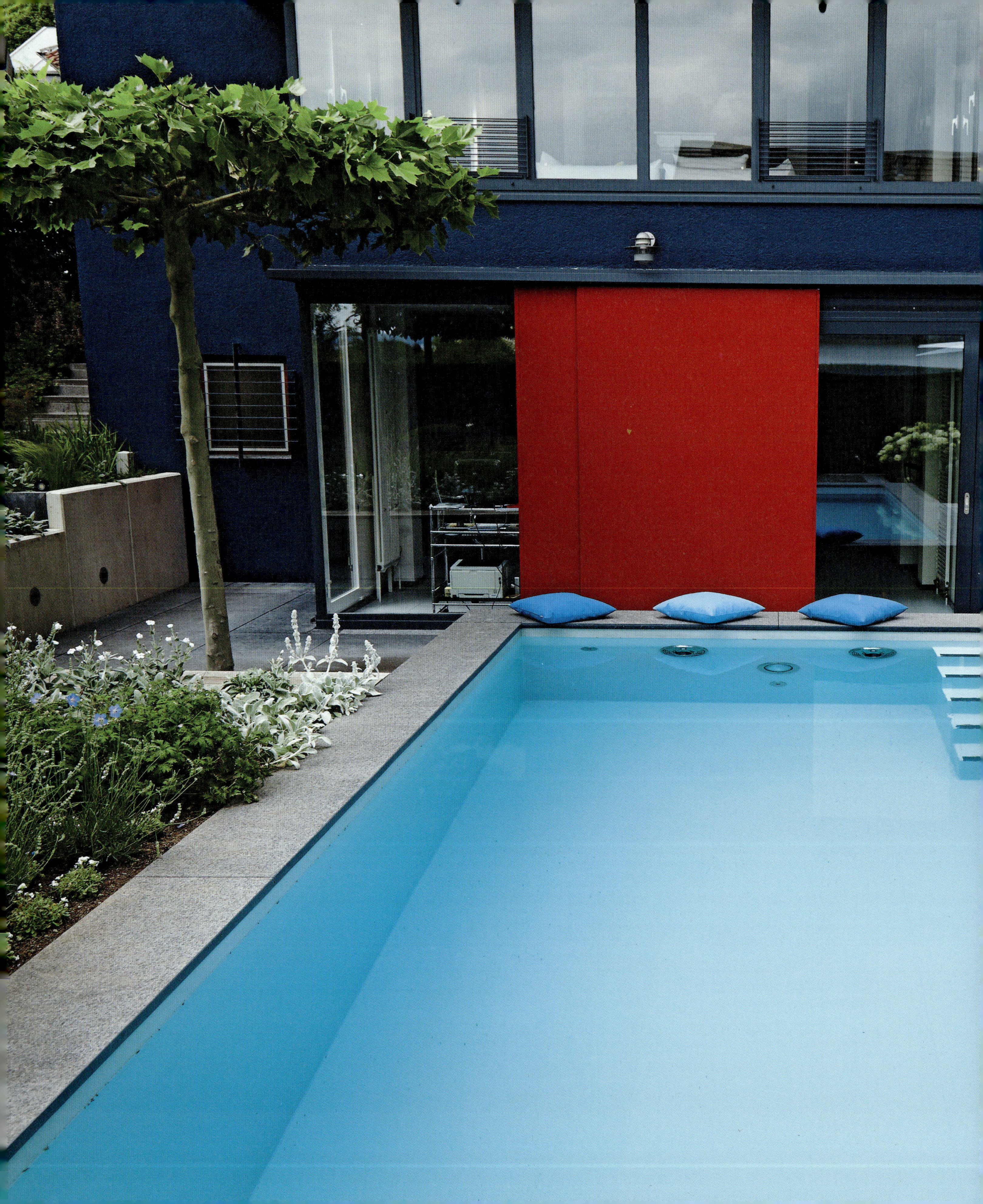

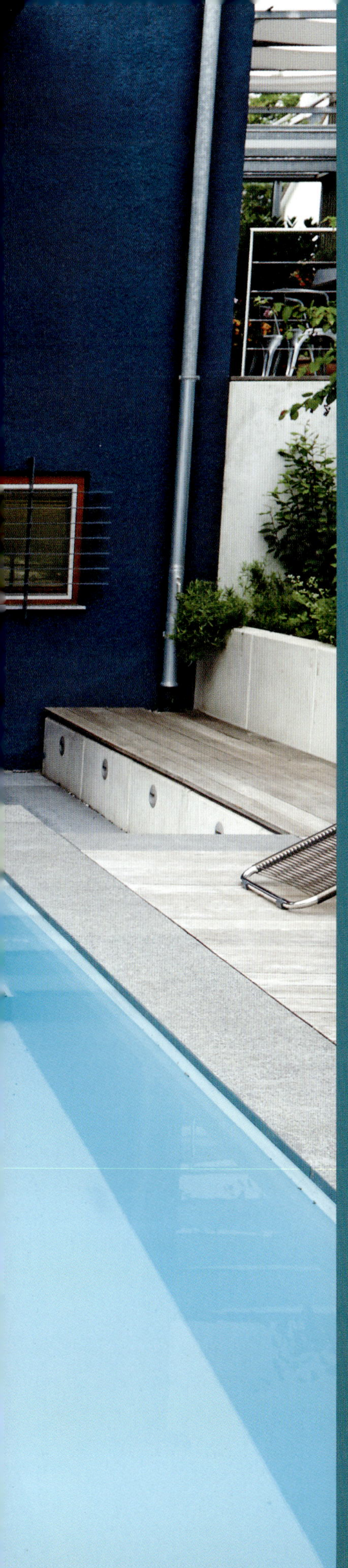

Alles ist möglich

Alles ist möglich

Lassen Sie sich auf den folgenden Seiten inspirieren und mitnehmen zu ausgefallenen Beispielen zauberhafter Badelandschaften. Ob naturnaher Badeteich, formales Becken oder kleiner Whirlpool – jedes Gartenprojekt hat seinen Reiz. Schauen Sie selbst!

Swimmingpool – Urlaubsfeeling für den Alltag

Ein Swimmingpool ist für viele der Inbegriff von Freizeit, Spaß und Lebensqualität. Gibt es etwas Schöneres, als gleich morgens in das erfrischende Nass zu tauchen? Oder an einem warmen Sommerabend nach der Arbeit ein entspannendes Bad zu nehmen und danach auf der Terrasse den Blick auf die beleuchtete Badelandschaft zu genießen? Sicherlich, niemand wird in einem kleinen Pool für Olympia trainieren können. In erster Linie dient er als Treffpunkt, an dem man gemeinsam toben, entspannen, feiern oder sich mit Schwimmen oder Aquagymnastik ein wenig sportlich betätigen kann – Urlaubsfeeling vom Feinsten! Viele nutzen ihn sogar ganzjährig.

Mehr als ein Schwimmbecken

Der Swimmingpool galt als Inbegriff des puren Luxus, den sich nur die Reichen und Schönen in Hollywood leisten konnten, als »das« Symbol des American Way of Life und des Wirtschaftswunders. Dabei hat der Swimmingpool eigentlich eine viel ältere Tradition. Schon im 3. Jahrtausend v. Chr. gab es in Mohenjo-Daro am Indus öffentliche Schwimmbecken. Später avancierten Griechen und Römer zu Schwimm- und Wellnessexperten. Bei uns setzte sich das muntere Freizeitvergnügen aufgrund gesellschaftlicher Konventionen relativ spät durch. Erst im 18. und vor allem im 19. Jahrhundert entstanden öffentliche Schwimmbäder und das Schwimmen wurde als beliebter Freizeitsport entdeckt. Private Pools kamen erst im 20. Jahrhundert auf. Während in den 1980er-Jahren der Swimmingpool an Attraktivität verlor, kann man mittlerweile sogar von einer Renaissance des Klassikers sprechen.

Oben: Das Modell »Modena« von Riviera Pool verfügt über Treppenstufen und Sitz-Liegebereiche im Wasser.

Unten: Unter der Unterwasser-Sitzbank (die sogenannte »Beach Line«) ist der Rollladen versteckt.

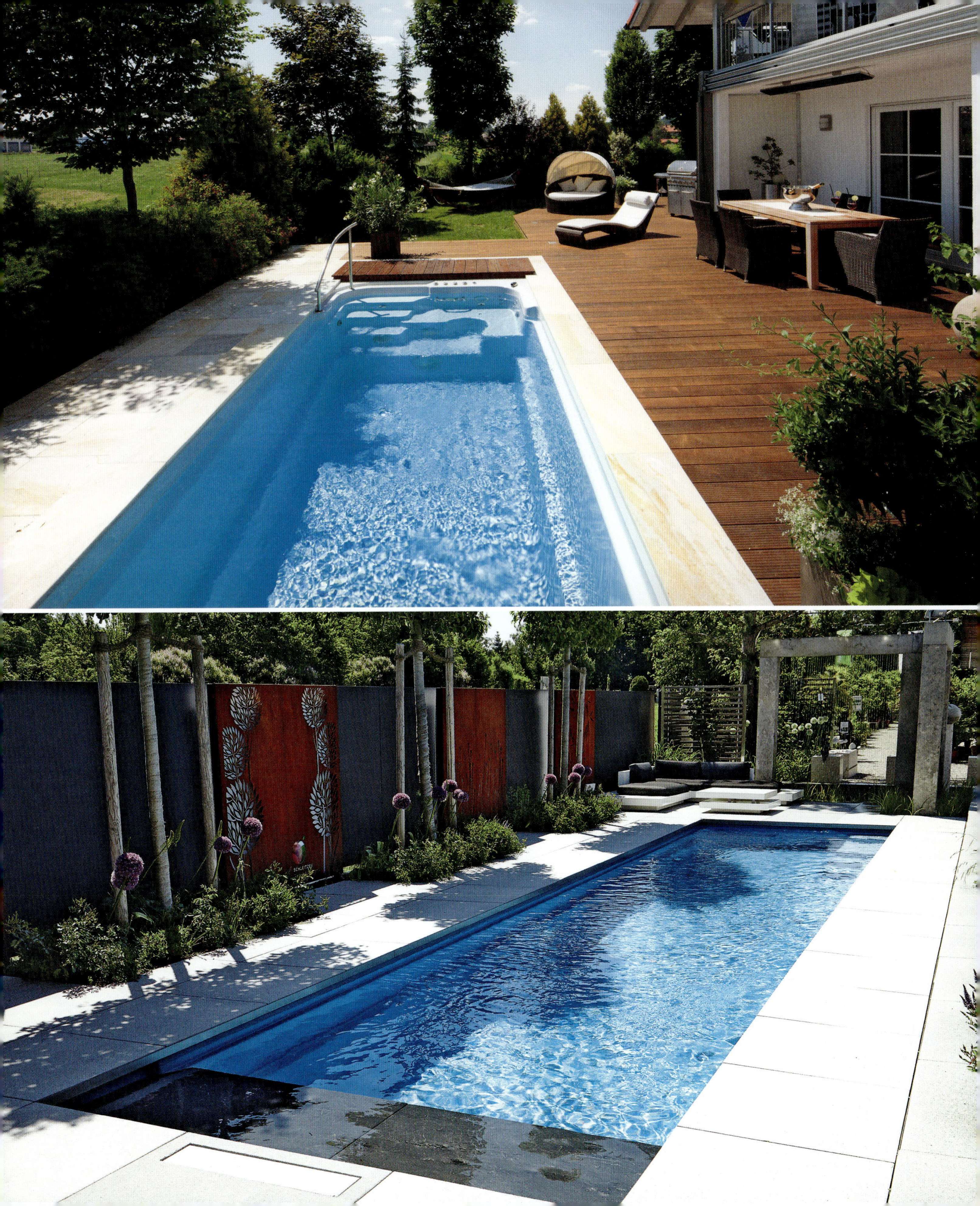

Fertigbecken oder individuelle Anlage – alles ist machbar

Was man auch plant, immer ist die individuelle Nutzung entscheidend! Dient der Pool hauptsächlich den Kindern zum Spielen und Abkühlen, kommt es nicht auf Größe oder Tiefe an: Ausmaße von etwa 3 × 4 m und 1,20 m Tiefe reichen aus. Zum sportlicheren Schwimmen benötigt man längere Bahnen, mindestens 7 m sind von Vorteil, ebenso eine Gegenstromanlage. Möchte man hineinspringen können, sollte das Becken tief genug sein.

Sind diese Fragen beantwortet, kann man sich den Beckenformen widmen. In kleinen Gärten bieten sich aus Platzgründen geometrische, also rechteckige oder quadratische Becken an. Zur Auswahl stehen Fertigbecken – z. B. aus GFK, PVC oder Polypropylen – sowie Becken mit Folien-, Fliesen- und Mosaikauskleidung, die aus Beton vor Ort gebaut werden und formal frei geplant werden können. Bei den Fertigbecken kann man aus einer großen Vielfalt an Formen und Ausstattungen auswählen. Vor Ort werden sie mit einem Kran in die Baugrube gehoben, ausgerichtet und an die vorbereiteten Rohr- und Elektroleitungen angeschlossen.

Die meisten Becken werden heute im Komplettset mit Zubehör wie Filteranlage, Verrohrung, Einströmdüsen, Ablaufsysteme, Unterwasserbeleuchtung, Wasserpflege, Steuerung und integrierter Treppenanlage angeboten.

Die exakte Ausmessung des notwendigen Arbeitsraums für die Hinterfüllung beim Beckeneinbau ist sehr wichtig. Dieser wird mit Beton (z. B. aus dem gleichzeitig auch wärmedämmenden Styroporbeton) ausgefüllt. Das Hinterfüllen erfolgt parallel zum Befüllen des Beckens mit Wasser, damit sich Druck und Gegendruck an der Beckenwand aufheben. Wichtig ist beim Einbau eine exakt waagerechte Bodenplatte. Bereits eine leichte Neigung würde einen schiefen Beckenkopf bedeuten – dies ist auf jeden Fall zu vermeiden!

Wasseraufbereitung und Technik

Der Wasseraufbereitung kommt eine entscheidende Bedeutung zu. Sie wird durch technische Anlagen bestehend aus Filter und Pumpen sowie speziellen Konstruktionsprinzipien für eine optimale Beckendurchströmung erreicht, außerdem durch den Einsatz chemischer Substanzen wie etwa Chlor. Zusätzlich gibt es noch die Möglichkeit, das Wasser mit Ozon oder UV-Licht zu reinigen. Dabei übernehmen Steuerungsmodule die regelmäßige Kontrolle der Wasserqualität und dosieren selbsttätig die notwendigen Pflegemittel. Die Technik kann entweder im Keller untergebracht werden oder in einem Gartenhaus.

Oben links: Abgerundete Poolrandplatten sind optisch ansprechend und mindern zudem die Verletzungsgefahr beim Hineinspringen oder beim Festhalten vom Beckeninnern.

Oben rechts: Man kann Außenduschen mit warmem oder kaltem Wasser ausstatten und so je nach Empfinden vor und nach dem Bad die passende Temperatur wählen.

Unten: Wasserschütten sind ein belebendes Zusatzelement. Diese elegante Holzvariante besticht durch den gleichmäßigen Wasservorhang und den markanten Materialkontrast.

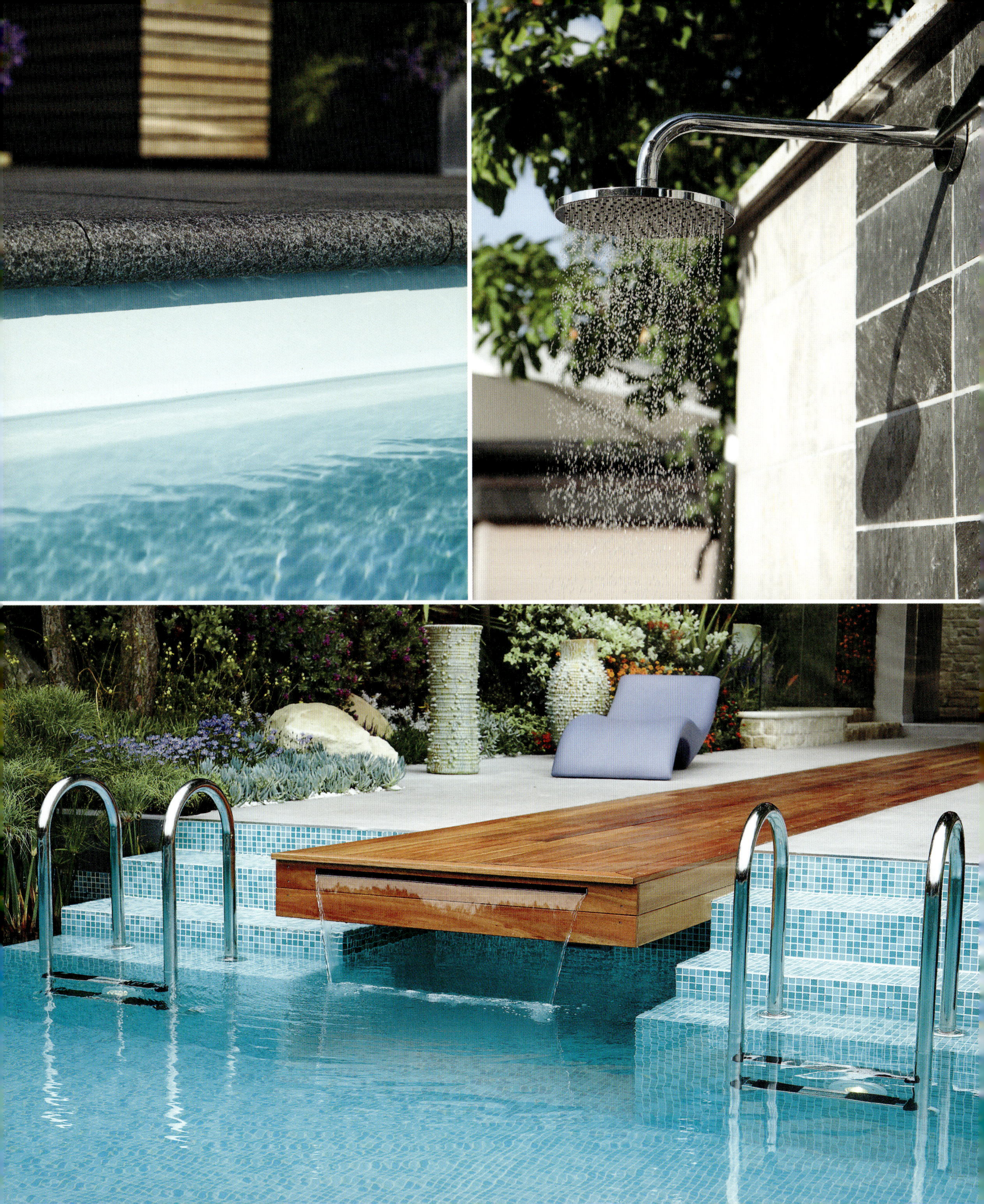

Bei der Planung eines Pools sollte nichts dem Zufall überlassen werden. Der Bau erfordert Fachkenntnisse und Erfahrung. Schwimmbadbau-Fachbetriebe liefern Individuallösungen und sind kompetente Partner.

Schwimmen vom Feinsten – die Ausstattung und das Zubehör

Für den ultimativen Badegenuss gibt es viele Ausstattungs-Extras. Der Fantasie und den Möglichkeiten sind kaum Grenzen gesetzt, außer denen des eigenen Geldbeutels.

- **Abdeckungen und Dächer** Wasser verdunstet nun einmal und kühlt insbesondere in der Nacht ab. Das wird mit einer passenden Abdeckung verhindert. Sie schützt vor Verschmutzungen durch Laub, Äste, Vogelkot etc. Eine sichere Abdeckung verhindert auch, dass jemand unbeabsichtigt ins Becken fällt und untergeht, je nach Fabrikat hält sie Lasten von 80–100 kg aus.
Abdeckungen gibt es entweder als Poolüberdachung oder als Poolabdeckung. Poolüberdachungen sind Dachkonstruktionen aus gehärtetem Glas oder Kunststoff mit integrierten Lüftungssystemen. Poolabdeckungen sind flache, begehbare Konstruktion aus Planen oder Profilen, die direkt auf dem Wasser schwimmen oder auf Handläufen aufliegen. Rollladenabdeckungen gibt es mit einer Über- und Unterfluraufrollvorrichtung, die im aufgerollten Zustand in einem Schacht verborgen ist. Verfügbar sind sie auch mit Solarprofilen, die bei Sonneneinstrahlung auf die geschlossene Abdeckung das Badewasser kostenlos erwärmen. Schwimmfolien schwimmen entweder auf dem Wasser oder werden am Beckenrand abgespannt. Bei geringem Platzangebot könnte ein Pooldeck aus Holz die richtige Wahl sein – ein schönes Plätzchen für Wellnessliegen und eine eigene Chill-out-Lounge!
- **Gegenstromanlage** Für den Fitness- und Sportbegeisterten ist eine Gegenstromanlage ein Muss. Die beste Wirkung hat man mit einer doppelstrahligen Anlage. Diese stellt selbst für trainierte Schwimmer eine Herausforderung dar und ist in kleineren Becken umso wichtiger, da dort keine langen Bahnen möglich sind. Mit einer Haltestange für Aqua-Gymnastik, einer mehrstrahligen Wandmassagen-Anlage, Bodensprudler, Geysiren oder Schwallduschen wird so auch das kleinste Becken zum eigenen Sport- und Fitness-Center.
- **Beleuchtung** Zur Auswahl im Unterwasserbereich stehen z. B. LED-Farblichter, Lichteffektprogramme mit Fernsteuerung oder einfaches Weißlicht. Licht sorgt abends für mehr Sicherheit und verwandelt jede Poollandschaft optisch in ein kleines Ferienparadies.
- **Heizung** Damit das Baden wirklich Spaß macht und der Pool auch regelmäßig und nicht nur bei Sonnenschein

DIE WIRKUNG DER FOLIENFARBE

Kaum etwas zieht den Blick beim Swimmingpool mehr auf sich als die Farbe des Beckens. Heute gibt es Folien in den unterschiedlichsten Farben. Man hat die Auswahl zwischen zahlreichen Blau-, Grün- oder Grautönen, aber auch andere Farben, wie etwa Anthrazit, kommen in Frage. Lassen Sie sich beraten! Wesentliche Einflussfaktoren für die Farbwahrnehmung sind Sonnenstand, Wassertiefe, Blickwinkel oder die Farbe des Himmels. Übrigens: Auf einer mittelgrauen Oberfläche wirkt das Wasser aufgrund der Lichtbrechung zartblau – der Klassiker schlechthin!

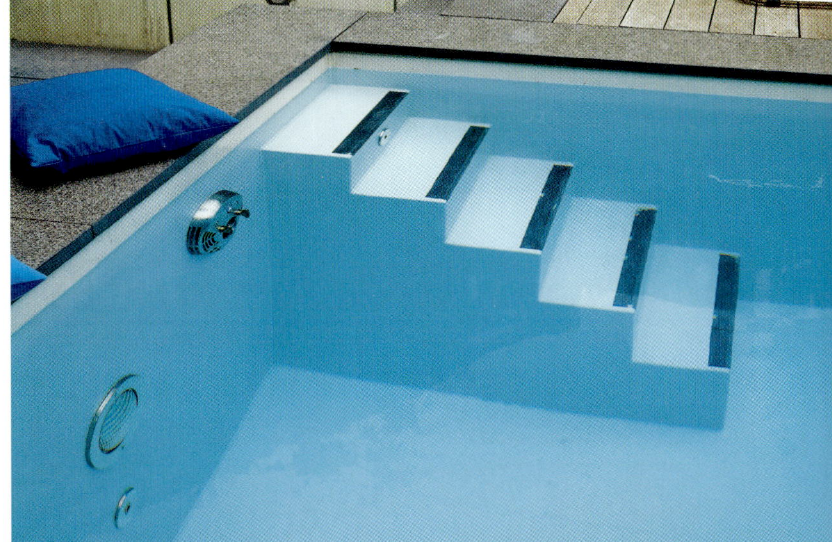

genutzt wird, ist er in der Regel mit einer Heizung ausgestattet. Diese kann über eine konventionelle Heizung oder über eine Therme laufen. Eine weitere Variante ist ein Solarmodul, das mit einem Wärmetauscher verbunden ist und das Wasser erwärmt. So kann die Badesaison schon früh im Jahr beginnen und spät im Herbst enden.

- **Leiter oder Treppe** Last but not least spielt auch das Thema Ein- und Ausstieg eine Rolle. Um sicher und bequem in das Becken zu gelangen bzw. es wieder zu verlassen, benötigt man eine Treppe oder Leiter. Ob römische Treppe oder funktioneller Edelstahleinstieg: Es kommt darauf an, dass der Ein- und Ausstieg zur Beckengröße passt. Vor allem eine Treppenanlage mit Antirutsch-Stufen und zusätzlichen Handläufen bietet den komfortabelsten Weg ins Wasser und aus dem kühlen Nass heraus.

Oben: Die schmale Einstiegstreppe verfügt zwar nicht über ein Geländer, ist aber mit rutschsicherer Folie beklebt – das erleichtert den Ein- und Ausstieg. Statt Kunststofftreppen sind auch gemauerte Treppen oder Edelstahl-Leitern möglich.

Mitte: Pool mit Unterflurrollladen-Abdeckung. Eine Schwimmbadabdeckung bietet Sicherheit und schützt vor Verunreinigungen sowie vor Wärme- und Verdunstungsverlust.

Unten: Mit einer Gegenstromanlage ist das Schwimmen auch in kleinen Pools möglich. Es gibt Anlagen zum Einhängen und zum Festeinbau. Sie bewirken, dass man lange auf der Stelle schwimmen kann, ohne wenden zu müssen.

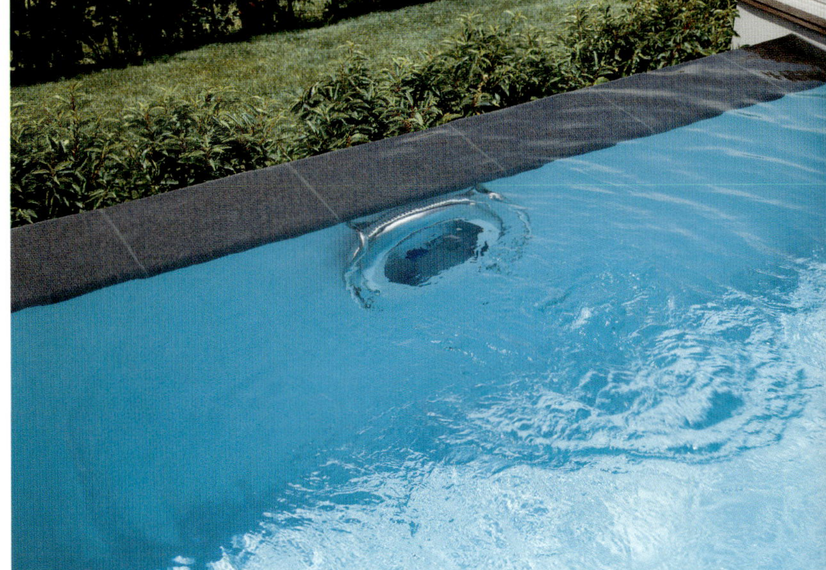

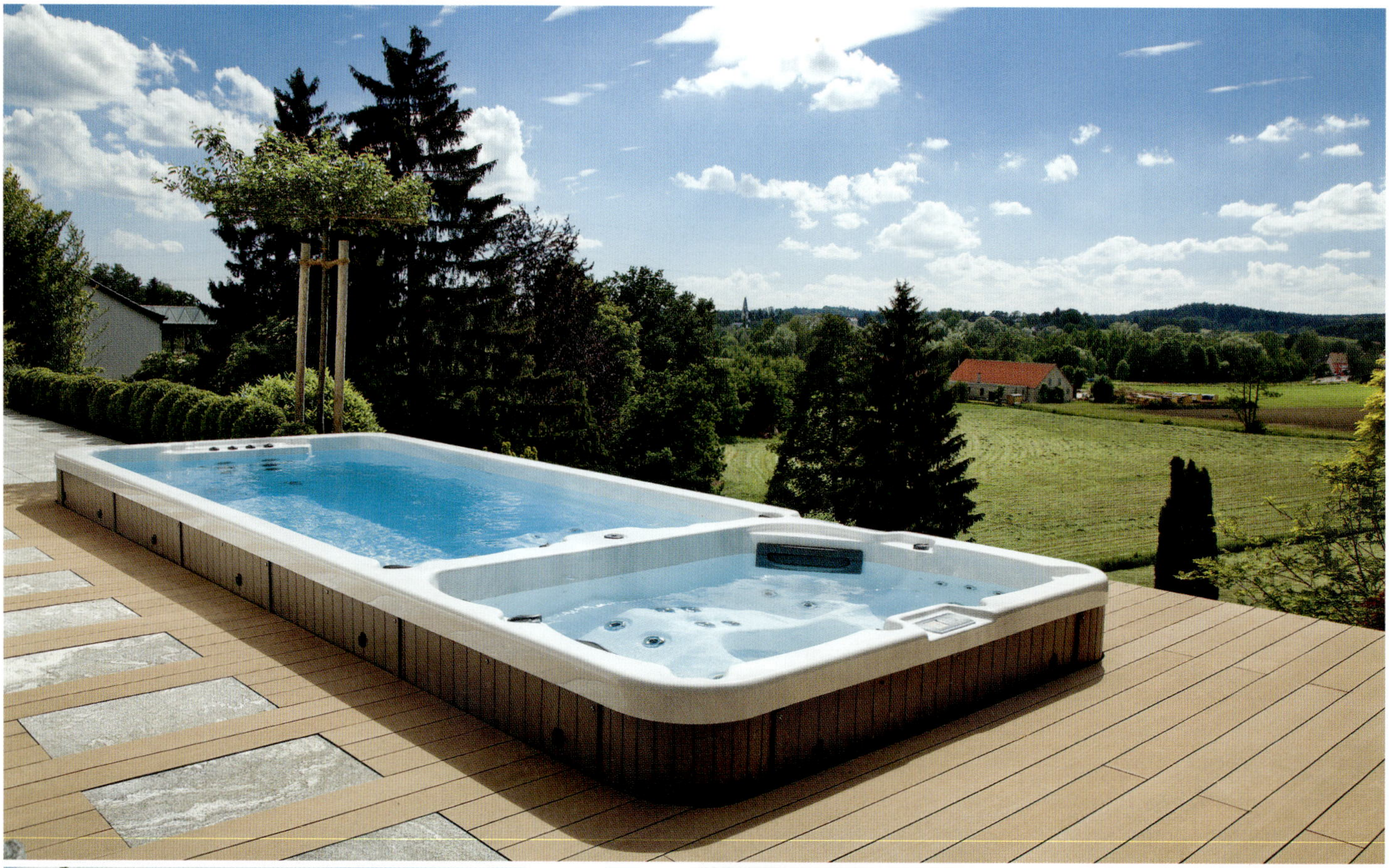

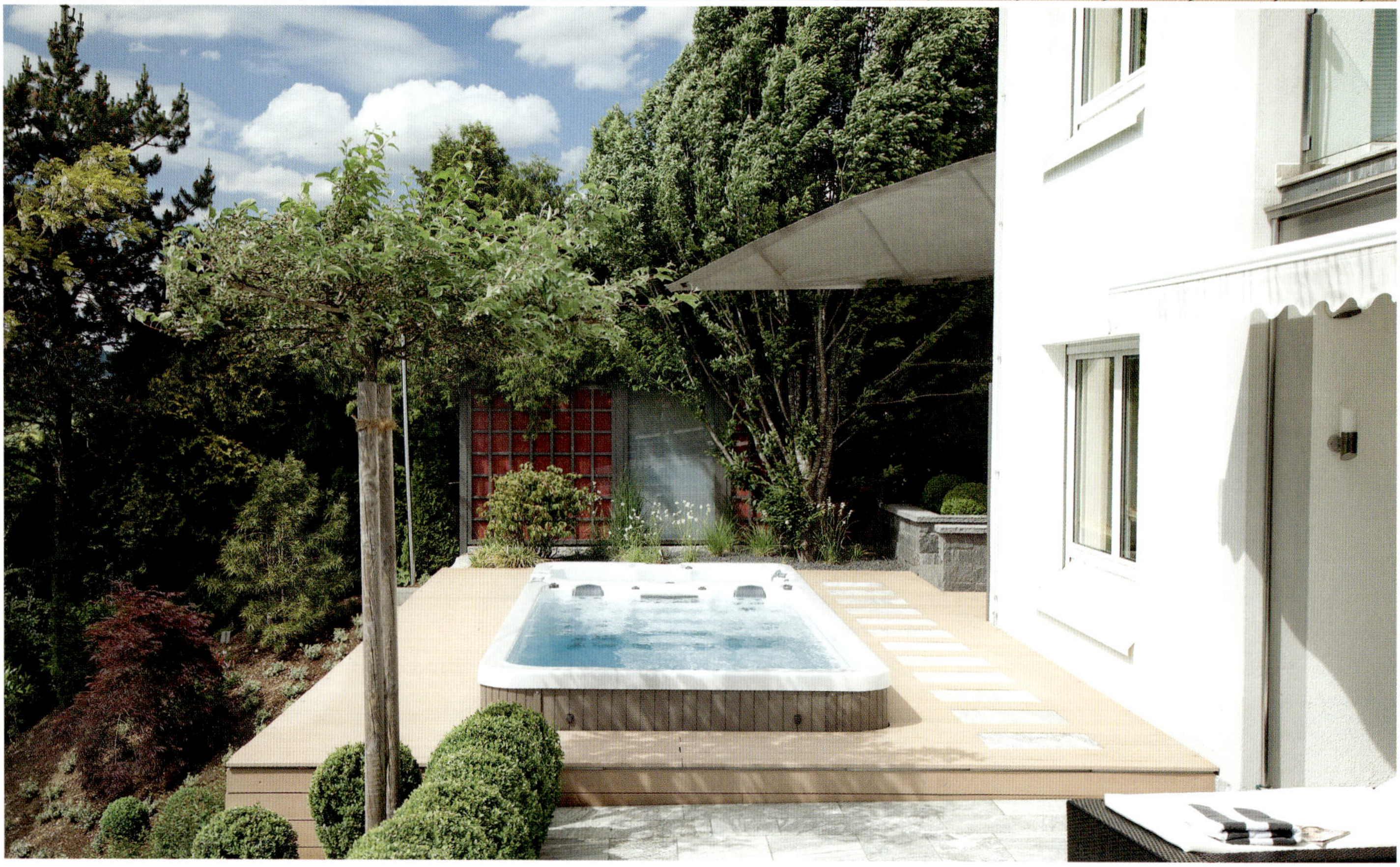

Fitnessbad on top

Welch ein Genuss: Während man es sich im SwimSpa bei einer Unterwassermassage gemütlich macht, schweift der Blick entspannt weit über die sich zu Füßen des Hauses ausbreitende Landschaft mit satten Wiesen, Wäldern und Bauernhöfen. Für eine Familie aus der Gegend um Augsburg hat Freizeit durch den SwimSpa eine neue Dimension erhalten.

Hanggrundstück mit Hindernissen

Das etwa 3000 m² große Hanggrundstück gehörte früher den Großeltern, die einen Gartenteich im ca. 40 m tiefer gelegenen Bereich anlegen ließen. Der Gedanke, den Gartenteich in einen Swimmingpool umzugestalten, lag nahe, denn alle Familienmitglieder wünschten sich einen Pool zum Schwimmen. Das Problem: die Lage. Deshalb reifte der Plan, das Schwimmvergnügen nach oben direkt ans Haus zu holen. Keiner der ortsansässigen Gärtner traute sich das Projekt an der schmalen Terrasse zu und schien der Familie vertrauenswürdig, die Aufgabe zufriedenstellend zu meistern. Denn das Gelände ist extrem steil und schmal. Erst ein Fachbetrieb aus ca. 150 km Entfernung lieferte die zündende Idee: die Vergrößerung der Terrasse durch ein Holzdeck als Basis für einen SwimSpa. Der verantwortliche Planer erkannte die Besonderheit der Lage nicht als Manko, sondern als Chance, hier einen kleinen, aber einzigartigen Badegarten »on top« zu gestalten.

SWIMSPA – WAS IST DAS?

Ein SwimSpa ist eine Kombination aus Whirlpool und Swimmingpool. Es besteht aus einem Becken mit zwei voneinander getrennten Zonen und Wasserkreisläufen. Das Wasser im Whirlpoolbereich ist deutlich wärmer als das im Swimmingpool. Während der kleinere Bereich des Whirlpools zum Relaxen einlädt, dient das größere Becken als Aktivzone zum Schwimmen. Das ist dank der Unterwasserdüsen der Gegenstromanlage, die individuell einstellbar sind, hervorragend möglich. Denn der Körper schwimmt wie auf einer Welle, fast schwerelos.

Ein Traum wird wahr

Die Konstruktion ruht nun auf mehreren Betonpfeilern und ragt am äußeren Rand über den Hang hinaus. Das neu errichtete Holzdeck aus Resysta-Bodendielen (siehe S. 65), das direkt an die alte Terrasse anschließt, liegt um eine Stufe höher als das bisherige Terrassenniveau. Zusammen mit dem knapp 6 m langen SwimSpa bildet es wortwörtlich das Highlight des Grundstücks. Vervollständigt wird der Schwimmspaß mit einer Warm-Kalt-Dusche. Zusätzliches Plus: Damit vom oberen Gebäude keiner den Badebereich einsehen kann, hat die Familie in ein vollautomatisches Sonnensegel investiert.

Oben: Der SwimSpa auf dem neuen Terrassendeck ist Wellness- und Fitnessanlage in einem.

Unten: Die schmale, um eine Stufe erhöhte Holzterrasse am steilen Gartenhang schmiegt sich perfekt an das Haus an.

»Ein Traum wurde Wirklichkeit. Die Kombination aus Swimming- und Whirlpool ist eine ideale Lösung für unser Grundstück und unsere individuellen Vorlieben. Der Umbau hat sich mehr als gelohnt!«

Schwimmen und relaxen auf wenig Raum

Die ganze Familie war nach Fertigstellung der Anlage begeistert. Hier kann man auf sehr kleinem Raum schwimmen und relaxen. So kühlen sich die Töchter gern nach dem Sport ab oder nutzen das Schwimmbecken zum sportlichen Training, was durch eine integrierte Gegenstromanlage möglich ist. Auch die Eltern kommen auf ihre Kosten: Sie lieben es zu schwimmen, sitzen aber ebenso gern während des Winters im Whirlpool, um auf die schneebedeckte Landschaft zu schauen oder nach der Sauna in den Pool zu steigen. Die Kombination aus Schwimmbad und Whirlpool ist ganz auf ihre Bedürfnisse abgestimmt und bietet die ideale Lösung. Auch der Pflegeaufwand ist gering. Der Hausherr pflegt die Badeanlage selbst. Dazu zählen vor allem das Eingeben der Chlortabletten in den Skimmer und das Säubern der Filter. Vor Schmutzeintrag schützt die Abdeckung. Sie ist wärmeisolierend und energiesparend. So ist der SwimSpa 365 Tage im Jahr nutzbar, egal ob es regnet oder schneit.
Die Badeanlage der Familie beweist: Für umfassende Wellness und Fitness im Wasser braucht es nicht unbedingt viel Platz und Fläche. Körperliche Entspannung lässt sich auch in kleinerem Rahmen genießen. Das Projekt hat sich in jedem Fall gelohnt: Das Fitness-Studio-Abonnement hat ausgedient. Da die Familienmitglieder nun täglich gegen den starken Strom anschwimmen können, müssen sie nicht mehr dafür bezahlen und können ganz einfach zu Hause aktiv sein und aufs Feinste relaxen.

DIE FAKTEN AUF EINEN BLICK

Größe des Gartenraums	100 m²
Baustart und Bauende	Februar bis Mai 2012
Marke	Reps, Modell Elite Typ 6000
Schwimmbecken	Breite 2,25 m, Länge 5,90 m, Tiefe 1,52 m
Abdichtungsart	Acryl
Technik	Düsenpumpe, Umwälzpumpe, Skimmer
Wasserdesinfektion	Chlortabletten
Filter	Kartuschenfilter
Beleuchtung	LED, bunt
Heizung	Stromkreislauf Haus, beide Becken einzeln steuerbar
Abdeckung	manuell
Wasserattraktion	nein
Zusatzausstattung	Gegenstromanlage
Materialien für Deck und Terrasse	Kunststoffholz Resysta mit Lichtpunkten, Naturstein Gneis

Oben links: Der SwimSpa liegt an der Terrasse, von der man praktisch gleich ins Wasser springen kann.

Oben rechts: In das neue Holzdeck auf der Terrasse wurden die alten Steinplatten aus Gneis eingearbeitet.

Unten links: Über dem Whirlpoolbereich befindet sich ein automatisches Sonnensegel als Sonnen- und Sichtschutz.

Unten rechts: Durch die Powerdüsen der Gegenstromanlage wird der Körper zum Schwimmen angehoben.

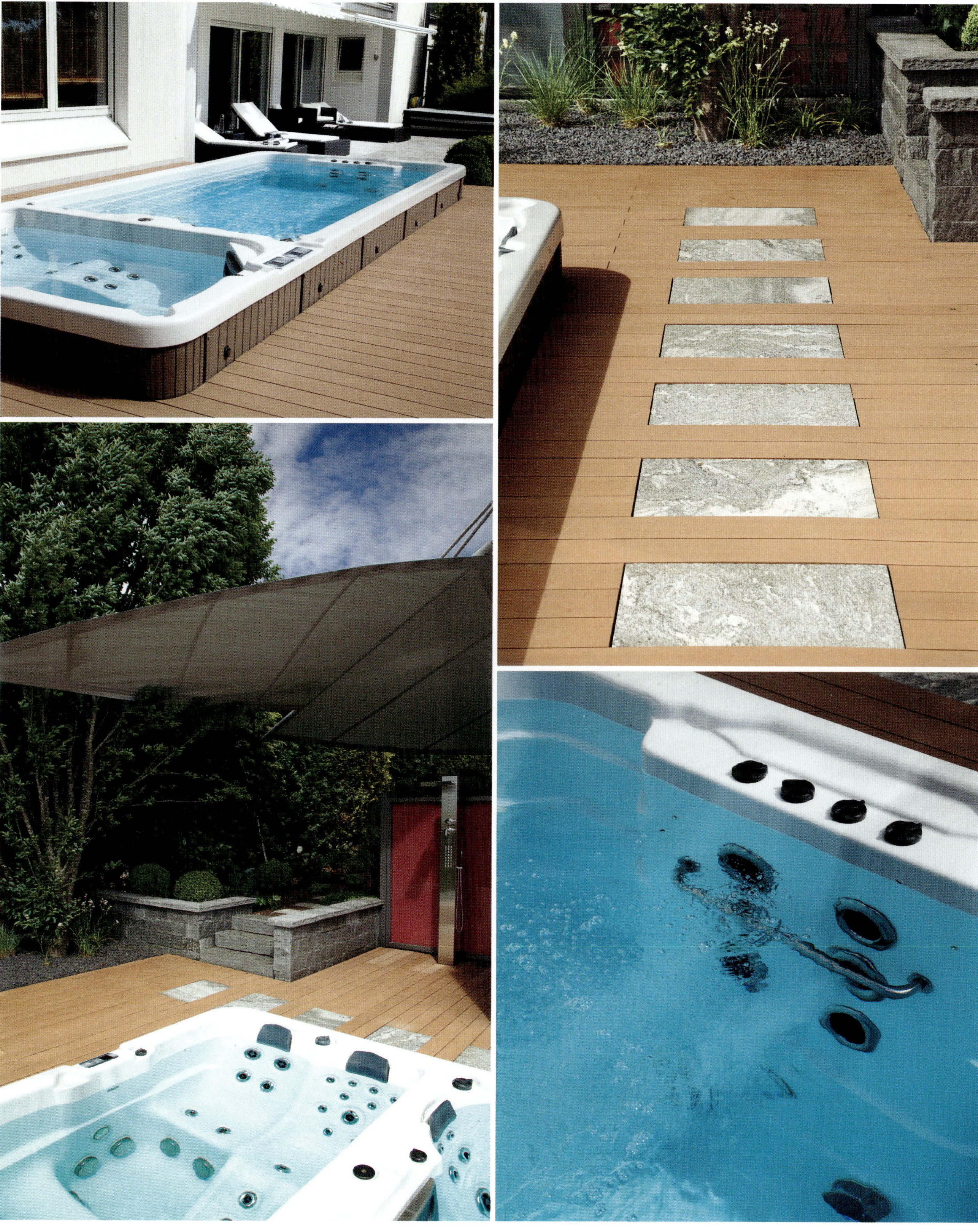

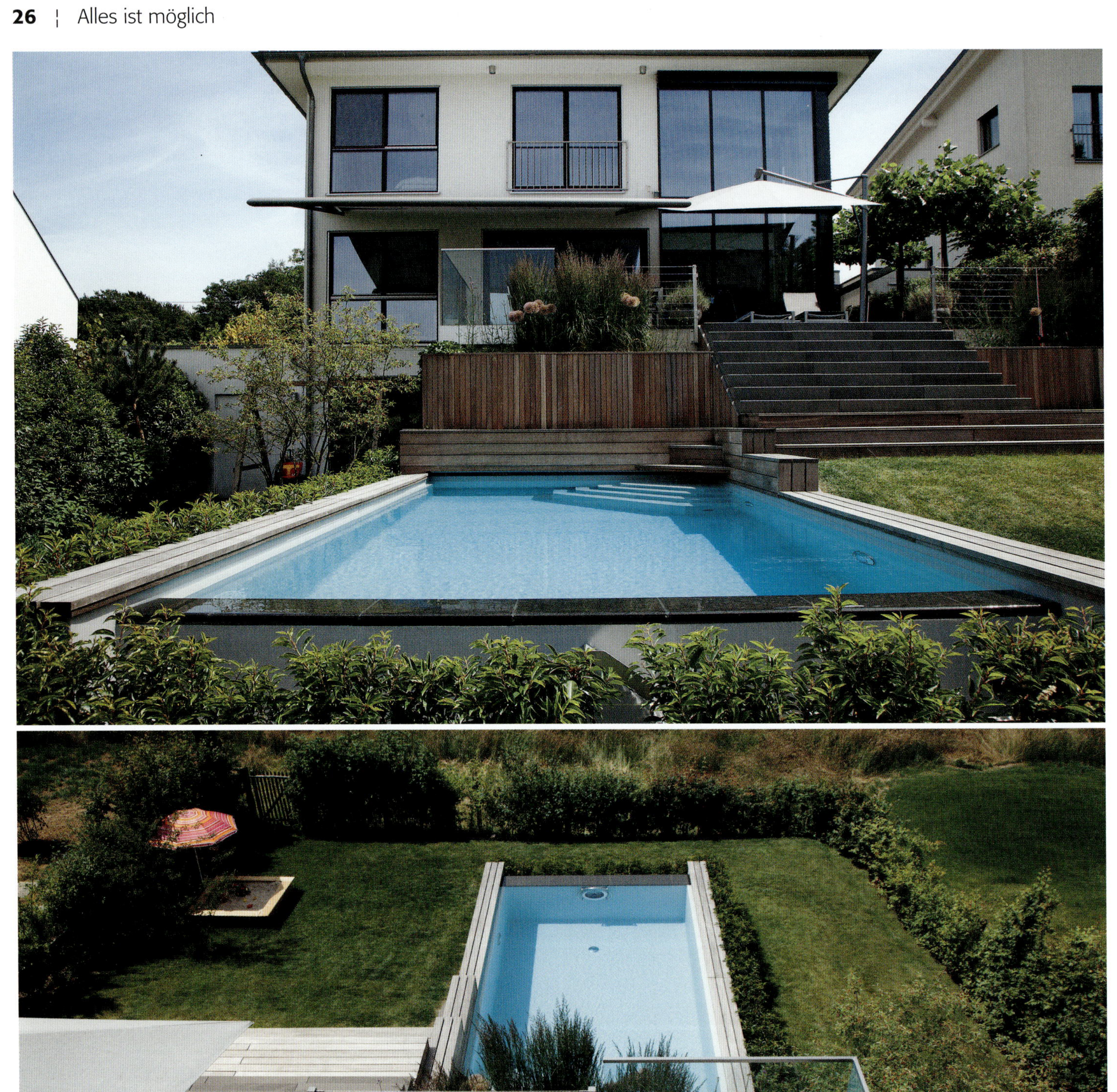

Wiesen, Wälder, Badespaß

Drei Jahre nach der Neuanlage des Gartens kam 2014 auf dem Hanggrundstück im Bergischen Land ein Swimmingpool dazu. Die Inhaber sind begeisterte Wassersportler und erfüllten sich damit einen Herzenswunsch. Täglich werden sie beim Schwimmen mit einem Blick ins Grüne belohnt.

Vornehme Zurückhaltung

Hier ist die Landschaft der »Hauptakteur«, der Swimmingpool sollte sich deshalb so unauffällig wie möglich einfügen. Er wurde daher halb ins abfallende Gelände eingebaut und mit einer Hecke aus Portugiesischem Kirschlorbeer *(Prunus lusitanica)* eingegrünt. Die Grundstücksgrenze, bepflanzt mit einer Wildgehölzhecke, schafft einen perfekten Übergang in die Landschaft. Zwei Felsenbirnen *(Amelanchier lamarckii)* als Solitärpflanzen unterstreichen den sanften Übergang zu Wald und Wiesen.

Eine Frage der Perspektive

Ganz wichtig war den Hausbesitzern der Blick ins Grüne, der sich nicht nur von der Terrasse aus, sondern auch beim Schwimmen auftun sollte. Es gab im Vorfeld daher mehrere Planungsvarianten, mal mit dem Pool quer oder mal längs zum Haus. Diese Variante wurde letztendlich auch umgesetzt. Um das Schwimmen »ins Grüne« zu ermöglichen, musste eine Überlaufrinne am Beckenende integriert werden. Auch die Gegenstromanlage ist so platziert, dass man gegen den Wasserstrom mit Blick auf die herrliche Landschaft schwimmt.

Den Blick schweifen lassen

An der Kopfseite des Pools befindet sich ein Sonnendeck aus Bangkirai auf einer höher gelegenen Terrasse. Sie bietet abends nach einem sonnenreichen Tag eine schöne wärmende Rückwand – ideal zum Entspannen am Pool.
Die direkt am Haus gelegene Terrasse sowie die Stufenanlage hinunter in den Garten sind mit großformatigen Platten aus Basaltlava belegt. Angenehmen Schatten spenden die Dachplatanen *(Platanus acerifolia)*, die Markise und ein Sonnenschirm. Als Absturzsicherung zwischen oberer Terrasse und Pool dient eine Konstruktion mit Glasscheiben. So kann der Blick ungestört in den Garten gerichtet werden und weit in die Natur schweifen. Auch abends ist die Anlage ein Hingucker: Der gesamte Garten inklusive Pool ist beleuchtet.

Die Treppe – individuell gelöst

Ein besonderes Merkmal des Pools ist die Einstiegstreppe über Eck. Hier wurde darauf geachtet, dass das Schrittmaß (Stufenhöhe und Stufenauftritt) im Wasser wie auch der Holzstufen darüber exakt gleich ist.
Die beiden Holzstufen sind freitragend und liegen nicht auf den Poolstufen auf, denn dazwischen musste Platz für den Unterflurrollladen bleiben. Dieser wird normalerweise auf der

Oben: Von der Hausterrasse führt eine großzügige Treppe in den tiefer gelegenen Garten mit dem Swimmingpool.

Unten: Der herrliche Blick von der Terrasse in den Garten mit Pool. Das Grundstück ist mit einer Hecke eingefasst.

»Wir genießen unseren Swimmingpool und das Daheimsein jeden Tag. Allein der Blick von der Terrasse oder vom Haus ist überwältigend. Welch eine Freude ist es, unsere Tochter hier bald plantschen zu sehen!«

Seite mit der Überlaufrinne installiert, wegen der Gegenstromanlage musste er auf die andere kurze Seite gesetzt werden, was die aufwendige Stufenlösung nach sich zog.

Technische Raffinessen

Das Becken ist mit einer Bodenplatte aus Beton und die Wände mit ausbetonierten Schalsteinen gebaut. Darauf wurden Vlies und Folie verlegt – faltenfrei, was bei den vielen Ecken hier die hohe Kunst des Schwimmbadbaus ausmacht.
Eine weitere technische Besonderheit ist die Umwälzung des Wassers. Bei geschlossenem Rollladen funktioniert die Absaugung des Poolwassers über den Bodenablauf. Bei offenem Rollladen wird die Überlaufrinne aktiviert und das Wasser fließt darüber ab. Damit morgens beim frühen Schwimmen die Nachbarn durch das Wassergeplätscher nicht gestört werden, kann man via Funkfernbedienung auch bei geöffnetem Rollladen die Wasserabsaugung über den Bodenablauf schalten. Der Schwallbehälter für die Überlaufrinne wurde hier neben dem Pool im Boden in einem dafür umfunktionierten Zweikammerbetonschacht realisiert. In der dort untergebrachten Trockenkammer befindet sich ein Teil der Technik inklusive Gegenstromanlage. Die Wasseraufbereitungs- und Filteranlage befindet sich im Heizungskeller des Hauses.
Mit dem Ergebnis ist die dreiköpfige Familie mehr als zufrieden. Alle lieben ihren Badegarten. Ganz wichtig war den Eltern, dass die kleine Tochter von Anfang an mit dem Swimmingpool vertraut gemacht wird. In Kombination mit der automatischen Poolsteuerung (pH-Wertmessung, Chlorierung, Rückspülung) haben die Besitzer kaum Pflege- und Unterhaltsaufwand, sie können ihren Garten jederzeit genießen.

DIE FAKTEN AUF EINEN BLICK

Größe des Gartenraums	200 m²
Baustart und Bauende	Juni bis Juli 2014
Marke	nein
Schwimmbecken	Breite 3,25 m, Länge 6,25 m, Tiefe 1,50 m
Abdichtungsart	Folie PVC, 1,5 mm, lichtgrau
Technik	Pumpen, Überlaufrinne, Schwallbehälter
Wasserdesinfektion	Dosierungsanlagen für Chlor und pH-Wert
Filter	Sandfilter mit Glasgranulat
Beleuchtung	2 LED-Leuchten
Heizung	Wärmetauscher angeschlossen an Luftwärmepumpe der Hausheizung
Abdeckung	Unterflurrollladen
Wasserattraktion	Gegenstromanlage, Überlaufrinne
Zusatzausstattung	Poolroboter
Materialien für Deck und Terrasse	Tropenholz Bangkirai, Naturstein Basaltlava

Oben: Der Bau des in den Hang gebauten Schwimmbeckens war eine hohe handwerkliche Herausforderung.

Unten links: Das Beckenende mit der Überlaufrinne ist mit Portugiesischem Kirschlorbeer eingefasst..

Unten rechts: Der Rollladen schützt vor Wärmeverlust und Schmutzeintrag und ist automatisch bedienbar.

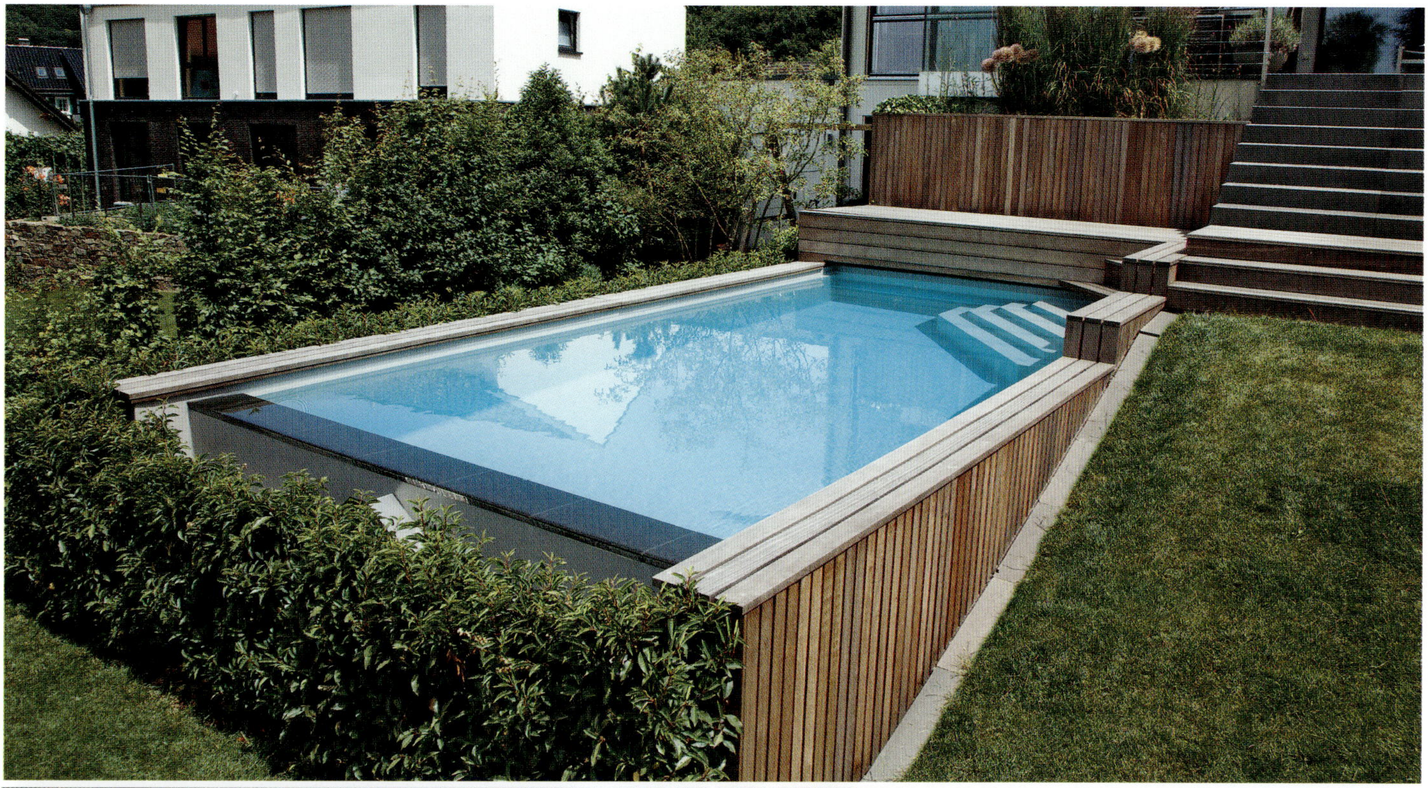

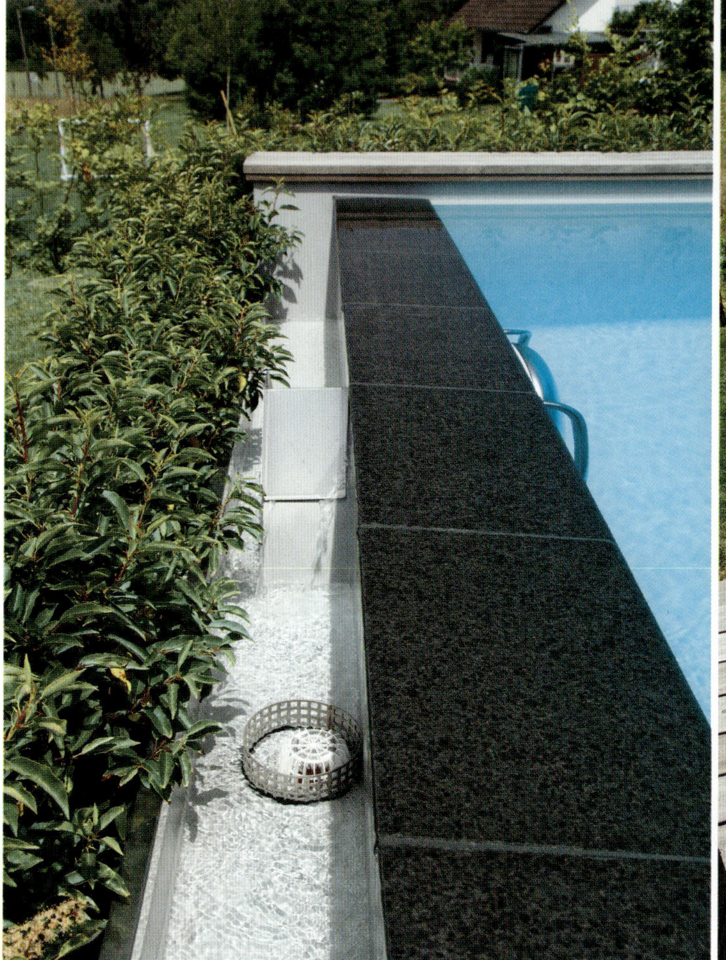

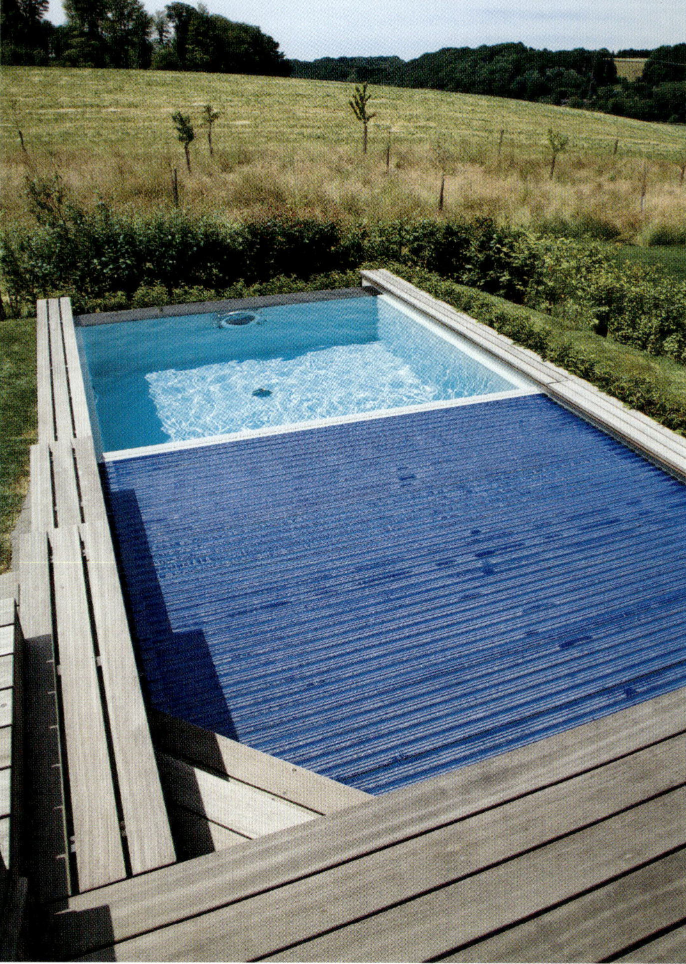

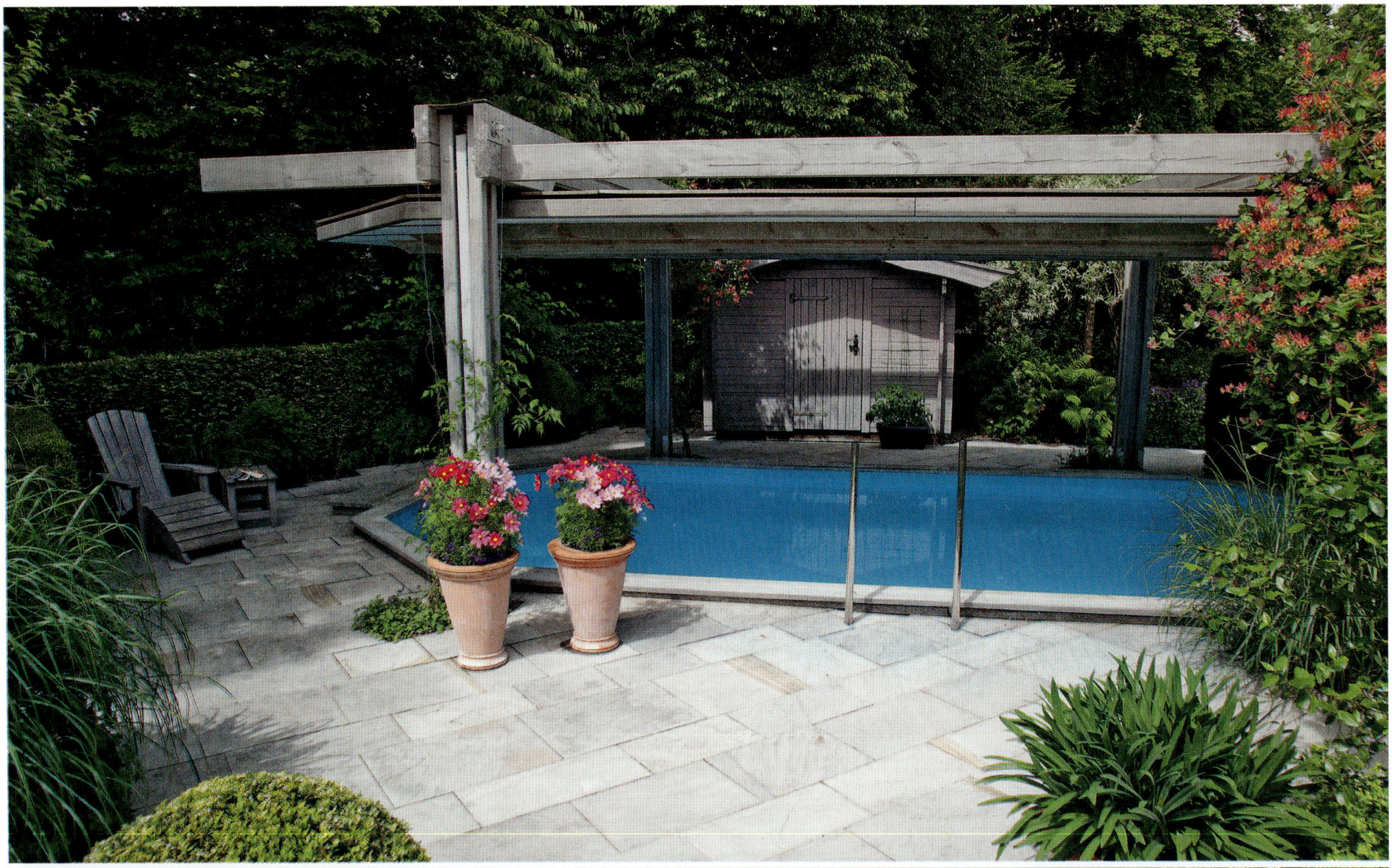

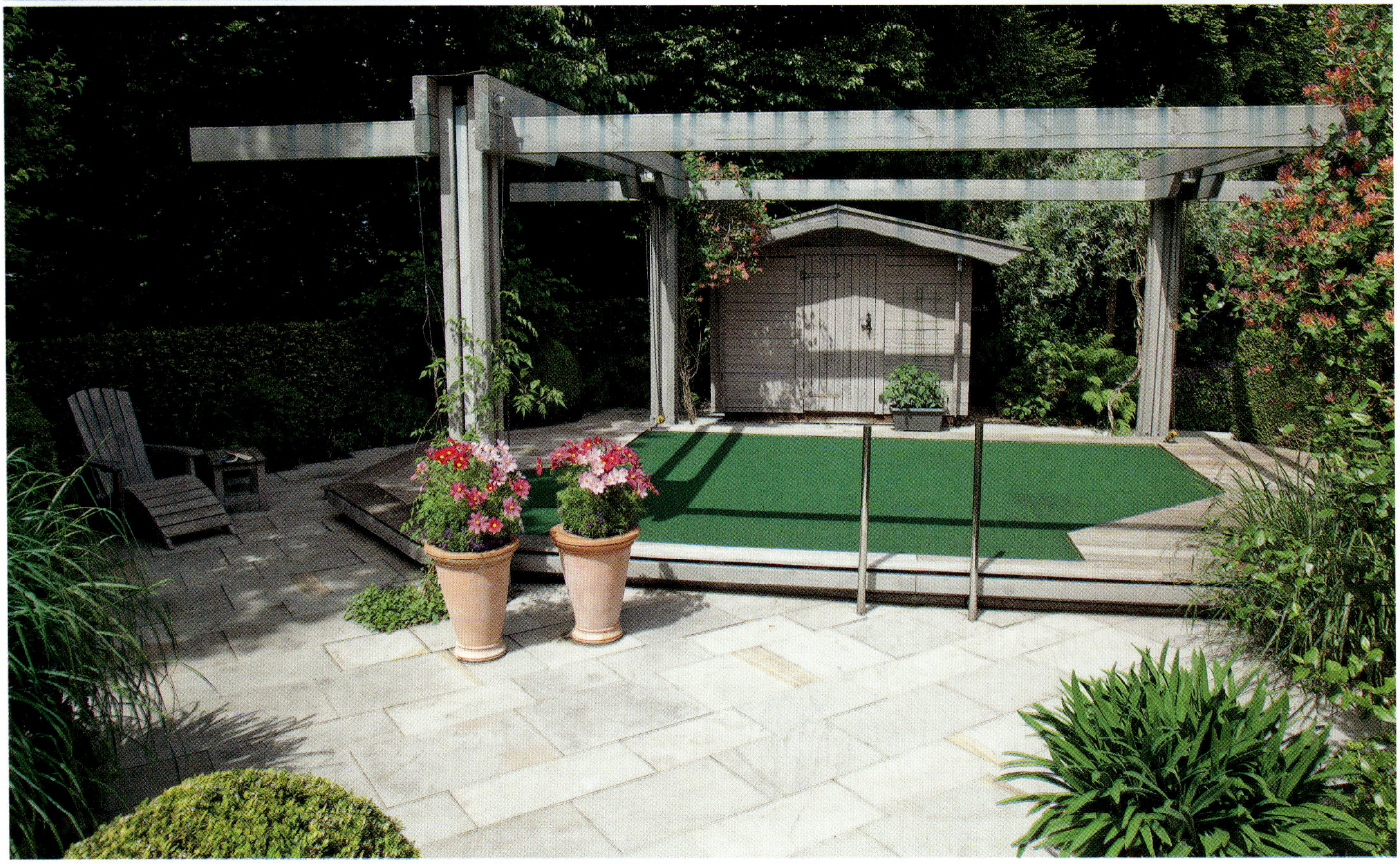

Swimmingpool unter der Haube

Vom Februar bis zum Juni 2002 hat sich ein Ehepaar aus dem Oberbergischen seinen Garten komplett umgestalten lassen. Eine Landschaftsarchitektin aus Köln war mit der Neuplanung des 185 m² großen Grundstücks beauftragt. Sie hat aus dem Gelände, das zuvor aus Rasen und Beeten bestand sowie mit Bahnschwellen zum Abfangen der Hanglage versehen war, einen bezaubernden Badegarten gestaltet. Im Zentrum der Anlage steht der Swimmingpool, den die Inhaber täglich nutzen und der durch seine interessante Abdeckungskonstruktion einen besonderen Akzent setzt.

Gartenräume geschickt gestalten

Damit das Grundstück an Größe gewinnt und interessanter wird, wurden alle Elemente diagonal im Garten angelegt. Durch eine Gliederung mittels Stufen und Mauern in unterschiedliche Ebenen sind einzelne Räume entstanden. Geschickt werden schwierige Höhenvorsprünge mit Pflanzflächen kaschiert. Dadurch fallen die Unterbrechungen im Bodenbelag optisch nicht ins Gewicht. Das Gesamtbild wirkt so weicher und sehr harmonisch.

Oben: Die hölzerne Poolabdeckung ist eine Spezialanfertigung. Im geöffneten Modus dient sie als Sonnen- wie auch als Regenschutz. Die Ständer sind zudem schöne Rankhilfen.

Unten: Bei geschlossenem Zustand kann die stabile, mit Kunstrasen beschichtete Abdeckung auch betreten werden und bietet zusätzlichen Platz für Tisch und Stühle bei Feiern.

Die Heckenelemente geben dem Garten nicht nur Struktur, sie dienen gleichzeitig auch als Absturzsicherung an unterschiedlichen Ebenen. Durch die Buchenhecke am hinteren Rand des Grundstücks wirkt der Garten zudem größer. Sie ist der perfekte Übergang in die natürliche Waldumgebung.

Ruhrsandstein – ein bodenständiges Gestein

Die Terrasse und die Mauern bestehen aus Ruhrsandstein, der entlang der Ruhr in Nordrhein-Westfalen abgebaut wird. In Deutschland gilt der Ruhrsandstein als einer der resistentesten Sandsteine. Er zeichnet sich nämlich – im Gegensatz zu den meisten anderen in Mitteleuropa gewonnenen Sandsteinen – durch geringe Wasseraufnahme, sehr hohe Druckfestigkeit, Abriebfestigkeit und Verwitterungsbeständigkeit aus. Sein Farbenspektrum reicht von grauen bis zu gelblichen, rötlichen und bräunlichen Tönen.

Eine Poolabdeckung für alle Fälle

Da das Ehepaar gern verreist, war eine Bedachung ihres Pools für sie sehr wichtig. Allerdings kam wegen der achteckigen Bauform des Beckens eine konventionelle Abdeckung aus Lamellen nicht infrage. Ein örtlicher Schwimmbadbauer hatte die zündende Idee: Er konstruierte eine bewegliche Holzabdeckung an Ketten, die von vier Motoren auf eine Höhe von ca. 2,50 m gezogen werden kann. Die Konstruktion ist nicht nur eine kleine technische Meisterleistung, sie ist ein Hingucker. Das Beste: Die Abdeckung ist sogar begehbar und mit bis zu 15 Personen belastbar. Dadurch gewinnt man

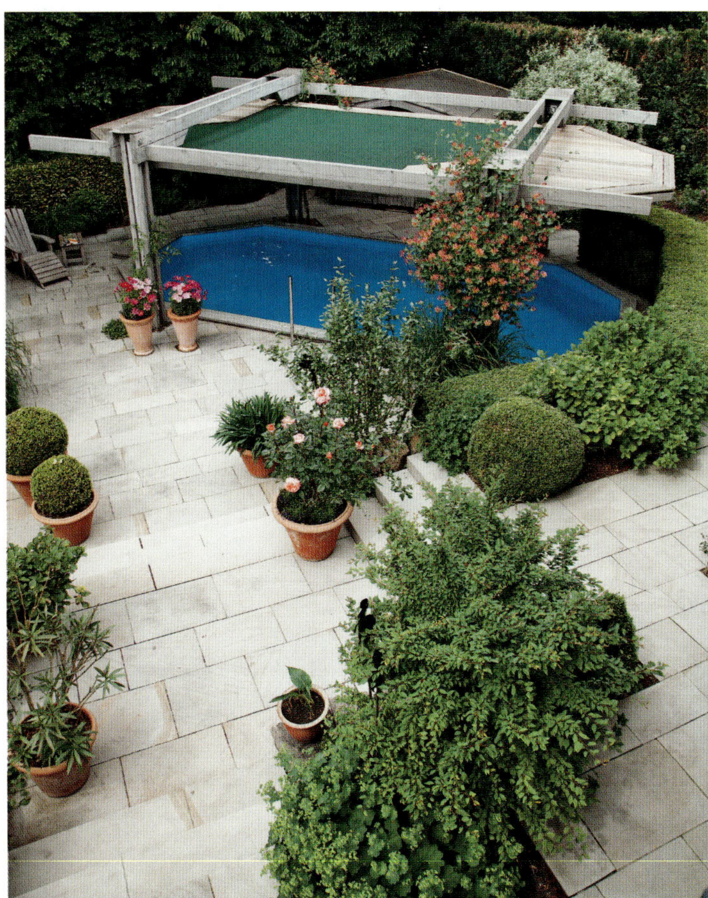

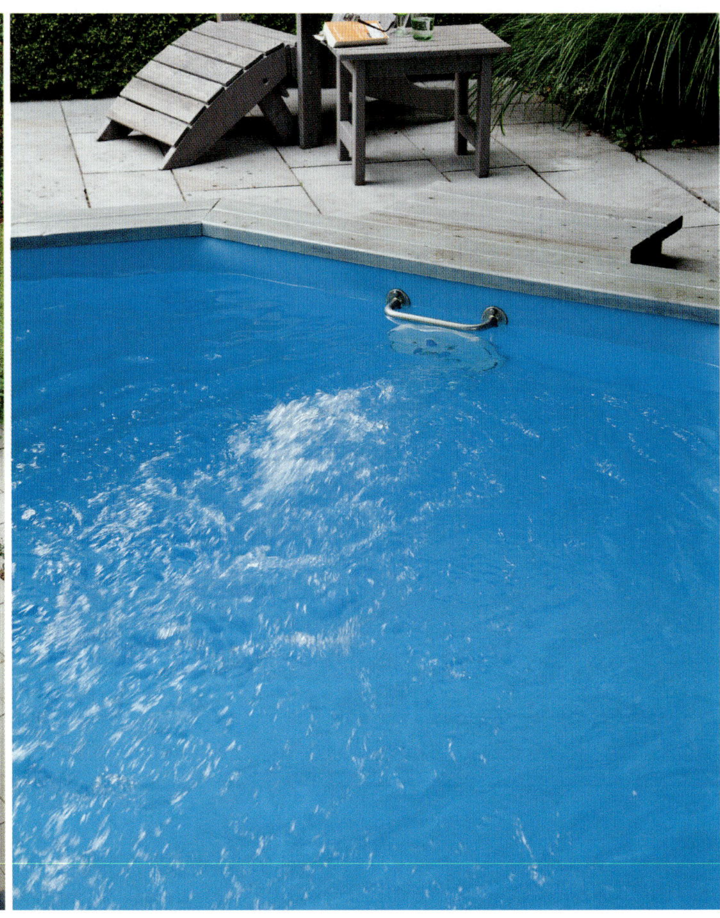

DIE FAKTEN AUF EINEN BLICK

Größe des Gartenraums	185 m²
Baustart und Bauende	Februar bis Juni 2002
Marke	nein
Schwimmbecken	Breite 4,0 m, Länge 8,0 m, Tiefe 2,0 m
Abdichtungsart	Folie PVC, 1,5 mm, blau
Technik	Pumpe, Skimmer
Wasserdesinfektion	Chlor
Filter	Sandfilter, 2013 neu mit Glasgranulat
Beleuchtung	2 Halogen
Heizung	in Stromkreislauf eingebunden
Abdeckung	Holzkonstruktion
Wasserattraktion	nein
Zusatzausstattung	Gegenstromanlage, Poolroboter
Materialien für Deck und Terrasse	Bangkirai und Kunstrasenteppich, Ruhrsandstein

zusätzlichen Platz im Garten, der insbesondere bei Gartenfesten sehr willkommen ist: Tische und Stühle können hier schnell aufgestellt und die Tafel gedeckt werden.
Die Holzkonstruktion ist von unten mit Dämmplatten gegen den Wärmeverlust ausgestattet. Die obere Verkleidung besteht aus Planken aus Bangkirai sowie Kunstrasen, damit die Fläche nicht zu schwer wird.
Die Abdeckung hat somit mehrere Funktionen: Sie hält die Wärme länger im Pool, verhindert den Schmutzeintrag aus dem angrenzenden Wald und bietet der Familie zusätzlichen Gartenraum, wenn er benötigt wird. Außerdem genießt es das Ehepaar, selbst bei Regenwetter unter dem Pooldach »trocken« schwimmen zu können.

Technik und Pflege

Parallel zum Bau des Swimmingpools wurde ein kleines Gartenhaus errichtet. Darin befindet sich die gesamte Pooltechnik mit Pumpe und Filteranlage. 2013 hat der Hausherr das bisherige Sandfiltermaterial entfernen lassen und ist auf

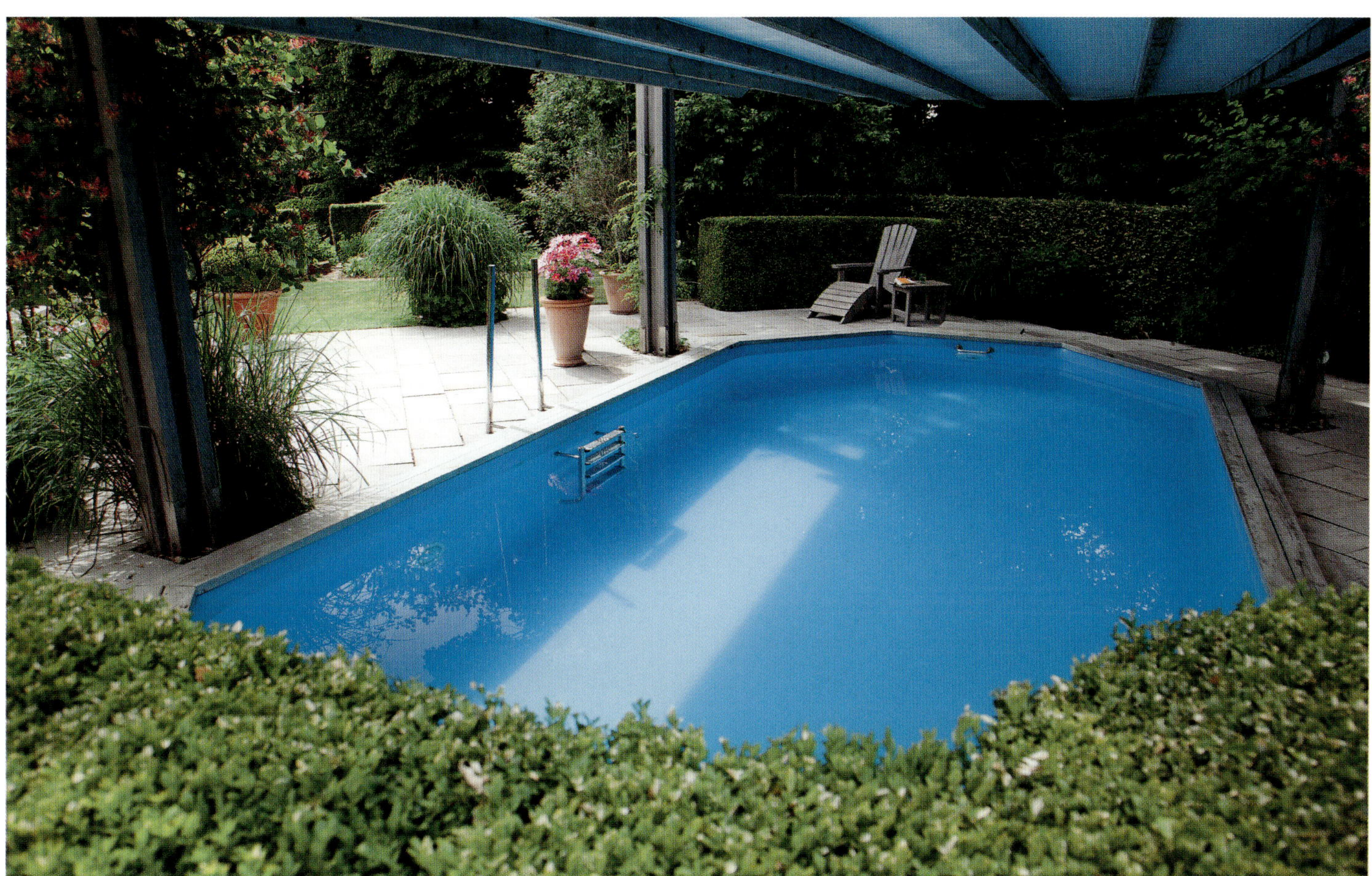

das moderne Glasgranulat umgestiegen. Die Pflegearbeiten des Pools – wie auch des gesamten Gartens – werden von den Besitzern selbst vorgenommen: Der Poolroboter saugt regelmäßig den Boden, die Wände säubert der Hausherr beim Schwimmen mit einem Tuch.

In den 13 Jahren seit Bestehen der Swimmingpool-Anlage hat der Ehemann erst einmal das Wasser gewechselt. Dies ist möglich, da er konsequent nach jedem Schwimmaufenthalt die Poolabdeckung absenkt, sodass kaum Schmutz ins Wasser gelangt. Außerdem läuft die Pumpe ganzjährig 24 Stunden durch. Nur die Heizung wird je nach Nutzungsverhalten zeitlich begrenzt angestellt. So ist sie generell im Winter oder während der Urlaubszeit außer Betrieb.

Linke Seite links: Durch die diagonale Verlegung der Steine gewinnt der gesamte Garten optisch an Größe. Inselartige Pflanzflächen und -kübel verdecken die Höhenvorsprünge des Geländes und lockern das Gesamtbild stilvoll auf.

Linke Seite rechts: Weil der Swimmingpool konsequent bei schlechtem Wetter oder während des Urlaubs abgedeckt wird, ist die Wasserqualität hervorragend. Dank der Gegenstromanlage ist sportliches Schwimmen möglich.

Oben: Das Schwimmbecken mit seiner achteckigen Form passt sich harmonisch in den Garten ein. Buchsbaumhecken umrahmen den Pool und unterstreichen seine Form, ohne ihn jedoch zu erdrücken oder Sichtachsen zu verdecken.

Das ganze Jahr der pure Genuss

Im Haus selbst befindet sich im Kellergeschoss die Wellnesszone des Paares mit Sauna und Dusche. Der Weg in den Garten zum Swimmingpool ist nur kurz, so wird der Pool von den Eigentümern wie auch von den gerne zu Besuch kommenden Enkelkindern regelmäßig genutzt. Natürlich auch im Winter: Dann schaufelt das Ehepaar kurzerhand einen schmalen Weg durch den Schnee ins kühlende Nass.

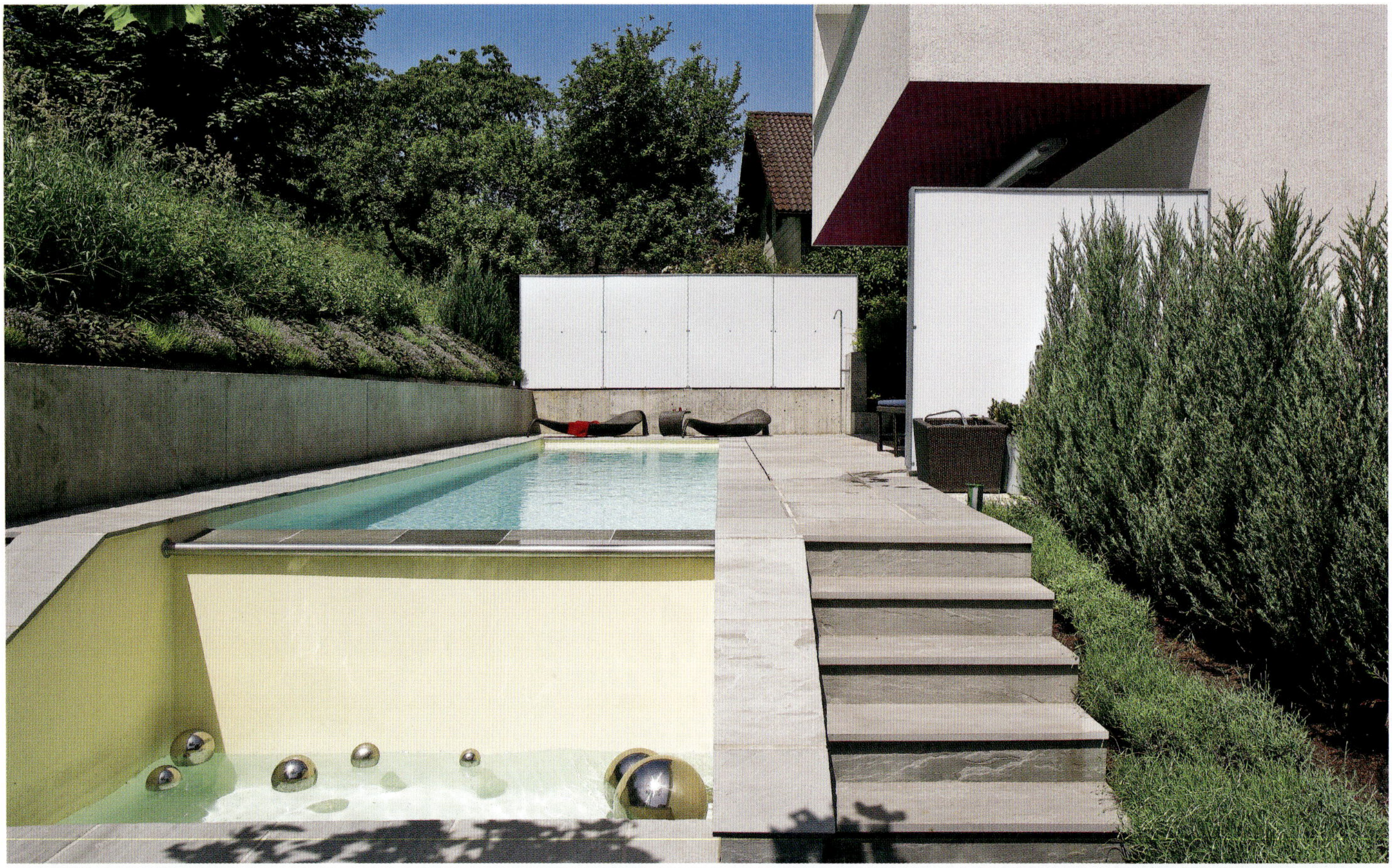

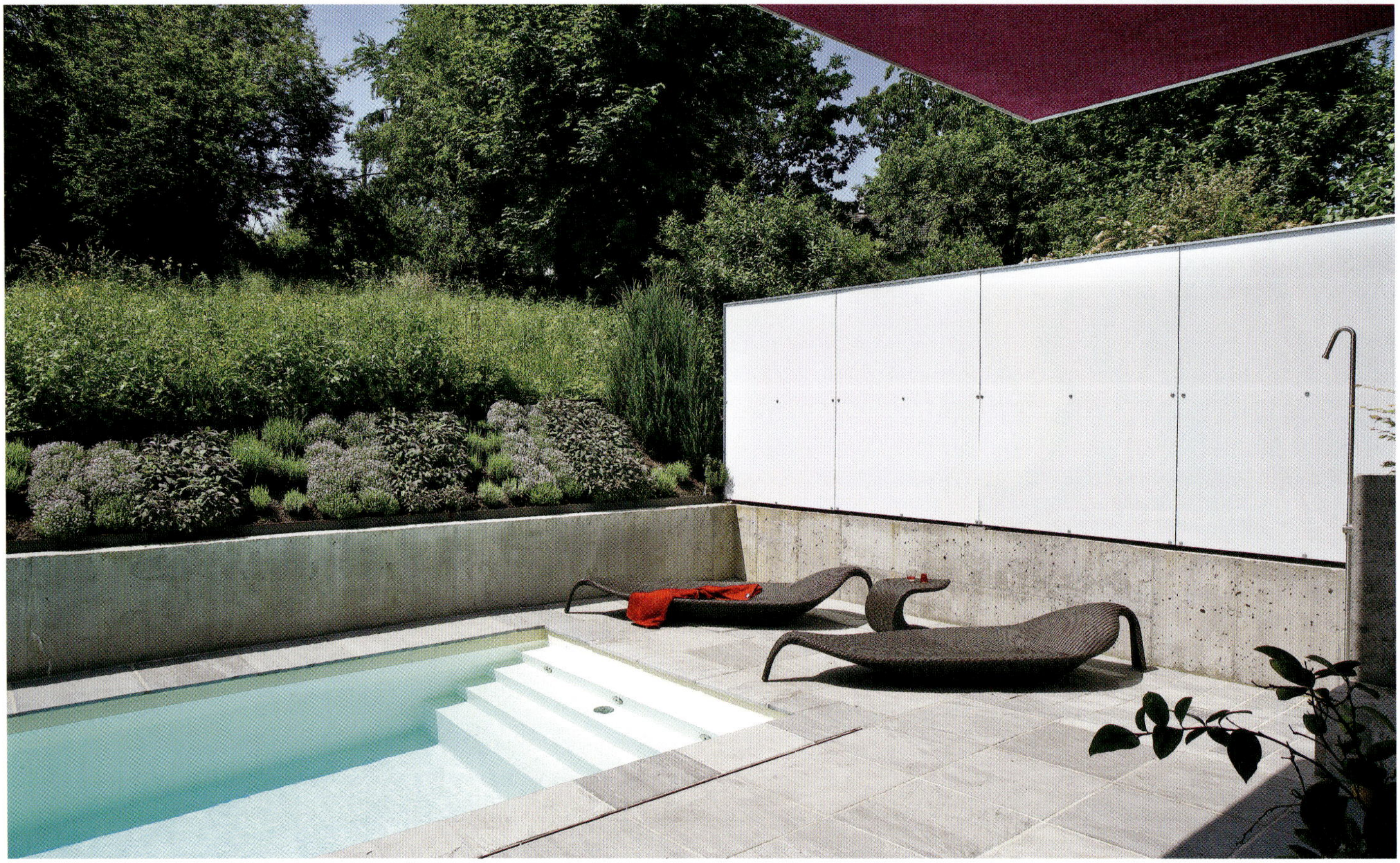

Minimalismus vom Feinsten

Das Spiel von intensiven Farben mit klaren Bauformen machten die Architektur und Gärten des mexikanischen Architekten Luis Barragán (1902–1988) weltberühmt. Für die Gartenbesitzer aus der Nähe von Linz sind nicht nur die Farbe Lila, sondern auch der streng formale Swimmingpool und das futuristisch anmutende Haus eine Hommage an den Architekten. Der Minimalismus der Gartenanlage ist keineswegs emotionslos, im Gegenteil: Durch die zurückhaltende Form wird die Beziehung zwischen Haus und Landschaft umso stärker betont. Hier spielt auch die Farbgebung eine bedutsame Rolle: Das Lila schmückt nicht nur diverse Fassadenteile, wie etwa die Decke des überdachten Sitzbereichs, es findet auch in der Bepflanzung mit Lavendel und Salbei seine Entsprechung. Der Farbton wird durch das helle Grau der Bodenbeläge sowie der weißen Acrylwand am Becken sanft umschmeichelt und in Szene gesetzt. Trotz seiner kleinen Fläche von 150 m² wirkt der Hauptgarten sehr großzügig.

DIE FAKTEN AUF EINEN BLICK

Größe des Gartenraums	150 m²
Baustart und Bauende	März bis Juni 2007
Marke	nein
Schwimmbecken	Breite 2,5 m, Länge 12,0 m, Tiefe 1,5 m
Abdichtungsart	Folie PVC, 1,5 mm, weiß
Technik	Pumpe
Wasserdesinfektion	Chlor
Filter	Sandfilter
Beleuchtung	5 Halogen à 50 Watt
Heizung	nein
Abdeckung	Unterflurrollladen
Wasserattraktion	Überlaufrinne
Zusatzausstattung	Poolroboter
Materialien für Deck und Terrasse	Sandstein

Der Inbegriff von Luxus

Als solcher präsentiert sich der Garten mit dem 12 m langen Infinity-Pool sowie dem großzügigen Liege- und Essbereich. Der Schwimmkanal erstreckt sich quer über die gesamte Breite des Hauses. Durch die Überlaufrinne am Ende des Schwimmbeckens und die Ausnutzung des Geländevorsprungs konnte eine lange Schwimmgerade geschaffen werden. Bei einem einfachen Pool wäre statt der Rinne eine Mauer notwendig gewesen. Auf der Treppe zum Schwimmbecken stehend, schweift der Blick nun in das Überlaufbecken, in dem die in der Sonne glitzernden Schwimmkugeln tanzen. Draußen zu leben, wann immer das Wetter es zulässt, das war der Wunsch der Kunden, als sie 2007 die Badelandschaft anlegen ließen. Durch die Überdachung ist dies bei angenehmen Temperaturen auch bei Regen möglich.

Oben: Das Überlaufbecken des Pools erhält durch die Edelstahlkugeln ein paar glänzende Accessoires.

Unten: Vom Liegebereich am Kopfende führt eine großzügig gestaltete Treppe in das Schwimmbecken.

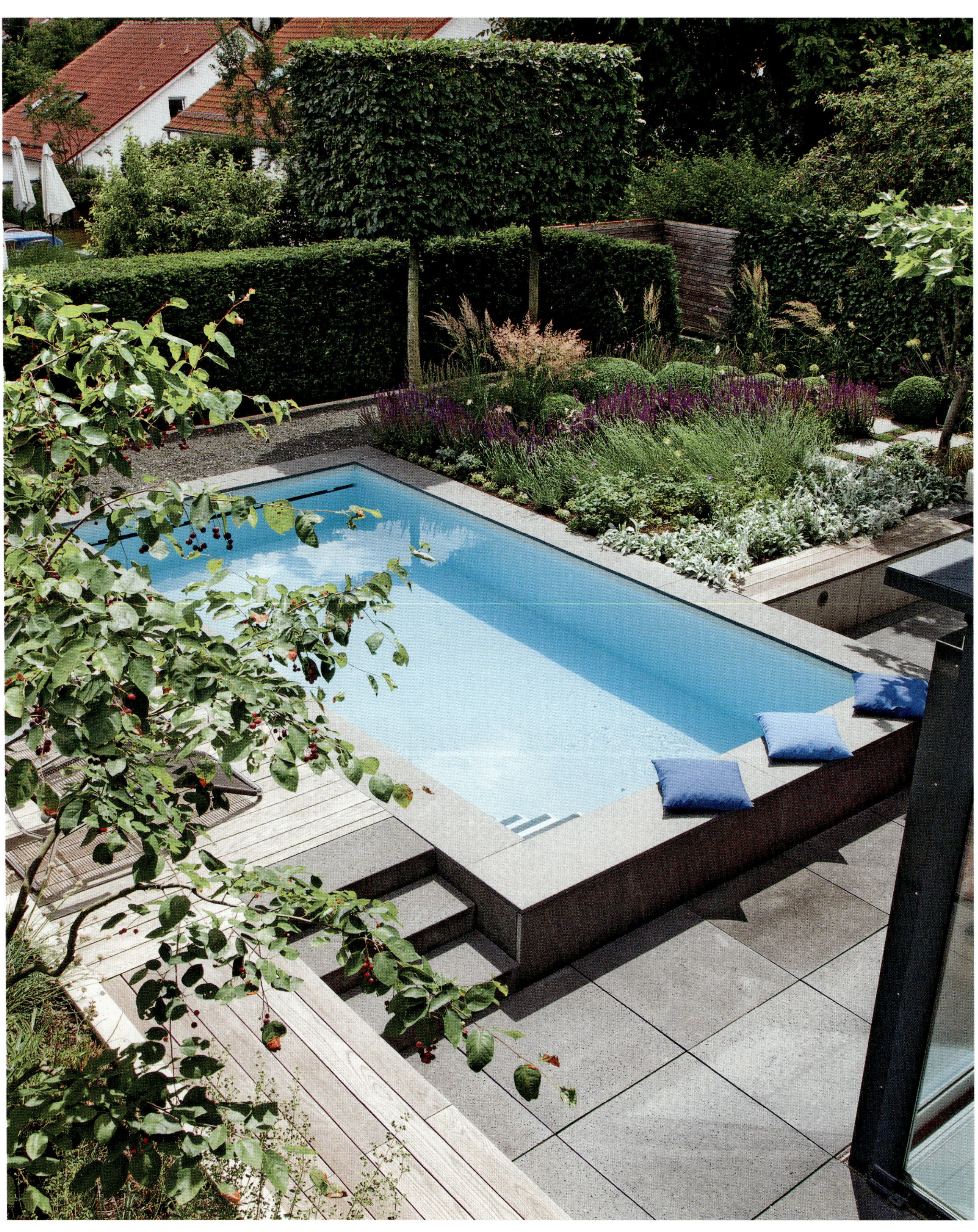

Großstadtoase in Blau-Weiß

Ein Garten aus den 1980er-Jahren – etwas Bio, etwas Öko, Blumen, Stauden und eine in die Jahre gekommene Terrasse. Ein Ambiente, das die dreiköpfige Familie einst liebevoll geplant und später vernachlässigt hatte. Im Laufe der Zeit hatte man sich ganz einfach sattgesehen. Eine Veränderung sollte her. Diese war mit dem Auszug der studierenden Tochter zuvor bereits im familiären Bereich vollzogen worden. Das berufstätige Ehepaar wünschte nun einen Garten mit Swimmingpool. Herausgekommen ist, dank des völlig neuen Konzepts des Garten- und Teichbauspezialisten, eine blau-weiße Großstadtoase: klar strukturiert, pflegeleicht, mit stilgerechtem Bezug zum modernen Haus und mit einem Swimmingpool als zentralem Element. »Wow« war das Fazit der Kunden.

Gegensätze, die sich anziehen

Das in der Nähe von Stuttgart direkt neben romantischen Weinbergen gelegene Einfamilienhaus ist ein Hingucker: modern, dunkelblau mit roten Fensterschiebern und großzügigen Fensterfronten zum Garten hin (siehe S. 14–15). Die klare architektonische Struktur aus Beton, Stahl und Glas wird auch im Garten aufgenommen. Er ist linear in Beet- und Terrassen-Segmente geteilt, die sich harmonisch auf fünf verschiedenen Ebenen um den Pool in der Mitte gruppieren.

Links: Der 6 m lange und 3 m breite Pool ist das Highlight des neu angelegten Gartens. Die formale Form des Beckens findet in der Gartengestaltung seine Entsprechung. Die klaren Strukturen und das Farbspektrum wirken überaus harmonisch.

Farblich dominiert hier Blau-Weiß, das sich in der Bepflanzung und im blauen Poolbecken wiederfindet, ebenso in den hellen Betonwänden. Den Hintergrund bilden stilvoll zurückhaltend die grauen Großformatplatten, das Liegedeck aus grauer Thermo-Esche, die Kiesflächen und die mit Schieferplatten verkleidete Einfassung des Schwimmbeckens.
Die einzelnen Ebenen sind mit Betonwinkelelementen und Stufen abgefangen. Die darin integrierte Beleuchtung sowie weitere Einbauleuchten strahlen das Licht blendfrei nach unten und erzeugen im gesamten Garten abends geschickt eine faszinierende Stimmung.
Vertikale und horizontale Formgehölze sind Hingucker und natürlicher Sichtschutz in einem. Auffällig sind z. B. die quaderförmig geschnittenen Hainbuchen-Hochstämme *(Carpinus betulus)* sowie die dachförmig gezogenen Platanen (*Platanus × acerifolia*). Den Grundstücksrand bilden formal geschnittene Hecken, ebenfalls aus Hainbuche, und Holzelemente aus Lärche, die in unterschiedlichen Höhen ausgelegt sind. Auch im Staudenbeet finden sich formale Akzente mit Buchskugeln.

Das Schwimmbecken

Der 18 m² große Pool reicht fast direkt an das Haus heran, aus dem man quasi ins Wasser springen könnte. Das Hellgrau des Beckens wird bei Sonneneinstrahlung in ein wunderbares Hellblau verwandelt, das sich optimal in den Garten einpasst. Der Pool ist nicht nur beheizbar, sondern verfügt auch über eine Gegenstromanlage, wodurch sportliches Schwimmen möglich ist. Durch die praktische wie elegante Unterflurrollladenabdeckung ist das Becken zudem vor Wärmeverlust und äußeren Schmutzeinträgen gut geschützt.

»Die Neugestaltung des Gartens mit Swimmingpool hat unsere Erwartungen mehr als übertroffen. Wir würden es jederzeit noch Mal genauso machen. Es ist wie Urlaub, der nicht endet. Wow!«

Die Technik selbst ist von außen unsichtbar in zwei Technikräumen untergebracht: Der eine befindet sich direkt unter den Platten vor der Stahltreppe – der Deckel des Schachts wird sogar hydraulisch angehoben –, ein anderer ist links vom Pool in der Kiesfläche versteckt.

Der Garten mit den fünf Ebenen bietet auf wenig Raum enorm viel Wohnqualität. Dank der unterschiedlichen Sitz- und Liegemöglichkeiten am Haus und direkt am Pool findet jeder für unterschiedliche Tageszeiten das richtige Plätzchen für sich. Der Swimmingpool ist unbestritten das Highlight der gesamten Anlage und optisch perfekt in Szene gesetzt. Doch nicht nur das Visuelle überzeugt die Eigentümer: Der Wassergarten ist für sie die perfekte Oase, die alle Sinne anspricht. Der Pool wird regelmäßig genutzt, die Anlage insgesamt ist sehr pflegeleicht. Der Gärtner ist für Formschnitt, Pflanzenschutz und Düngung verantwortlich, die Kunden kümmern sich selbst um den Swimmingpool, dessen hoher Automatisierungsgrad es leicht macht, das Becken sauber zu halten.

DIE FAKTEN AUF EINEN BLICK

Größe des Gartenraums	200 m²
Baustart und Bauende	November 2011 bis März 2012
Marke	Sopra, Modell Karat
Schwimmbecken	Breite 3,0 m, Länge 6,0 m, Tiefe 1,5 m
Abdichtungsart	Hart-PVC Einstückbecken hellgrau
Technik	Pumpe, Skimmer
Wasserdesinfektion	Chlor
Filter	Sandfilter mit Glasgranulat
Beleuchtung	1 Scheinwerfer à 300 Watt
Heizung	Wärmetauscher
Abdeckung	Unterflurrollladen
Wasserattraktion	nein
Zusatzausstattung	doppelte Gegenstromanlage
Materialien für Deck und Terrasse	Thermo-Esche, Betonplatten, Schwimmbeckenaufkantung aus Schiefer

Oben links: Der beleuchtete Swimmingpool taucht den Garten abends in ein atmosphärisches Licht, er ist zu jeder Jahreszeit ein Schmuckstück. Angestrahlte Solitärsträucher wie die Felsenbirne setzen weitere Akzente. Indirekt wird durch den hellen Garten und die Wasserfläche darin auch der Wohnbereich im Innern optisch vergrößert.

Oben rechts: Das Becken ragt in die mit grauen, großformatigen Platten belegte Terrasse hinein, an die das höher gelegene Holzdeck aus Thermo-Esche grenzt. Waagerechte und horizontale Formgehölze geben dem Garten Struktur, ein abgestimmter Farbmix gibt dem Ganzen den perfekten Schliff.

Unten: Neben dem Liegedeck befindet sich eine weitere, tiefer gelegene Sitzecke mit Sonnenschirm und Blick auf den Swimmingpool. Auch hier unterstreichen die Formgehölze das schlüssige Gartenkonzept. Das Blau des Wassers wird mit den blauen Kissen und Sitzpolstern aufgenommen und variiert. Beton und Holz fügen sich harmonisch ein.

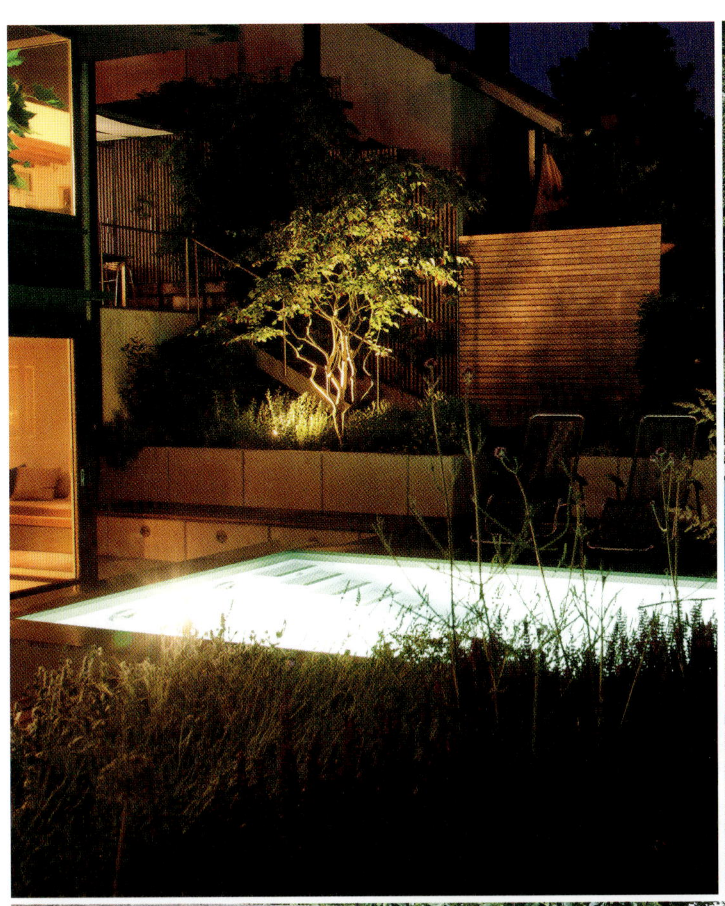

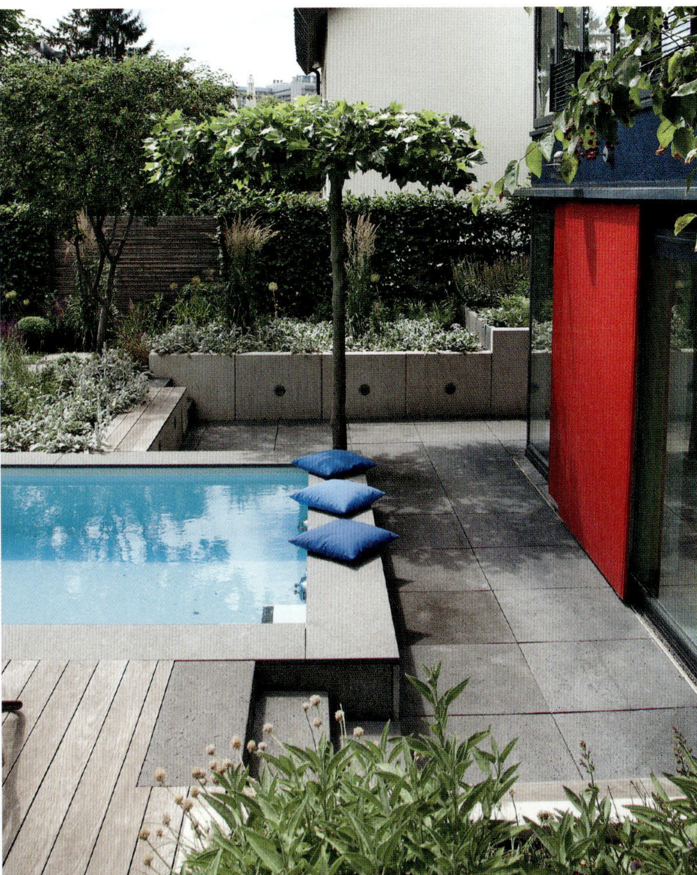

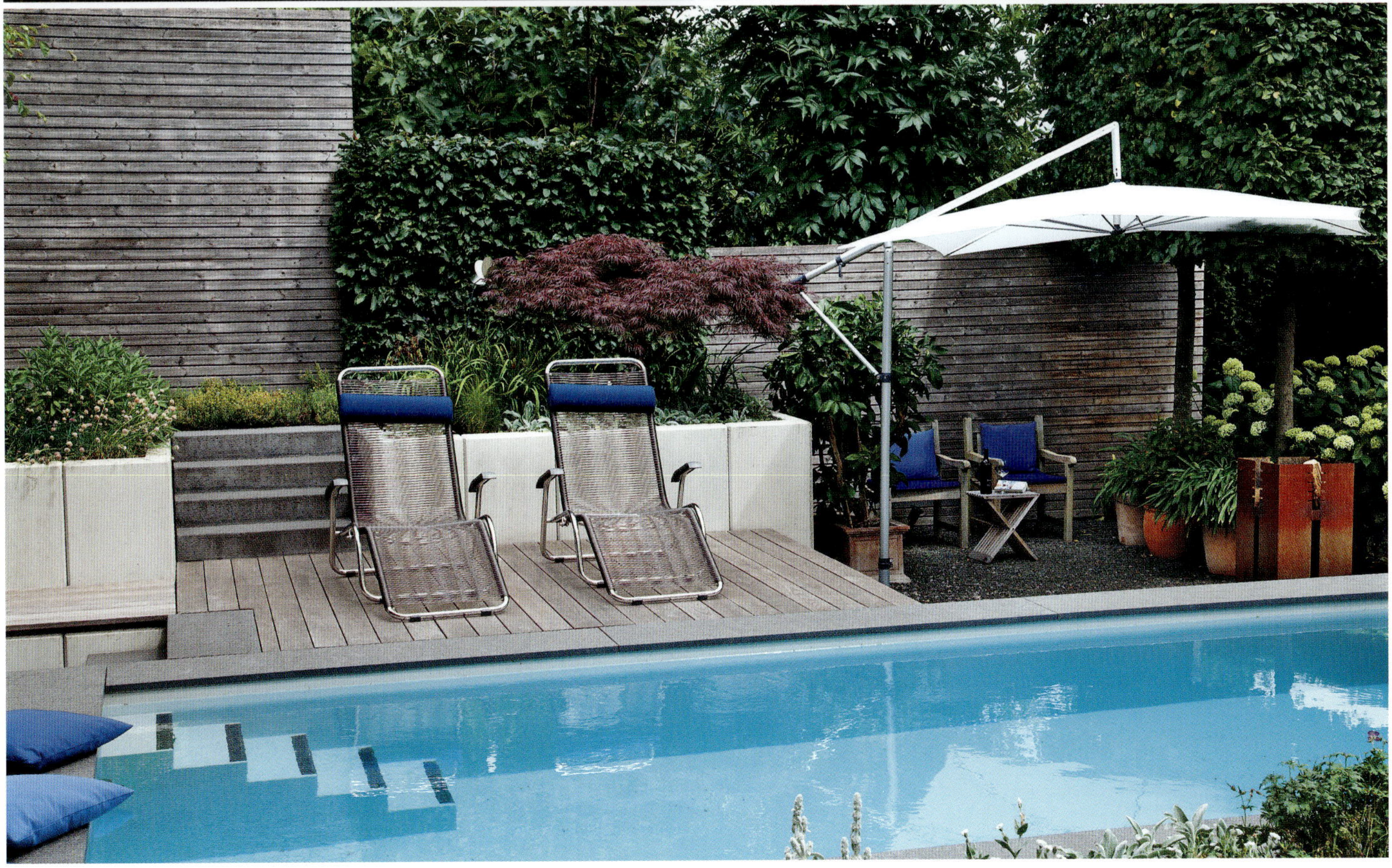

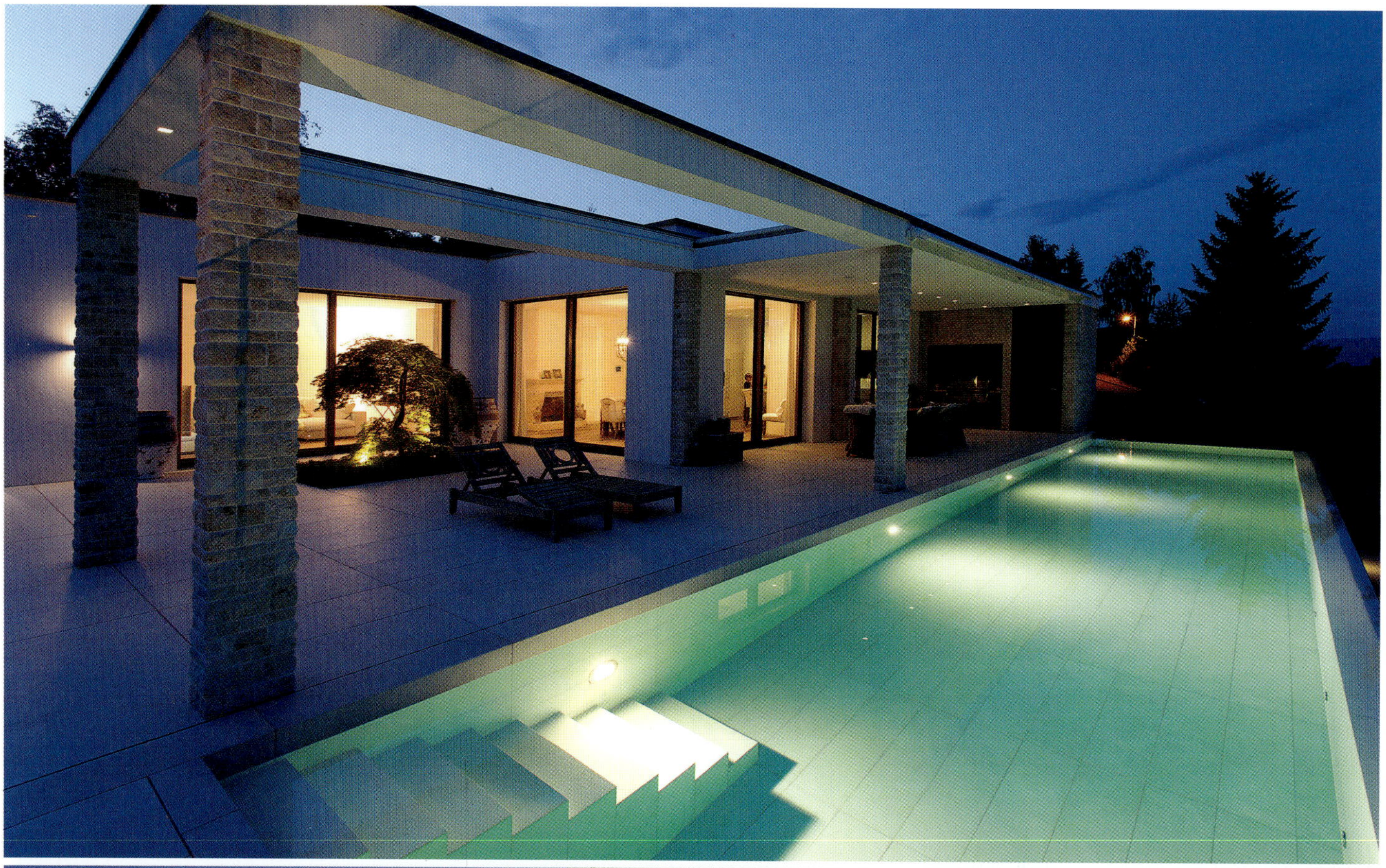

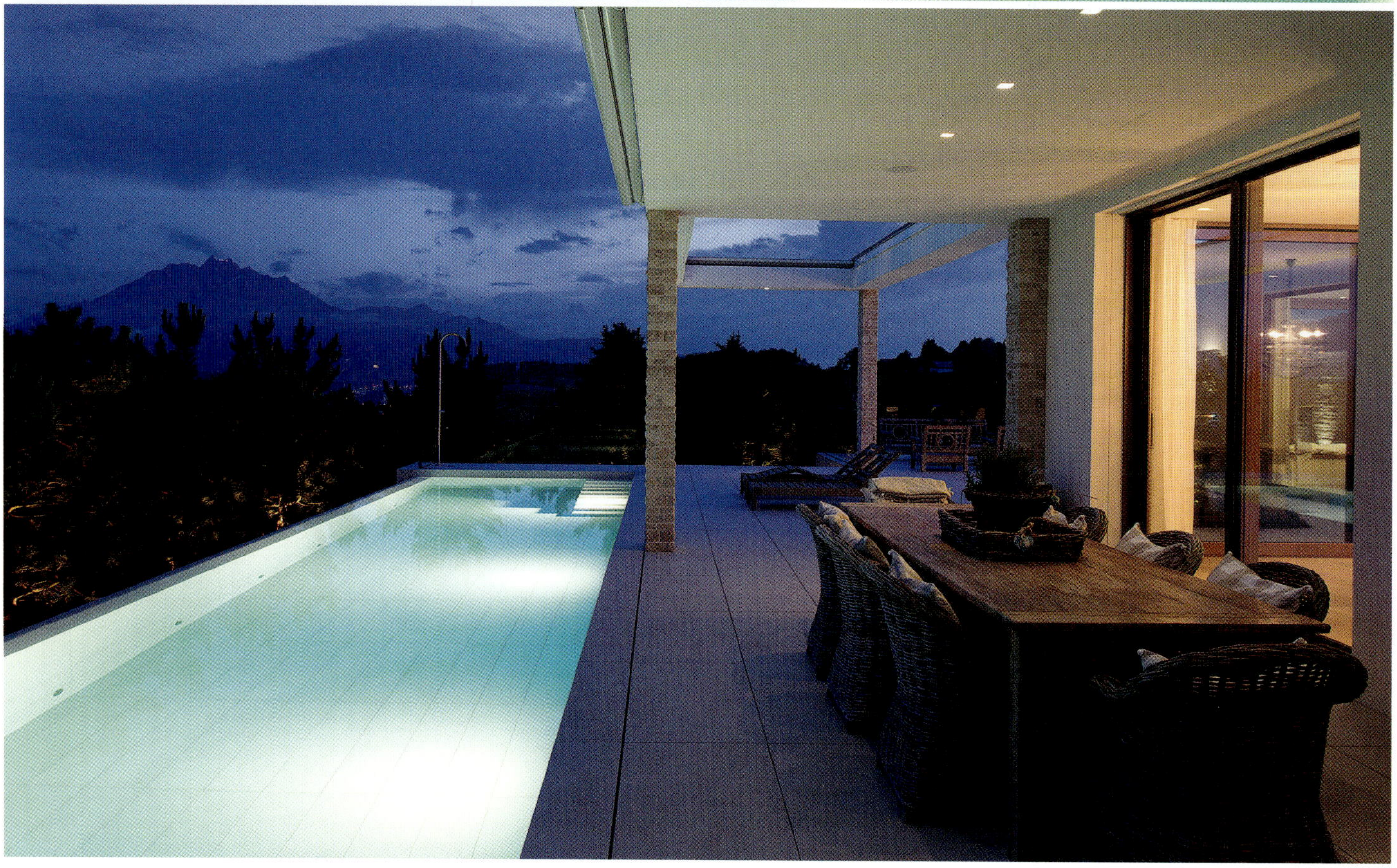

Ibiza am Vierwaldstättersee

So fühlt sich die Familie in ihrem 2014 erbauten neuen Haus mit dem modernen Swimmingpool. Klar, geradlinig, formal – so kann man die Ausstrahlung von Haus, Terrasse und Pool bezeichnen. Ein Eldorado für Designfreunde. Das nicht weniger als 18 m lange Schwimmbecken erstreckt sich an der kompletten Längsseite des Hauses und ist ein echter Pool für Langstreckenschwimmer. Das schier endlose Infinity-Becken lässt keine Wünsche offen, vor allem in puncto Form, Farbe und Stil fügt es sich nahtlos in die Gesamtarchitektur des Hauses und des klar gegliederten Grundstücks ein.

Nichts geht über die Lage

Das gilt vor allem dann, wenn man sich in der Nähe Luzerns bzw. des Vierwaldstättersees befindet. So gab denn auch das hoch gelegene Hanggrundstück mit seiner fantastischen Aussicht auf die Schweizer Bergwelt beim Kauf den Ausschlag. Das dort stehende Haus wurde kurzerhand bis auf das Untergeschoss abgerissen, um Platz für eigene Ideen zu schaffen und die Wünsche der neuen Eigentümer hinsichtlich der Architektur des Hauses, der Gestaltung von Garten, Einfahrt und Terrasse mit dem Swimmingpool zu verwirklichen. Hier entstand in der Folge für die dreiköpfige Familie mit Katze und zwei Hasen mehr als nur ein Zuhause mit Swimmingpool – geschaffen wurde ein Haus- und Gartenkomplex von großer Eleganz und Qualität.

Oben: Der 18 m lange Infinity-Pool erstreckt sich über die gesamte Breite des Hauses und ist tagsüber wie auch bei abendlicher Beleuchtung ein Blickfang. Er nimmt die formale Architektur des Designer-Hauses gekonnt auf.

Unten: Hier sitzt man überall in der ersten Reihe. Der Sitzplatz direkt am Haus und Pool ist dank Überdachung bei jedem Wetter nutzbar. Auf den Liegestühlen und der Lounge-Gruppe im hinteren Bereich genießt man freie Aussicht.

Reduziertes Exterieur, klare Linien und stilvolle Farben

Bei der Ausführung wurde nichts dem Zufall überlassen. Das Besondere der Terrasse ist nicht nur der wunderbare Ausblick, sondern auch die stilvolle helle Gestaltung mit der Glas-Absturzsicherung am Terrassenrand. Dadurch wird der Blick nach außen in die Landschaft nicht gehemmt. Zudem tritt die durchsichtige Scheibe optisch kaum in Erscheinung. Alles wirkt sehr dezent und dadurch edel.

Der beige Farbton des Bodenbelags auf der Terrasse ist aus der hellen Gebäudeverblendung abgeleitet. Dies trifft auch für den Boden der Einfahrt zu sowie für die großen Muschelkalkblöcke zur Hangabstützung – ein stilsicheres Ambiente, so wird alles zur stimmigen Einheit. Passend dazu wählte man das Mobiliar: Die Loungegruppe und Liegestühle aus hellem Holz mit einladenden weißen Polstern werden je nach Bedarf dezent beschattet durch einen Holzschirm mit weißer Bespannung. Der rechteckige Holztisch am Haus bietet Platz für acht bequeme Korbstühle.

Der Pool selbst ist aus wasserundurchlässigem Beton, der mit beigefarbenen Keramikplatten ausgekleidet ist. Die Herausforderung beim Bau der Anlage bestand darin, dass die beigen

»Toll, dass wir uns für einen modernen Infinity-Pool entschieden haben. Im Wasser haben wir das Gefühl, in den Horizont zu schwimmen, da keine Mauer die Sicht stört. Und das in einem dünnen Vorhang herabfallende Wasser sorgt auch für akustische Reize.«

Keramikplatten nicht nur auf der Terrasse, sondern auch durch den Pool gleichmäßig laufen. So entsteht ein harmonisches Fugenbild, und die klare Formensprache des langen Beckens mit seiner Unterwasserbeleuchtung bildet eine perfekte Ergänzung zum modernen Gebäude.

Lang, länger, unendlich

Der 18 m lange und 4 m breite Infinity-Pool ist sicherlich das Highlight der Terrasse, ohne jedoch das harmonische Bild zu verzerren und zu viel Aufmerksamkeit auf sich zu ziehen. Der lang gestreckte Swimmingpool eignet sich nicht nur zum Baden oder Chillen, hier kann man tatsächlich richtig schwimmen. Die langen Bahnen fordern geradezu zur sportlichen Aktivität heraus, was der Hausherr abends nach der Arbeit nur zu gerne ausnutzt.

Gerade bei dem Hanggrundstück kommt die ganze Wirkung eines Infinity-Pools zum Tragen. Da zwei Seiten des Beckens abgesenkt sind, gewinnt man den faszinierenden Eindruck, dass das Wasser im Nichts bzw. in der Unendlichkeit verschwindet. In Wirklichkeit läuft es über die Kante eines Überlaufs in ein tieferes, verborgenes Becken ab.

Damit man möglichst lange die Badesaison nutzen kann, sorgt ein an den Heizkreislauf des Hauses angeschlossener Wärmetauscher für angenehm warmes Poolwasser. Eine Unterflurrollladenabdeckung hilft, den Schmutzeintrag von außen zu minimieren und macht so die gesamte Anlage deutlich pflegeleichter.

Als »mediterran, einfach und pflegeleicht« empfindet die Familie den Swimmingpool und die gesamte Terrassenanlage am Haus. Bei schönem Wetter wird das Schwimmbecken wirklich oft benutzt, auf jeden Fall täglich, tagsüber vor allem vom Sohn und seinen Freunden. Da der Pool aber bis zum Sonnenuntergang beschienen wird, geht die Familie auch oft später noch baden. Das Gefühl, auf dem eigenen Grundstück in die untergehende Sonne schwimmen zu können, bedeutet für alle Familienmitglieder einfach Urlaub und Genuss pur.

DIE FAKTEN AUF EINEN BLICK

Größe des Gartenraums	150 m²
Baustart und Bauende	April 2014 bis August 2014
Marke	nein
Schwimmbereich	Breite 4,0 m, Länge 18,0 m, Tiefe 1,5 m
Abdichtungsart	Becken aus wasserundurchlässigem Beton, Auskleidung mit Keramikplatten, beige (wie Terrassenplatten)
Technik	Salzelektrolyse Topclean-Entkeimungsgerät
Filter	Calplasfilter mit AFM Filtermedium
Beleuchtung	Unterwasserscheinwerfer von Wibre
Heizung	Wärmetauscher QWT 100/WTI 100
Abdeckung	Unterflurrollladen
Wasserattraktionen	Überlaufrinne
Zusatzausstattung	Bayrol Pool Manager (Automatische Wasseraufbereitung)
Materialien für Deck, Terrasse und Einstiegstreppe	gleiche Platten wie im Pool, Keramik beige

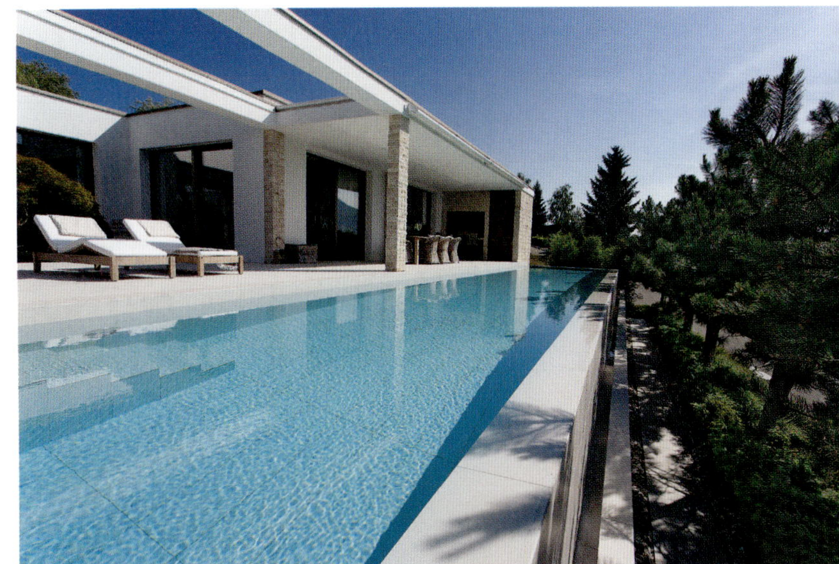

Dezenter grüner Rahmen

Auch bei der Bepflanzung setzte man auf Reduktion und wenige Akzente. Leider konnte die Hausherrin bei der Pflanzenwahl auf der Terrasse nicht die von ihr gewünschte Kletterhortensie einsetzen lassen, da diese aufgrund des Standorts ungeeignet war. Doch der stattdessen gepflanzte tief geschlitzte Japanische Ahorn (*Acer palmaturm dissectum*) steht nun malerisch wie eine Skulptur im Raum. Mit Bodenstrahlern wird er bei Dunkelheit perfekt in Szene gesetzt.

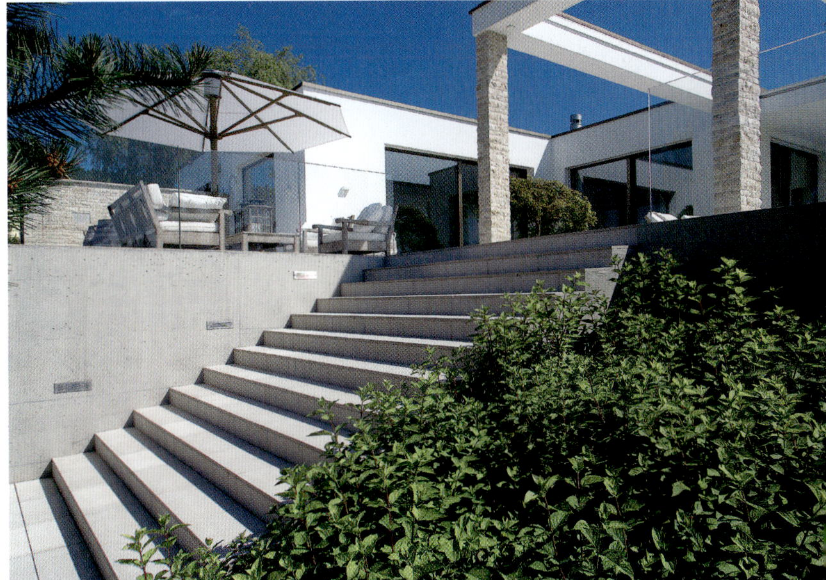

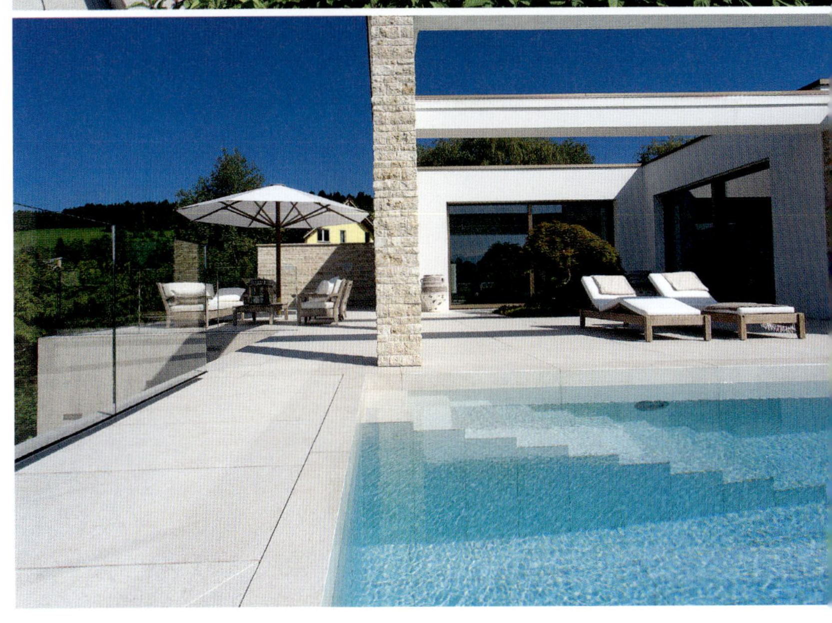

Oben: Das abschüssige Gelände wurde mit dem Swimmingpool optimal genutzt. Der steile Hang zur Straße hin wurde mit Natursteinblöcken abgefangen. Die Bepflanzung mit hohen Kiefern sorgt ganzjährig für lockeren Sichtschutz.

Mitte: Die großzügige Treppe zum Haus ist ebenfalls, wie die Terrasse, in hellem Beige gehalten. Der Höhenunterschied wird durch eine Betonmauer mit einer Absturzsicherung aus Glas ausgeglichen. Man gelangt von hier aus zum großzügigen und einladenden Ambiente der Terrasse, die einen mit mehreren Sitzgelegenheiten freundlich empfängt.

Unten: Hier kann das Auge schweifen: Das harmonisch wirkende Farbspektrum von Hellgrau, Beige, Weiß und Blau wird durch die offene Bauform der großzügig bemessenen Terrasse betont. Auch hier gewährt die Absturzsicherung aus Glas ungehinderte Sicht auf die Landschaft.

Whirlpool – Wellness-Oase im Garten

In einem wohlig temperierten Whirlpool kann man nach Feierabend wunderbar den stressigen Arbeitstag ausklingen lassen und sogar noch bei eisigen Außentemperaturen den klaren Sternenhimmel genießen. Es plätschert, gurgelt und sprudelt, wenn sich die Muskeln bei einer Hydromassage entspannen. Kannte man früher solch eine Chill-out-Atmosphäre nur aus Hotels oder öffentlichen Bädern, geht der Trend mittlerweile zur Wellness-Oase für die ganze Familie im heimischen Garten. Vor allem in besonders kleinen Arealen ist der Whirlpool eine prima Alternative zum Badeteich, da er wenig Platz beansprucht, keine Erdarbeiten nötig sind und man ihn deshalb ganz einfach und unkompliziert aufbauen kann.

Kleine Whirlpool-Geschichte

Das Wissen, dass Wasser, Gesundheit und Wohlbefinden eng zusammengehören, ist nicht neu. Bereits die Römer genossen ihre Thermen. Im Mittelalter entstanden nach den Kreuzzügen auch in Europa Badestuben mit Sauna und Badezubern, doch die aus Amerika eingeschleppte Syphilis brachte ein Erliegen der Badekultur, die erst im 19. Jahrhundert ein Comeback erlebte. Zwar kamen zwischenzeitlich Heilbäder und Trinkkuren in Mode, auch Moorbäder erlebten eine Blütezeit. Doch den Durchbruch beim Spaßbaden brachte erst wieder der Whirlpool. Es waren die aus Italien eingewanderten Brüder Jacuzzi, die 1968 in Amerika eine fantastische Idee hatten: den Bau von warmen Badewannen mit integrierten Massagedüsen und Umwälzpumpen. Ihr Name »Jacuzzi« avancierte sogar zum Synonym für den Whirlpool schlechthin.

Oben: Transportable Whirlpools bestehen meist aus robustem Acrylguss, verkleidet mit Holz, Kunststoff oder Stein.

Unten: Ein fest eingebauter, indivduell gestalteter Whirlpool ermöglicht mehr gestalterische Freiheit als Komplettsysteme.

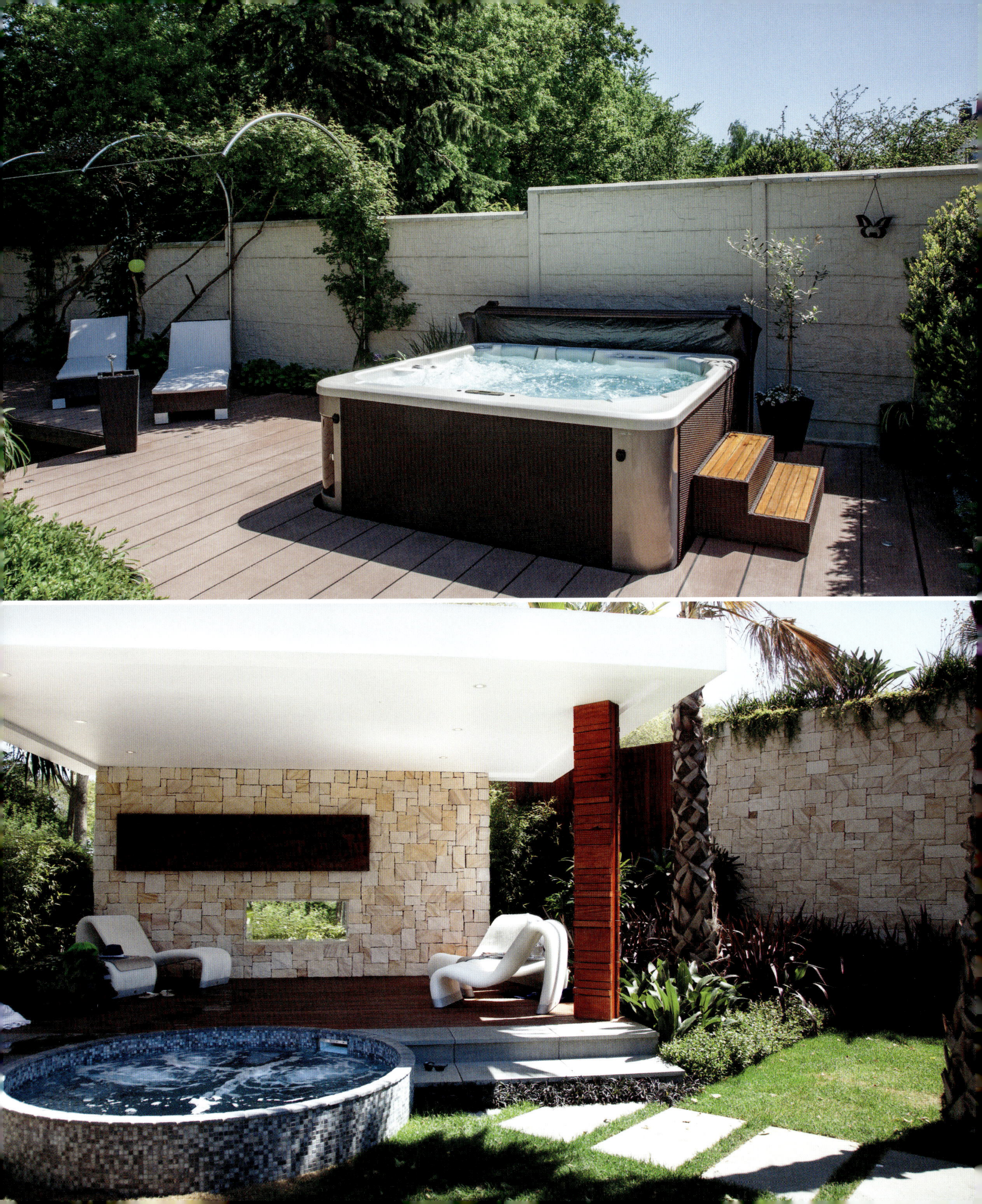

Fantasiereiche Gestaltung

Ob rund, eckig, oval oder elliptisch, ob für zwei, drei oder sieben Personen, mit Licht und Musik – Whirlpools gibt es für jeden Geschmack, in jeder Form und in den verschiedensten Materialien. Es gibt fest eingebaute und transportable Whirlpools. Für die erste Variante wird das Becken im Boden eingelassen und fest angeschlossen. Die meisten Outdoor-Whirlpools bestehen jedoch aus portablen Wannen. Sie werden mit normalem Netzstrom betrieben und sind mit Heizelementen, Pumpensystemen und Filteranlagen ausgestattet.

Unkomplizierter Kreislauf

Das Funktionsprinzip eines Whirlpools ist denkbar einfach: Eine Umwälzpumpe betreibt einen Wasserkreislauf. Das Wasser wird aus dem Becken abgesaugt, mehrfach gefiltert bzw. desinfiziert, durch einen Erhitzer auf konstanter Temperatur gehalten und über die Düsen wieder in das Becken geleitet. Sie sind so angebracht, dass der Wasserstrahl verschiedene Körperregionen massiert. Nach Belieben kann der Strahl rotierend, punktuell oder flächig, mal kräftig oder mal sanft sein. Wichtig ist eine gute Wärmedämmung der Außenhaut, sodass man den Pool auch im Winter genüsslich nutzen kann. Damit die Wärme des Wassers nicht nach oben verloren geht, benötigt jeder Whirlpool eine Abdeckung.

Wie funktioniert die Wasseraufbereitung?

Die Ausstattungsvarianten mögen noch so vielfältig sein – ohne sauberes Wasser gibt es keinen Wohlfühleffekt. Der Wasseraufbereitung kommt beim Whirlpool eine besondere Rolle zu, da die Wasserqualität durch die geringe Wassermenge stärker durch das Baden belastet wird als in einem großen Pool. Damit es nicht täglich erneuert werden muss, gelten die gleichen Prinzipien wie bei der Wasseraufbereitung der Swimmingpools:

- **pH-Wert** Er sollte stets im Bereich 7,0–7,4 liegen.
- **Wasseraufbereitung** Hier gibt es verschiedene Möglichkeiten. Je nach Badefrequenz kann man zwischen Produkten auf Chlor-, Brom- und Sauerstoffbasis wählen. Bei Whirlpools empfiehlt sich Brom. Es hat eine gute pH-Wert-Toleranz und verflüchtigt sich nicht so schnell wie Chlor. Eine Kombination mit Ozon und mit einem UV-Brenner erhöht die Wirksamkeit bei der Desinfektion.
- **Neue Systeme** Mittlerweile gibt es Alternativen wie die Salzwasserelektrolyse. Hierbei wird durch Zugabe von Natrium-Chlorid Chlor erzeugt. Dabei sollte darauf geachtet werden, dass die Elektrolyse in einem separaten Kreislauf stattfindet, sodass kein Salz ins Poolwasser gelangt.

Oben links: Die Sitzplätze bieten verschiedene, individuell steuerbare Düsen für die unterschiedlichen Körperzonen.

Oben rechts: Der Skimmer verfügt über einen abnehmbaren Deckel mit Öffnung für den Wasserdurchlauf.

Unten: Dem einströmenden Wasser kann zusätzlich Luft beigefügt werden, was einen kräftigen Wasserstrahl erzeugt.

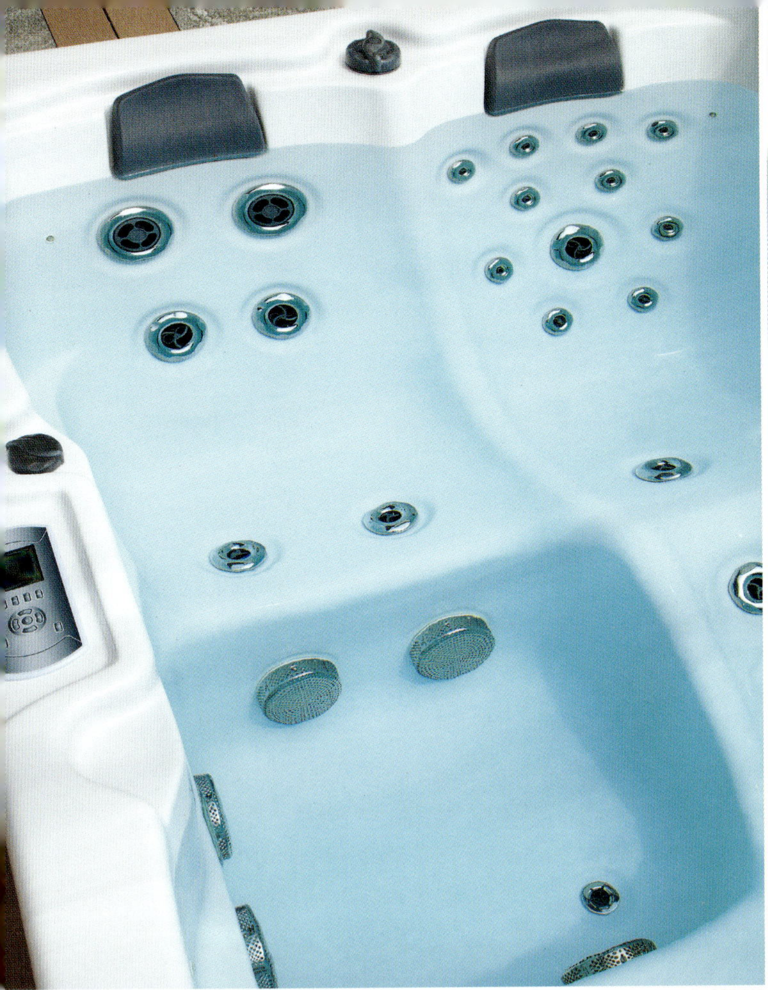

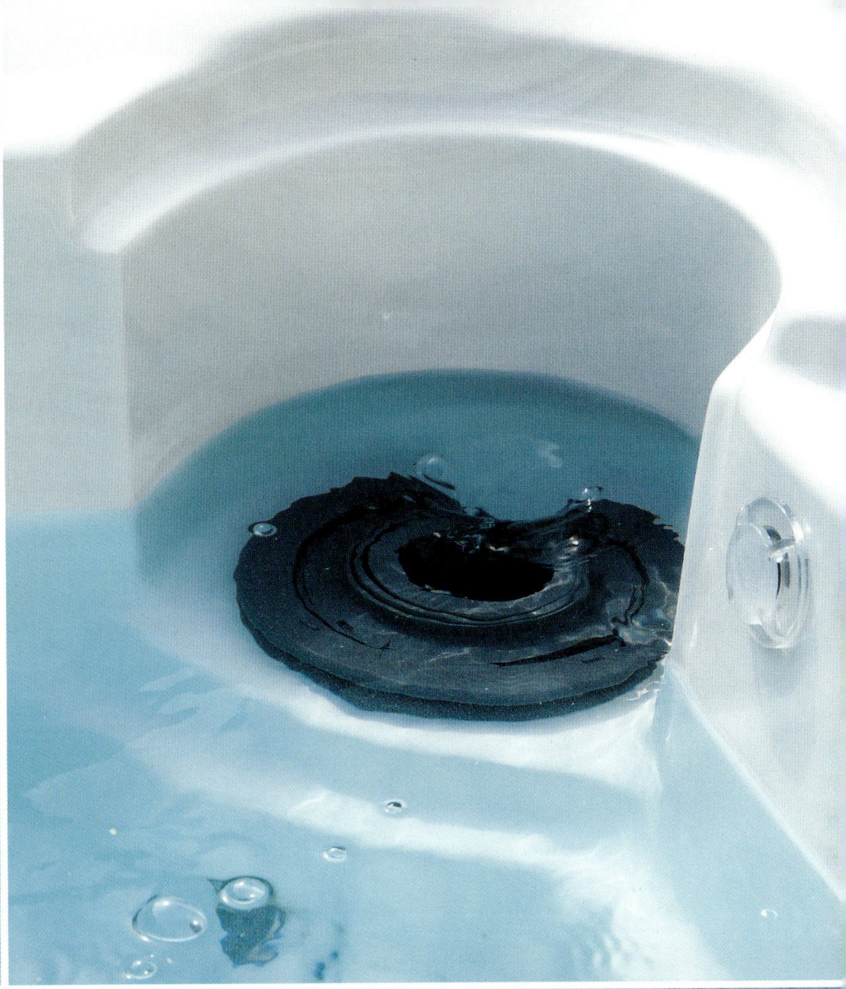

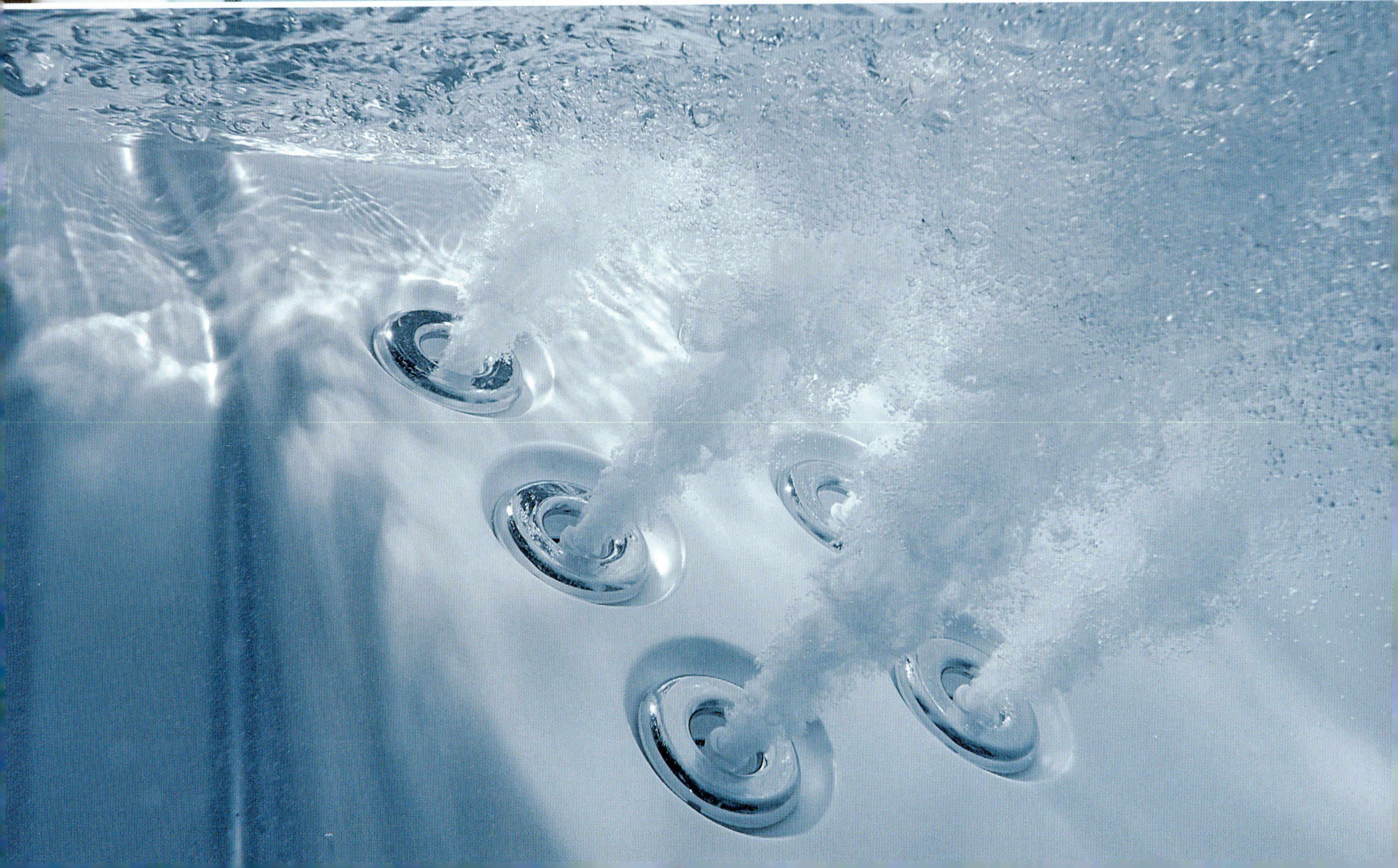

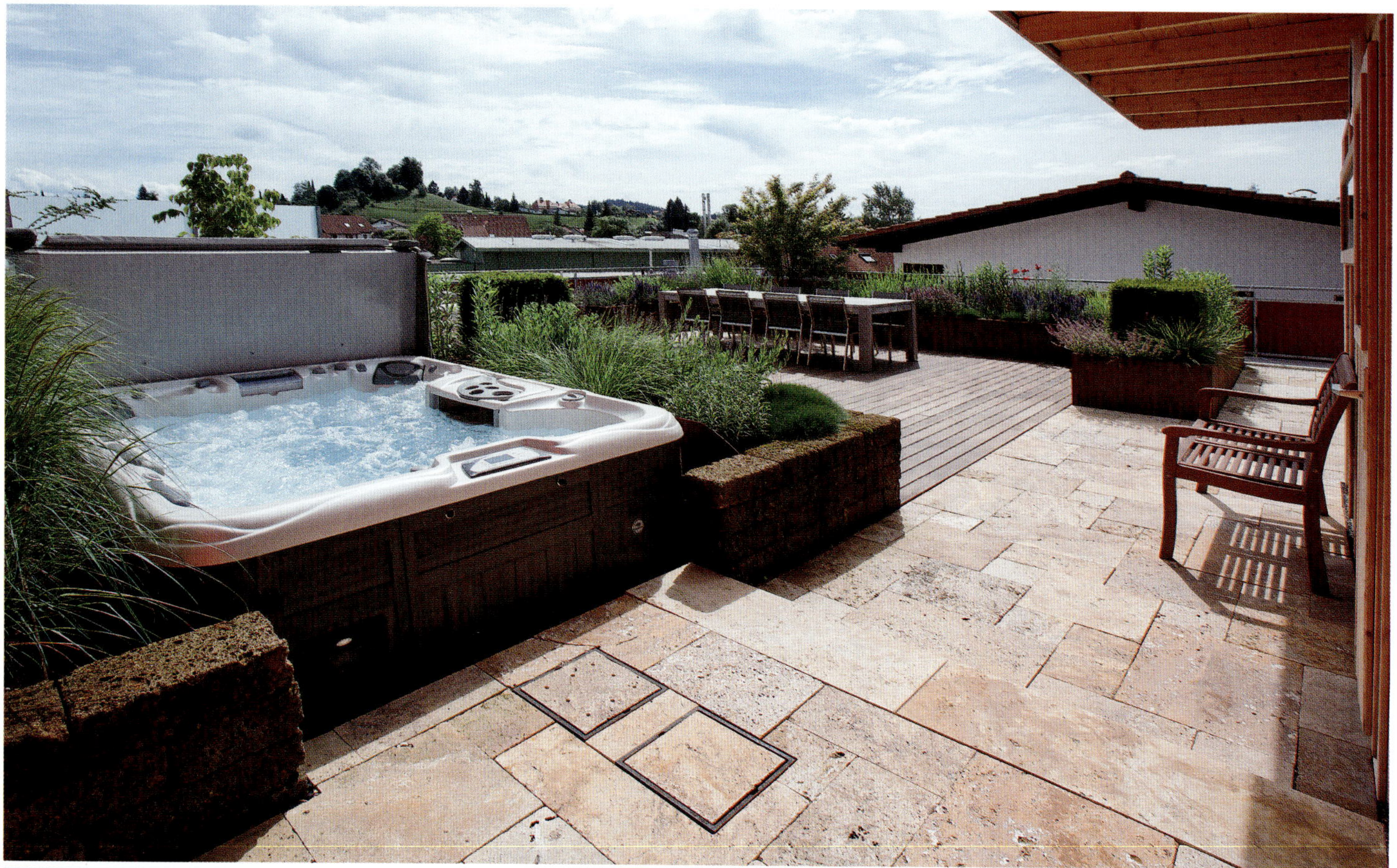

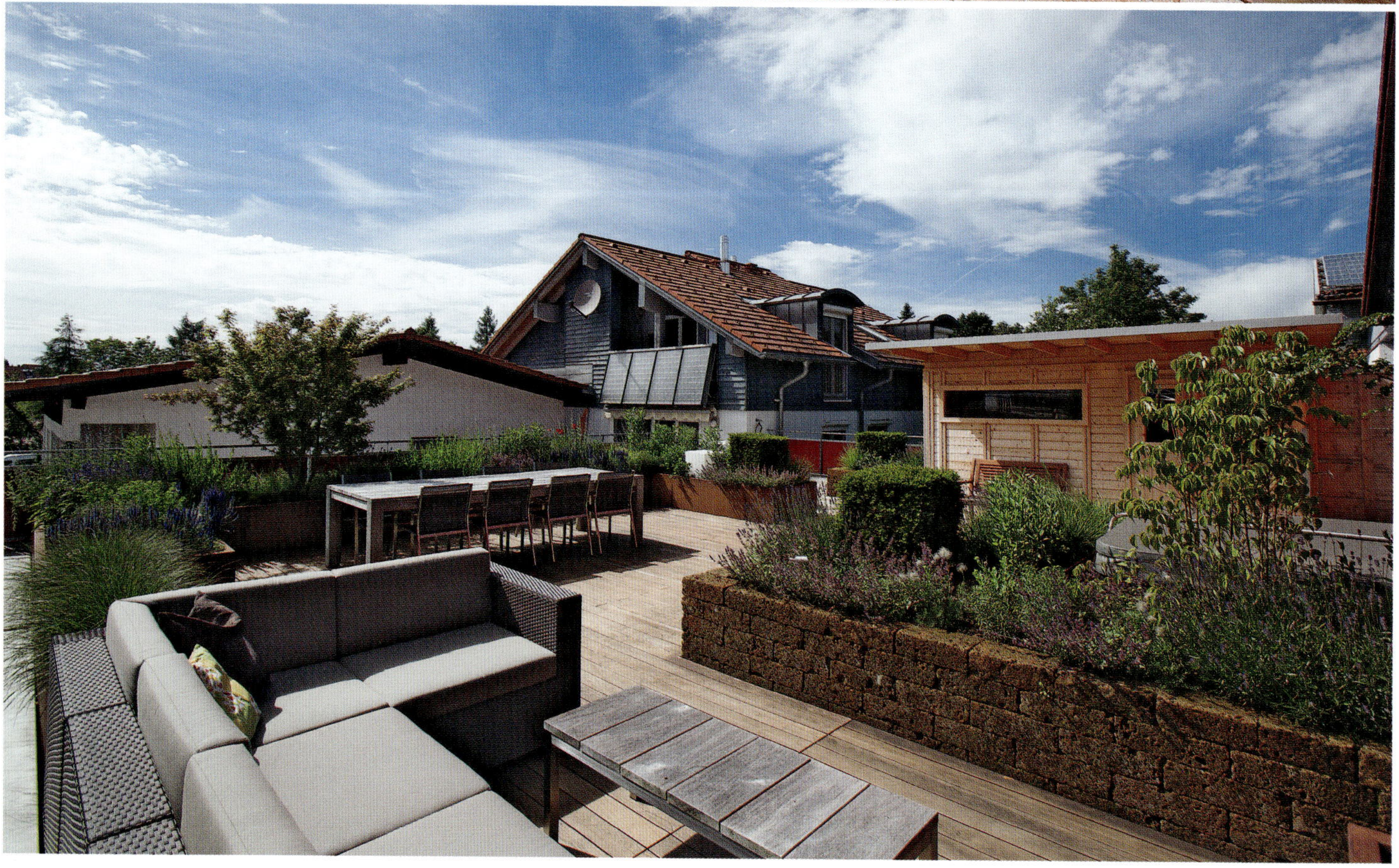

Whirlpool in luftiger Höhe

Von der Straße aus kann man kaum erkennen, was sich über dem Erweiterungsbau eines Unternehmens in der Nähe von Lindau befindet: ein rund 100 m² großer liebevoll gestalteter Dachgarten mit Wellness-Oase. In dieser idyllischen Umgebung kommt Lounge-Feeling auf, hier kann man den Tag genießen und die Arbeit vergessen. Kein Wunder, dass die vierköpfige Familie ihre grüne Dachoase mit dem fantastischen Ausblick ins Alpenvorland in vollen Zügen genießt.

Komfortzone auf dem Dach

Die vor einiger Zeit vorgenommene Erweiterung des Firmengebäudes hatte den Unternehmer zur Umgestaltung des bisher ungenutzten Flachdachs in einen Dachgarten mit Lounge-Charakter inspiriert. Während eine Fachfirma den Umbau plante und ausführte, kümmerte sich der Hausherr selbst um Sauna, Dusche und Whirlpool. Von besonderer Bedeutung bei der Planung waren die Berechnung der Statik des Daches und die passende Auswahl der Baumaterialien.

CORTENSTAHL HAT VIELE VORZÜGE

Cortenstahl ist ein sehr interessantes, lebendiges Material. Der wetterfeste Baustahl verfügt über besondere Korrosionseigenschaften. Wird er den natürlichen Witterungsverhältnissen ausgesetzt, bildet sich unter der sichtbaren Rostschicht eine Sperrschicht, die das Durchrosten verhindert. Man verwendet ihn u. a. für Dekorationsobjekte, wie etwa Pflanzgefäße und Hochbeete, Sichtschutz- und Motivwände, Brunnenanlagen, Metallskulpturen etc. Da sich die erste Rostschicht auswäscht und Flecken hinterlassen kann, sollte man vorgerostete, natürlich gealterte Cortenstahlbleche verwenden.

Oben: Der Whirlpool auf der Gartenterrasse bietet fünf Personen Platz. Mit einer Mauer und Pflanzen vor Blicken geschützt, entsteht das passende Ambiente für eine private Wellness-Oase unter freiem Himmel. Die Verkleidung des Pools passt perfekt zu den beigefarbigen Bodenfliesen.

Unten: Auf der Rückseite des Whirlpools befindet sich ein Hochbeet, das den gemütlichen Loungebereich von der übrigen Fläche etwas abgrenzt. Auch für einen großen Esstisch ist genügend Platz auf der Dachterrasse, die ganzjährig von der Familie und Freunden genutzt wird.

Geschmackvoller Materialmix

Den Dachgarten über der Firmenhalle erreicht man von außen über eine Stahltreppe. Der Boden ist sowohl mit Naturstein als auch mit Holzdielen belegt. Dabei vermittelt der in römischem Verband verlegte Travertinstein in Hellbeige ein südländisches Flair. Dazu passt der Holzbelag aus Thermo-Esche in edler dunkler Optik ganz hervorragend.
Gesichert ist der Dachgarten mit einem Geländer aus Stahl in Kombination mit roten Fassadenplatten. Deren Farbton findet in der Hausfassade seine Entsprechung. Eine eigens vom

»Der Umbau des Daches hat sich gelohnt, darüber sind sich alle Familienmitglieder einig. Wir nutzen den Dachgarten täglich, nicht nur zum Entspannen, sondern auch für Feiern mit Gästen und Familie.«

Fachmann angefertigte Sichtschutzwand aus satiniertem Glas schützt vor den Blicken der Nachbarn und vor Zugluft.

Es grünt und blüht

Zwei Sitzbereiche laden zum Verweilen ein. Geschickt gliedern einzelne Hochbeete aus dazu farblich passendem Material wie Cortenstahl und Tuffstein die Gartenlounge in einzelne Bereiche bzw. Räume. Ein bunter Mix an Stauden und Gehölzen hat hier seine Heimat gefunden. Es blüht und duftet um die Wette, die Aromatherapie wird quasi gleich mitgeliefert. Lavendel *(Lavandula angustifolia)*, Katzenminze *(Nepeta faassenii)*, Prachtkerze *(Gaura lindheimeri)*, Lampenputzergras *(Pennisetum alopecuroides)*, Sonnenhut *(Echinacea purpurea)* oder Türkischer Mohn *(Papaver orientale)* locken Bienen und Schmetterlinge an. In Würfelform geschnittene Eiben *(Taxus baccata)*, Fächer-Ahorn *(Acer palmatum)* und Asiatischer Blüten-Hartriegel *(Cornus kousa)* verleihen dem Dachbereich Struktur, wobei die immergrüne Eibe auch im Winter ein Blickfang ist.
Sauna, Außendusche und Whirlpool sorgen für ein entspanntes Freizeitvergnügen in luftiger Höhe. An heißen Sommertagen weht hier oben immer noch eine leichte Brise, was sehr angenehm ist. Zudem werden Familienmitglieder oder Gäste mit einer fantastischen Aussicht belohnt und nachts hat man den freien Blick in den Sternenhimmel.

DIE FAKTEN AUF EINEN BLICK

Größe des Gartenraums	100 m²
Baustart und Bauende	Februar bis März 2014
Marke	Armstark® Sundance, Modell Marin
Wannenbecken	Breite 2,31 m, Länge 1,91 m, Tiefe 0,84 m
Anzahl Personen	5
Außenverkleidung	Kunststoff
Technik	2 Düsenpumpen, 1 Umwälzpumpe
Wasserdesinfektion	CLEARRAY™-UV-Desinfektionssystem
Filter	MicroClean™ Ultra-Filtersystem
Ozonator	nein
Düsen/Jets	43
Beleuchtung	LED, bunt
Heizung	ja
Abdeckung	Hardtop
Musik	MP3-Player
Materialien für Deck und Terrasse	Thermo-Esche, Naturstein Travertin

Oben: Der blau blühende Lavendel ergibt zur rot gestrichenen Hauswand, an die sich links die Sauna anschließt, einen sehr schönen Farbkontrast.

Unten links: Die Wasserdüsen versprechen eine angenehme Massage und Entspannung der Muskeln.

Unten rechts: Die Wasserschütte aus Cortenstahl ist ein toller Blickfang, der für sanftes Hintergrund-Plätschern sorgt.

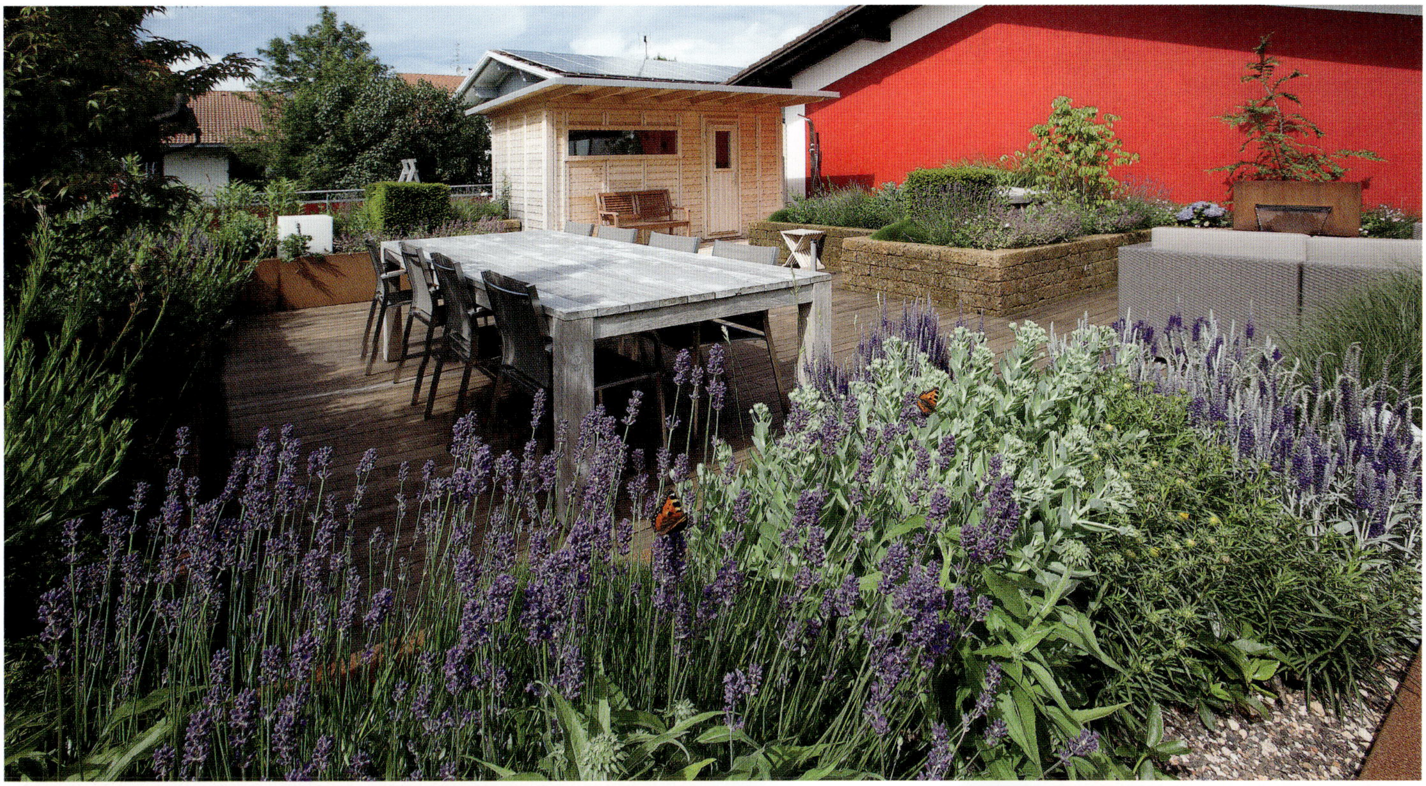

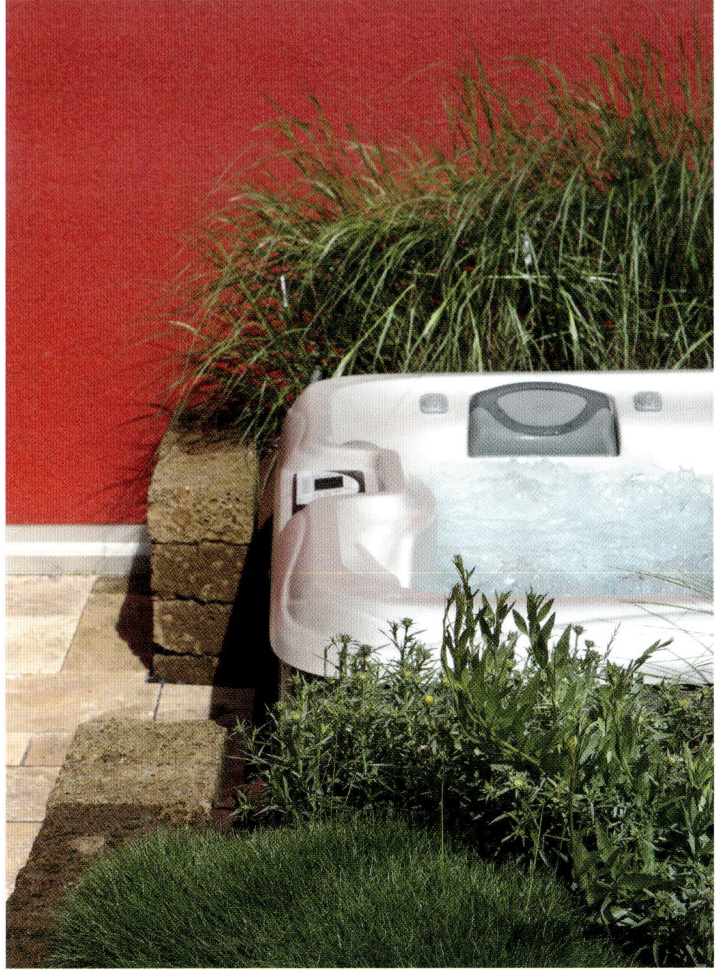

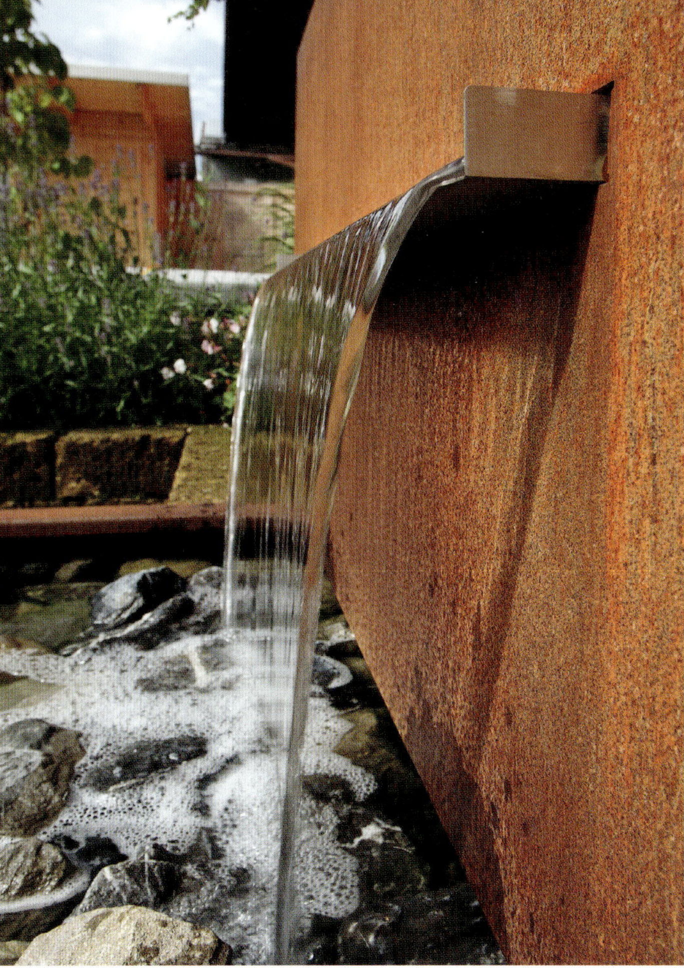

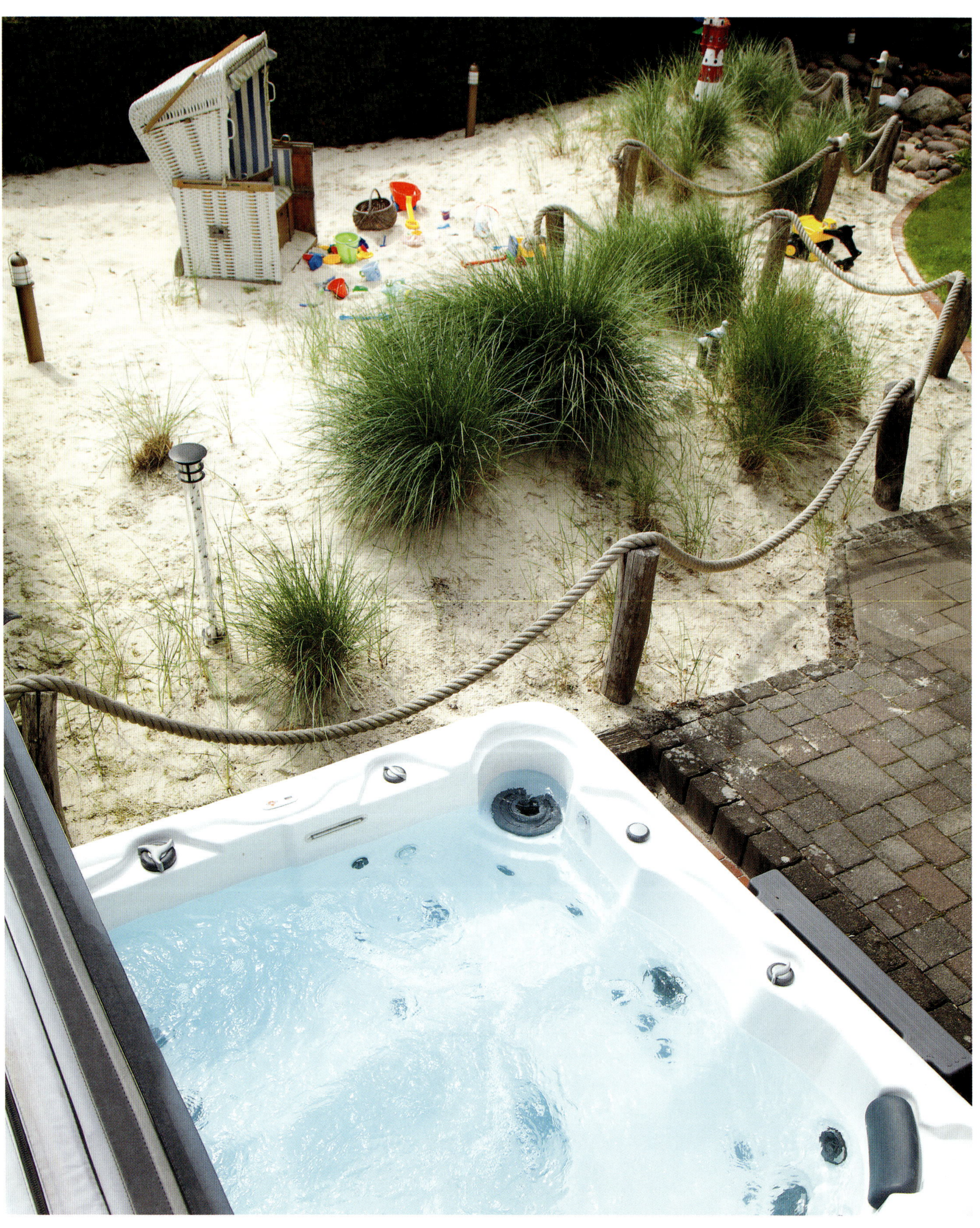

Strandleben in Ostwestfalen

Ihren Traum von der Nordsee haben sich die Besitzer eines kleinen Gartengrundstücks erfüllt und sich ihre geliebte Urlaubslandschaft im eigenen Garten anlegen lassen – inklusive Strandkorb und Whirlpool. Da beide beruflich eingebunden sind, bleibt oft nicht viel Zeit für einen Urlaub. Warum dann nicht zu Hause ausspannen?

Detailgerechte Dünenlandschaft

Die Strandlandschaft ist perfekt geplant. Verwendet wurde Quarzsand, der feinkörnig und hell ist – schließlich soll das Meeresfeeling vollkommen sein. Der Sand gelangte mit Hilfe eines mobilen Förderbandes über das Haus hinweg in den Garten, da das Grundstück mit größeren Geräten nicht erreicht werden kann. Dort wurde er dann mit dem Mikrobagger verteilt und das Gelände entsprechend modelliert, naturgetreu mit kleinen Dünen und echter Strandvegetation. Gerade durch die Bepflanzung wird eine realistische Strandatmosphäre geschaffen. Auf dem Quarzsand kommt der Gewöhnliche Strandhafer *(Ammophila arenaria)* sehr gut zurecht. Dieser benötigt nur wenige Nährstoffe und wird aufgrund seines ausgedehnten Wurzelwerkes auch als Erosionsschutz zur Befestigung von Randdünen verwendet.
Die weitere Ausgestaltung des Gartens hat die Hausherrin mit Deko-Elementen vorgenommen: Ein Strandkorb, diverse Muscheln sowie ein großer Leuchtturm durften nicht fehlen.

Links: Vom Whirlpool hat man die Strandlandschaft mit Strandkorb, Leuchtturm, Dünen und Strandhafer im Blick.

DIE FAKTEN AUF EINEN BLICK

Größe des Gartenraums	135 m^2
Baustart und Bauende	Dezember 2011 bis Januar 2012
Marke	Canadian Spa Company, Modell Winnipeg
Wannenbecken	Breite 2,0 m, Länge 2,0 m, Tiefe 0,8 m
Anzahl Personen	5–6
Außenverkleidung	Kunststoff
Technik	2 Pumpen, Skimmer
Wasserdesinfektion	Chlortabletten
Filter	Kartuschenfilter
Ozonator	ja
Düsen/Jets	35
Beleuchtung	LED, bunt
Heizung	ja
Abdeckung	Hardtop
Musik	MP3 Audio System
Materialien für Deck und Terrasse	Klinker

Traumhaft schön

Die Enkelkinder lieben den Sandkasten und springen nach einem Sandbad auch mal gerne in den Whirlpool, während Oma und Opa diesen, insbesondere im Winter, eher zum Relaxen nutzen. Dann sitzen sie im warmen Wasser, lassen sich von den Pooldüsen massieren und träumen von einem Urlaub an der Nordsee, der eigentlich auch nicht viel mehr bieten kann als die kleine Wellnessoase in Ostwestfalen …

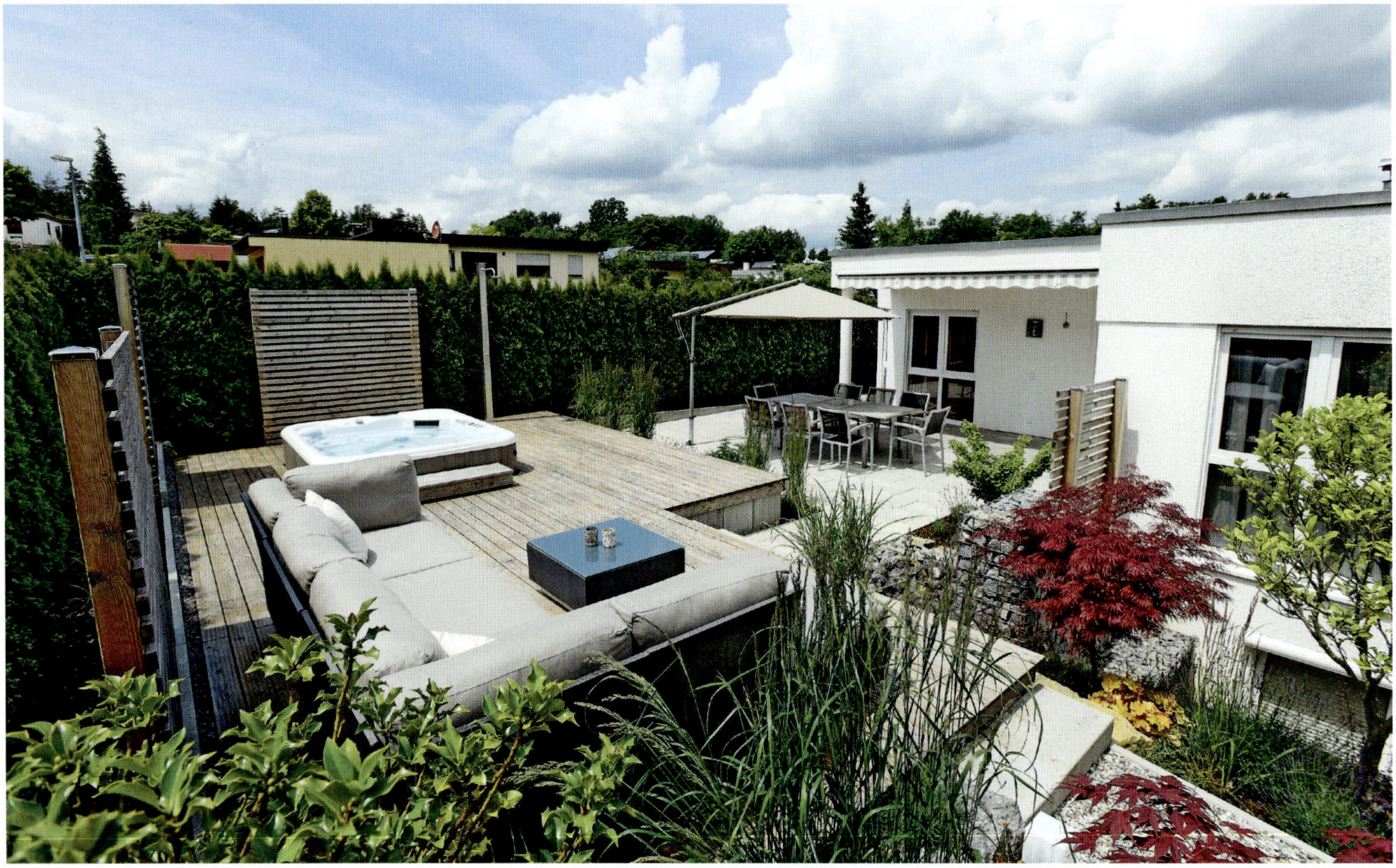

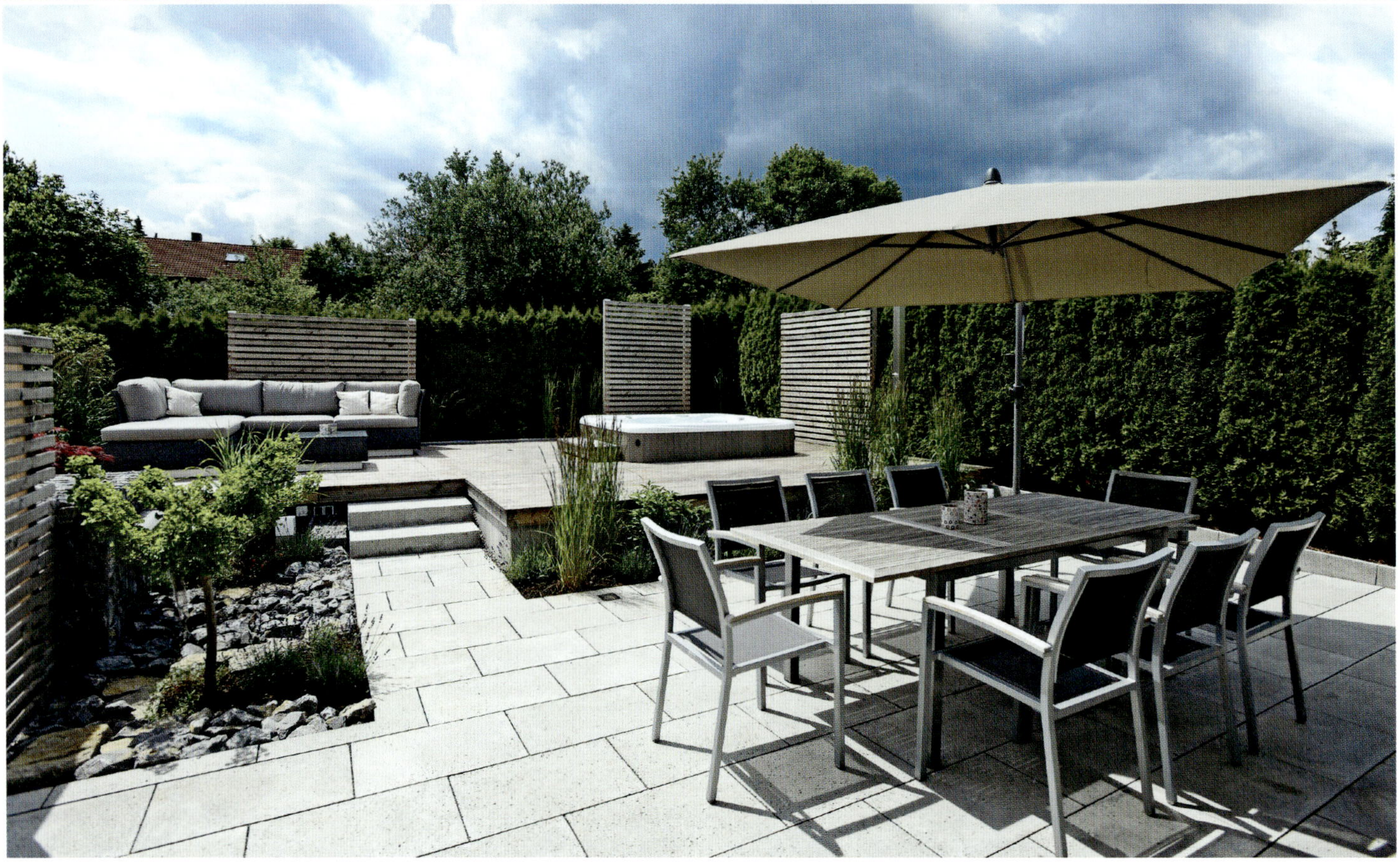

Wellness zwischen Holzdeck und Terrasse

Einfach in den Garten stellen, das war die Idee der Familie, die sich im Frühjahr 2011 einen Whirlpool anschaffte. Gut, dass sie sich vorher noch den Rat eines Gartenspezialisten einholte. Dieser entwickelte ein komplett neues Gesamtkonzept für den Garten, was zur Aufwertung des Freiraums führte. Der Whirlpool wurde in ein erhöht liegendes Holzdeck eingebaut, das als großzügiger Wellness- und Loungebereich direkt vor der neu angelegten Terrasse platziert ist.

Ein Garten, zwei Bereiche

Die Terrasse am Haus ist mit grauen Betonsteinplatten belegt. Sie bietet viel Platz für einen großzügigen Sitzbereich. Drei Stufen erhöht schließt sich das Holzdeck aus Douglasie an. Es ist das Kernstück des Wellnessgartens, der zum Entspannen, aber auch zum Feiern einlädt. Einzelne Holzelemente sowie eine geschlossene Heckenbepflanzung zur Straße und zu den Nachbarn fungieren als Sichtschutz. Vor den Kinderzimmern wurde ein großer Lichtgraben mit Sonnenbank angelegt. Den Wunsch nach einem Wasserspiel konnte die Gabione mit integriertem Wasserfall erfüllen.

Oben: Vom Loungesofa hat man einen schönen Blick auf den Whirlpool und die tiefer gelegene Steinterrasse direkt vor dem Haus. Trotz der blickdichten Koniferenhecke fühlt man sich aber keineswegs eingeengt.

Unten: Die großzügige Terrasse ist mit hellgrauen Platten belegt. Drei Stufen führen zum Holzdeck mit Wellnessoase.

GARTENDUSCHEN

Eine Außendusche ist die perfekte Ergänzung zum Badegarten. Gerade an heißen Sommertagen sorgt sie für sprudelnde Erfrischung. Die Duschen können ausschließlich mit kaltem Wasser betrieben werden, aber auch mit kombinierter Warm- und Kaltwasserausführung. Dabei kann das Warmwasser aus dem Haus abgezweigt werden, möglich sind aber auch Solarduschen.
Die Dusche sollte so positioniert werden, dass sie von außerhalb nicht einsehbar ist. Ebenfalls wichtig: Die Dusche sollte nicht direkt auf den Rasen oder neben ein Beet gestellt werden. Am besten immer einen Holzrost unterlegen oder die Fläche pflastern. Dadurch kann man verhindern, dass Schmutz oder Erde »zu Fuß« in das Wasserbecken eingetragen werden. Wird die Gartendusche häufig benutzt, sollte man einen Wasserabfluss einplanen oder das Wasser zu einem Gully ableiten, um die umliegenden Beete oder den Rasen nicht zu überfluten.
Im Herbst wird die Gartendusche dann abgebaut und frostsicher im Haus überwintert. Fest installierte Duschen überwintert man unter einer Abdeckung im Freien. Zuvor wird alles Wasser aus den Rohren und Duschköpfen abgelassen, um Frostschäden zu verhindern.
Für das perfekte Wellnessgefühl sind verschiedene Brauseköpfe im Handel erhältlich, sie reichen von der einfachen Baumarkt-Dusche mit einer Einstellung bis hin zum schicken Designerstück aus Hartholz, Edelstahl oder mit Granitstele und Duschköpfen als Kombibrause.

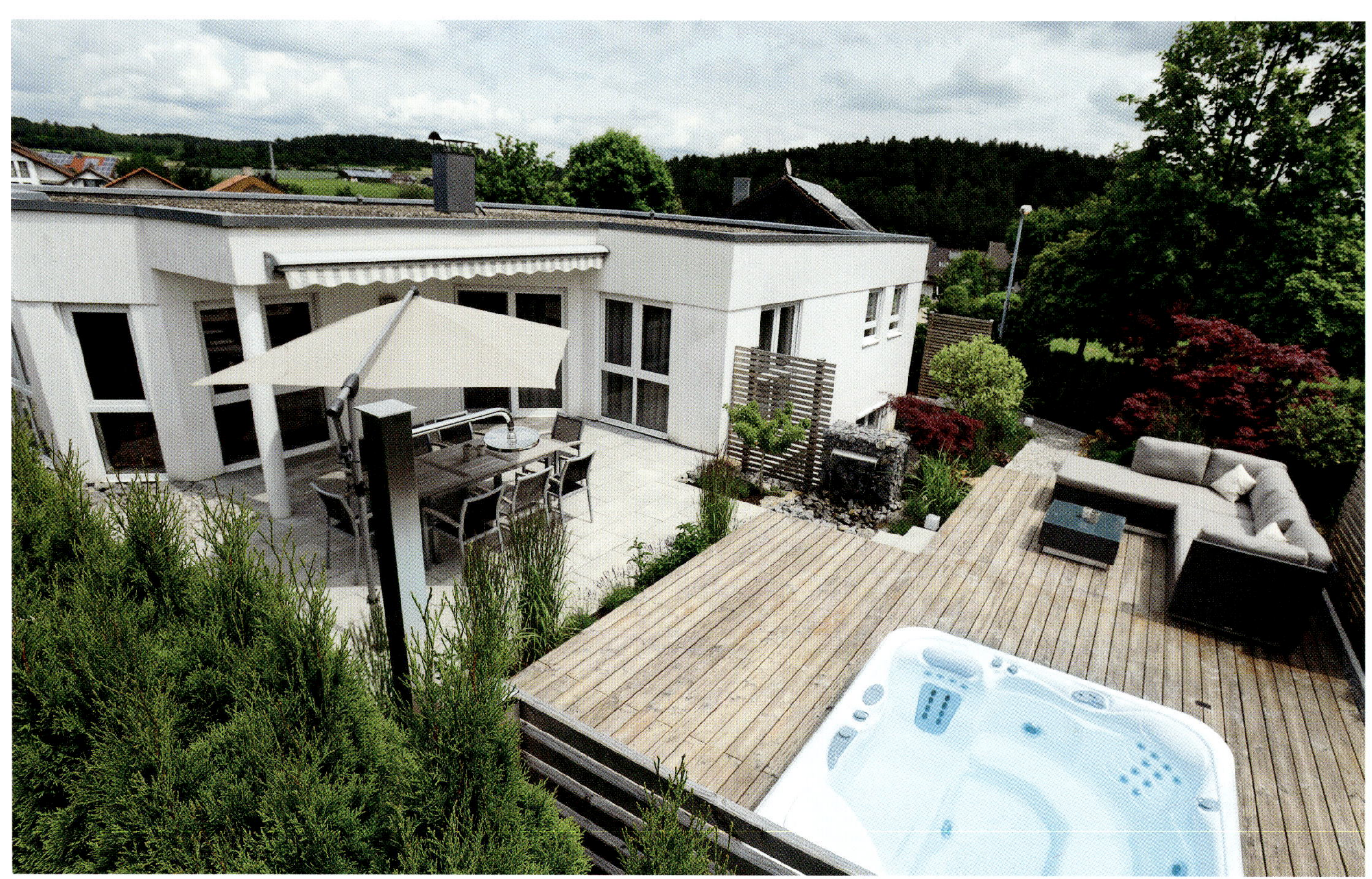

Das Highlight des Gartens

Der Whirlpool ist das großzügige, bis zu sechs Personen fassende Herz des Wellness-Gartens. Durch die topografische Lage des Grundstücks bot es sich an, ihn in erhöhter Position zu platzieren. Der schmale Garten erhält durch das höher liegende Holzdeck viel mehr Tiefe, wird abwechslungsreicher und gewinnt dadurch auch an Ausstrahlung. Das Becken ist zur Hälfte in das Holzdeck eingelassen. Es ist über eine Stufe gut zu begehen und thront über Garten und Terrasse. Die graue Außenverkleidung aus Kunststoff passt sich farblich sehr harmonisch in die Umgebung ein und wird nicht als störend empfunden. Die Außendusche in der Nähe des Beckens ist eine schöne Ergänzung zur Wellnesslandschaft. Diese wird abends durch die Beleuchtung effektvoll in Szene gesetzt.

WOHLFÜHLEN MIT ALLEN SINNEN

Nicht nur Wasser steigert unser Wohlbefinden, auch Licht macht gute Laune! Farbiges Licht sollte deshalb an keinem Whirlpool fehlen. LED-Farblichter, wahlweise mit Lichteffektprogrammen, gibt es sowohl für die Über- wie für die Unterwasserbeleuchtung. Klänge haben ähnlich positive Wirkungen auf unseren Organismus wie Licht. Mittlerweile lassen sich Sounds auch unter Wasser auf den gesamten Wannenkörper übertragen, sodass sie im Wasser spürbar sind. Übrigens: Auch durch den Einsatz von ätherischen Ölen, Meersalz oder anderen Badezusätzen wird jeder Whirlpool zur Wellnessoase.

Es muss nicht alles neu sein!

Buchsbäume, Lavendel und Gräser für die Kiesfläche seitlich am Haus standen ganz weit oben auf der Wunschliste der Hausherrin und konnten aus dem Bestand im früheren Garten übernommen werden. Auch einige ihrer Lieblingsgehölze wie etwa der Fächer-Ahorn *(Acer palmatum)*, die Stern-Magnolie *(Magnolia stellata)*, der Ginkgo *(Ginkgo biloba)* sowie

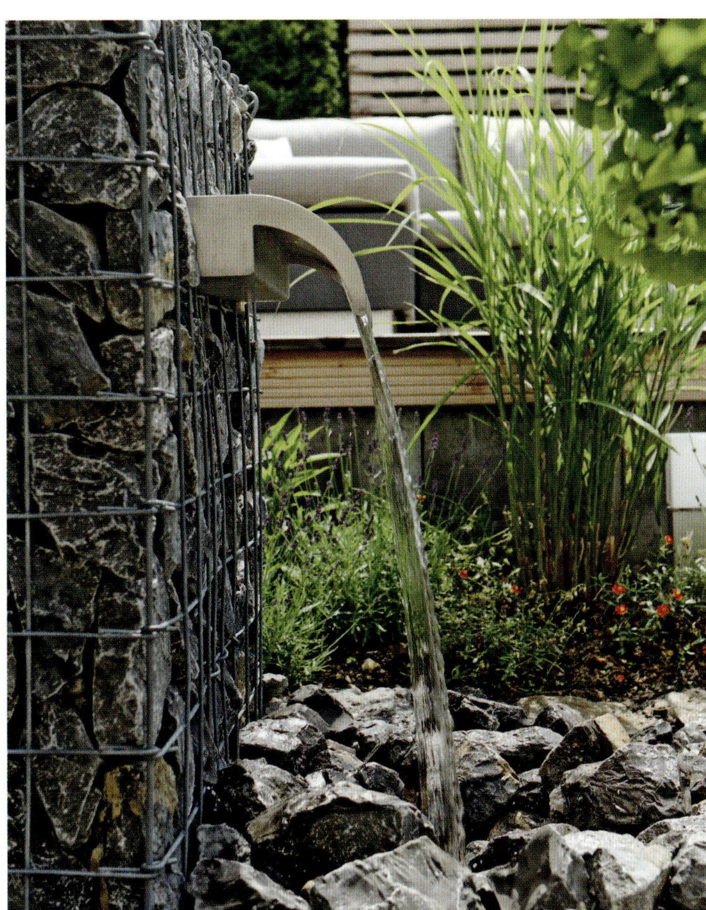

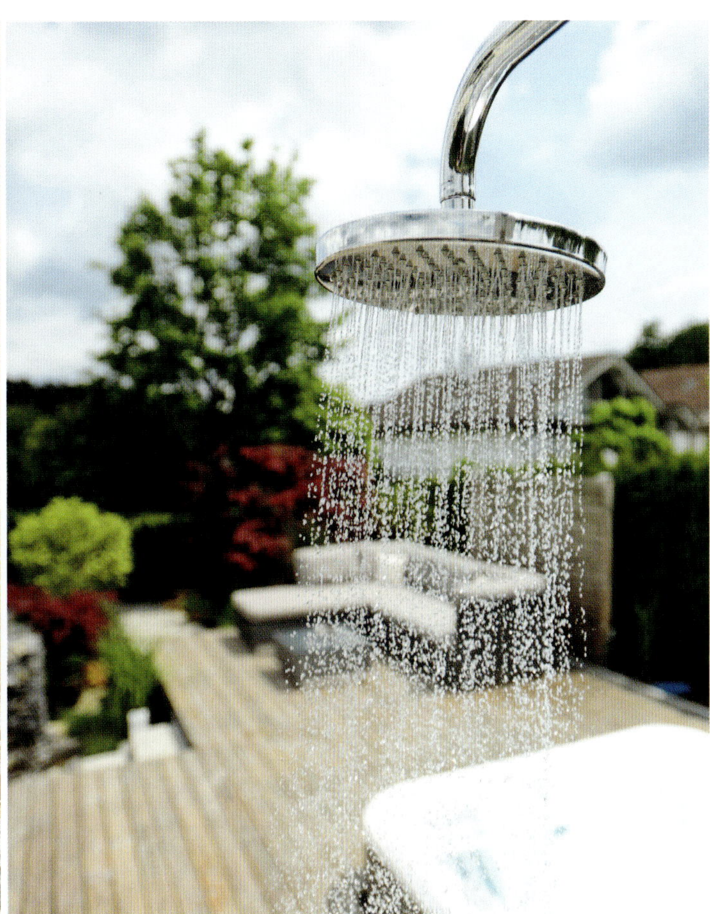

der rote Perückenstrauch *(Cotinus coggygria)* passen perfekt in den neuen Garten. Die roten Farbtupfer inmitten der übrigen Grünsträucher sind ein schöner Akzent. Ebenfalls aus dem Altbestand stammen die Muschelkalkmauersteine, die zur Höhenabfangung des Holzdecks eingebaut wurden.

Linke Seite: Vom Whirlpool in der Ecke des Grundstücks hat man einen Blick auf die Gabione mit integriertem Wasserfall sowie auf den ans Gründstück angrenzenden Wald.

Oben links: Die Gabione mit der Wasserfallschütte an der Terrasse kreiert optisch, aber auch akustisch eine besondere Atmosphäre. Gabionenkörbe gibt es auch mit LED-Beleuchtung, wodurch sie abends effektvoll auftreten können.

Oben rechts: Die Edelstahldusche neben dem Becken überzeugt nicht nur visuell, sondern auch durch ihre lange Haltbarkeit, Korrosions- und Frostbeständigkeit.

DIE FAKTEN AUF EINEN BLICK

Größe des Gartenraums	200 m²
Baustart und Bauende	April bis Juni 2012
Marke	Hot Spring, Modell Sovereign
Wannenbecken	Breite 2,03 m, Länge 2,36 m, Tiefe 0,84 m
Anzahl Personen	6
Außenverkleidung	Kunststoff
Technik	2 Düsenpumpen
Wasserdesinfektion	ACE™ Salzwassersystem
Filter	Tri-X Filter
Ozonator	ja
Düsen/Jets	28
Beleuchtung	LED, bunt
Heizung	ja
Abdeckung	Vinylabdeckung
Musik	MP3 Player
Materialien für Deck und Terrasse	Douglasie, Betonplatten

Schwimmteich – naturnaher Badegenuss

Ein Badeteich mit klarem Wasser im eigenen Garten? Ein Schwimmteich macht's möglich! Für naturverbundene Menschen, die sich einen chemiefreien Gartenteich wünschen und ihn mit Schwimmspaß verbinden möchten, ist er sogar die ideale Lösung. Mit der Optik eines natürlichen Teichs fügt er sich das ganze Jahr über harmonisch ins Gartenbild ein und sorgt ganz ohne Chemie nicht nur für erholsamen Badegenuss, sondern bietet Flora und Fauna außerdem einen wertvollen Lebensraum. Was für eine Freude zu beobachten, wie Libellen über dem Wasser schwirren, Vögel im flachen Wasser baden, Molche durchs Grün schleichen und mittendrin Kinder plantschen und toben!

Vom Zierteich zum Schwimmparadies

Entstanden ist der Schwimmteich in den 1980er-Jahren. Den Anstoß gab wahrscheinlich die Zeitschrift »natur«, die 1983 darüber berichtete, dass sich Kinder im elterlichen Zierteich einen separaten Schwimmbereich abteilten. Das Potenzial des neuartigen Schwimmbeckens hatte Peter Petrich, einer der Pioniere des Schwimmteichbaus, schnell erkannt. Er war es, der aus der Idee ein marktfähiges Produkt für naturverbundene Wasserfreunde entwickelte – das war der Auftakt zu einer neuen Schwimm-Philosophie und Anlass zu einer grundlegenden Neugestaltung von Schwimmgewässern im privaten Bereich.

Oben: Das Becken dieses naturnahen Schwimmteichs mit seinen Pflanzzonen ist nicht mit einer Folie ausgekleidet, sondern verfügt über eine Tonabdichtung.

Unten: Ein Schwimmteich in modernem, formalem Design mit grauer Folie. Durch die Brechung der Sonnenstrahlen wirkt das Wasser türkisfarbig.

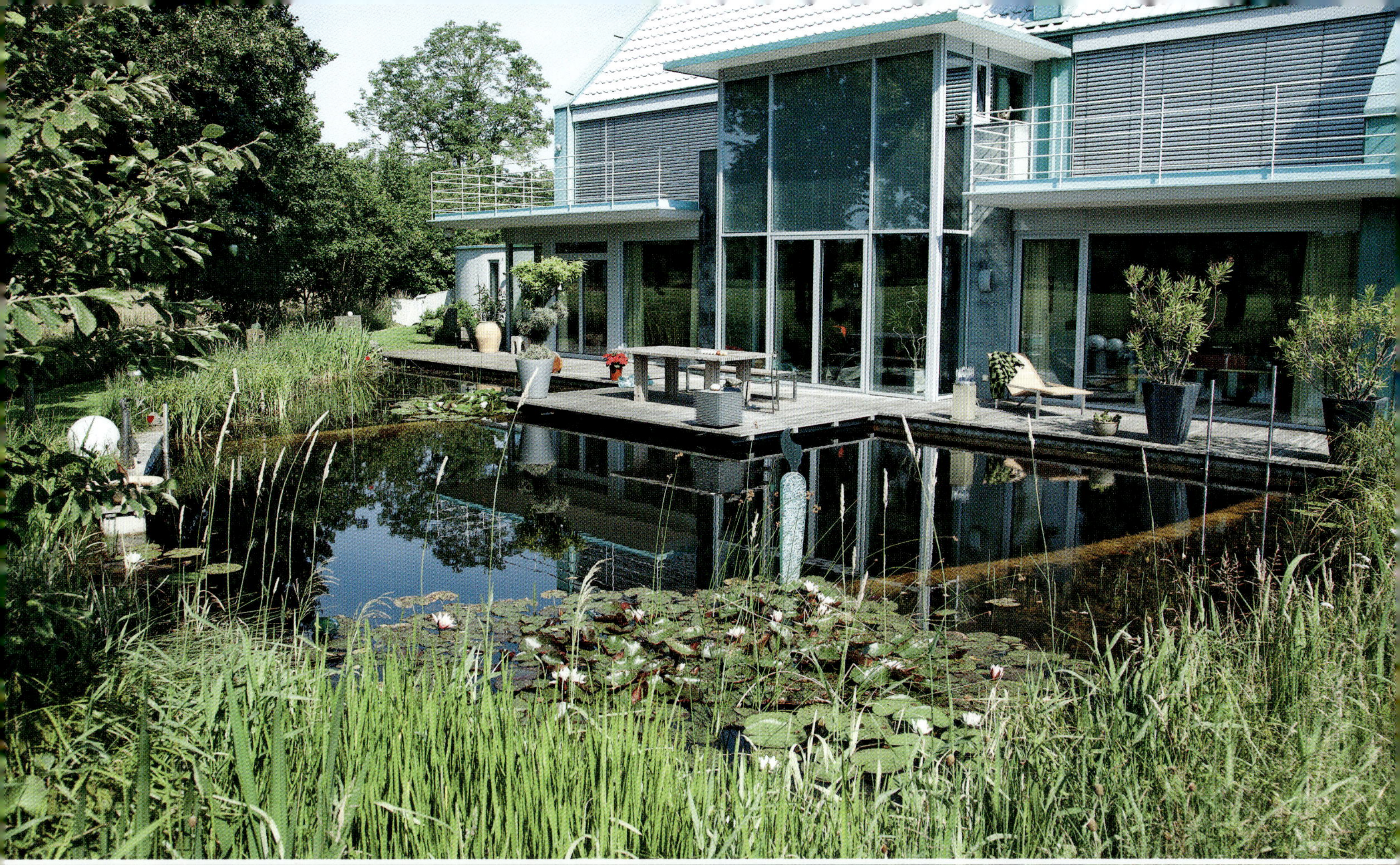

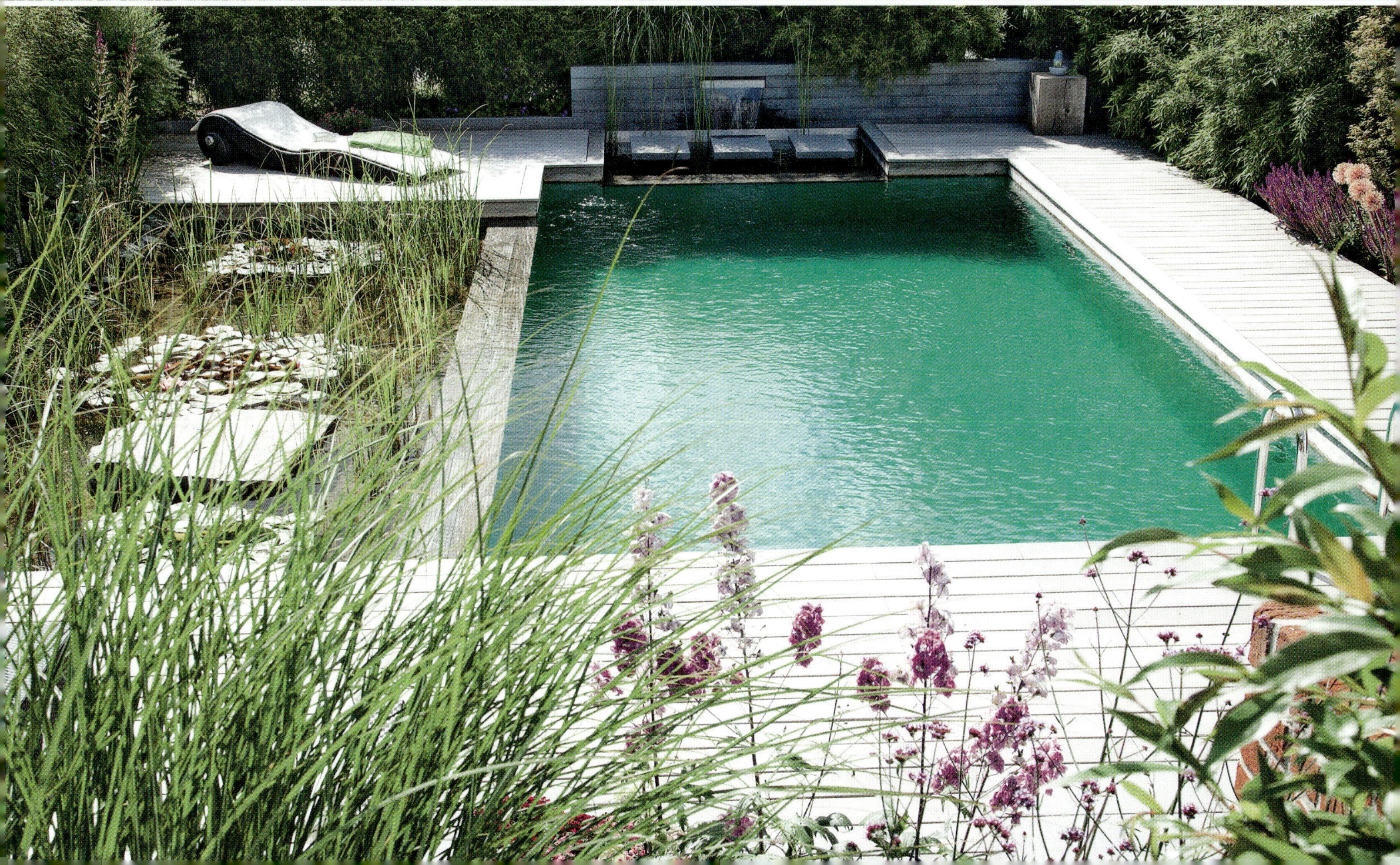

Zwei Zonen, ein Teich

Während herkömmliche Swimmingpools im Garten oft wie ein Fremdkörper wirken und hauptsächlich im Sommer »groß rauskommen«, ist der Schwimmteich vor allem durch seine bepflanzte Regenerationszone ganzjährig ein Hingucker. Ein weiterer Vorteil: Sein Wasser ist weich und klar, und das ohne chemische Aufbereitung. Vor allem Allergiker oder empfindliche Menschen wissen das zu schätzen: kein störender Chlorgeruch, Augenbrennen oder Hautreizungen.
Funktionieren kann das Prinzip Schwimmteich, weil die Natur das Reinigen des Wassers übernimmt. Der Teich ist dafür in zwei Bereiche aufgeteilt: in eine Schwimmzone sowie in einen Regenerationsbereich. Letzterer beinhaltet Pflanzen und Granulate als Bodenfilter, durch die das Wasser natürlich gereinigt wird. Beide Bereiche haben zumeist eine gemeinsame Wasserfläche, sodass ein Wasseraustausch zwischen beiden Bereichen möglich ist. Allerdings sind sie – auf den ersten Blick von außen nicht sichtbar – durch eine Wand, die bis etwa 30 cm unterhalb der Wasseroberfläche reicht, getrennt. Auf diese Weise wird verhindert, dass sich zum einen stark wachsende Wasserpflanzen im gesamten Teich ausbreiten und zum anderen, dass Pflanzsubstrat in den Schwimmbereich gelangt.
Im Idealfall ist der Schwimmteich 2 m tief. So wird gewährleistet, dass es zu einer weniger starken Erwärmung des Wasserkörpers kommt. Der Regenerationsbereich mit einer maximalen Wassertiefe bis zu 1 m bietet Sumpf-, Schwimmblatt- und Unterwasserpflanzen einen geeigneten Lebensraum. Der Einsatz eines Pflanzenfilters erhöht gerade bei kleineren Anlagen noch die Wasserqualität.

Sauberes Wasser durch den Regenerationsbereich

Durch die Nutzung der Selbstreinigungskraft der Natur kommt ein Schwimmteich bei geeignetem Füllwasser und bei ausreichender Dimensionierung ohne technische Umwälzung oder Filtration aus. Chlor oder andere chemische Desinfektionsmittel werden nicht eingesetzt!
Der Regenerationszone kommt im Schwimmteich die entscheidende Aufgabe zur Erhaltung der Wasserqualität zu. Die hier wachsenden Pflanzen bilden zusammen mit den Insekten und Mikroorganismen eine komplexe Lebensgemeinschaft. Dabei entziehen die Schwimmblatt- und Unterwasserpflanzen dem Wasser Nährstoffe, wandeln es in organische Masse um und reichern das Wasser mit zusätzlichem Sauerstoff an. Zoo- und Phytoplankton haben hier ihren idealen Lebensraum. Das Ergebnis ist klares Wasser. Sumpfpflanzen, die im Uferbereich wachsen, haben eher dekorativen Charakter.
Die Regenerationsfläche sollte etwa 50 Prozent der Teichfläche ausmachen. Entscheidend bei der Auswahl der Flora ist

Oben links: Seerosenblätter beschatten die Wasseroberfläche, sodass sich der Wasserkörper nicht so stark erwärmt.

Oben rechts: Diese Einstiegstreppe aus Holz bekommt mit Riffelblech auf den Stufen einen Rutschhemmer.

Unten: Schwimmteich mit drei Zonen: Sumpfzone, Zone mit Unterwasserpflanzen und Schwimmzone ohne Pflanzen.

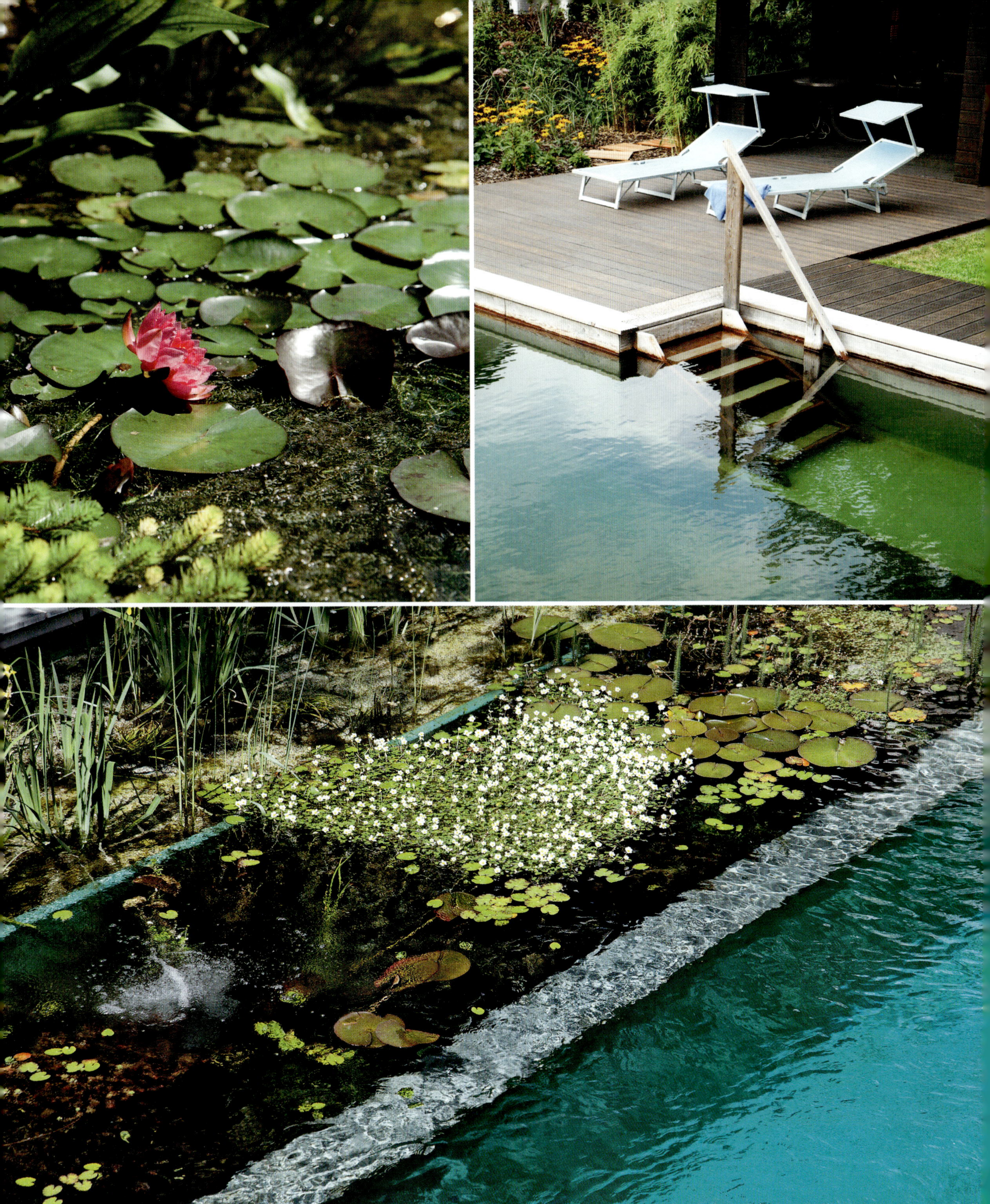

Eine Schöne, die in keinem Schwimmteich fehlen sollte: die Seerose. Die Königin der Wasserpflanzen gibt es in verschiedene Farben und für verschiedene Wassertiefen. Des Morgens öffnen sich die zauberhaften Blüten, abends schließen sie sich. Mit Hilfe ihrer Schwimmblätter sorgen sie auch für eine Beschattung der Wasserfläche.

die exakte Kenntnis der Eigenschaften der Pflanzen. Ziel ist es, das Wasser möglichst nährstoffarm zu halten, um ein Algenwachstum zu verhindern. Je komplexer und kleiner eine Anlage wird, desto mehr technische Unterstützung ist bei der Wasseraufbereitung notwendig.

Formen und Materialen von Natur bis Hightech

Schwimmteiche gibt es in den unterschiedlichsten Ausführungen, von naturnah-organisch bis hin zu modernem Design. Unterschiede gibt es auch im Größenverhältnis von Schwimm- und Regenerationszone oder hinsichtlich der verwendeten Materialien. In der Regel werden die Becken vor Ort betoniert und dann mit einer Foliendichtung ausgekleidet. Möglich sind auch andere Materialien wie Mauerwerk und GFK.
Alle Arbeiten sollten durch eine Fachfirma ausgeführt werden. Wichtig ist, dass der Boden eben und glatt ist und die Wände senkrecht aufsteigen. Das erleichtert später die Reinigung des Beckens erheblich, für den Einsatz eines Poolroboters bei der Pflege ist das sogar zwingend erforderlich.
Ein- oder Ausstiegsleitern können je nach Design der Anlage aus naturbelassenem Holz, vornehmlich Lärche, aus Edelstahl oder einem anderen geeigneten Material bestehen. Wichtig ist, dass keine giftigen Imprägnierungsmittel ins Wasser gelangen und dort die sensiblen Organismen stören.

SAUNAGÄNGER AUFGEPASST!

Eine ideale Ergänzung für Saunaliebhaber ist der Schwimmteich in Form eines Tauchbeckens, das nur wenige Quadratmeter Fläche besitzt. Das Wasser kann das ganze Jahr im Tauchbecken verbleiben und muss nicht regelmäßig ausgetauscht werden. Selbst im Winter kann vorsichtig die Eisschicht aufgehackt und z. B. nach der Sauna ein Wassergang gewagt werden.

Individuelles Ambiente durch Ausstattungsvarianten

Es gibt viele unterschiedliche Möglichkeiten, einen Schwimmteich an seine Umgebung anzupassen. Und natürlich den Bedürfnissen und Wünschen seiner Nutzer gerecht zu werden!

- **Beleuchtungssysteme als Highlights** Eine raffinierte Beleuchtung taucht den Schwimmteich samt Gartenumgebung auch abends in eine romantische Stimmung. Dafür bietet sich eine Unterwasserbeleuchtung an. Dafür werden Scheinwerfer horizontal strahlend etwa 30–40 cm unterhalb der Wasseroberfläche, quer zur Schwimmrichtung liegend, eingebaut.
- **Plantschzone** Kinder freuen sich sehr über eine eigene Plantschzone im Wasserbecken. Wichtig ist eine klare Abgrenzung zwischen Kinder- und Schwimmbereich, z. B. durch Findlinge oder Bepflanzung. Achtung: Eltern müssen ihre Kinder immer in Wassernähe oder beim Baden beaufsichtigen. Teiche sind für die Kids eine potenzielle Gefahrenquelle. Besonders gefährdet sind Kleinkinder, die noch nicht schwimmen und die Wassertiefe nicht richtig einschätzen können. Da die Sicherungspflicht beim

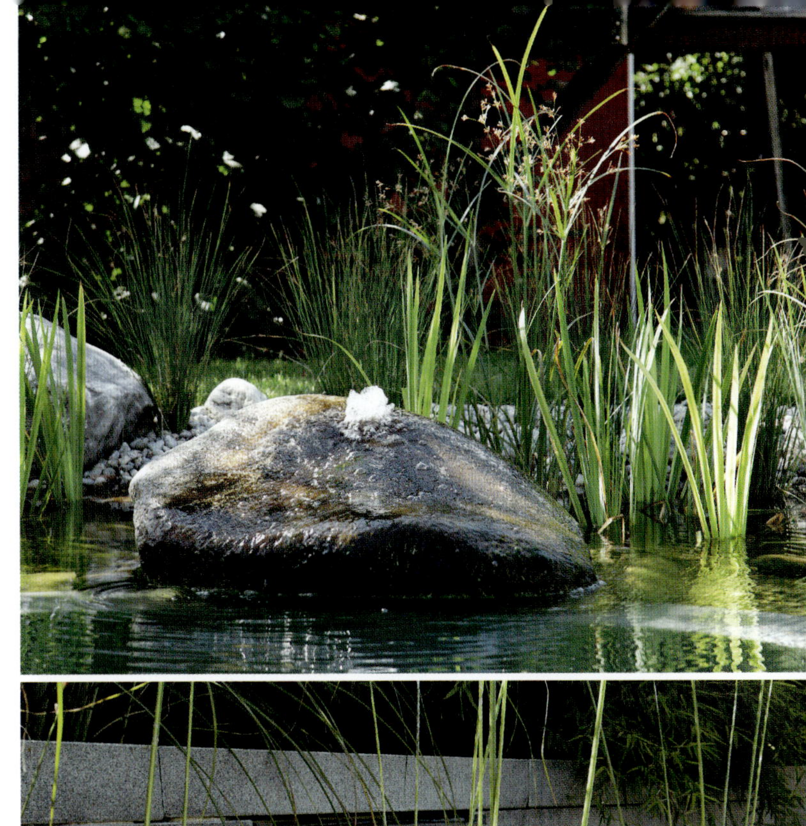

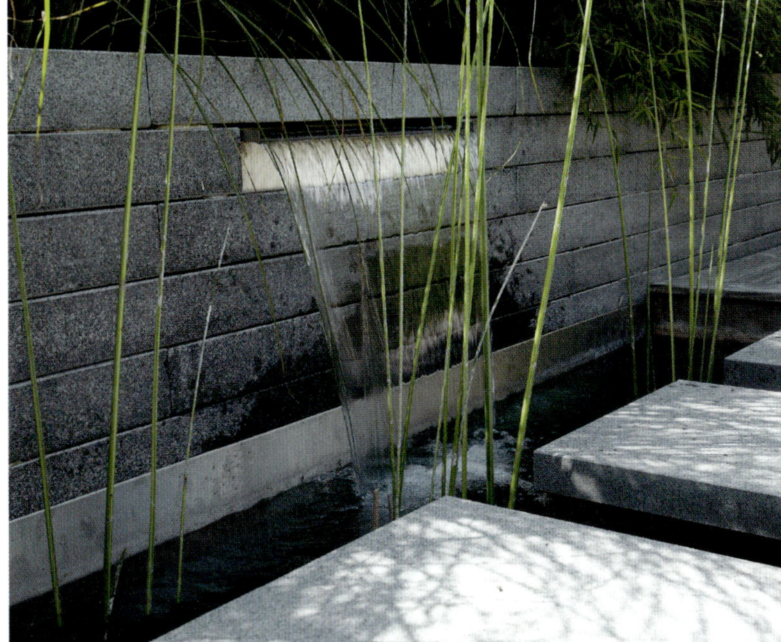

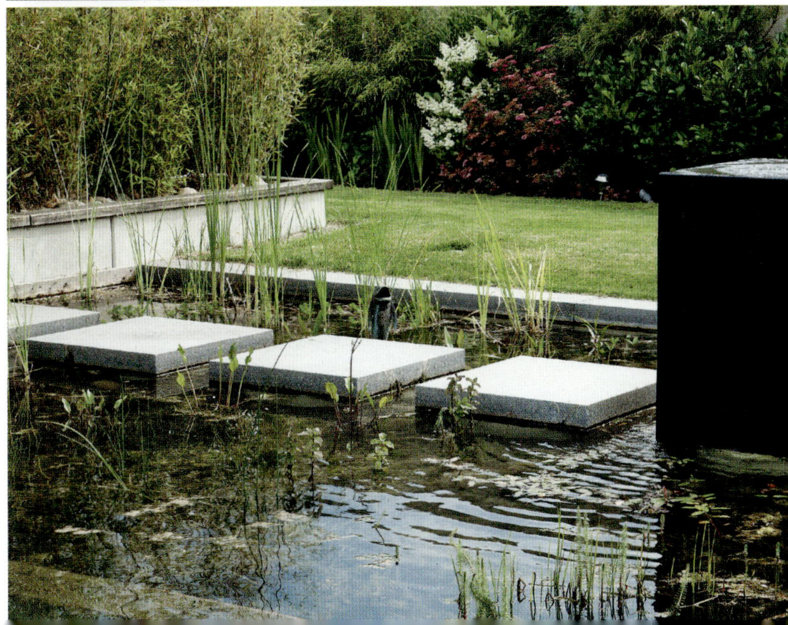

Bauherrn liegt, sollte schon bei der Planung die Einfriedung des Schwimmteichs bzw. des Grundstücks etwa durch einen Zaun, durch eine Hecke oder eine Mauer gut bedacht werden.

- **Sprudel- und Quellsteine und Wasserkuben** Nichts ist so entspannend wie das sanfte Plätschern des Wassers, wenn es über einen Findling, einen modernen Natursteinblock oder einen rustikalen Mühlstein in den Schwimmteich fließt. Für Designliebhaber gibt es den Wasserkubus, von dem das Wasser über eine Schütte, z. B. aus Edelstahl, in den Schwimmteich fällt.
- **Teichfolien** Meist werden für naturnahe Schwimmteiche schwarze oder olivgrüne Folien verwendet, weil man auf ihnen Ablagerungen und Verschmutzungen nicht so stark sieht. Für designorientierte Schwimmteiche gibt es auch helle Folienfarben. Eine mittelgraue oder türkisblaue Folie erzielt bei Sonnenschein ein blau bis türkisfarbenes Wasser, was dem Teich den Charakter eines Swimmingpools verleiht. Der Trend geht zu dunklen Oberflächen (anthrazit), die bei Sonnenschein ein edles Blau erzeugen.

Oben: Quellsteine können im Teich integriert werden, wo sie leise und sanft vor sich hinplätschern.

Mitte: Eleganter Wasservorhang aus einer Edelstahlschütte; Mauern dienen oft zum Ausgleich von Höhenunterschieden.

Unten: Trittsteine (hier aus Beton) sind optisch schön und bieten die Möglichkeit, den Wasserpflanzen ganz nah zu sein.

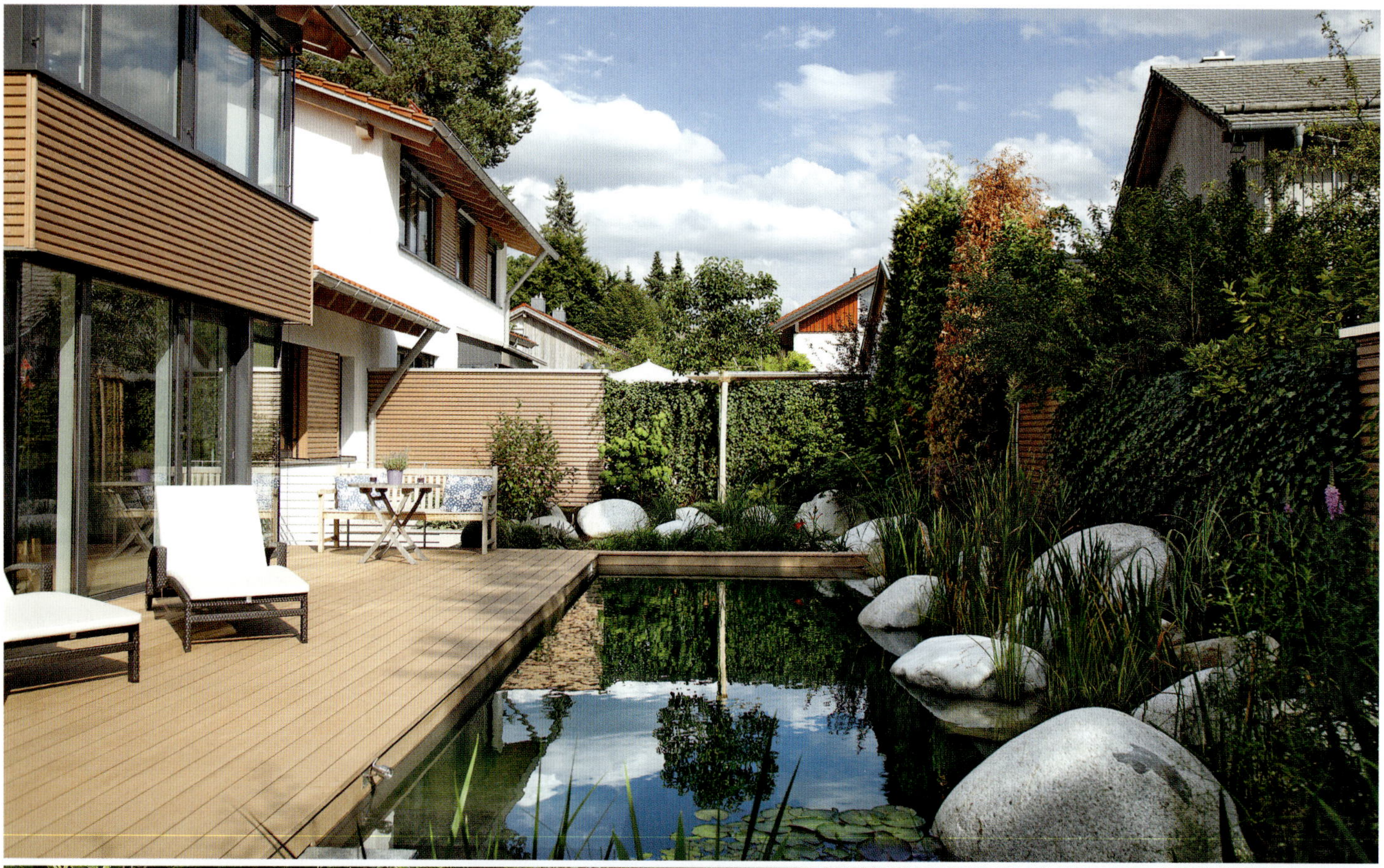

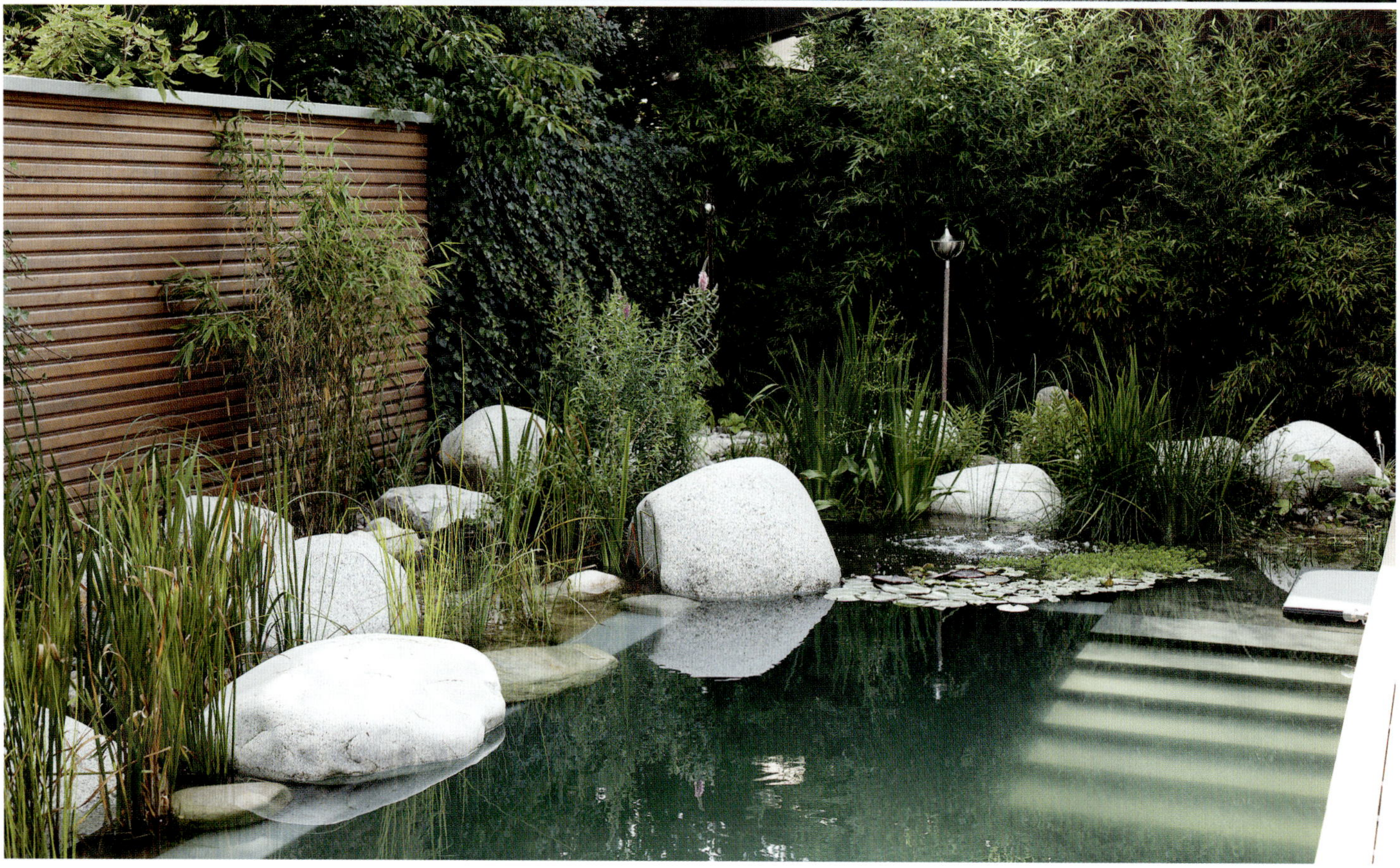

Badegarten statt Rasenmonotonie

In der Nähe von München hat sich eine vierköpfige Familie auf kleinstem Raum den Traum vom Badegarten verwirklicht. Statt grünem Freizeitteppich oder Blumenbeeten bilden die Terrasse und ein Schwimmteich einen Außenraum mit höchstem Freizeitwert. Im Sommer wird der Teich fast täglich zum Schwimmen oder »Chillen« genutzt, im Winter dient er den Eltern zur Abkühlung nach der Sauna.

Rasen – nein danke

Ganz so drastisch war es zwar nicht, doch über eines war sich die Familie bei der Planung einig: Wasser sollte das bestimmende Element sein. In ihrem alten Zuhause hatten sie einen großen Garten mit viel Rasen und ausgedehnten Rabatten besessen, was sehr schön, aber auch sehr arbeitsintensiv war. Im neuen Domizil wollten sie alles anders machen und einen kleinen, aber repräsentativen Garten mit einer Wasserfläche zum Schwimmen, Erholen und Wohlfühlen haben.

Planen auf engstem Raum

2010 hatten die Eheleute das Grundstück erworben und darauf ein modernes Einfamilienhaus errichtet, das mit seiner verglasten Fensterfront den sehr kleinen Garten optisch in das Hausinnere einbindet. Dieses Baukonzept, das aus einem Vermischen von innen und außen besteht, lässt den Gartenraum sehr großzügig erscheinen. Diesen nur mit Rasen oder Beeten zu gestalten wäre zu einfallslos gewesen. Aber die Familie hatte ja klare Vorstellungen: Auf der Wunschliste standen ein Schwimmteich mit plätscherndem Quellstein und die Einbeziehung von Findlingen in die Garten- bzw. Wassergestaltung – ein Plan, der durch intensive Gespräche mit einem Schwimmteichspezialisten ein Jahr nach dem Einzug in die Tat umgesetzt werden konnte.

Oben: Die Holzterrasse passt perfekt zur Hausfassade und bildet einen stimmigen Kontrast zu den hellen Findlingen.

Unten: Die Steine liegen wie hingeworfen in der Filterzone, wurden aber sorgfältig mit einem Autokran positioniert.

EIN HOLZDECK AUS RESYSTA

Resysta ist ein faserverstärktes Hybridmaterial aus Reishülsen (ca. 60 %), Steinsalzen (22 %) und Mineralöl. Das Produkt ist aufgrund seiner Textur nicht nur sehr widerstandsfähig gegenüber äußeren Einflüssen wie Sonne, Regen, Schnee oder Salzwasser, es ist auch pflegeleicht, stabil und frei von Rissen und Splittern. Resysta eignet sich daher bestens für Terrassen und Gartenmöbel und ist ein guter Ersatz für kostbares Tropenholz.

Dunkles Wasser, heller Stein

Das schmale Wasserbecken befindet sich unmittelbar vor der lang gestreckten Holzterrasse am Haus. Die Regenerationsfläche des Schwimmteiches liegt direkt an der Längsseite des

Natursteine bzw. Findlinge kommen am besten zur Geltung, wenn sie in Gruppen und in unterschiedlichen Größen verwendet werden. Dabei erzielt eine Kombination aus großen und kleinen Steinen eine besonders gute Wirkung. Verwenden Sie wenn möglich heimische Materialien.

Pools sowie an dessen einem Kopfende. Sie ist mit Seerosen und Gräsern bestückt. In die Filterzone wird mittels eines Carbonators CO_2-angereicherte Luft ins Wasser gepumpt, wodurch der pH-Wert im Wasser sinkt und das Algenwachstum eingedämmt wird (siehe S. 77). Zusätzlich plätschert leise Wasser aus einem Quellstein in das Becken.
Durch die graue Teichfolie wirkt die Wasserfläche wie ein Reflektor, in dem sich Himmel und Wolken wie in einem surrealistischen Gemälde spiegeln. Doch das Besondere an der Anlage sind sicherlich die hellen Granitfindlinge, die aus Österreich stammen. Die auffälligen runden Steine setzen einen zwanglosen Kontrapunkt zum formalen Haus und zur geradlinig gestalteten Terrasse aus Resysta. Die Steine wurden einzeln per Autokran versetzt und liegen scheinbar zufällig auf der Abtrennungsmauer zwischen Schwimmbereich und Regenerationszone auf. Sie kaschieren auf diese Weise geschickt die Mauerkrone. Die Folie selbst wird durch ein Vlies, das direkt unter den Findlingen liegt, geschützt.

Ein Garten zum Leben

Durch den Schwimmteich wirkt der kleine Garten optisch größer. Von Vorteil ist für die Besitzer auch, dass die Anlage wenig Arbeit macht. Etwa ein bis zwei Stunden werden für die Pflege pro Woche benötigt, parallel dazu sorgt ein Poolroboter für ein sauberes Becken. Alles in allem sind die Besitzer völlig begeistert: »Unser Garten ist eine Wellness-Oase, ein Ort der Entspannung, eine tägliche visuelle Freude und unser schönstes Outdoor-Wohnzimmer. Eine der besten Anschaffungen, die wir uns je geleistet haben, und die uns so nachhaltig Freude bereiten!«

DIE FAKTEN AUF EINEN BLICK

Größe des Gartenraums	190 m²
Baustart und Bauende	Oktober 2011 bis Juni 2012
Marke	Biotop
Schwimmbereich	Breite 2,5 m, Länge 8,0 m, Tiefe 2,0 m
Regenerationsbereich	12 m²
Pflanzenfilter	15 m²
Abdichtungsart	PVC-Folie, 1,5 mm, grau
Technik	Tauchpumpenschacht, Bogensiebskimmer, Carbonator, Phosphatfilter
Beleuchtung	nein
Heizung	nein
Abdeckung	nein
Wasserattraktion	Quellstein
Zusatzausstattung	Poolroboter
Materialien für Deck und Terrasse	Verbundwerkstoff Resysta

Oben: Der Schwimmteich erstreckt sich über die gesamte Länge des Hauses und lässt den Garten größer wirken.

Unten links: Der Carbonator in der Filterzone pumpt mit leisem Gluckern CO_2-angereicherte Luft ins Wasser.

Unten rechts: Durch die graue Teichfolie wirkt die Wasseroberfläche wie ein Spiegel, der Himmel und Garten reflektiert. So ergeben sich immer wieder neue Blickpunkte.

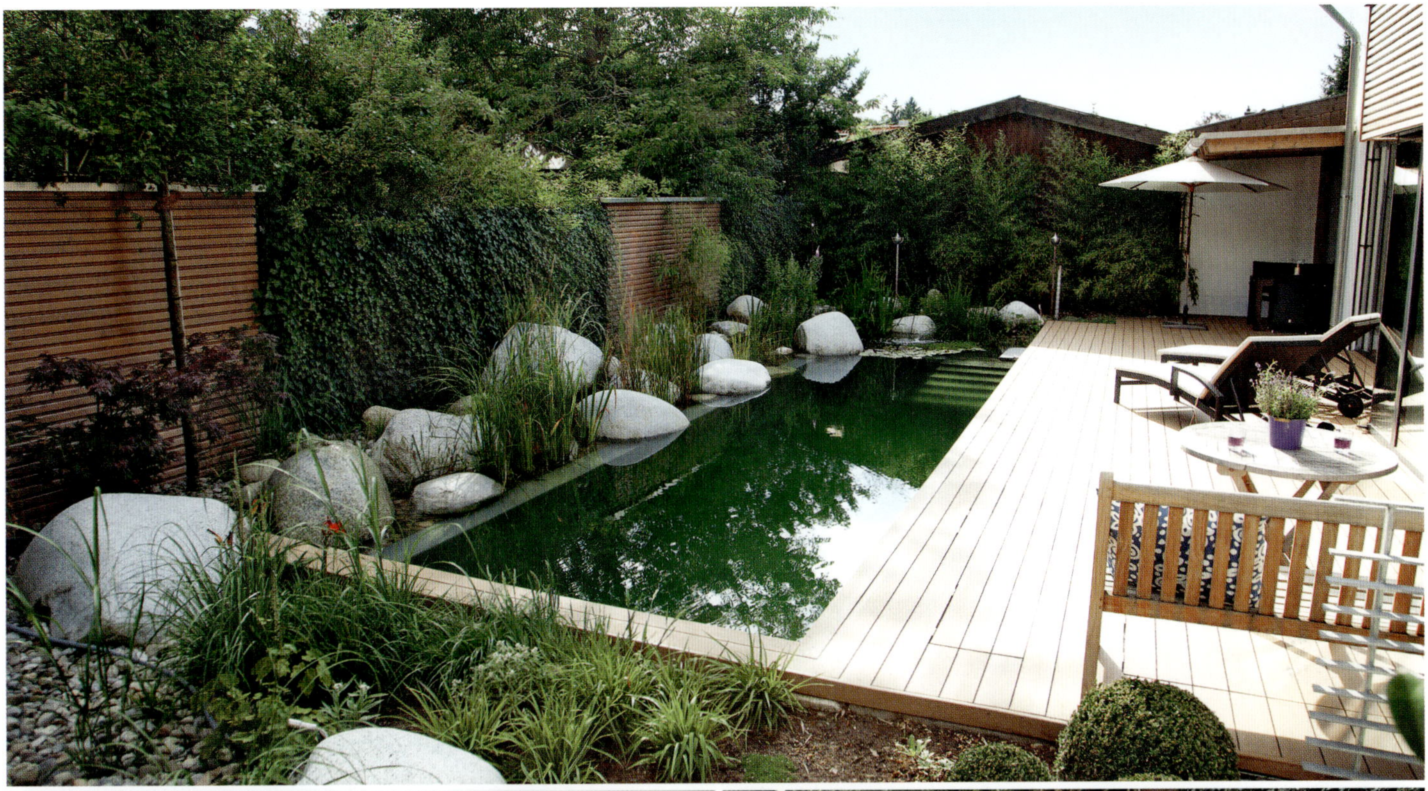

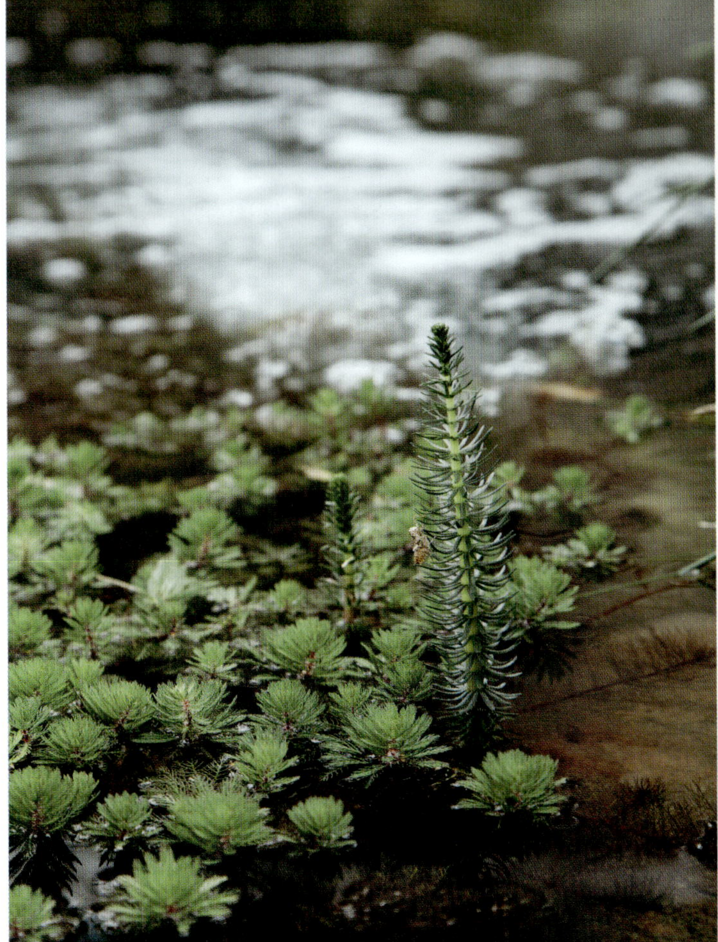

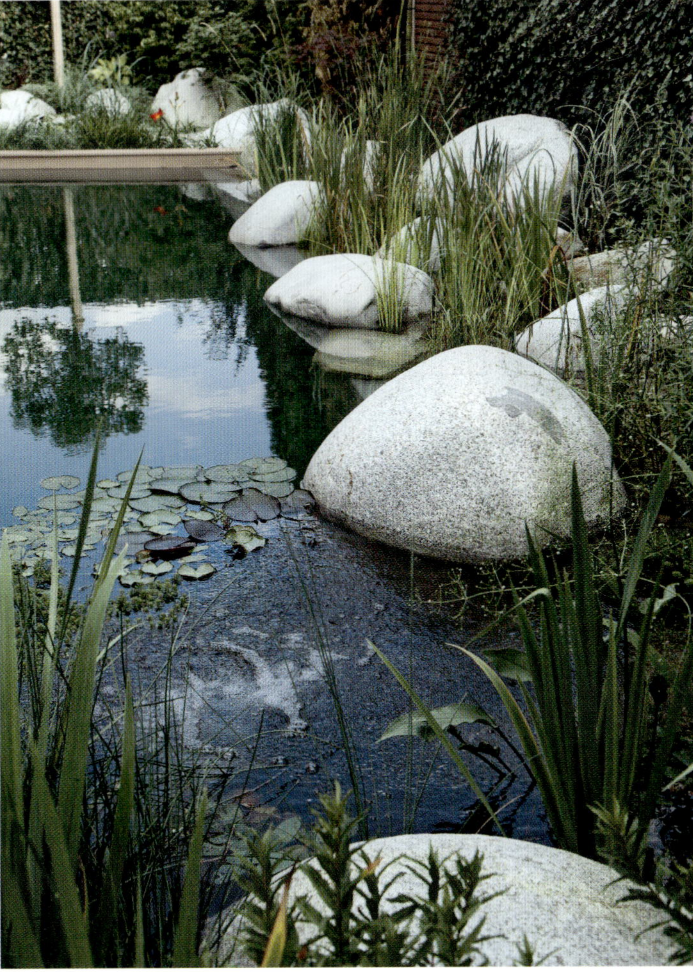

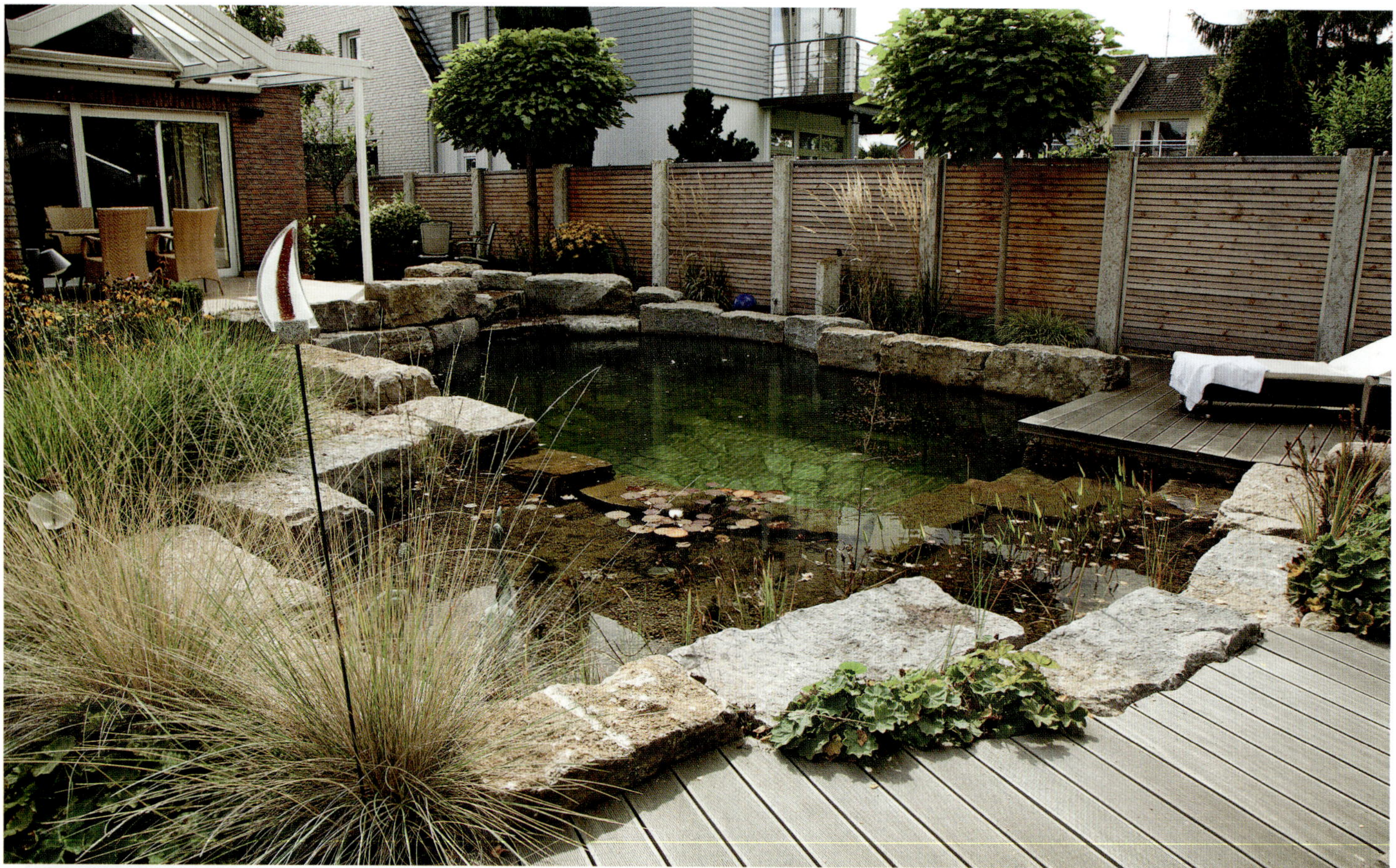

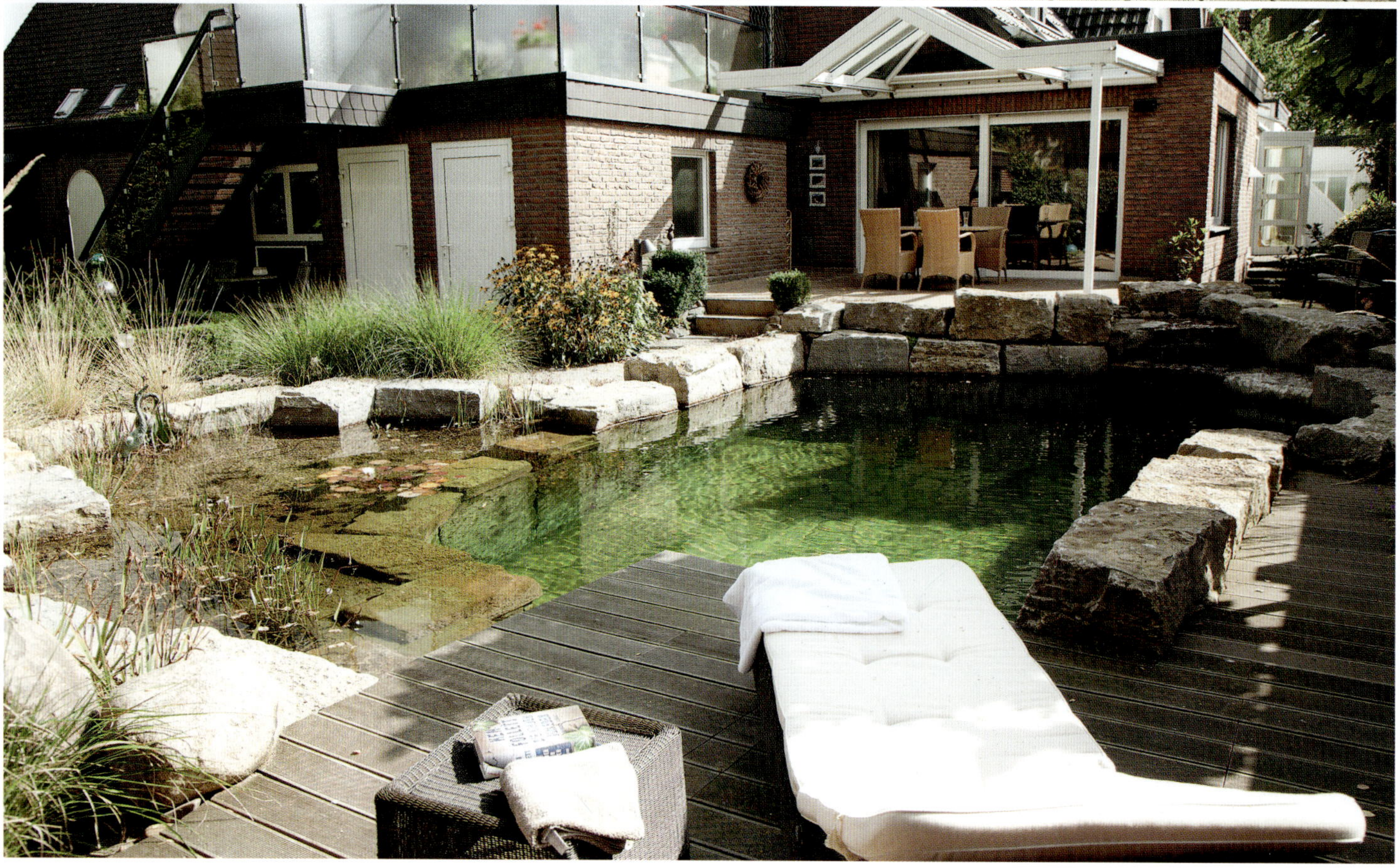

Felsenbad vor der Terrassentür

Ein naturnaher Schwimmteich ziert seit März 2013 den Garten eines Paares aus der Nähe von Gütersloh. Damit haben sich die Eheleute einen Traum erfüllt. Statt ihres kleinen Gartenteiches schwebte ihnen nämlich schon länger eine Wellness-Oase zum Schwimmen und Abkühlen vor. Ein Urlaub in Österreich, wo sie in einem Hotel-Naturteich baden konnten, hatte das Ehepaar inspiriert. Daraus entstand ein Plan, dann ein Projekt und schließlich ein völlig neuer Garten. Den genießen die Sport- und Saunafreunde mit ihrem »Felsenbad« nun ganzjährig – jeden Tag, an dem die Wasseroberfläche eisfrei ist!

Ein Wellness-Urlaub mit Folgen

Vor allem das klare, natürlich gereinigte Wasser des Schwimmteiches in Österreich hatte das Ehepaar fasziniert. Dessen Boden war mit Steinplatten gefliest und mit Findlingen eingefasst. Auf der Regenerationszone des künstlichen Bergsees schwammen zudem hübsche Seerosen – alles in allem ein Traum von einem Teich. Konnte man Ähnliches auch im heimischen Garten bauen? Aufgrund ihres kleinen Grundstücks in Ostwestfalen – der Gartenraum umfasst lediglich 120 m² – hielten sie ihren Plan zunächst für unrealistisch.

Oben: Der Schwimmteich ist von großen Steinblöcken aus Muschelkalk eingefasst. Durch das kristallklare Wasser schimmern die Steinplatten am Boden.

Unten: Ein Holzdeck mit Ruheliegen ragt in den Teich hinein. Darunter befindet sich die Teichtechnik.

Dennoch entschlossen sie sich irgendwann, mit einem Schwimmteich-Fachbetrieb in Kontakt zu treten. Allmählich wurde dann klar, dass sich das Projekt durchaus verwirklichen ließ. Der Gartengestalter steuerte unter Berücksichtigung der örtlichen Gegebenheiten neue Ideen und Vorschläge bei, die eine Weiterentwicklung des ursprünglichen Plans bedeuteten. Er bewältigte die extremen Herausforderungen, die dieses Projekt mit sich brachte, gestalterisch und konstruktiv.

Gartenteich ade!

Die Eigentümer wünschten sich eine komplette Umgestaltung. Zentrales Element sollte ein natürlich anmutender Schwimmteich sein, der wie ein natürlicher Bergsee aussieht. Die Anlage sollte ganzjährig nutzbar sein, sich zum Schwimmen eignen, vor allem aber zum Abkühlen nach den regelmäßigen Saunagängen und dem morgendlichen Joggen des Hausherrn. Wichtig war außerdem, dass das Wasser mit Solarthermie erwärmt wird. Der Schwimmteich sollte einen möglichst kleinen Regenerationsbereich für Seerosen haben. Gewünscht waren außerdem eine steinerne Treppe, sprudelndes Wasser, ein Bachlauf sowie Lampen über und unter Wasser.

Herausforderungen während der Bauphase

Weil eine Bauweise aus runden Felsenbrocken aus Platzgründen nicht möglich war, schlug der Teichfachmann die Verwendung von Muschelkalkkrusten-Blöcken als Umrandung sowie von Muschelkalkplatten für die Auskleidung des 2 m tiefen Schwimmbeckens vor. Auf diese Weise ist keine Folie sichtbar und die Steine schimmern durch das glasklare Wasser.

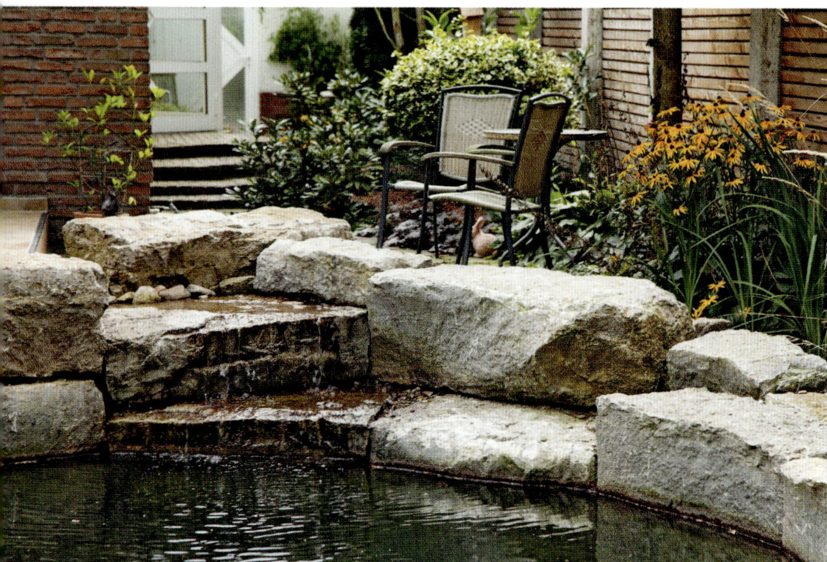

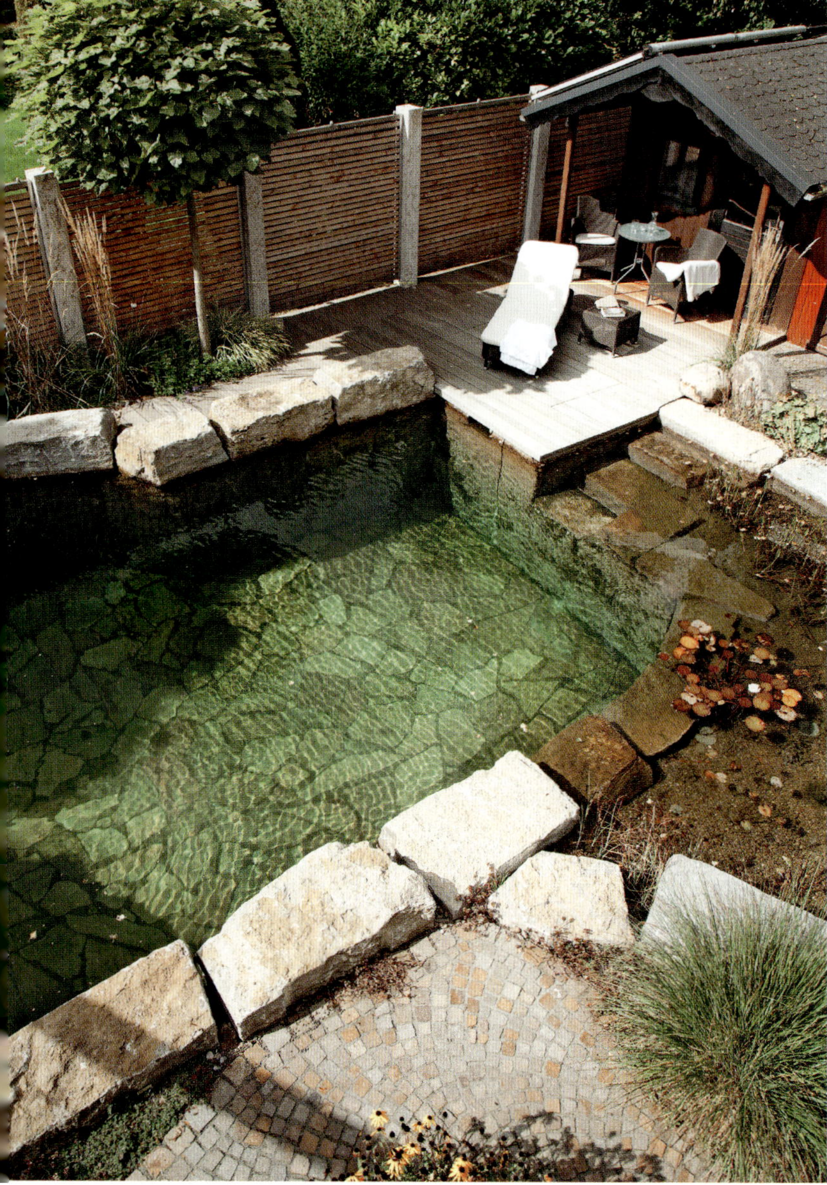

Das Ergebnis übertraf die Erwartungen der Gartenbesitzer, da ihre Anlage ganz individuell gestaltet ist und ihr »Felsenteich« ihren Wünschen entgegenkam.
Als Herausforderung erwiesen sich die Logistik und die Arbeitssicherung beim Bau, da sich die Baustelle für den Schwimmteich im Gartenhof hinter dem Haus befand. Alle Bauteile und Materialien mussten mit einem Kran angeliefert und eingebaut bzw. montiert werden. Mit Hilfe einer Betonpumpe gelangte der Beton für die Bodenplatte und zur Hinterfüllung der Wände in den Garten. Die Platten wurden bereits im Steinbruch nach genauen Vorgaben gesägt, auf Gehrung geschnitten und mit Stahlankern versehen geliefert. Jede Platte wurde dann nach Nummerierung vor Ort mit dem Autokran an ihren vorgesehenen Platz gesetzt.

Ein Urlaubsparadies für zu Hause

Entstanden ist ein Schwimmteich mit ca. 26 m² Wasseroberfläche. Den Schwimmbereich betritt man über die Steinstufen neben dem Holzdeck. Der ca. 15 m² große Regenerationsbereich ist durch Steinquader unterhalb der Wasseroberfläche von der Schwimmzone abgetrennt. Der Teich grenzt unmittelbar an die Terrasse und zeigt zu jeder Jahreszeit eine starke Präsenz. Vom Quellstein neben der Terrasse am Haus plätschert leise ein kleiner Bachlauf über die Steinquader in den Schwimmbereich. Drei Unterwasserstrahler, die in die Beckenwände integriert wurden, sorgen für eine stimmungsvolle Beleuchtung des Schwimmteichs am Abend.
Das Holzdeck gegenüber bildet einen stimmigen Kontrast zum Naturstein und dient als Ruheoase. Auf dem Gartenhausdach befindet sich das Solarmodul für die Erwärmung

Findlinge, große Steine oder -platten im Teich sind ein Hingucker. Beim Verlegen muss darauf geachtet werden, dass die Folie nicht beschädigt wird. Steine sollten im Wasser nicht mehr geschoben werden.

des Badewassers. Die schwarzen, sehr dünnen Solarplatten absorbieren die Sonnenstrahlen und werden sehr heiß. Das per Pumpe dem Schwimmbad entnommene Wasser wird über einen Wärmetauscher, der mit den Solarplatten gekoppelt ist, erhitzt und wird anschließend zurück zum Schwimmbecken geführt.

Die Technik gut versteckt

Unter dem Holzdeck befindet sich die Teichtechnik: Für die Wasseraufbereitung wird ein Biotop-Converterschachtsystem genutzt. Der Schacht enthält einen biologischen Schaummattenfilter, durch den die organischen Trübstoffe ausgefiltert und Bakterien abgebaut werden. Der in den Trübstoffen enthaltene Phosphor wird zu gelöstem Phosphat abgebaut. Anschließend saugt eine Pumpe das Wasser aus dem Biofilter heraus und pumpt es durch den PhosTec-Ultra Filter. Damit reduziert sich die Phosphorkonzentration im Wasser und den Algen wird die Lebensgrundlage entzogen. Eine weitere Pumpe sitzt im Pumpenskimmer und bedient die Zuleitung für den Quellstein bzw. den Bachlauf sowie eine unter der Wasseroberfläche angebrachte Einströmdüse.

Oben: Der wunderschöne Steinwasserfall ist ein echter Hingucker. Daneben lässt es sich herrlich sitzen.

Unten: Die im Polygonalverband verlegten Muschelkalkplatten am Boden des Schwimmbeckens unterstützen optisch die Einzigartigkeit dieses Projekts.

Bergsee-Feeling in Ostwestfalen

Heute sind die Eheleute begeistert und sehr stolz auf ihre Anlage, die das ganze Jahr über täglich benutzt wird und sich als architektonisches Glanzstück präsentiert. Für die Pflege haben sie eine Einweisung vom Schwimmteichtechniker erhalten. Sie pflegen nun selber, ein Poolroboter ist unterstützend im Einsatz. Die Ein- und Auswinterung sowie die Inbetriebnahme im Frühjahr erfolgt durch den Gärtner, der auch in Urlaubszeiten oder während längerer Abwesenheit die Technik in Schuss hält.

DIE FAKTEN AUF EINEN BLICK

Größe des Gartenraums	120 m²
Baustart und Bauende	November 2012 bis März 2013
Marke	Biotop
Schwimmbereich	Vieleck im Mittel 4,5 m × 6,0 m, Tiefe 2,0 m
Regenerationsbereich	15 m²
Pflanzenfilter	nein
Abdichtungsart	PVC-Folie, 1,5 mm, oliv
Technik	Biotop-Converterschachtsystem, Pumpenskimmer
Beleuchtung	3 Halogen à 50 Watt
Heizung	Wärmetauscher
Abdeckung	Laubnetz im Herbst
Wasserattraktion	Quellstein mit daran anschließendem Bachlauf
Zusatzausstattung	Poolroboter
Materialien für Deck und Terrasse	Bangkirai, Naturstein Muschelkalk und Porphyr

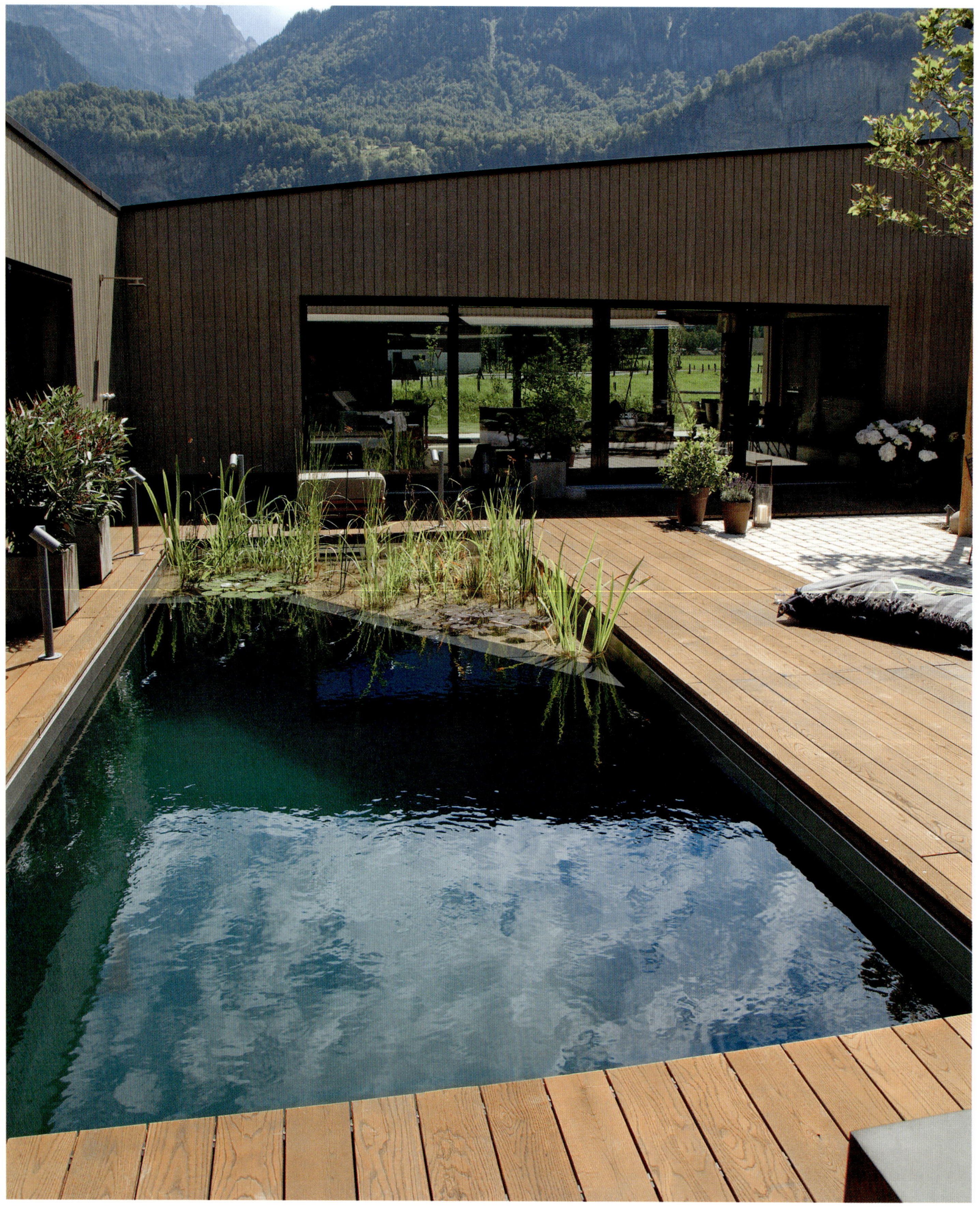

Vom Haus umschlossen

Im Innenhof ihres neuen Hauses, das mitten in den herrlichen Bergen des Berner Oberlandes liegt, ließ sich 2013 eine Familie mit zwei Kindern ein hochklassiges Badeparadies bauen. Damit erfüllte sich ein lang gehegter Wunsch der ganzen Familie. Nicht nur die Kinder sind vom Baden begeistert, auch die Eltern nutzen die Anlage täglich. Hier trifft man sich gern mit Freunden und kann gemeinsam vom Alltag abschalten. Der mühsame Weg in das öffentliche Schwimmbad ist somit Schnee von gestern, und die Freiheit, in den Schwimmteich zu springen, wann immer man möchte, praktisch unbezahlbar für die Bewohner.

Ein privater Badegarten im beliebten Urlaubsparadies

Das Haus liegt in der Nähe von Grindelwald, dem wohl berühmtesten Sommer- und Wintersportort des Berner Oberlandes. Hier locken traumhafte Panoramablicke auf die Bergwelt mit Eiger, Mönch und Jungfrau Touristen aus aller Welt an. Umrahmt von diesem Ambiente hat sich die Familie ein ganz persönliches und bezauberndes Badeparadies mit hohem Freizeitwert anlegen lassen. Privater geht es kaum: Der Zugang ist nur durch das Gebäude möglich. Drei Seiten des Innenhofes sind von Wohnraum umschlossen, hinter der vierten Wand verbirgt sich die Garage.

Links: Der Schwimmteich ist von einem Holzdeck eingerahmt. Das Becken mit dem spitz zulaufenden Pflanzenfilter ist mit dunkler Folie ausgelegt und wird abends beleuchtet.

Die Anlage im Atriumgarten entstand innerhalb von nur vier Wochen. Weil das Einfamilienhaus bereits im Rohbau fertig war, stand für die Arbeiten des geplanten Schwimmteiches im Innenhof jedoch nur wenig Platz zur Verfügung. Hinzu kam, dass der Zugang außerordentlich eng nur durch die Garage möglich war: Durch dieses Nadelöhr mussten alle Bauteile heraus- bzw. hereingefahren werden – auch der Erdaushub. Doch im Nachhinein bestätigt sich auch hier wieder einmal der Satz: Nichts ist unmöglich!

Der Himmel, im Wasser gespiegelt

Das Atrium mit dem Schwimmteich hat nicht nur einen besonderen Freizeitwert, es ist auch ein optischer Genuss! Denn der Blick aus dem Haus in den Innenhof hinein ist von jedem Zimmer und zu jeder Jahreszeit ein wunderbarer Blickfang. Ob Pool, Sitzecke, Pflanzkübel, Pflanzbeet und die Schatten spendende Platane – das Ambiente bietet fast ein südländisches Flair.
Eine Besonderheit des Teiches sind seine komprimierten Ausmaße – mit 10 m² Schwimm- und etwa 15 m² Gesamtfläche ist er ein echtes Platzspar-Wunder. Das mit dunkler Folie ausgekleidete Becken wirkt wie ausgestanzt und wie ein Spiegel, der scheinbar den Himmel in das Atrium holt.

Kleiner Pool mit großer Wirkung

Für die Wasseraufbereitung sorgt ein schmaler, aber überaus effizienter Pflanzenfilter. Ein Pflanzenfilter verbessert die Transparenz des Wassers und damit die Sichttiefe im Schwimmteich entscheidend. Er ist permanent mit Wasser überstaut

»Der Schwimmteichbau war ein hartes Stück Arbeit. Von dem Ergebnis sind wir aber mehr als begeistert. Es gibt kaum einen Tag, an dem wir nicht im Wasser sind oder den Blick auf die Anlage genießen.«

und in die Regenerationszone integriert, sodass er keine zusätzliche Wasserfläche benötigt. Das Wasser strömt durch das Feinporensystem des Filtersubstrates, zumeist Kies oder Lava, in einer mindestens 60 cm dicken Schüttung. Dadurch werden auch feine Partikel aus dem Wasser entfernt. An der Oberfläche der Filterkörner entsteht ein Biofilm, der die aufgefangenen organischen Substanzen zu Pflanzennährstoffen mineralisiert. Diese stehen dann den Röhrichtpflanzen, mit denen der Pflanzenfilter besetzt ist, wieder zur Verfügung. Das gesamte Wasservolumen des Teiches wird alle zwei Tage einmal gefiltert. Die geringe Strömungsgeschwindigkeit des Wassers verhindert, dass frei schwimmendes Zooplankton in den Filter eingesaugt wird.

Die Transparenz des Wassers ist hervorragend. Nicht nur die Optik, vor allem die individuelle Abstimmung der Anlage auf die Bedürfnisse der Familie ist gelungen. Für die Familie ist das Atrium ein Schwimm- und Erholungsbereich, ein Treffpunkt zum Spielen, Reden, Feiern und eine Zone zum Chillen. Man versteht sofort, weshalb die Familie den Sommer am liebsten im eigenen Garten verbringt. Was will man mehr?

DIE FAKTEN AUF EINEN BLICK

Größe des Gartenraums	130 m²
Baustart und Bauende	September bis Oktober 2013
Marke	Biotop
Schwimmbereich	Breite 3,0 m, Länge 4,65 m, Tiefe 2,0 m
Regenerationsbereich	nein
Pflanzenfilter	5,30 m²
Abdichtungsart	Folie FPO, 1,3 mm, anthrazitgrau
Technik	Bogensiebskimmer mit integrierter Pumpenkammer, Phosphatfilter
Beleuchtung	nein
Heizung	nein
Abdeckung	nein
Wasserattraktion	nein
Zusatzausstattung	Poolroboter
Materialien für Deck und Terrasse	IPE-Holz, Betonstein

Oben links: Großflächige Fensterfronten geben von innen den Blick auf den Schwimmteich frei, der durch mehrere Lampen abends beleuchtet wird und das gesamte Atrium in ein bezauberndes Licht hüllt.

Oben rechts: Mehrere Ruhe- und Sitzplätze im Atrium verlocken zum Ausruhen oder bieten Platz fürs gesellige Miteinander. Im Sommer ist das Atrium ein zusätzlicher Wohnraum für die Familie wie auch für Freunde und Verwandte, die gern zu Besuch kommen und die Atmosphäre genießen.

Unten links: Ob auf dem Stuhl sitzend oder auf dem Bodenkissen liegend – vom Innenhof aus kann man den Ausblick auf die bezaubernde Berglandschaft genießen.

Unten rechts: Das Wasser durchströmt den schmalen Pflanzenfilter und wird dabei gereinigt. Die Transparenz des Wasserkörpers ist einfach hervorragend.

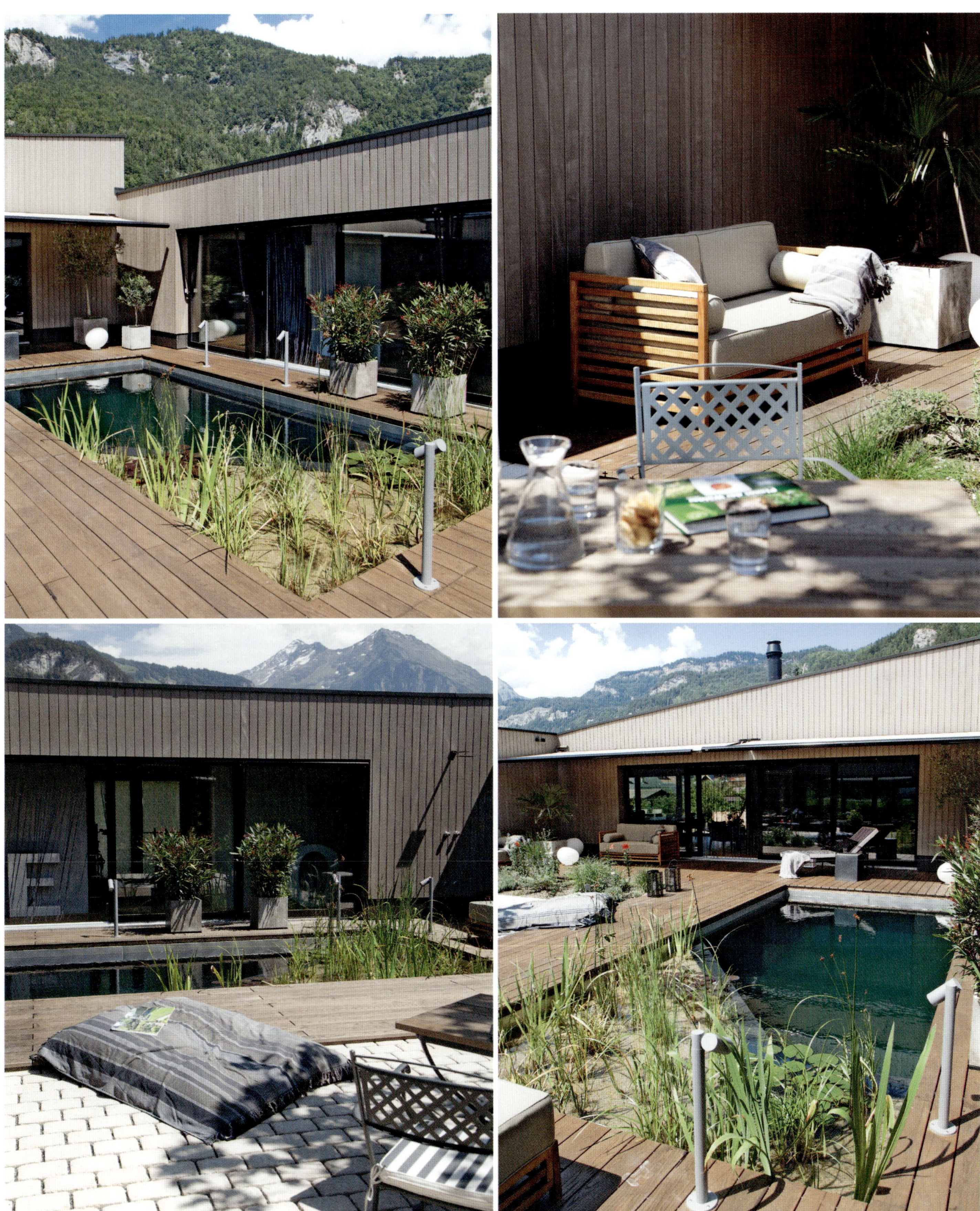

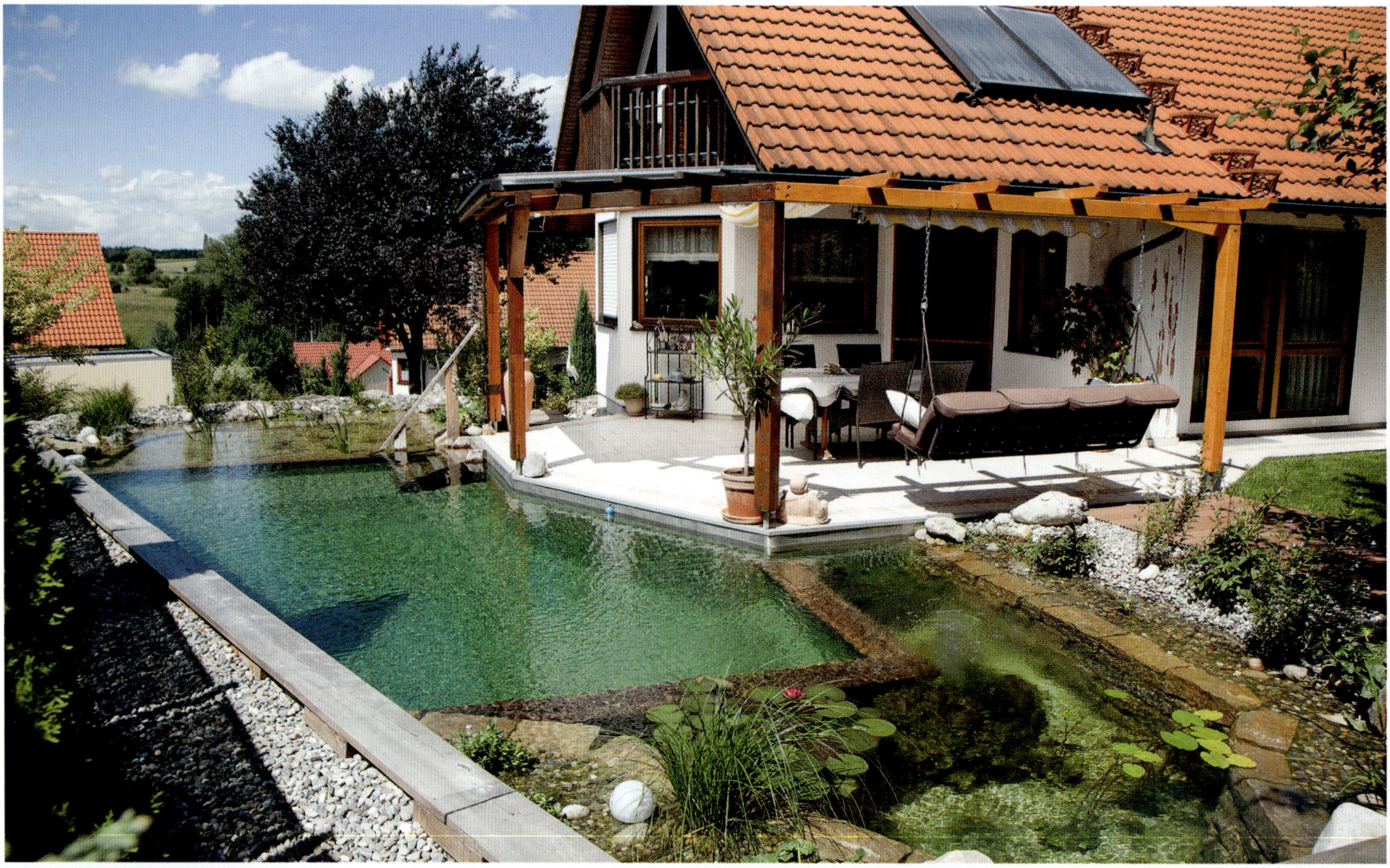

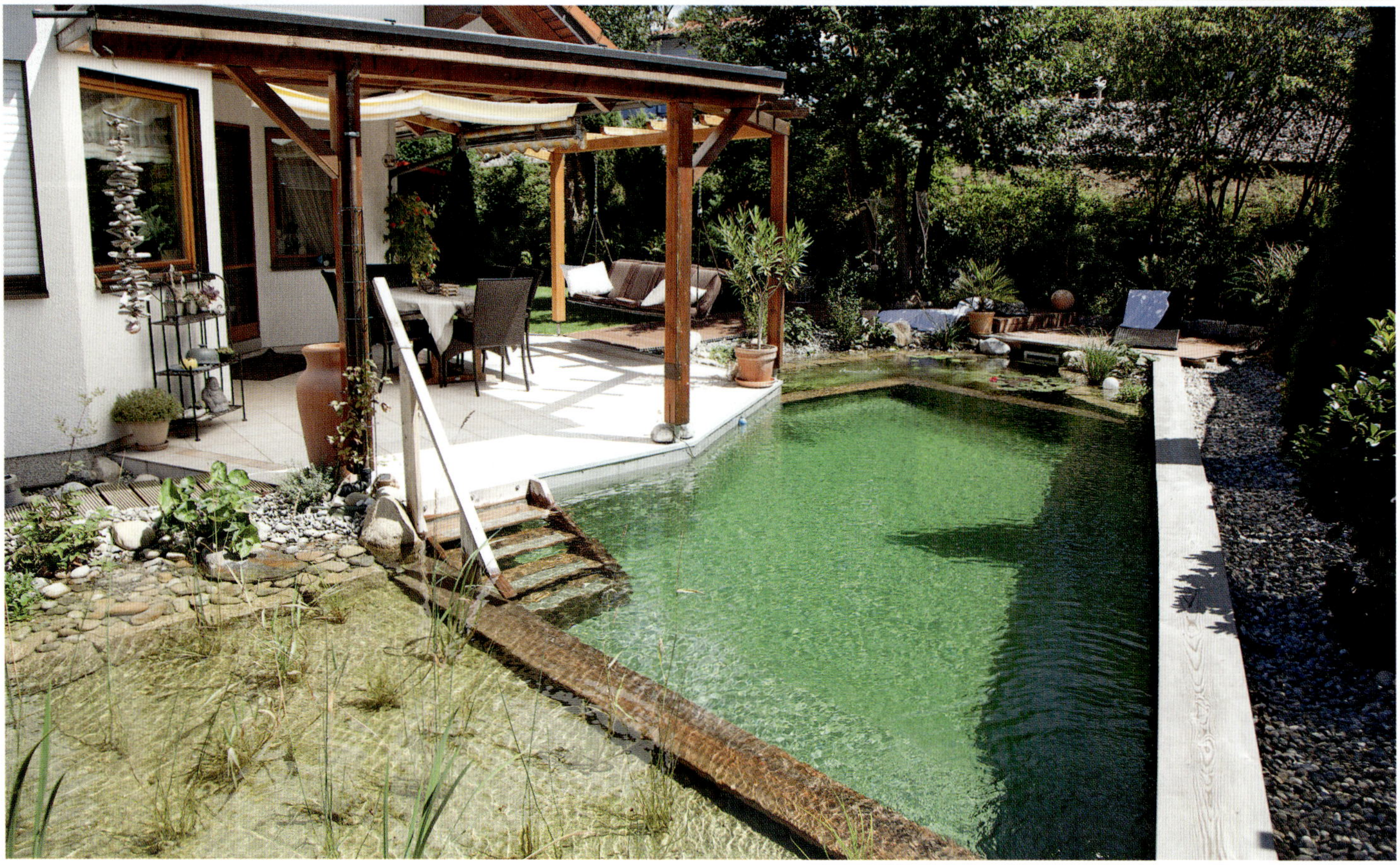

Mittelmeer-Feeling am Albtrauf

In der Nähe von Geislingen freut sich eine vierköpfige Familie seit 2011 an einem Schwimmteich in ihrem überschaubaren Garten. Der auf einem kleinen Hanggrundstück angelegte Teich wirkt zur abschüssigen Seite hin wie ein moderner Infinity-Pool. Der gesamte Garten hat sich durch die Umgestaltung zu einer mediterranen Urlaubslandschaft gewandelt, in der man sich sportlich betätigen oder entspannen kann. Die Anlage folgt dem Terrassenverlauf und lädt jederzeit zum Sprung ins erfrischende Nass ein.

Ein Schwimmteich auf einem Hanggrundstück?

Das konnte sich der Hausherr zunächst überhaupt nicht vorstellen, als ihm seine Ehefrau von ihrer Idee erzählte, den Garten komplett umzugestalten und darin einen Schwimmteich anlegen zu lassen. Dort, wo heute der Schwimmteich ist, befand sich damals eine kleine Rasenfläche mit einem Gartenteich – badewannengroß und ohne Fische. Der viel beschäftigten Inhaberin eines Pflegeunternehmens war dies aber auf Dauer zu wenig. Ihr schwebte stattdessen ein Badegewässer vor, wie sie es bei Kunden und bei Gartenausstellungen gesehen hatte. Während der Ehemann dem Schwimmteich-Projekt aufgrund der Hanglage des Grundstücks skeptisch gegenüberstand, konnte eine auf Teiche spezialisierte Gartengestalterin die Familie überzeugen, dass gerade diese Lage einen besonderen Pluspunkt darstellen könnte. Sie schlug daher einen Schwimmteich mit direktem Zugang von der Terrasse aus vor.

DIE BIOTOP-CARBONATOR-ANLAGE

Der Biotop-Carbonator, ein Patent von Biotop, wird eingesetzt um das Pflanzenwachstum im Teich zu fördern. Er funktioniert ohne Chemie auf natürliche und sanfte Art: Der Carbonator bringt CO_2 ins Wasser, das er über außerhalb des Teiches verlegte Drainagerohre erhält. Die im Boden durch Mikroorganismen mit dem Spurengas angereicherte Luft wird angesaugt und tagsüber, wenn der pH-Wert im Wasser ansteigt, in den Teich gepumpt. Die Luft strömt durch den Carbonator und wird über Linienbelüfter oder Injektordüsen im Teich verteilt. Die Ergebnisse sind verblüffend: Der pH-Wert im Wasser sinkt, die Lebensbedingungen für Algen werden schlechter, für Wasserpflanzen besser. Das Algenwachstum wird dauerhaft reduziert. Im Schwimmteich entsteht ein natürliches ökologisches Gleichgewicht.

Oben: Der Schwimmteich grenzt unmittelbar an die Terrasse an. Deutlich sichtbar ist die Aufteilung der einzelnen Zonen, die durch Mauern unter der Wasseroberfläche voneinander abgegrenzt sind. Das Wasser ist überall glasklar.

Unten: Eine Holzleiter führt von der Terrasse direkt in die Schwimmzone, die eine Tiefe von 1,5 m aufweist. Im Hintergrund befindet sich im Schutz der Bäume ein Holzdeck, das meist zum Lesen und Ruhen genutzt wird.

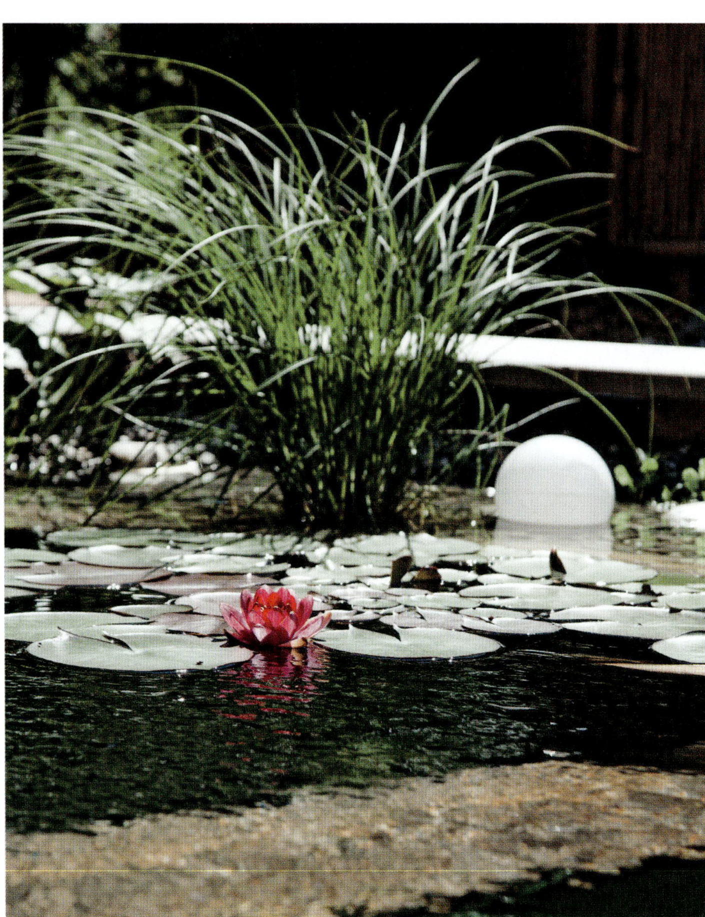

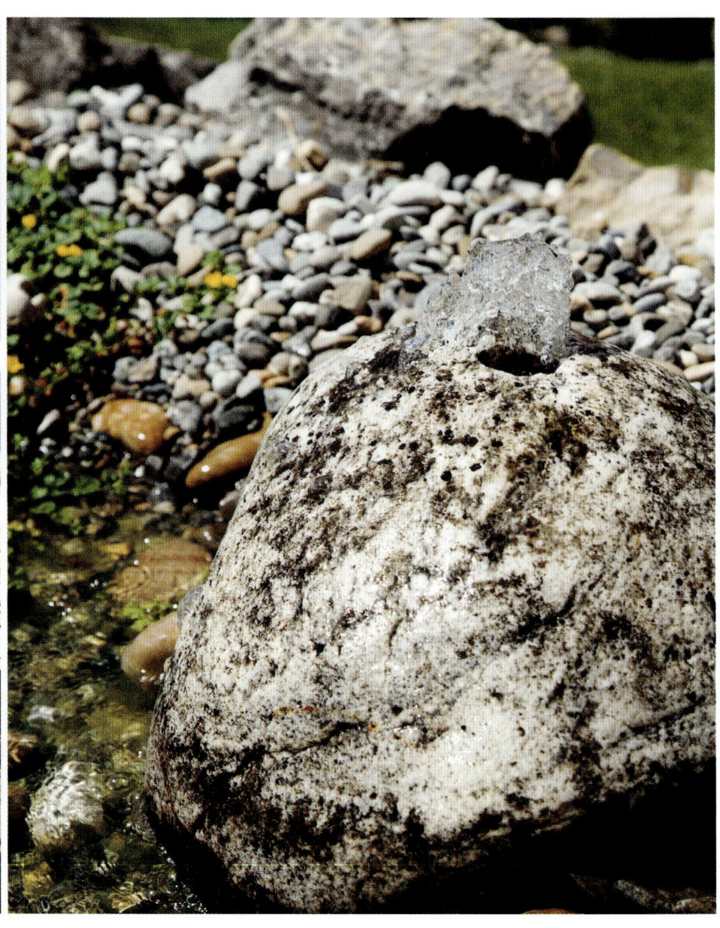

DIE FAKTEN AUF EINEN BLICK

Größe des Gartenraums	140 m²
Baustart und Bauende	April bis September 2011
Marke	Biotop
Schwimmbereich	Breite 3,0 m, Länge 7,0 m, Tiefe 1,5 m
Regenerationsbereich	11 m²
Pflanzenfilter	11 m²
Abdichtungsart	Folie FPP, 1,3 mm , olivgrün
Technik	Carbonator, Tauchpumpenschacht, Bogensiebskimmer
Beleuchtung	nein
Heizung	nein
Abdeckung	nein
Wasserattraktion	Quellstein
Zusatzausstattung	Poolroboter
Materialien für Deck und Terrasse	Verbundwerkstoff WPC, Betonstein

Optimale Flächenausnutzung

In dem Garten nahe der süddeutschen Kleinstadt entstand auf dem nur etwa 140 m² großen Areal ein Schwimmteich, dessen Badezone eine Fläche von 21 m² umfasst und der 1,50 m tief ist. Das sieben Meter lange Schwimmbecken erstreckt sich entlang der Terrasse und wird von einem Filter- bzw. Regenerationsbereich, der sich ein Stück um die Terrasse herumzieht, begrenzt. Ein zweiter Ruheplatz direkt am Wasser bietet einen fantastischen Blick auf die Wasserpflanzen und die gesamte Länge des Teiches. Hier lässt auch das rauschende Perlen des Carbonators jeglichen Stress vergessen.
Der locker gestaltete Kiesstreifen um den Teich, die Gräser, Seerosen und anderen Pflanzen im Filter- und Regenerationsbereich wirkten wie ein natürliches Biotop, das sich auch aufgrund des Carbonators bestens entwickelt hat. Die Fläche wurde optimal genutzt und durch Sitzplätze, Bepflanzung und Accessoires eine angenehme Urlaubsatmosphäre geschaffen. Je nach Tageszeit können die Besitzer zwischen sonnigen, halbschattigen und schattigen Sitzplätzen wählen.

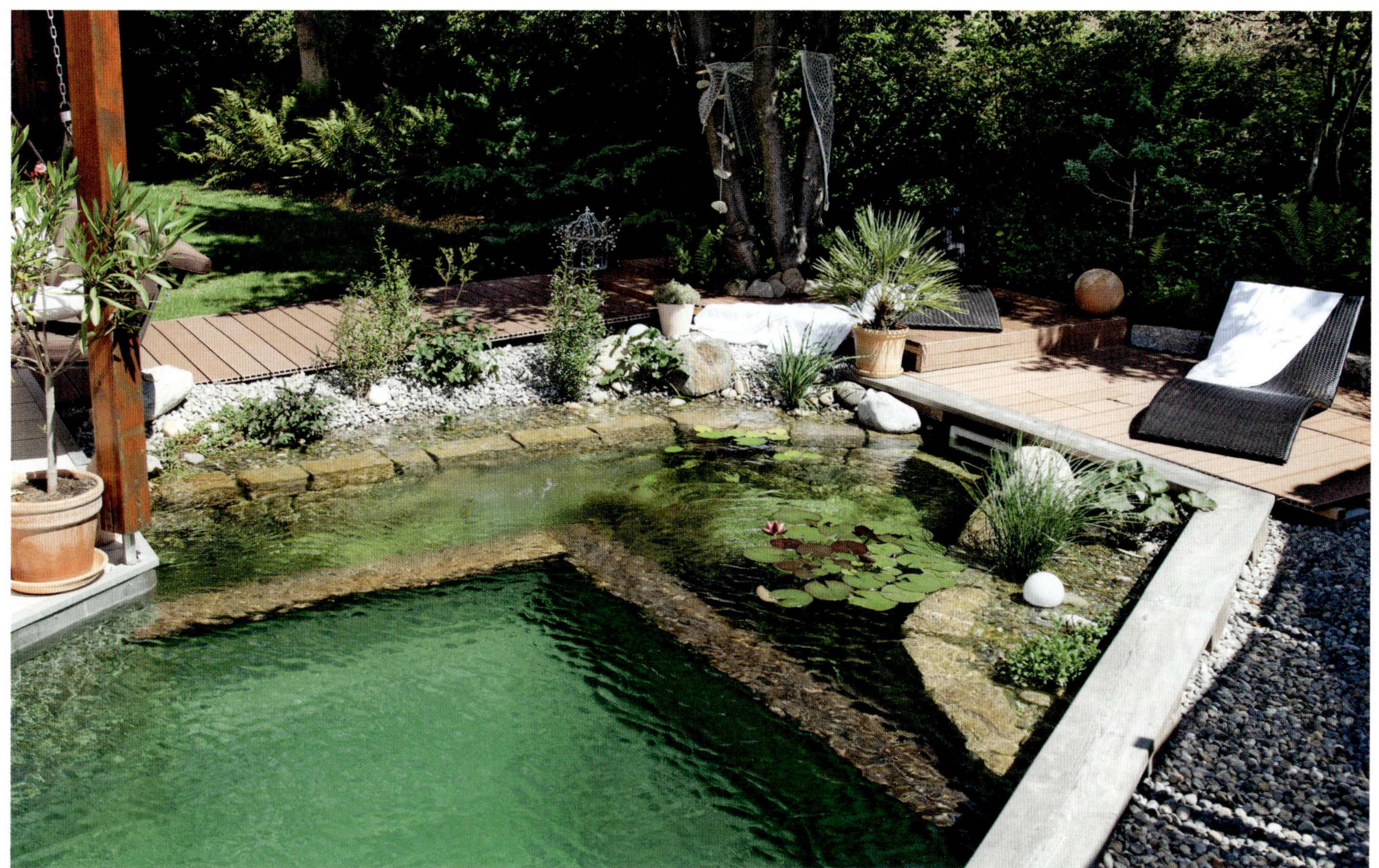

Macht nicht zu viel Arbeit

Der Pflegeaufwand hält sich in Grenzen: Die Größe des Teiches »passt bestens«, da alle Flächen zur Pflege gut erreichbar sind. Unterstützt wird die Dame des Hauses, die die Arbeiten übernommen hat, durch einen Poolroboter, der auch die Wände hochklettert. So bleibt genug Zeit für die Freizeitgestaltung und um den Garten zu genießen.

Ein Hanggrundstück perfekt inszeniert

Von Skepsis ist nach Fertigstellung des Schwimmteiches auch beim Hausherrn keine Spur mehr. Er ist sogar mittlerweile der Hauptnutzer des Schwimmteiches, während seine Gattin erst ab einer Temperatur von mindestens 20 °C ins Wasser steigt. Insgesamt ist der neue Garten für die gesamte Familie eine Wohlfühloase und insbesondere für die Eltern ein Ausgleich zur täglichen Arbeit. Hier kann man beim Schwimmen oder Sonnenbaden wunderbar entspannen und seinen Gedanken nachhängen. Die Hausherrin pflegt im Sommer sogar während der Mittagspause im Pool ein paar Runden zu schwimmen – zum Erholen und Krafttanken.
Es hat sich gelohnt, darüber sind sich alle Familienmitglieder einig. Den ganzen Sommer über verbringt die Familie regelmäßig gemütliche Abende gemeinsam – oft mit ihren Freunden und Verwandten – auf der Terrasse am Pool. Auch im Winter ist die gesamte Anlage ein Hingucker – dann meist vom gemütlichen Wohnzimmer aus.

Linke Seite links: Die Königin der Wasserpflanzen, die Seerose, schmückt den Regenerationsbereich des Teiches und wird abends durch eine Lampe wunderschön illuminiert

Linke Seite rechts: Eine weitere Attraktion der Anlage ist der Quellstein, dessen leises Gluckern den Garten erfüllt.

Oben: Der Schwimmteich ist ohne Frage das Highlight des Gartens. Hier kann man einfach entspannen.

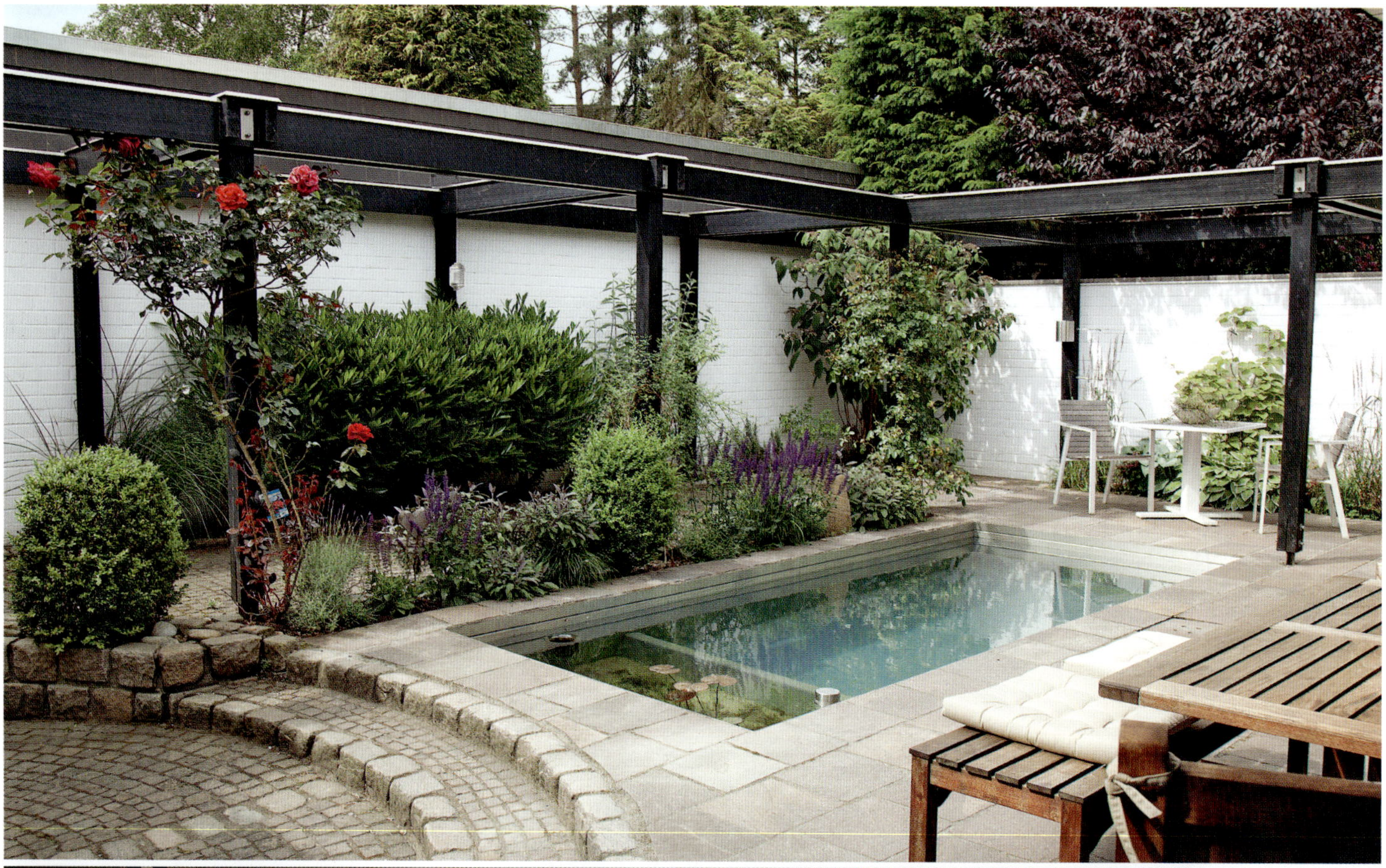

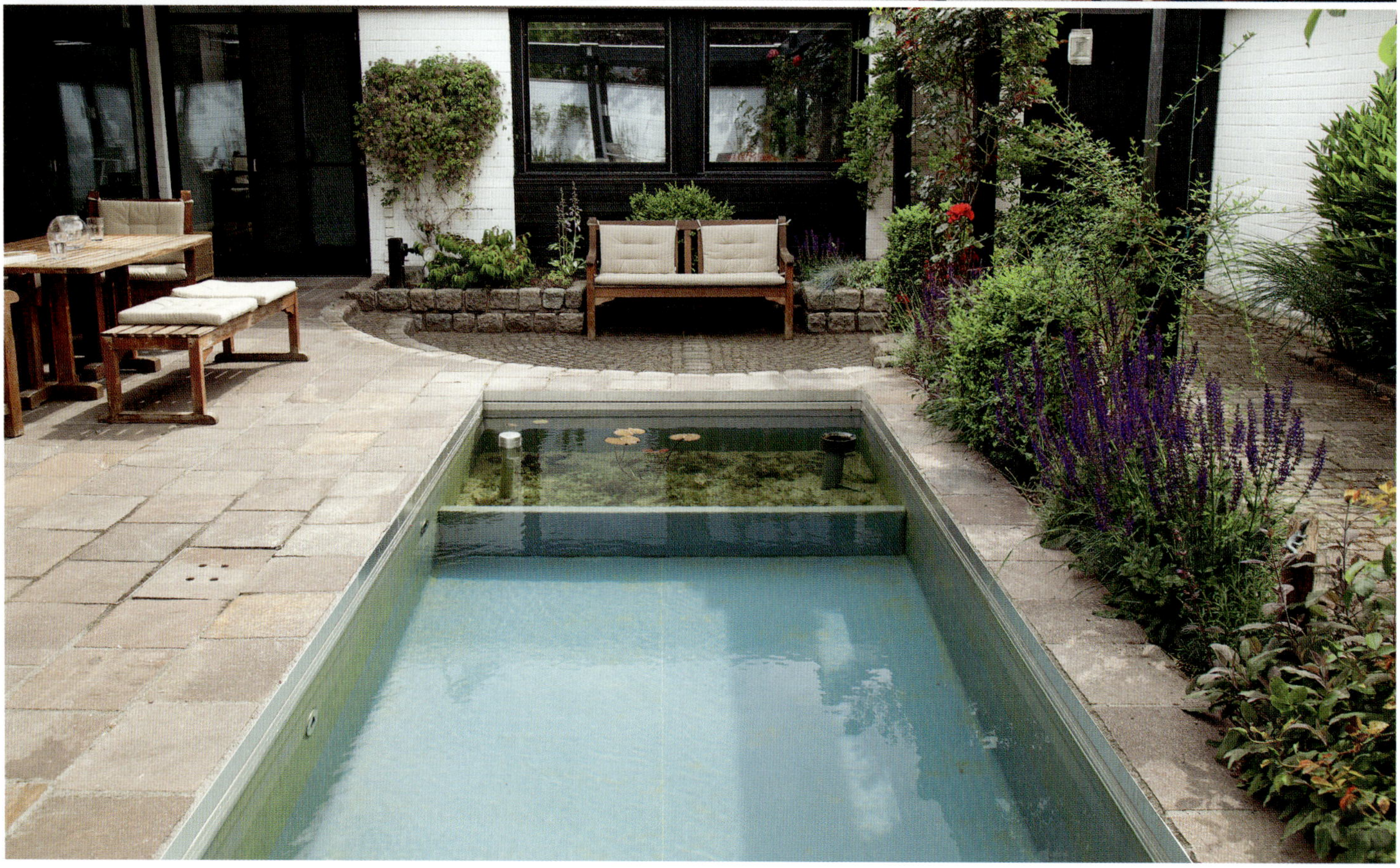

Schwimmteich im Atrium

Der Umbau eines Atriumgartens im Jahr 2011 war der krönende Abschluss einer ganzen Reihe von Renovierungsarbeiten, die eine Familie aus Ostwestfalen in ihrem Bungalow durchführen ließ. Der vorhandene Teich wurde im Zuge dieser Maßnahmen in ein Tauchbecken umgebaut. Dieses bildet nun das Zentrum des Innenhofs und dient zum Abkühlen an heißen Sommertagen oder auch nach dem Gang in die eigene Sauna.

Das Atriumhaus: Rückzugsraum ins Private

Die in den 1970er-Jahren beliebte Bauform des Bungalows mit Atrium hat ihre Ursprünge in der Antike. Bereits im alten Ägypten sowie bei den Etruskern und im Vorderen Orient waren Häuser mit Innenhof in Mode, da sie in diesen heißen Gefilden das perfekte Wohnklima boten. Ihre Blütezeit jedoch hatte diese Wohnarchitektur im Römischen Reich. Als allseitig umschlossener Innenhof, zu dem sich die umliegenden Räume orientieren, ermöglicht das Atrium auch bei eng stehenden innerstädtischen Häusern private, zudem schattige Outdoor-Bereiche. Der römische Atriumgarten war meist von Säulengängen umgeben, in denen man im Sommer den kühlen Schatten und im Winter die wärmende Sonne genießen konnte. Meist verschönerte ein Teich oder Springbrunnen den Innenhof, in dem auch Ziergehölze oder ein Baum Platz fanden und den Hof schmückten.

Oben: Der lediglich 3,75 m lange und 1,80 m breite Schwimmteich liegt im Zentrum des 88 m² großen Atriumhofes. Er ist mit Porphyrplatten aus altem Bestand und einer Edelstahlblende eingefasst.

Unten: Der Regenerationsbereich ist durch Betonwinkel von der Schwimmzone getrennt, die eine Wassertiefe von 1 m aufweist. Der Pool dient nicht zum Schwimmen, sondern eher zum Abkühlen und als Blickfang.

Viel Garten auf kleinem Raum

Auch in Ostwestfalen steht der Charakter des Privaten, des harmonischen Rückzugsraums im Vordergrund. Der Besitzer wünschte sich ein Becken zum Abkühlen mit klarem, naturbelassenem Wasser und ein schönes Ambiente. Mit dem neuen Tauchbecken wird das Atrium nun viel intensiver als bisher genutzt. Wichtig war ihm zudem, dass die lieb gewonnenen Porphyrplatten im Innenhof bei der Umgestaltung erhalten bleiben sollten. Ebenso der Sitzplatz, der sich auf der halbkreisförmigen Terrasse befindet und zwei Stufen tiefer liegt. Diese baulichen Details sollten bei der Umgestaltung integriert werden. Zentrales Element des Innenraums ist nun das Wasserbecken, das zusammen mit der Sitzecke, dem edlen Steinbelag und den Beeten harmonisch in den von Mauern umschlossenen Raum eingebettet ist.

Der Weg durchs Nadelöhr

Der Umbau selbst war eine logistische Meisterleistung. Denn alle Materialien, auch der Bodenaushub, konnten nur per Schubkarre durch einen schmalen Gang zum bzw. aus dem Innenhof transportiert werden. Dennoch gingen die Arbeiten

»Das Becken wirkt wie aus der Steinfläche ausgestanzt. Es ist das markante Zentrum des Atriums, das drinnen und draußen Glanz und Licht verbreitet. Vor allem abends, wenn die Unterwasserscheinwerfer das Becken und den Innenhof in subtiles Licht hüllen.«

zügig vonstatten. Außerdem zeigte sich, dass ein Austausch der Pergolapfosten unbedingt notwendig war, da die Holzstützen von unten verfault waren.
Bereits vorher war im Rahmen der Neugestaltung des Badezimmers eine Tür zum Atriumhof eingebaut worden, die nun eine perfekte Anbindung an die neue Wellnesslandschaft schafft. Daher verbinden seit dem Umbau nun zwei Türen die Wohnung mit dem Innenhof. Ein umlaufender Weg, sorgsam bepflanzte Rabatten sowie eine Pergola runden das typische Ambiente im Atrium ab.

DIE FAKTEN AUF EINEN BLICK

Größe des Gartenraums	88 m²
Baustart und Bauende	August bis September 2011
Marke	nein
Schwimmbereich	Breite 1,8 m, Länge 3,75 m, Tiefe 1,0 m
Regenerationsbereich	1,80 m²
Pflanzenfilter	nein
Abdichtungsart	PVC-Folie, 1,5 mm, fenstergrau
Technik	Oase Filtoclear, Pumpenschacht, Schwimmskimmer
Beleuchtung	2 Halogen à 50 Watt
Heizung	nein
Abdeckung	nein
Wasserattraktion	nein
Zusatzausstattung	Poolroboter
Materialien für Deck und Terrasse	Naturstein Porphyr

Ein Hof mit inneren Werten

Das rechteckige Wasserbecken wirkt wie in die Porphyrfläche eingestanzt. Eine Edelstahlkante ohne Überstand trennt den Belag von der Wasserfläche. Dadurch wird der architektonische Charakter des Innenhofs besonders betont. Der halbrunde Sitzplatz sorgt für einen intensiven formalen Kontrast in der ansonsten streng orthogonalen Anlage. Die Bank im Hof lädt zum Verweilen ein und gibt einen schönen Überblick auf die Gesamtanlage frei – hier lässt es sich bestens abschalten und einfach nur wohlfühlen. Dabei richtet sich der Blick nicht nur auf den Schwimmteich, sondern auch auf das Stauden- und Rosenbeet, das die Längsseite des Beckens flankiert. An den beiden hausabgewandten Wänden sind weitere Beete angelegt und mit fassadenbegrünenden Pflanzen, wie etwa Waldrebe *(Clematis*-Hybriden) und Buntem Strahlengriffel *(Actinidia kolomikta),* besetzt.

Zentraler Punkt: der Schwimmteich

Das Becken ist nicht nur im Sommer, sondern zu jeder Jahreszeit das markante Zentrum des Atriums, das Glanz und Licht ins gesamte Haus holt. Vor allem abends, wenn die beiden Unterwasserstrahler die Wasserfläche und den Hof in ein subtiles Licht hüllen, geht vom Innenhof eine einzigartige Atmosphäre aus, die auch von Gästen stets bewundert wird. Was jedoch nicht zu unterschätzen ist: Bei einem so kleinen Becken mit geringem Wasservolumen ist ein ganz besonderes Augenmerk auf die Füllwasserqualität zu richten. Aufgrund der geringen Tiefe kann sich das Wasser schneller erhitzen als bei höherem Füllstand. Das System ist daher labiler als in einem Schwimmteich mit großem Wasservolumen. Dieser Umstand ist den Besitzern sehr wohl bewusst. Die Anlage wird daher, wenn sie wärmer als 27 °C wird, mit Frischwasser gekühlt. Deshalb hat es bisher glücklicherweise auch keine Probleme diesbezüglich gegeben.

Rundum gelungen

Die Familie ist sehr zufrieden mit der Gesamtgestaltung ihrer Anlage. Sie pflegt den Pool von Hand und den Boden mit einem Poolroboter. Die Hausherrin wintert den Pool selbständig ein und aus. Alle sind sich einig: Der Umbau des Atriums hat sich gelohnt. Es lädt zum Verweilen ein, holt Licht ins Haus und wertet den Innenbereich auf. Das Besondere aber ist das praktische Tauchbecken mit seinem klaren Wasser, das mal glatt ist wie ein Spiegel oder sich mit leicht gekräuselter Oberfläche präsentiert – einfach immer schön!

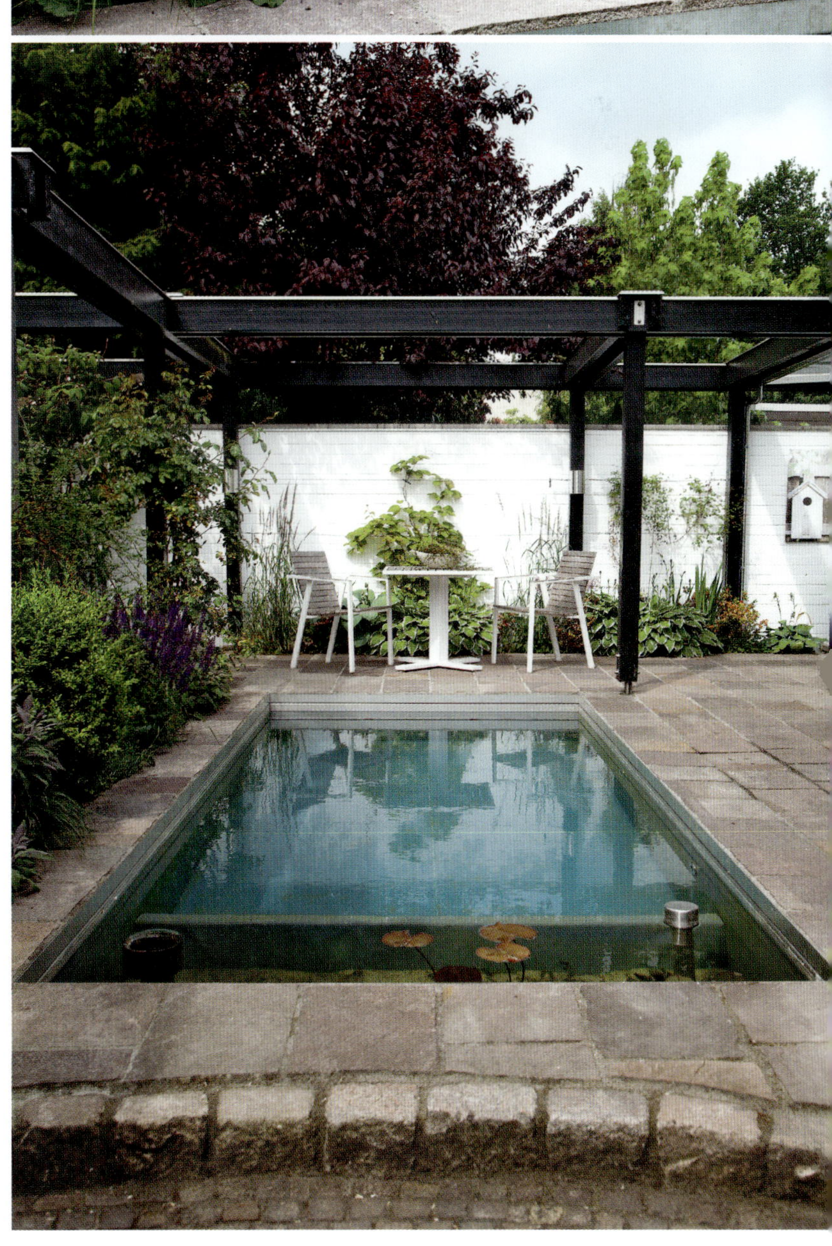

Oben: Ein Sandsteinblock mit einer kleinen Eidechse aus Bronze wird von blau blühendem Salbei, Rosen und Taglilien sanft eingerahmt. Das Pflanzbeet, welches das Becken auf einer Seite flankiert, lockert wohltuend die Steinfläche auf.

Unten: Die Atriumbauweise war in der 1970er-Jahren »en vogue«. Der Innenhof war meist von zwei Seiten eines Winkelbungalows und zwei einzelnen Mauern oder der Giebelwand eines Nachbar-Bungalows umgrenzt. Die dunkel gestrichene Pergola entlang von zwei Seiten ermöglicht hier eine weitere vertikale Gliederung des Gartenraums.

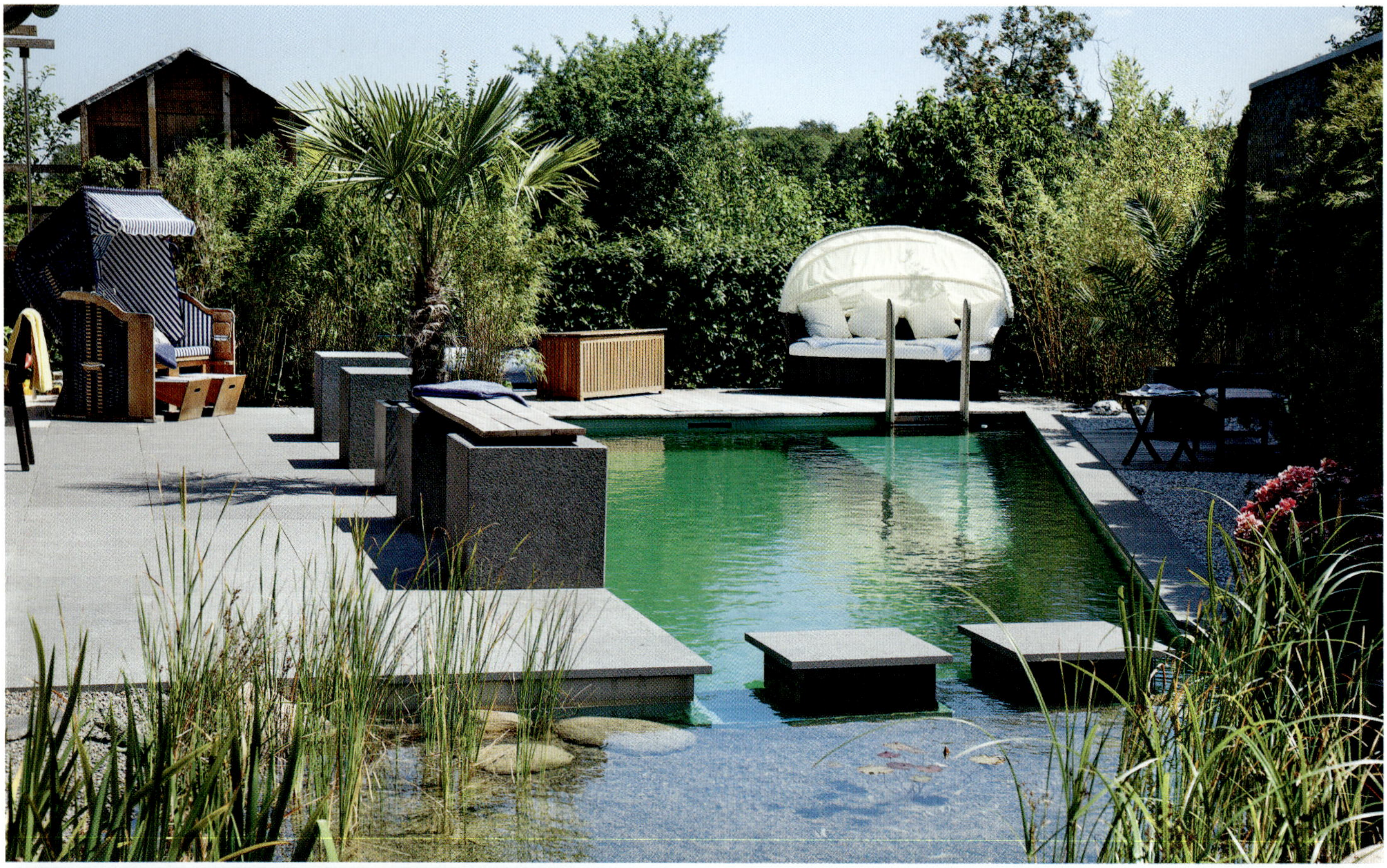

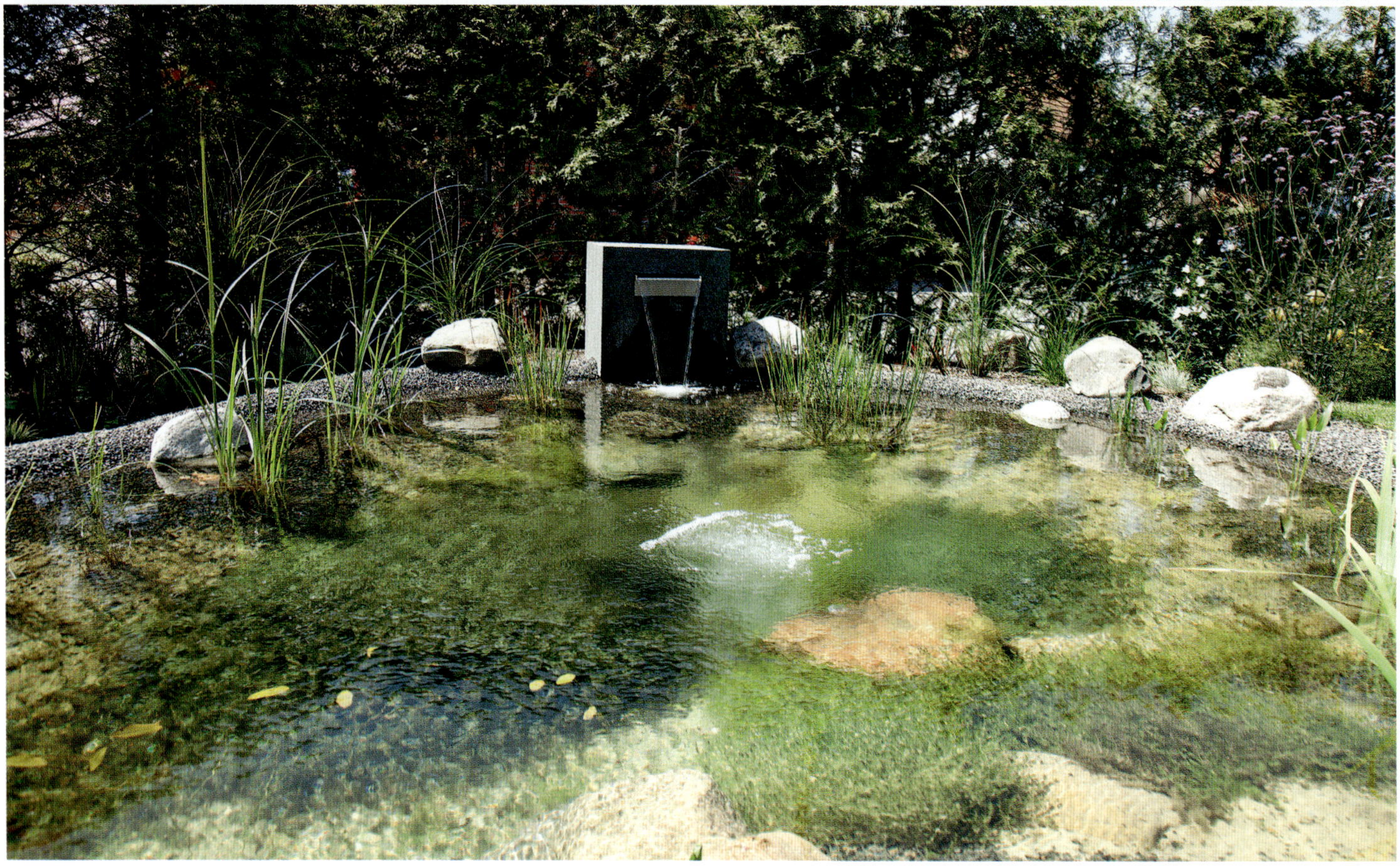

Eine Wasserfläche für Sport, Spiel und Spaß

Die Krönung bei der Umgestaltung ihres Gartens ist für eine sechsköpfige Familie der neue Schwimmteich. Er wurde in einem sehr schmalen und spitz zulaufenden Garten realisiert und nutzt perfekt die gesamte Südseite am Haus. Der Rasen vor der Terrasse wich damit dem totalen Wasservergnügen! Gewünscht war möglichst viel Wasser im Garten, ein Ort zum Leben im und am Schwimmteich, aber keine Verkleinerung der bestehenden Terrasse.

Eine Teichlandschaft aus drei Zonen

Aufgrund des trapezförmigen Zuschnitts des Grundstücks war ein Nebeneinander von Schwimm- und Regenerationszone nicht möglich. Man entschied sich für eine Aneinanderreihung der verschiedenen Teichzonen: Dem Regenerationsbereich folgt also in der Längsausrichtung zunächst der Pflanzenfilter und schließlich der Schwimmbereich vor der Terrasse.
Im Schwimmbereich verfügt die 10 m lange Bahn vor der Terrasse bis zum Biofilter über eine Wassertiefe von 2 m. Der Absatz zum Nachbargrundstück hin ist lediglich 1 m tief, da ein tieferes Becken während der Ausschachtungsarbeiten hier zum Absacken der Garagenmauer hätte führen können. Der Stehbereich ist nicht nur ein praktischer Einstieg in den Schwimmteich, sondern eine ideale Spiel- und Plantschzone für die Kleinen.

Oben: Der Schwimmbereich gliedert sich in zwei Zonen. Während die 10 m lange Bahn eine Tiefe von 2 m aufweist, ist das Podest auf der rechten Seite nur 1 m tief und dient vor allem den Kindern zum Spielen und Plantschen.

Unten: Am Ende des Beckens befindet sich der Regenerationsbereich mit Wasserschütte und Carbonator.

Regenerationsbereich und Pflanzenfilter

Im Regenerationsbereich am Anfang der Teichanlage wird das Skimmerwasser über eine Wasserschütte und die Carbonatordüse eingespeist. Der Wasservorhang des Quaders ist nicht nur optisch sehr ansprechend, er erzeugt auch ein stetiges angenehmes Geräusch. Vor allem dank des Carbonators hat sich schon im ersten Jahr ein sehr dichter Bewuchs an Unterwasserpflanzen gebildet. Von der Regenerationszone aus passiert das Wasser dann den Pflanzenfilter. Hier erfolgen die mechanische Feinfiltrierung im Filterkörper und die Mineralisierung der organischen Substanz. Die optimale Aufnahme der Nährstoffe durch die Pflanzen sorgt für Reinheit und Klarheit des Wassers, dessen Qualität brillant ist.

Alles im Fluss – Konzeption und Technik

Wichtig bei der Teichkonzeption war, dass die Durchströmung der einzelnen Bereiche so angelegt ist, dass keine Totwasserzonen, in denen sich ungefiltertes Wasser ansammelt und staut, entstehen. Sämtliche Technik wie Tauchpumpenschacht, Füllwasser-Phostec, Bogensiebskimmer und die Pegelsteuerung mit Füllwassereinlauf sind unter dem Deck aus gebrauchtem Bongossi-Holz verborgen. Spielhaus, Sandkiste, Strandkorb und Grill-Ofen runden das Familienvergnügen am Swimming-Teich perfekt ab. Kein Wunder, dass hier täglich High-Life-Betrieb herrscht!

Alle Wünsche der Familie konnten erfüllt werden. Doch das nächste Projekt steht bereits in den Startlöchern: Die Nachrüstung des Schwimmteiches mit einer Heizung zur Erwärmung des Wassers, um die Badesaison noch etwas zu verlängern.

Ein stringentes Stil- und Farbkonzept für innen und außen

Die Familie ist begeistert vom neuen Badegarten. Den Eltern gefällt, dass durch das Farbkonzept des zuvor modern umgestalteten Innenbereichs dieser optisch mit dem Außenraum verbunden wird. Die Verwendung von dunkelanthrazitfarbenem Material zieht sich von innen nach außen. Im Außenbereich wurden Großformatplatten (basaltina 60/60 cm) für den Terrassenbelag, die Würfel, die als Tisch, Sitz- oder Liegefläche dienen, den Wasserwürfel im Regenerationsbereich und die zwei parallelen Serien an Trittplatten verwendet. Auch die Garage des Nachbarn konnte mit anthrazitfarbenen Riemchen verkleidet werden, wodurch eine optisch passende Wand zu den im Garten verwendeten Materialien geschaffen wurde.
Praktisch und schön anzusehen sind auch die auf Betonblöcken gelagerten Trittplatten, die scheinbar über dem Wasser schweben und es den Nutzern ermöglichen, die Wasserfläche bequem zu überqueren. Vor allem gliedern sie auch optisch die Anlage perfekt in ihre drei Bereiche.
Der Garten wurde zum Wunschtermin fertig. Auch sonst lief alles wie geplant: Der bestehende Spielbereich mit Spielhaus und Sandkiste wurde in die Gesamtanlage integriert, sodass die Kinder in nächster Nähe spielen und schwimmen können. Strandkorb, Grill-Ofen, Palmen und eine Dedon-Muschel zum Relaxen runden das Familienvergnügen perfekt ab.

DIE FAKTEN AUF EINEN BLICK

Größe des Gartenraums	155 m²
Baustart und Bauende	September bis Oktober 2010
Marke	Biotop
Schwimmbereich	Trapezform Breite 5,0 und 3,0 m, Länge 10,0 m, Tiefe 2,0 m
Regenerationsbereich	24 m²
Pflanzenfilter	21 m²
Abdichtungsart	PVC-Folie, 1,5 mm, patinagrün
Technik	Tauchpumpenschacht, Bogensiebskimmer, Carbonator, Phosphatfilter
Beleuchtung	3 Halogen à 50 Watt
Heizung	Vorrüstung für Solar-Heizung
Abdeckung	nein
Wasserattraktion	Wasserwürfel als Quellstein
Zusatzausstattung	Elektrische Pegelsteuerung für die Frischwasserzufuhr, Poolroboter
Materialien für Deck und Terrasse	Bongossi-Holz, Naturstein G684

Oben links: Für jeden Etwas: Strandkorb für die Eltern, Sandkasten mit Klettergerüst und Schaukel für die Kinder.

Oben rechts: Grüner geht nicht: Das Becken ist mit einer patinagrünen Folie ausgelegt und abgedichtet.

Unten links: Mit Palmen im Kübel und einer Strandmuschel zum Chillen kommt garantiert Urlaubsstimmung auf.

Unten rechts: Auf den Trittplatten aus Naturstein kann man an zwei Stellen mühelos das Wasser überqueren.

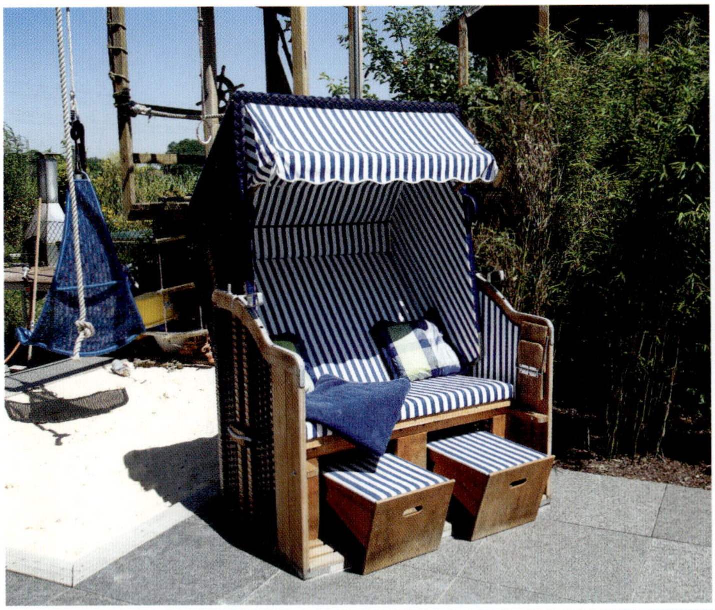

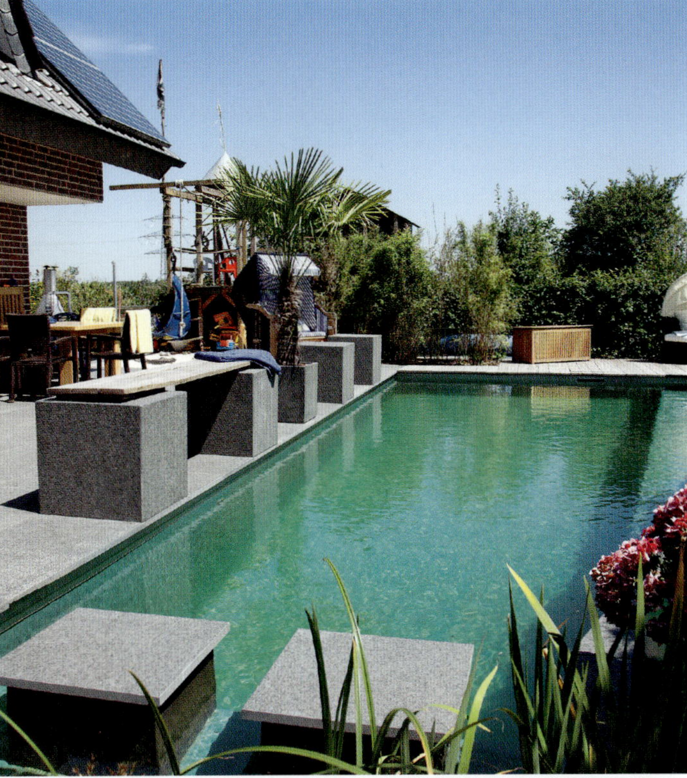

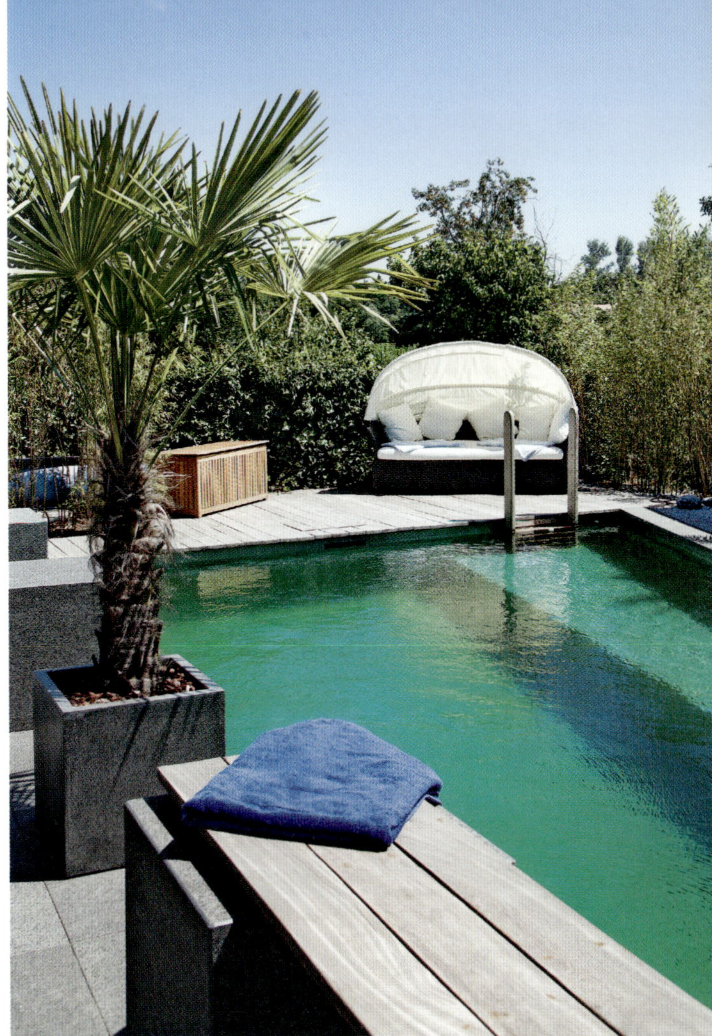

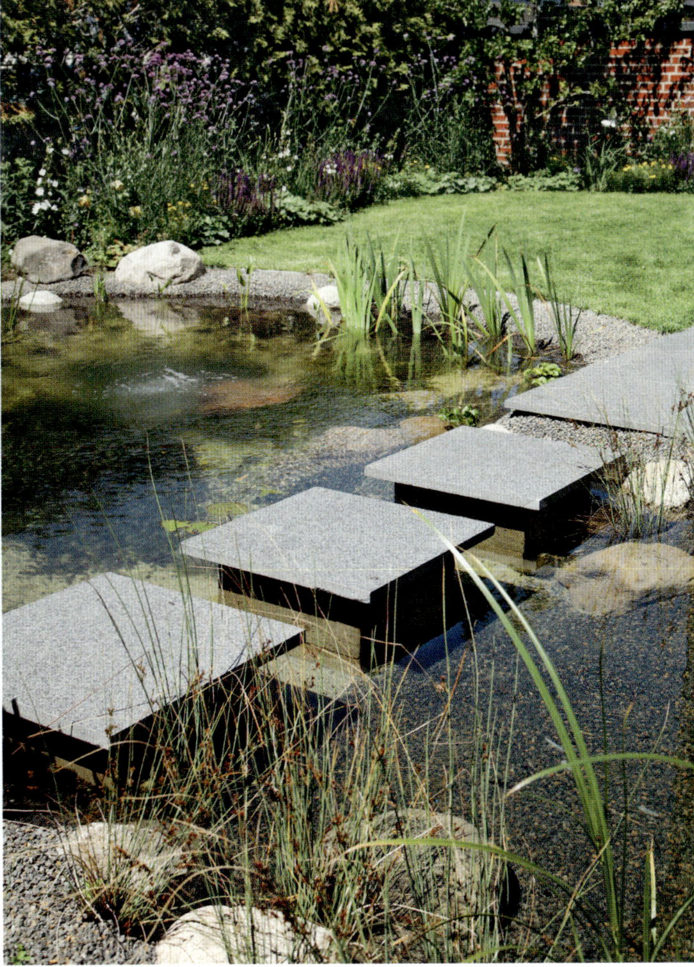

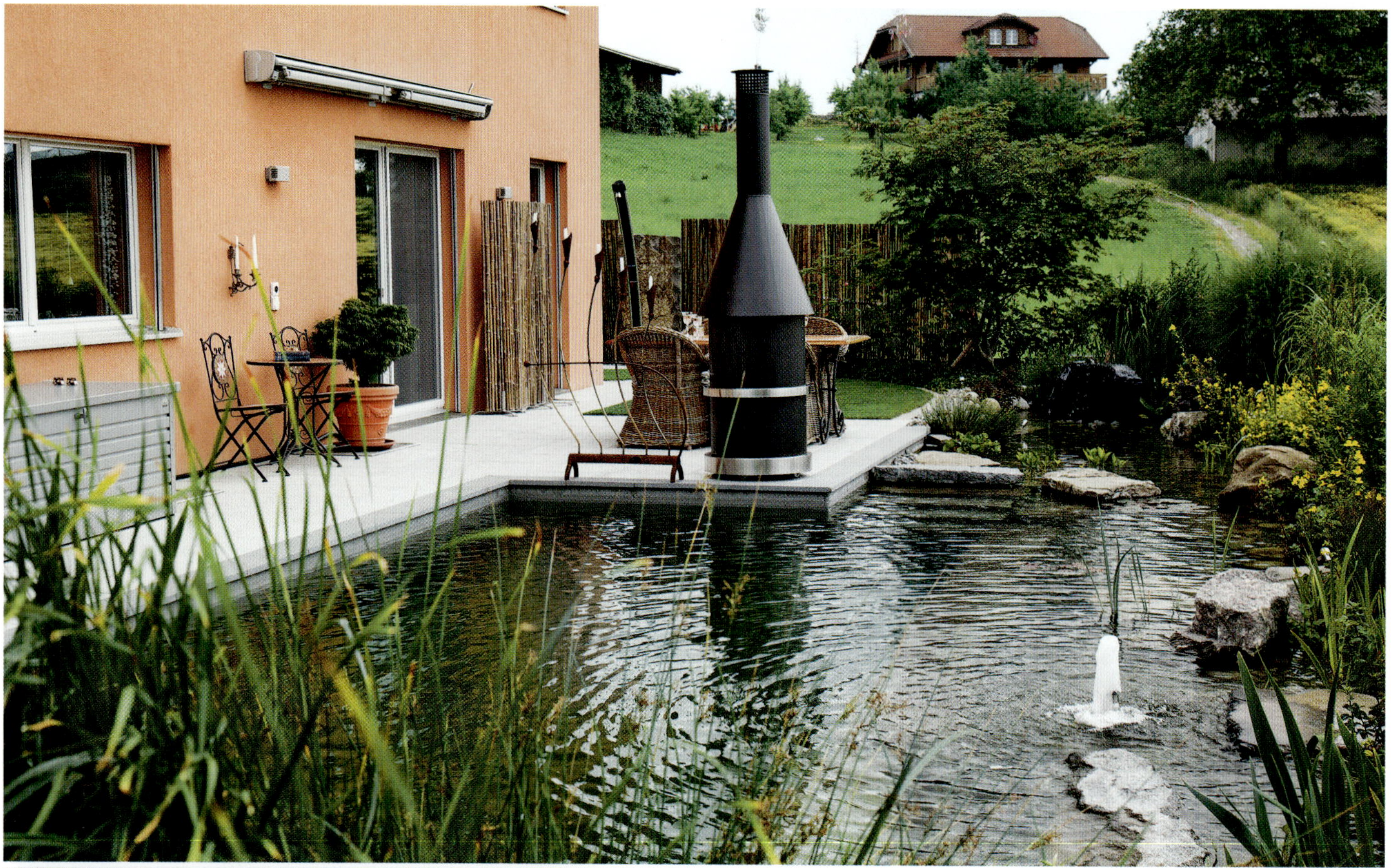

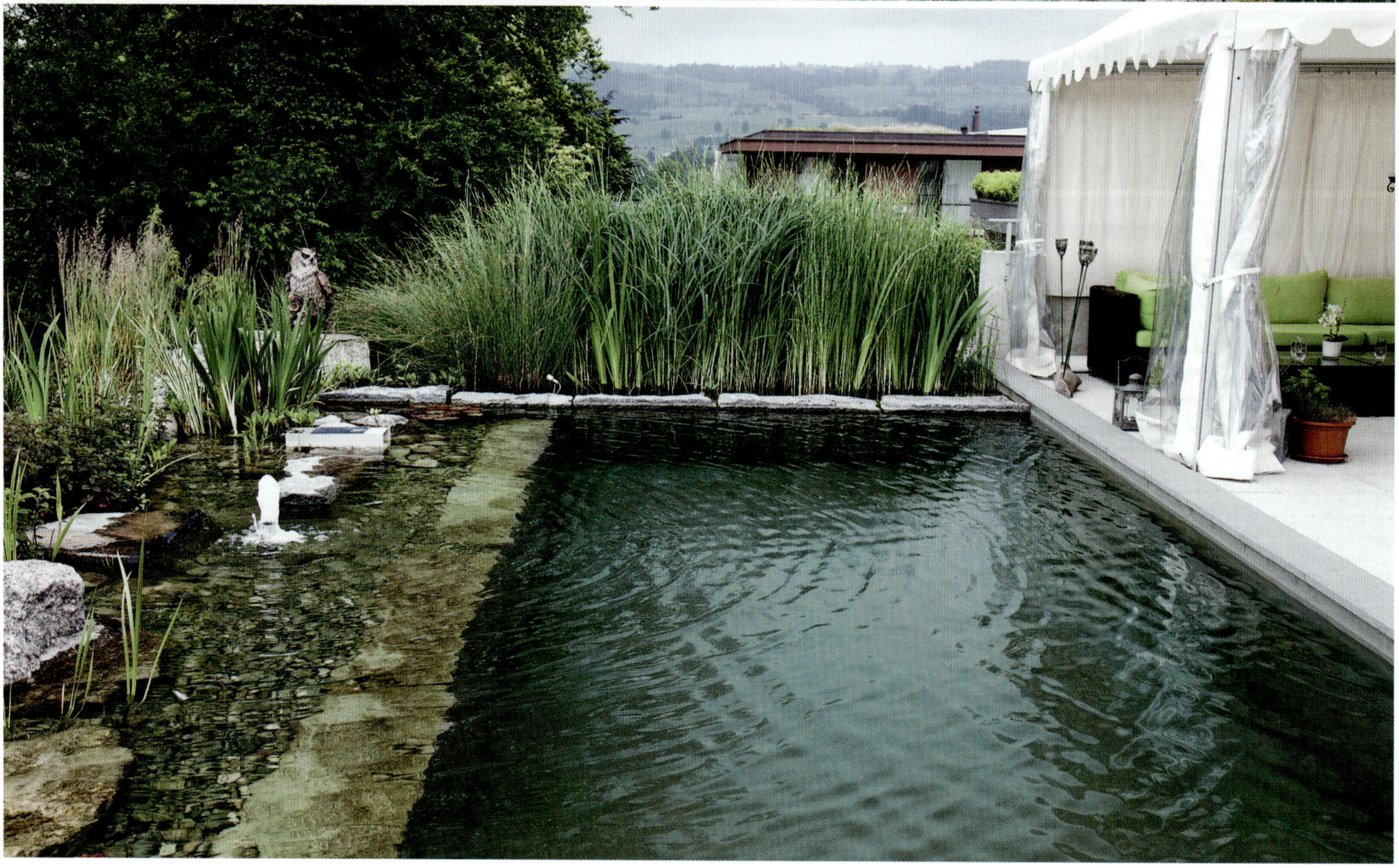

Naturbad im Schatten des Pilatus

Das 2010 in der Nähe von Luzern neu erbaute Einfamilienhaus liegt auf einem traumhaften Grundstück von dem man bei gutem Wetter mit einem Blick bis zum Bergmassiv des Pilatus verwöhnt wird. Hier hat sich eine vierköpfige Familie einen bezaubernden Badegarten mit Schwimmteich angelegt.

Ein Platz an der Sonne

Mit einer Schwimmteich-Technik ausgerüstet, fügt sich die Anlage harmonisch in die natürliche Umgebung ein. Hochwachsende Gräser formen einen Sichtschutz zu den Nachbarhäusern hin. Libellen sonnen sich auf den Steinen, viele Pflanzen wachsen in der Regenerationszone, die mit Natursteinen vom Schwimmbereich abgetrennt, mit Kies und Findlingen ausgestattet ist.
Quellstein und Skimmer im Becken sind genau gegenüber platziert, damit durch die Wasserströmung eingetragenes Material an der Oberfläche entfernt werden kann. Die Pflege der Anlage macht allen Nutzern Spaß: Diverse Bürsten und Kescher sind immer griffbereit. Das Rauschen des Schaumsprudlers entspannt, während man auf einem der beiden Sitzplätze direkt am Wasser den Blick auf Garten und Landschaft auf sich wirken lässt.

Oben: Der Sitzbereich ragt in den Schwimmteich hinein. Direkt daneben führen Stufen aus Stein ins Wasser.

Unten: Durch eine Mauer werden Schwimmzone und die bepflanzte Regenerationszone inkl. Schaumsprudler getrennt.

DIE FAKTEN AUF EINEN BLICK

Größe des Gartenraums	190 m²
Baustart und Bauende	August bis Oktober 2011
Marke	System Müller
Schwimmbereich	Breite 3,0 m, Länge 8,0 m, Tiefe 1,5 m
Regenerationsbereich	30 m²
Pflanzenfilter	18 m²
Abdichtungsart	PVC-Folie, 1,3 mm, mausgrau
Technik	Pumpenschacht, tierfreundlicher Skimmer
Beleuchtung	nein
Heizung	nein
Abdeckung	nein
Wasserattraktion	Quellstein, Schaumsprudler
Zusatzausstattung	nein
Materialien für Deck und Terrasse	Betonstein, Naturstein Granit

Not macht erfinderisch …

Während der Bauantrag für den Schwimmteich problemlos genehmigt wurde, konnte ein weiteres Projekt nicht realisiert werden: der Wintergarten. Hier machte die Behörde einen Strich durch die Rechnung. Die Hausherren entschieden sich kurzerhand, stattdessen einen Pavillon aufzustellen und diesen mit einem Heizstrahler sowie Loungemöbeln auszustatten. Eine perfekte Alternative zum Wintergarten! Nun können die Besitzer auch im Winter bei geschlossenen Seitenteilen im Pavillon sitzen oder die ein und andere Party feiern.

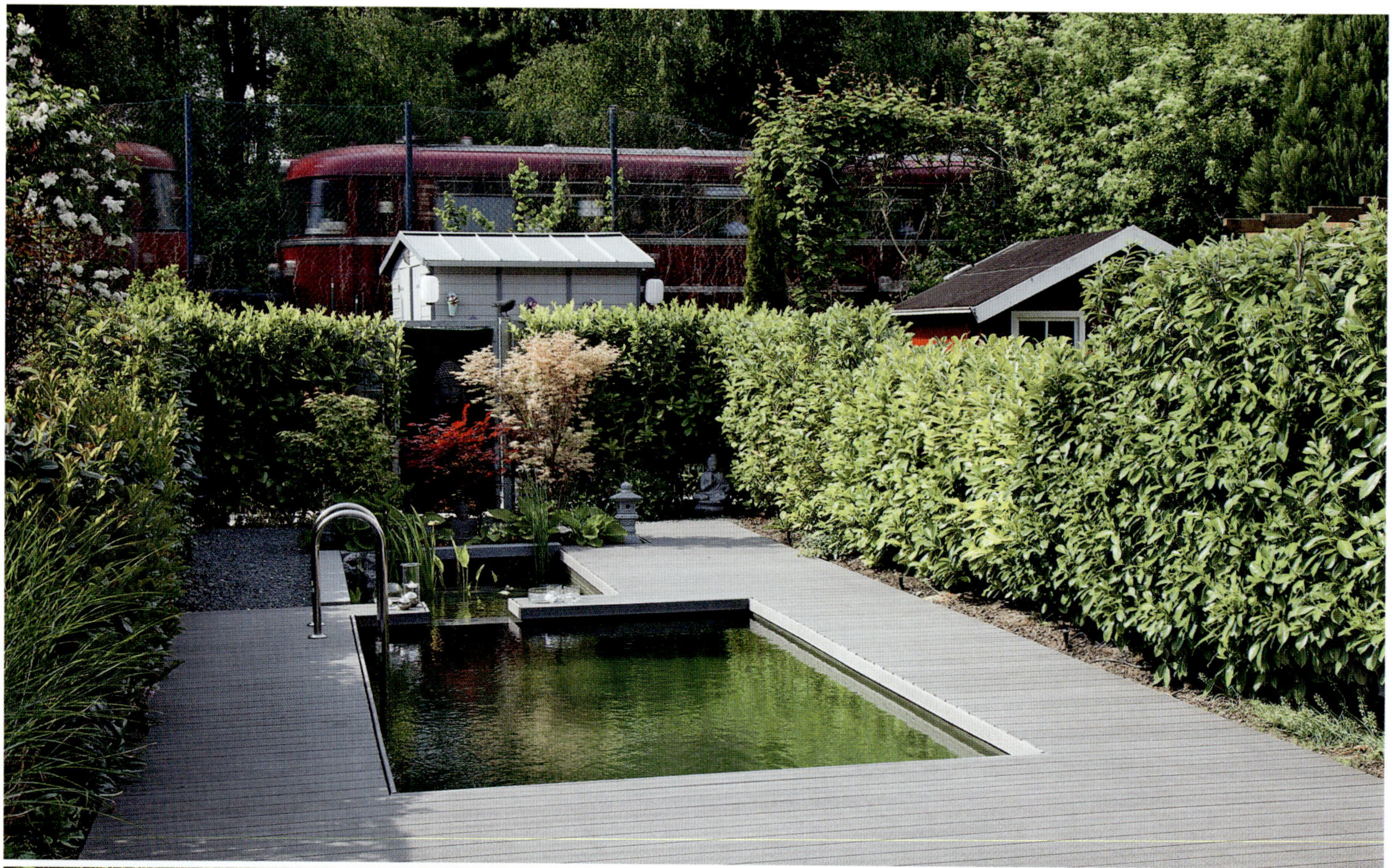

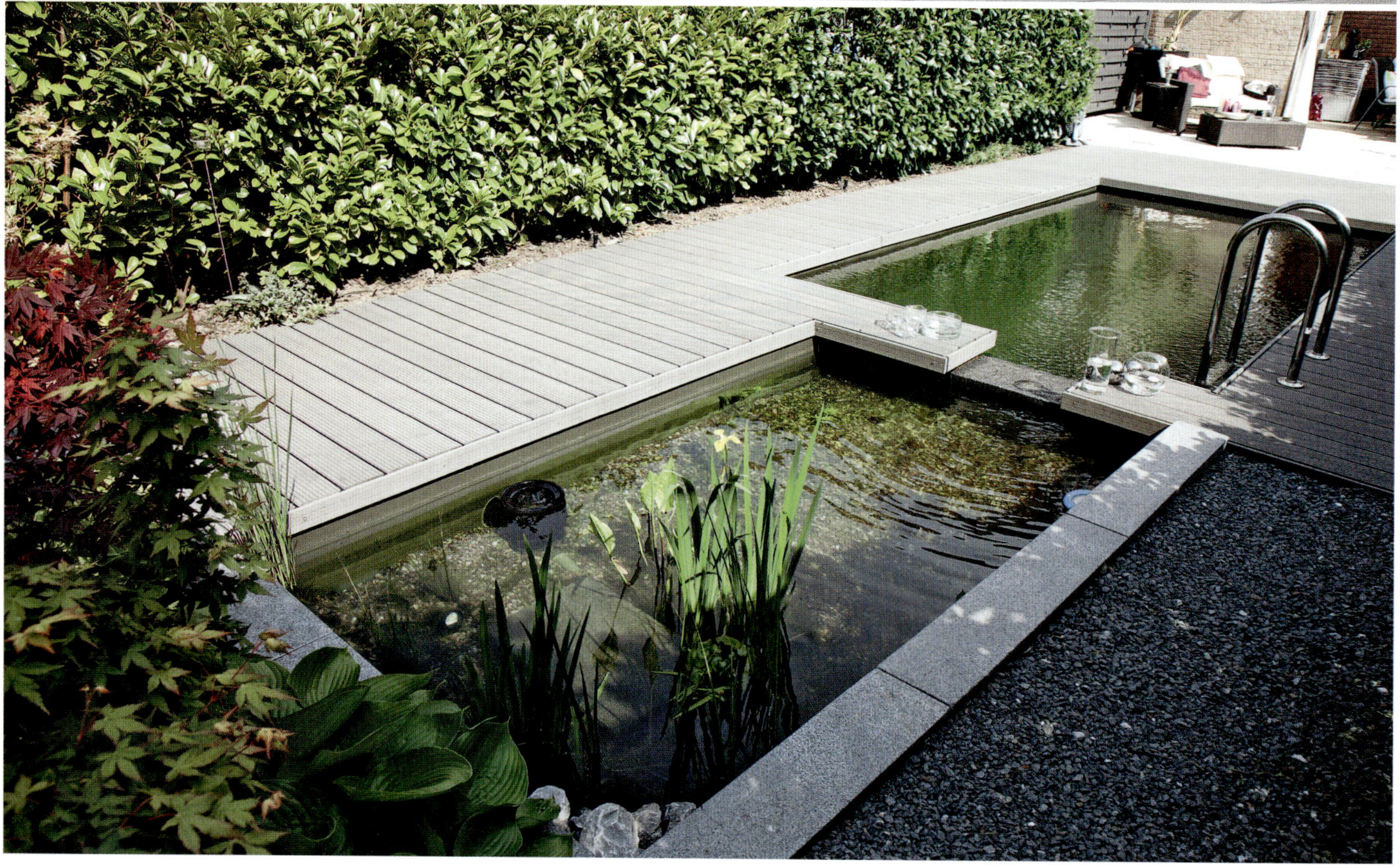

Relaxen unter Buddhas Augen

Auf einem lediglich 70 m² großen Grundstücksbereich hat sich ein berufstätiges Paar einen Schwimmteich errichten lassen. Der lange, sehr schmale Garten ist ein Rückzugs- und Erholungsort, der wenig Arbeit macht und zum Relaxen wie geschaffen ist. Seit 2014 genießt das weit gereiste Paar sein kleines Paradies in der beschaulichen Reihenhaussiedlung.

Bauloch statt Swimmingpool – aus der Traum?

Dabei schien das gesamte Projekt anfänglich zum Scheitern verurteilt. Zunächst hatte die Dame des Hauses einen Swimmingpool geplant. Es sollte ein Garten im maurischen Stil werden – die »Alhambra im Ruhrgebiet« mit blauen Fliesen, mit entsprechender Bepflanzung und Dekoration. So weit, so gut. Ein Unternehmer wurde beauftragt, wie sich im Nachhinein herausstellte ein junger Mann ohne Ausbildung zum Gärtner, geschweige denn ein Poolbau-Spezialist. Nach sieben Monaten Bauzeit war Schluss, er kam nicht wieder. Zurück blieben eine Baugrube und ein großer Hügel mit dem Erdaushub. Das Grundstück war zwar durch einen Bauzaun gesichert. Dieser konnte jedoch von Nachbarskindern schnell überklettert werden. Kein Wunder, dass die Nerven blank lagen. Was tun? Loch zu oder weiterbauen?

Ideen muss man haben

Es ging weiter. Bald wurde ein Fachmann gefunden, das Restbudget des Paares ermittelt und damit der Rahmen für die weitere Baumaßnahme gesteckt. Doch die Verwirklichung des Kindheitstraums – ein Swimmingpool – passte nicht mehr zum finanziellen Spielraum des Paares. Das bedeutete das Aus für die »Alhambra« mit Pool, aber nicht das Ende eines Badegartens! Denn es stellte sich im Nachhinein heraus, dass bedingt durch die vielen Auswärtstätigkeiten der Besitzer ein Pool viel zu pflegeaufwendig gewesen wäre. Der Garten- und Landschaftsgestalter schlug deshalb einen Schwimmteich vor. Gesagt, getan.

Vom Swimmingpool zum Schwimmteich!

Aus dem hässlichen Bauloch wurde ein Schwimmteich mit olivgrüner Folie. Statt eines Beckens mit Chemie entstand ein naturnahes Gewässer mit kleinem Klärbecken, Filtersubstrat und Pumpenanlage. Eingefasst sind beide Becken mit grauen Megawood-Dielenbrettern. Diese bestehen aus bis zu 75 % Naturfasern, die mit umweltfreundlichen Bindemitteln zu einem langlebigen, widerstandsfähigen und splitterfreien Holz-Polymer-Werkstoff zusammengeführt werden.

Oben: Ein Garten ohne Rasenfläche. Kies und Holz rahmen die Wasserbecken ein. Die Ruhrtalbahn, eine Museumsbahn, fährt ab und an am Grundstück vorbei und wirkt wie eine buddhistische Reminiszenz: Der Weg ist das Ziel. Dies gilt auch für diesen schönen Badegarten.

Unten: Der neue Schwimmteich mit dem separaten Regenerationsbecken füllt fast den gesamten Reihenhausgarten aus. Das weit gereiste Paar wünschte sich einen Erholungsort, der wenig Arbeit macht und zum Relaxen einlädt.

»Das war wirklich ein tolles Projekt. Davor hätten wir niemals gedacht, dass wir aus unserem kleinen Gartengrundstück ein solches Schmuckstück machen können. Wir sind super glücklich!«

Ende gut, alles gut

Von der Terrasse aus blickt man nun über den Teich zur einer asiatisch geprägten Ecke. Im Pflanzbeet wachsen Ahorn-Solitärsträucher *(Acer palmatum)* in unterschiedlichen Höhen und in verschiedenen Laubfarben. Zu ihren Füßen gesellen sich großblättrige hellgrüne Funkien *(Hosta)* und dazwischen stehen asiatische Statuen, Buddhafiguren und Steinlaternen: eine Reminiszenz an frühere Asienaufenthalte, die auch die ursprünglich geplante Alhambra-Variante vollkommen vergessen lässt. Hinter dem Grundstück tuckert ab und an eine Museumsbahn entlang, die Ruhrtalbahn. Dahinter erstreckt sich ausgedehnte Feld- und Wiesenlandschaft. Auf dem Bahngelände können die beiden ein Fleckchen Land nutzen, auf dem nun ein kleines Gartenhäuschen steht – perfekt für die Unterbringung von Möbeln, Gartengeräten und mehr.
Die Inhaber fühlen sich pudelwohl in ihrem neuen Schwimmgarten und empfinden ihre Anlage als Idyll – ruhig, naturbelassen, unkompliziert. Sie freuen sich riesig, dass die Gartenplanung eine so vorteilhafte Wendung genommen hat. Jetzt sind sie sogar lieber zu Hause und nutzen ihre Oase fast täglich. Damit ist ein zusätzlich genutzter Wohnraum entstanden.

DIE FAKTEN AUF EINEN BLICK

Größe des Gartenraums	70 m²
Baustart und Bauende	August bis September 2014
Marke	nein
Schwimmbereich	Breite 2,5 m, Länge 5,0 m, Tiefe 1,5 m
Regenerationsbereich	6 m²
Pflanzenfilter	nein
Abdichtungsart	PVC-Folie, 1,5 mm, olivgrün
Technik	Pumpenschacht, Schwimmskimmer
Beleuchtung	2 Halogen à 50 Watt
Heizung	nein
Abdeckung	nein
Wasserattraktion	nein
Zusatzausstattung	Poolroboter
Materialien für Deck und Terrasse	Verbundwerkstoff Megawood

Oben: Die Buddha-Statue und weitere asiatische Accessoires wie Steinlaternen im Garten sind Erinnerungsstücke an frühere Reisen und Auslandsaufenthalte des Paares. Dazu passen Gräser wie Chinaschilf *(Miscanthus sinensis)*, die bei leichtem Wind ein sanft Rascheln verbreiten.

Unten links: Sparsam eingesetzte Gehölze am Regenerationsbecken lockern die geometrischen Vorgaben auf und verdecken den Ausgang des Gartens. Grün- und rotblättriger Japanischer Ahorn sowie Funkien mit großen frisch grünen Blättern passen gut zum asiatischen Flair.

Unten rechts: Eine blickdichte Hecke aus immergrünem Kirschlorbeer grenzt den Garten ein. Der kleine, dazugepachtete Streifen hinter dem Grundstück bis zu den Bahngleisen bietet Platz für eine kleine Gartenhütte.

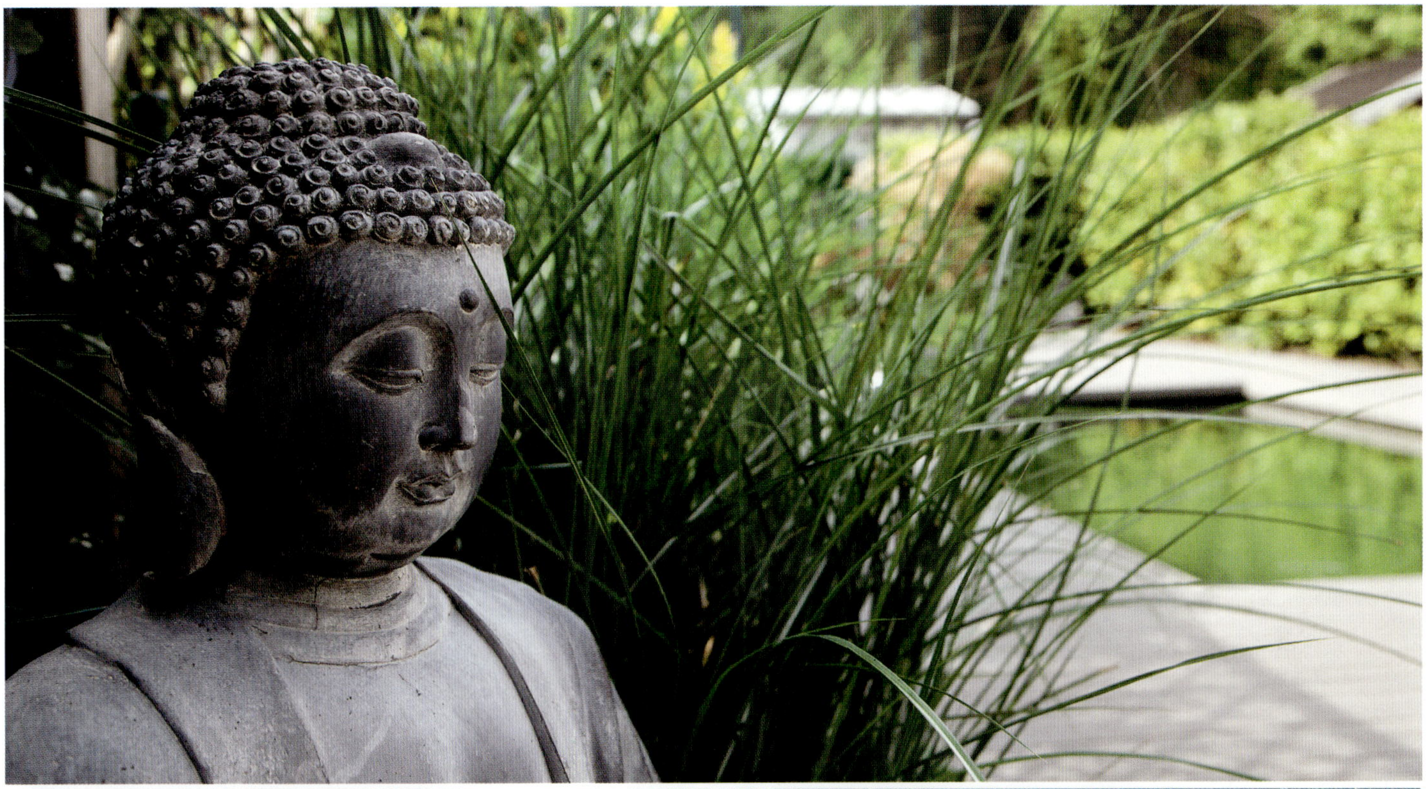

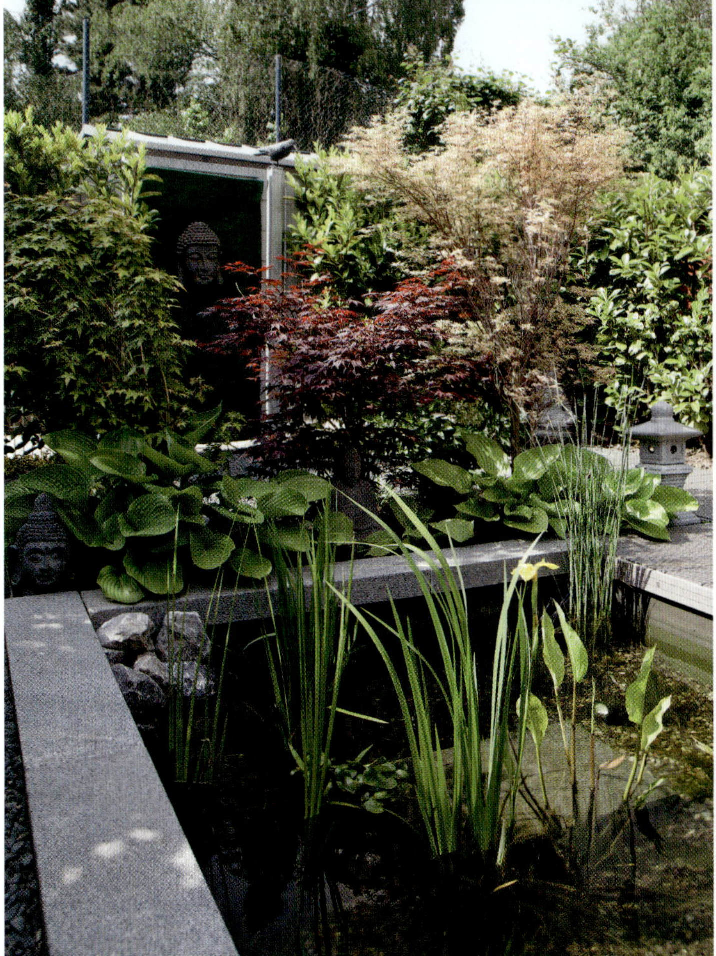

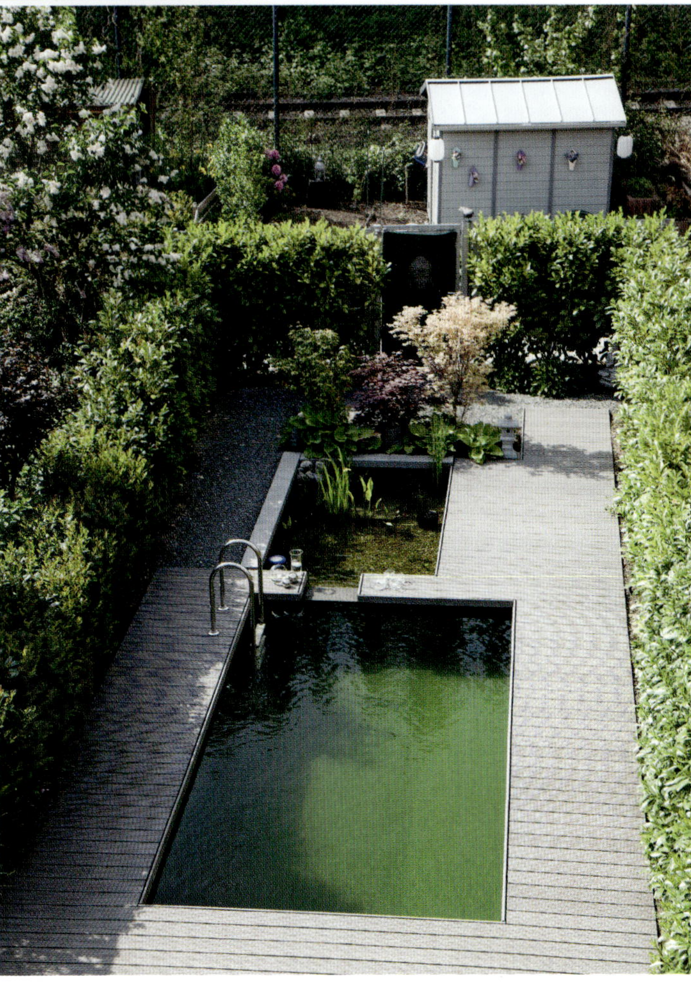

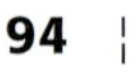

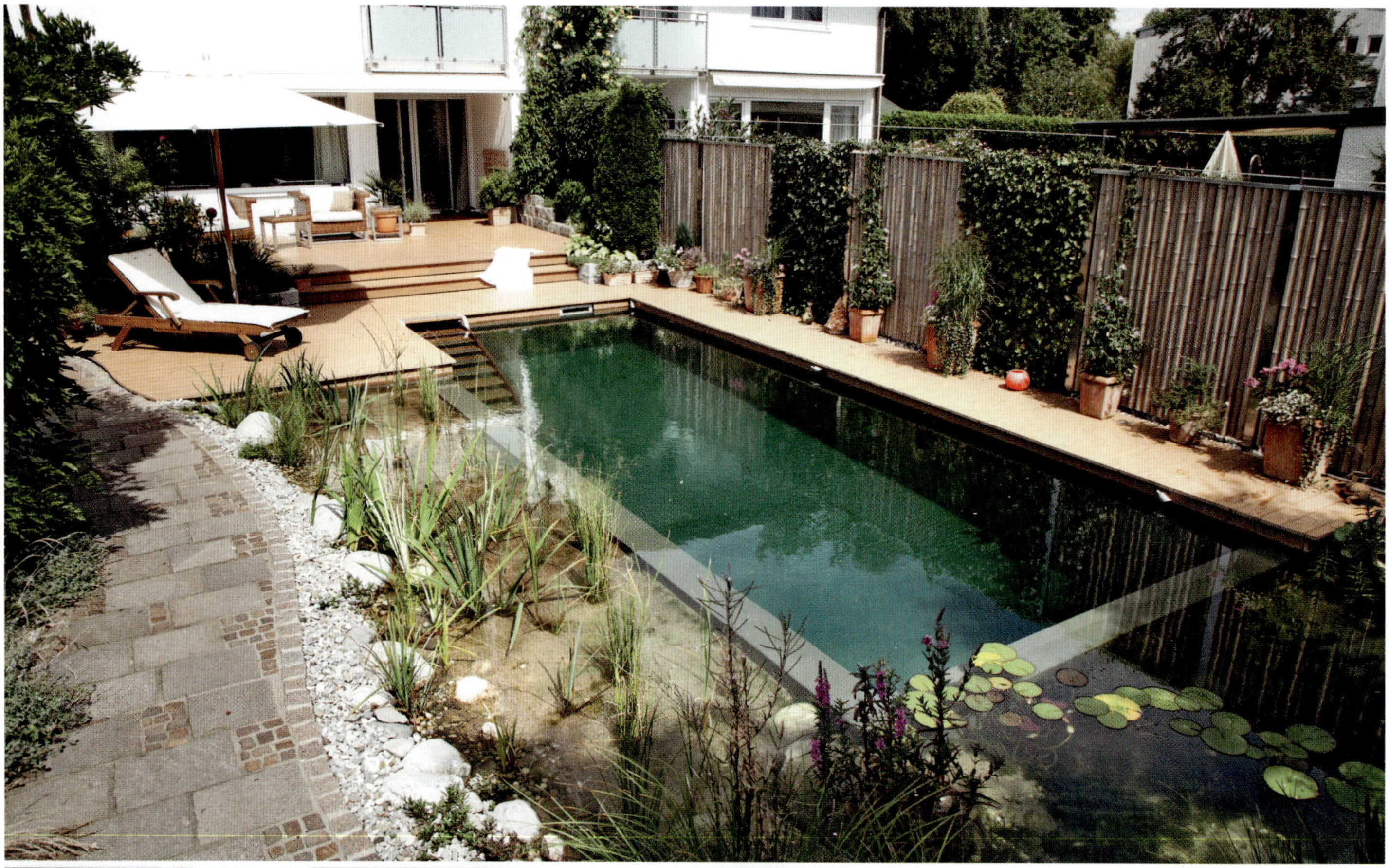

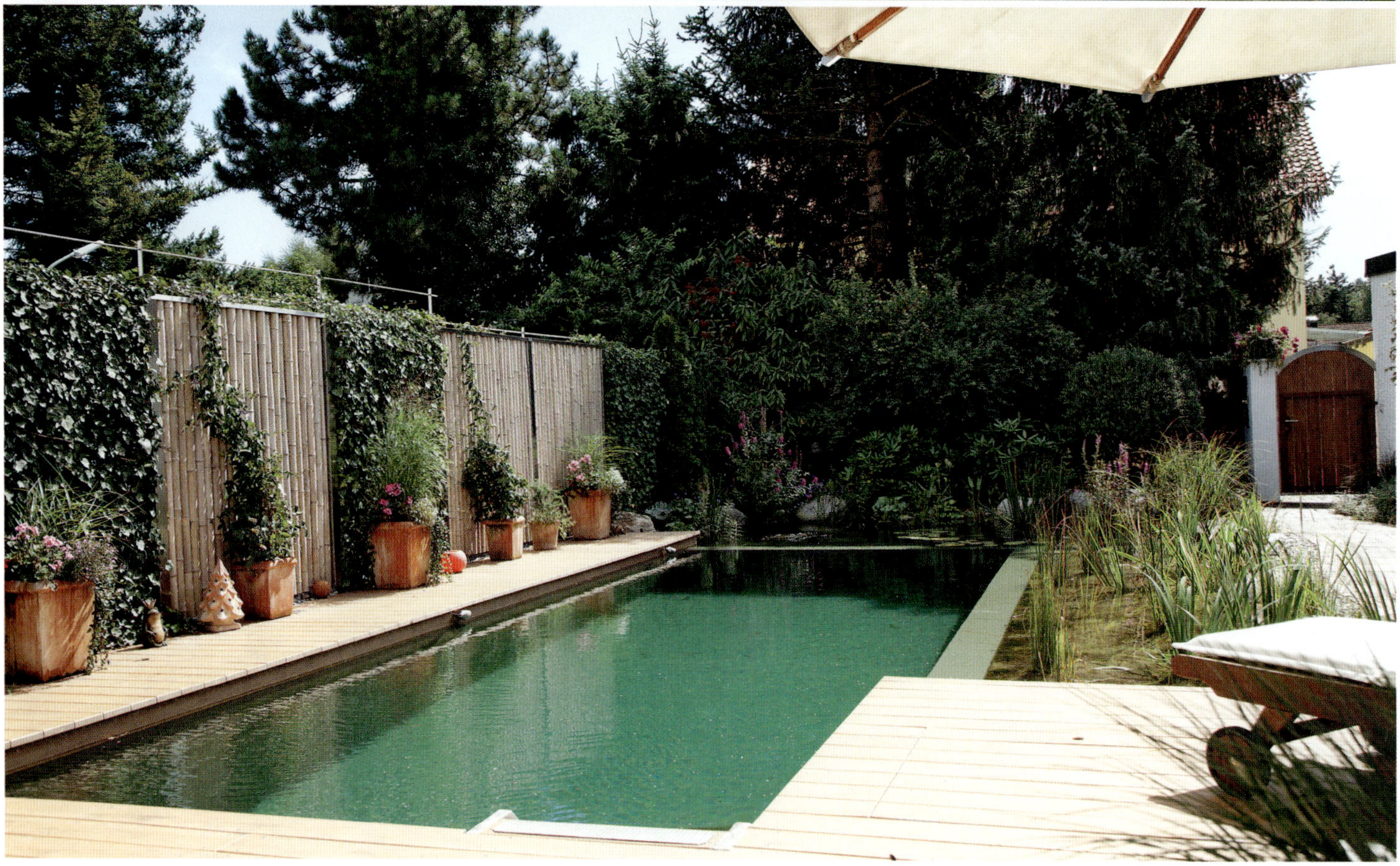

Schwimmen im Vorgarten

Das Sabbatjahr der Dame des Hauses ermöglichte im Jahr 2010 ein lange geplantes Projekt: den Bau eines Schwimmteiches im eigenen Garten. Dass dies auch im Vorgarten ihres Doppelhauses im Landkreis München verwirklicht werden kann, hätte die Mutter von zwei Kindern zuvor nicht für möglich gehalten. Doch die Beratung durch den Teichbau-Spezialisten und die intensive Beschäftigung mit der Materie gaben dann den Anlass, das Projekt tatsächlich »durchzuziehen«.

Sicherheit geht vor – perfekte Planung

Als Kind war die Hausherrin bei ihren Eltern in einem Haus mit Swimmingpool aufgewachsen. Als ihre eigenen Kinder noch sehr klein waren, kam für die Lehrerin jedoch ein eigener Schwimmteich nicht in Frage. Nun, da der Nachwuchs inzwischen größer geworden war und sie selbst eine Auszeit plante, reifte der Traum vom Schwimmteich im Garten zu einem konkreten Plan heran. Zumal auch Freunde in der Nähe mit einem Schwimmteich im Garten ganz ausgezeichnete Erfahrungen gemacht hatten.

Oben: Der Schwimmteich füllt den gesamten Vorgarten des Reihenhauses aus und grenzt direkt an die Hausterrasse. Übrigens: Je größer das Gewässer, desto stabiler ist das Ökosystem, das eine sehr gute Wasserqualität gewährleistet.

Unten: Der Regenerationsbereich liegt am Beckenende. Hier schützen auch ein dicht bepflanzter Gartenstreifen sowie eine Mauer vor neugierigen Blicken von der Straßenseite.

Die Genehmigung des Sabbaticals der Kundin kam da gerade recht: Es war der richtige Zeitpunkt für den Bau gekommen. Denn die Hausherrin konnte viel zu Hause sein, den Bau aktiv mitgestalten und sich parallel dazu ohne Stress um ihre eigene Familie kümmern.

Vom 08/15-Vorgarten zum Vorzeigeprojekt

In der Folge entstand innerhalb von nur drei Monaten dort, wo zuvor Rasen, ein kleiner Teich sowie eine Randbepflanzung mit dunklen Gehölzen wenig Charme verbreiteten und dazu das ganze Ambiente äußerst beengend wirkte, ein attraktiver Wassergarten. In der Bauzeit musste allerdings eine totale Baustelle akzeptiert werden. Hinzu kam, dass für die Zeit des Baus das Gartentor ausgebaut wurde. Die Zugangstür zur Straße hin war zu eng für den Transport von Material und Maschinen. Es wurde jedoch nach Beendigung der Arbeiten wieder an seinen früheren Platz gebracht.
Der 2 m tiefe Schwimmteich grenzt direkt an die Terrasse. Von hier bietet sich ein bezaubernder Blick über den gesamten Wassergarten. Der mit Quellstein, Carbonator und attraktiven Wasserpflanzen gestaltete Regenerationsbereich am Ende des Beckens schließt die Anlage zur Straße hin ab. Seitlich neben dem Weg vom Gartentor direkt am Schwimmteich verläuft der mit Isarkieseln eingefasste Pflanzenfilter.

Ein einladendes Ambiente

Der Zugang zum Haus führt nun direkt am Teich vorbei. Geblieben aus dem vorherigen Bestand sind die kleine Laube unmittelbar an der Garage sowie der alte Bodenbelag aus

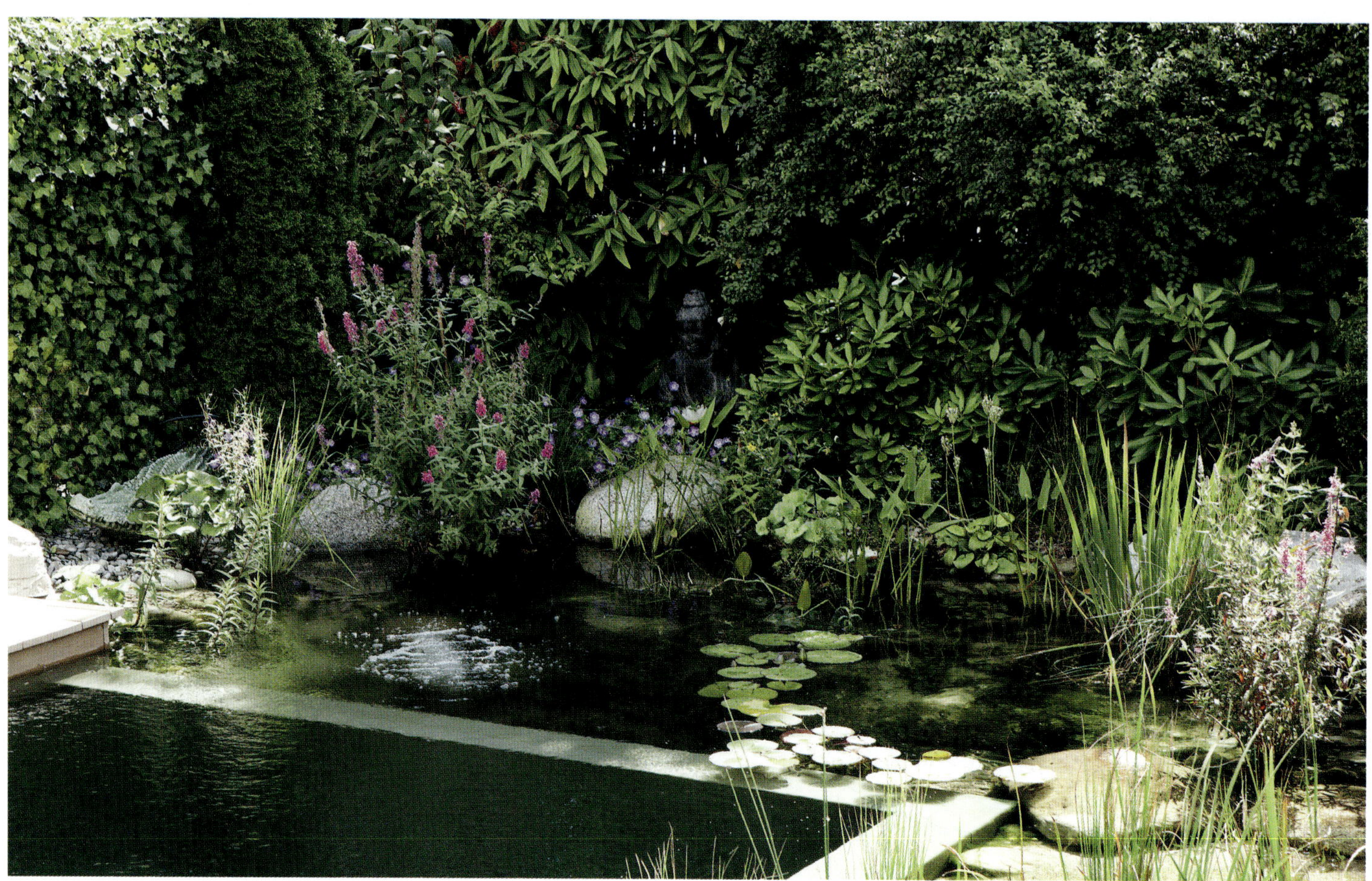

Porphyrsteinen. Das alte Porphyr-Kleinpflaster wurde dafür aufgenommen und sehr kunstvoll mit neu gekauften Porphyrplatten gemischt. Heute ist der Zugang zum Haus doppelt so breit wie vorher und schön großzügig.
Nicht nur die Rasenfläche ist verschwunden, auch der Miniteich zwischen Laube und Hauseingang musste weichen. Stattdessen schmückt dort nun eine moderne Wasserwand mit Riemchenverblendung den Zuweg. Auch die Venus-Statue aus dem vorderen Bereich des Gartens hat hier an der Seite der Wasserwand ihren perfekten Platz gefunden.
Die etwas höher gelegene Terrasse, der Liegeplatz neben dem Pflanzenfilter und eine Längsseite des Schwimmteiches sind mit Dielen aus Verbundwerkstoff bedeckt. Die Einstiegstreppe besteht aus Lärchenholz, sie ist mit Aluminium-Riffelblechen als Antirutschsicherung belegt.
Als Sichtschutz und Abgrenzung des Grundstücks zum Doppelhausnachbarn dient eine Kombination aus Bambusholzelementen und Efeuberankung. Diese Verbindung aus asiatischen Stilelementen ist eine Reminiszenz an mehrere Thailandaufenthalte der Familie. Auch der von immergrünem Rhododendron eingerahmte Bronze-Buddha am Ende des Teiches strahlt für die Familie die Ruhe und Zufriedenheit aus, die sie zuvor in Thailand gefunden hatte.

Neue Lebensqualität im Alltag

Der Vorgarten hat sich grundlegend verändert. Statt eines in die Jahre gekommenen Grünbereichs mit dunkler Randbepflanzung ist der Garten mit dem Schwimmteich eine attraktive und unkomplizierte Aktivzone geworden. Sie wird ganzjährig von der gesamten Familie genutzt: Im Sommer hauptsächlich zum Schwimmen, Erholen und Spielen, im Winter mehrmals in der Woche zur Abkühlung bzw. zum Tauchgang für die hinter dem Haus gelegene Sauna.
Der Schwimmteich wurde optimal in den Vorgarten eingepasst, die ganze Familie zeigt sich von dem neuen Garten angetan. Der Teich lädt zum Entspannen ein, zur Beobachtung von Flora und Fauna und natürlich zum Baden und Abkühlen – und das alles in klarem, sauberem, chemiefreiem und gesundem Wasser – perfekt.

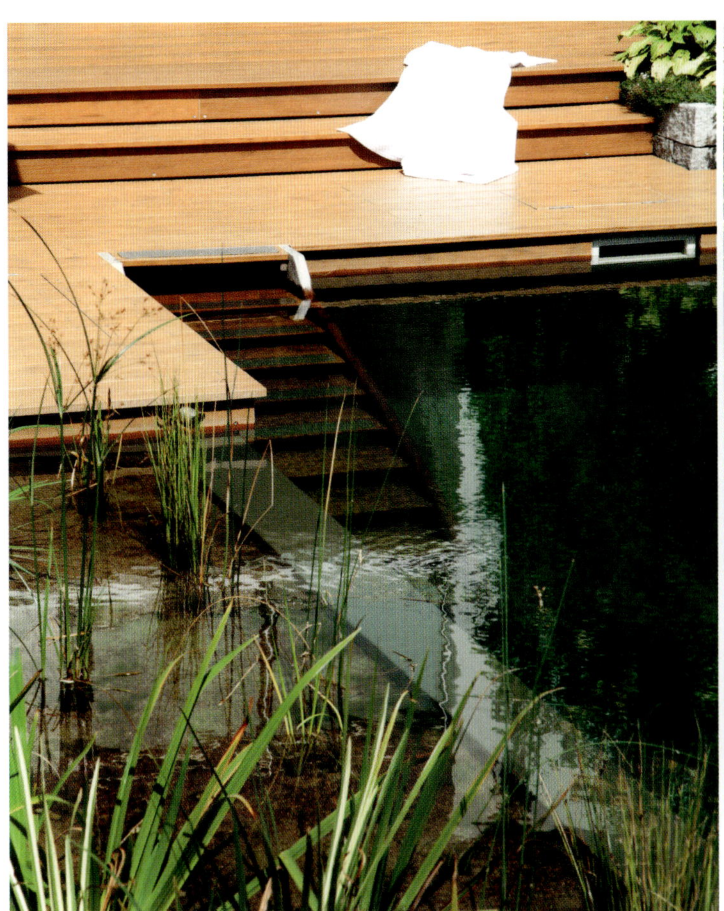

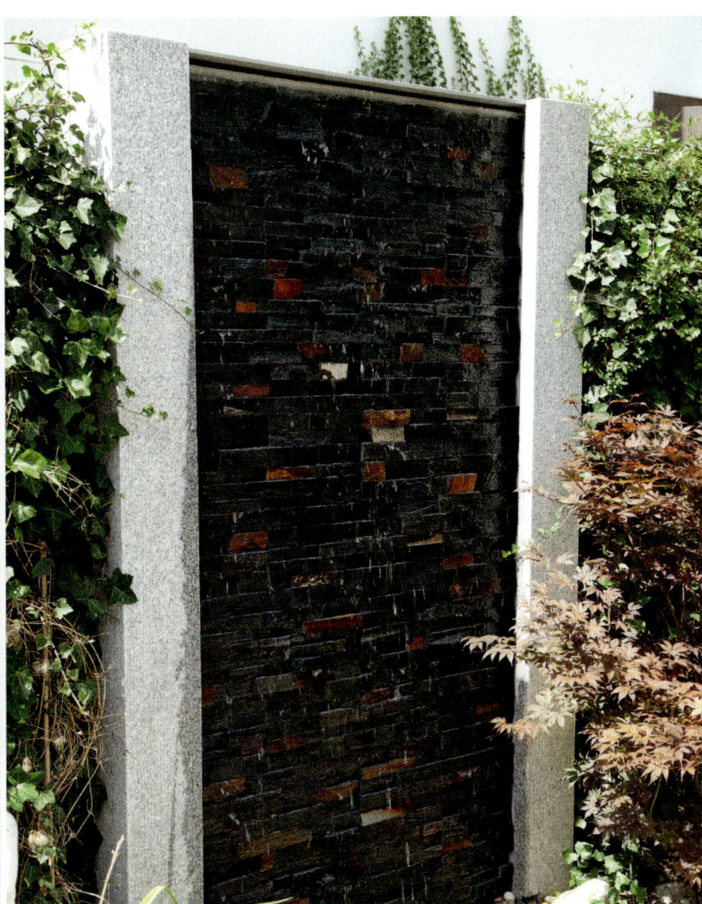

Linke Seite: In den verschiedenen Zonen des Schwimmteiches ist genug Platz für das Pflanzenleben, das dem Badegewässer erst seine Qualität ermöglicht. Ein Carbonator sorgt für die Zugabe von CO_2 im Wasser. Wo kann man beim Schwimmen den bezaubernden Seerosen so nahe kommen?

Oben links: Neben dem Pflanzbecken führt eine Holzleiter in den Schwimmbereich. Deutlich wird, wie klar das Wasser des Schwimmteichs ist. Dafür ist ein ausgeklügeltes System verantwortlich, das auf natürlich gereinigtes Wasser durch den Pflanzenfilter setzt.

Oben rechts: Eine weitere Attraktion des Vorgartens ist die Wasserwand, die alle Blicke auf sich zieht. Sie gibt es in den unterschiedlichsten Materialien und Farben. Eingerahmt wird sie von Japanischem Ahorn. Vor allem beleuchtete Wasserwände tauchen auch das Umfeld in einen milden Schein.

DIE FAKTEN AUF EINEN BLICK

Größe des Gartenraums	150 m²
Baustart und Bauende	Mai bis Juli 2010
Marke	Biotop
Schwimmbereich	Breite 3,0 m, Länge 8,0 m, Tiefe 2,0 m
Regenerationsbereich	15 m²
Pflanzenfilter	9 m²
Abdichtungsart	PVC-Folie, 1,5 mm, olivgrün
Technik	Tauchpumpenschacht, Bogensiebskimmer, Carbonator, Phosphatfilter
Beleuchtung	3 Halogen à 50 Watt, 8 Halogen à 20 Watt
Heizung	nein
Abdeckung	nein
Wasserattraktion	Quellstein
Zusatzausstattung	Poolroboter
Materialien für Deck und Terrasse	TimberTech®-Holz

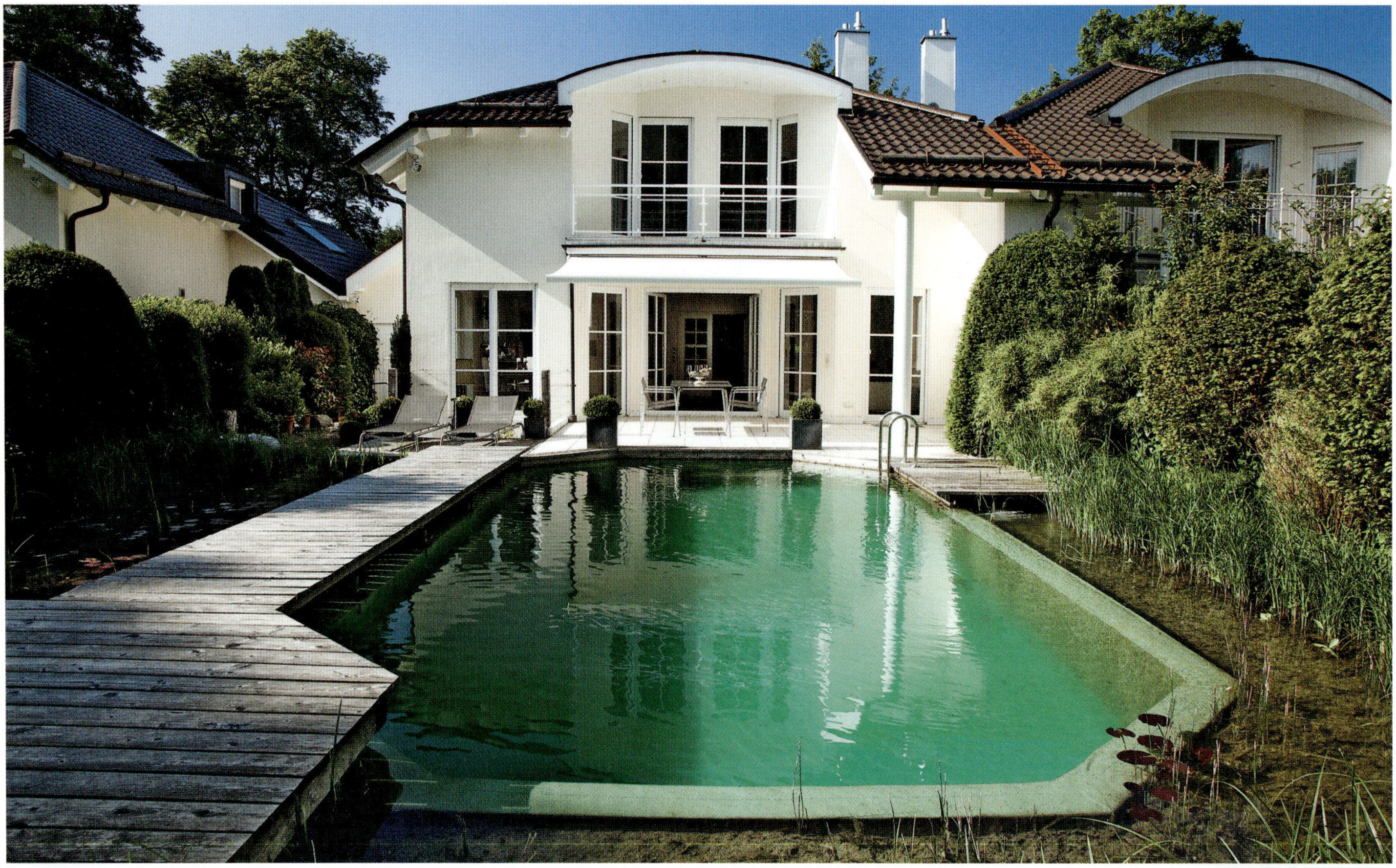

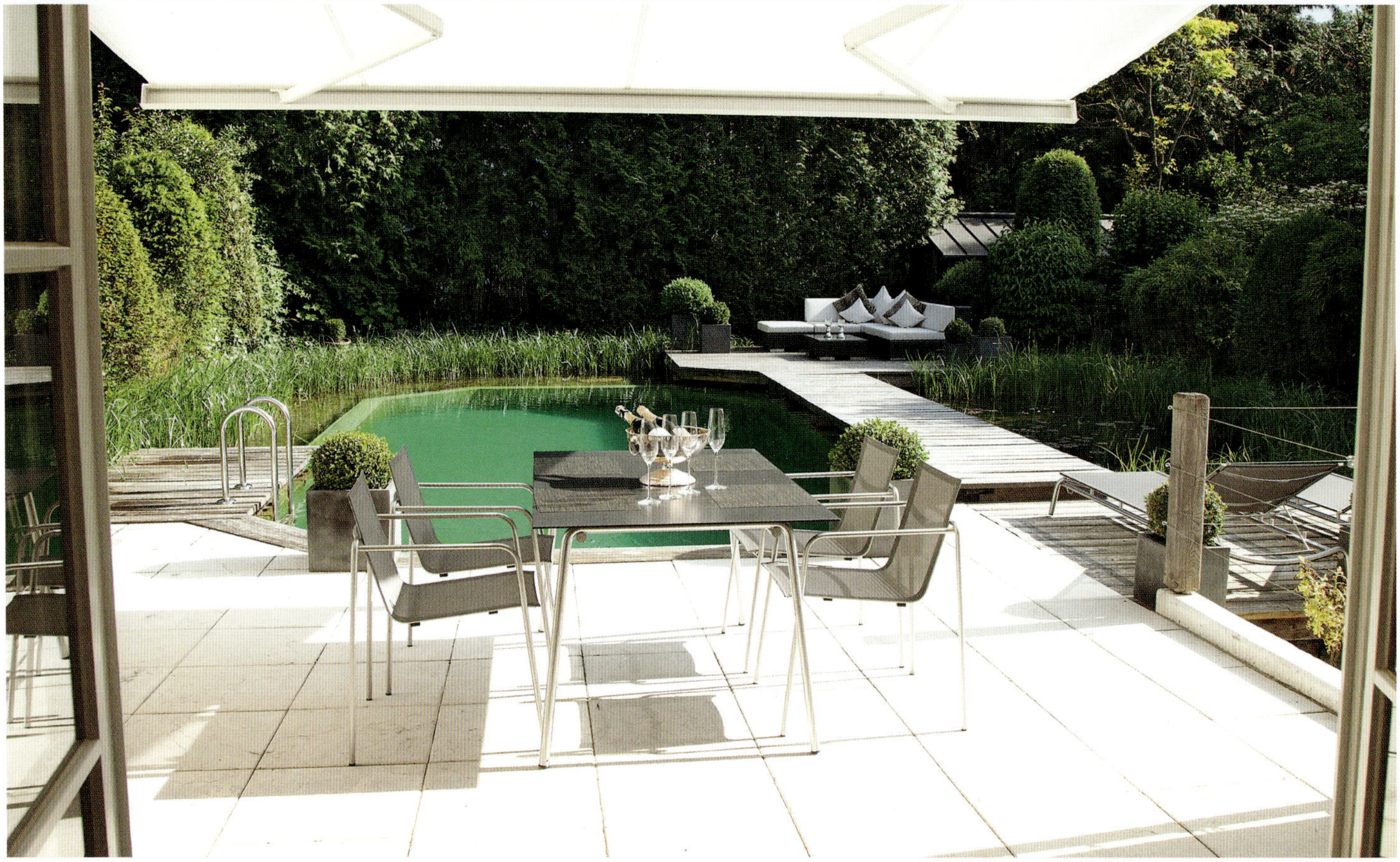

»Pool-Position« im Münchener Süden

Für die vierköpfige Familie in Grünwald ist der Schwimmteich das Highlight ihres Gartens. Die Kinder lieben den Teich zum Toben und Spielen mit Freunden. Der Ehemann geht gern morgens vor der Arbeit noch eine Runde schwimmen und die Dame des Hauses genießt es, sich auf dem Liegestuhl am Wasser zu sonnen, zu lesen oder einfach nur den Libellen beim Herumschwirren zuzusehen.

Alles außer Rasen

Diesen Wunsch äußerten die Hausherren, die bereits im Jahr 2002 ihr Villengrundstück umgestalten ließen. Inspiriert wurden sie in einer Wohnzeitschrift, in der die Hausherrin auch die Adresse des Gartenbaubetriebes fand, der sich auf Schwimmteichbau spezialisiert hat. Dieser erhielt folgende Wunschliste: Der ganze Garten sollte »unter Wasser« sein, kaum Rasen, wenig Pflanzflächen, lediglich eine Sichtschutzpflanzung sowie zwei Sitzplätze – einer direkt am Haus und einer so ausgerichtet, dass man auf das Haus blicken kann.

RENOVIERUNG ALTER ANLAGEN

Eine in die Jahre gekommene Schwimmteichanlage kann von einem Fachbetrieb nicht nur renoviert, sondern auch zu einer ganz neuen und modernen Anlage umgebaut werden. Gründe dafür gibt es zuhauf: ob Undichtigkeit, ungünstig gestaltete Flachzonen oder zu aufwendige Reinigungsarbeiten. Und: Auch der Geschmack ändert sich mit der Zeit. Design, Form oder Farbkonzept gefallen manchmal nicht mehr. Oder es betrifft das Konzept: Gewünscht ist der Umstieg von einem konventionellen Pool auf einen Schwimmteich oder Naturpool. Alles ist möglich, wie auch die Nachrüstung einer Heizung, der Ausbau der Regenerationszone, die Optimierung der Selbstreinigung des Wassers oder die nachträgliche Umgestaltung des Beckenbodens und der Wände für den Einsatz eines Poolroboters.

Oben: Wenn groß, dann richtig. Gestalten Sie Ihren Badegarten so konsequent wie möglich. Hier nimmt der formal gehaltene Schwimmteich durch den Bezug zur Fensterfront die Architektur des Hauses in idealer Weise auf.

Unten: Von der Terrasse aus hebt sich der formale Charakter durch die lockere Bepflanzung auf. Schwimmbereich und Regenerationszone werden auch optisch durch einen Steg geteilt, der zu einer kleinen Sitzecke im hinteren Garten führt.

Innen trifft außen

Entstanden ist ein Schwimmteich von formaler Eleganz, der den Garten in voller Länge einnimmt und bestens in die Architektur des Gebäudes eingebunden ist. Als gestalterische Achse dient der Holzsteg, der über das Wasser führt, das Grundstück teilt und optisch den Schwimmbereich vom Regenerationsbereich trennt.
Der Garten wirkt wie eine Erweiterung des Wohnraums nach außen. Dies wird auch durch die Beläge aus hellem Stein

Um den eigenen Badegarten entspannt genießen zu können, braucht es einladende, vor Einblicken von außen gut geschützte Sitzplätze und Terrassen. Dann kann man jeden Tag Urlaubsstimmung erleben.

unterstrichen, die sowohl innen wie auch auf der Terrasse verlegt sind. Wenn die Flügeltür in der Mitte der Fassade geöffnet wird, scheint das Wohnzimmer direkt ins Freie überzugehen. In der Gartenanlage herrschen polygone Formen vor. Dadurch wirkt das Grundstück insgesamt größer und interessanter.

Stillstand ist Rückschritt

2008 ist der Regenerationsbereich vergrößert worden, wodurch noch mehr Gartenfläche in den Schwimmteich einbezogen werden konnte. Und 2015 erfolgte die Renovierung des Beckenbodens, um diesen mithilfe eines Poolroboters schneller reinigen zu können. Dies war bisher nicht möglich, denn der Schwimmteich stammte aus einer Zeit, als die Teichsohlen üblicherweise »nur« planiert wurden. Eine völlig faltenfreie Folienverlegung war darauf nicht möglich. Die Ansprüche haben sich mit der Zeit geändert und die Besitzer wollten nun auch nicht mehr auf einen automatischen Helfer verzichten. Daher ließen sie den Schwimmteich leeren und eine Betonsohle einziehen, die mit einer neuen Folie faltenfrei belegt wurde. Gleichzeitig wurde ein Teil der Pflanzen im Pflanzenfilter entfernt und dadurch der Bestand verjüngt. Auch die alten Teakholzmöbel wichen moderneren Möbeln, die Anlage wurde also rundum frischer und up-to-date.

DIE FAKTEN AUF EINEN BLICK

Größe des Gartenraums	200 m²
Baustart und Bauende	April bis Mai 2002, 2015 Renovierung des Teichbodens
Marke	Biotop
Schwimmbereich	Breite 4,0 m, Länge 9,0 m, Tiefe 2,0 m
Regenerationsbereich	40 m²
Pflanzenfilter	nein
Abdichtungsart	PVC-Folie, 1,2 mm, hellgrün
Technik	Pumpenschacht, Skimmer, Carbonator
Beleuchtung	1 Halogen à 300 Watt
Heizung	nein
Abdeckung	nein
Wasserattraktion	nein
Zusatzausstattung	Poolroboter
Materialien für Deck und Terrasse	Lärche, Betonplatten

Oben links: Der Blick über die mit Seerosen und Gräsern bepflanzte Regenerationszone auf die »Chillzone«.

Oben rechts: Das Holzdeck neben der Hausterrasse wird als Liegefläche genutzt. Vor allem im Sommer bietet die Liegeterrasse einen angenehmen Schattenplatz im ansonsten lichtdurchfluteten Garten.

Unten links: Die verbauten Materialien, die Lage und die perfekte Architektur von Schwimmteich und Terrassenlandschaft machen die Anlage zum luxuriösen Schmuckstück.

Unten rechts: Wer würde hier nicht gern die Leiter hinabsteigen und ein erfrischendes Bad im klaren Wasser nehmen?

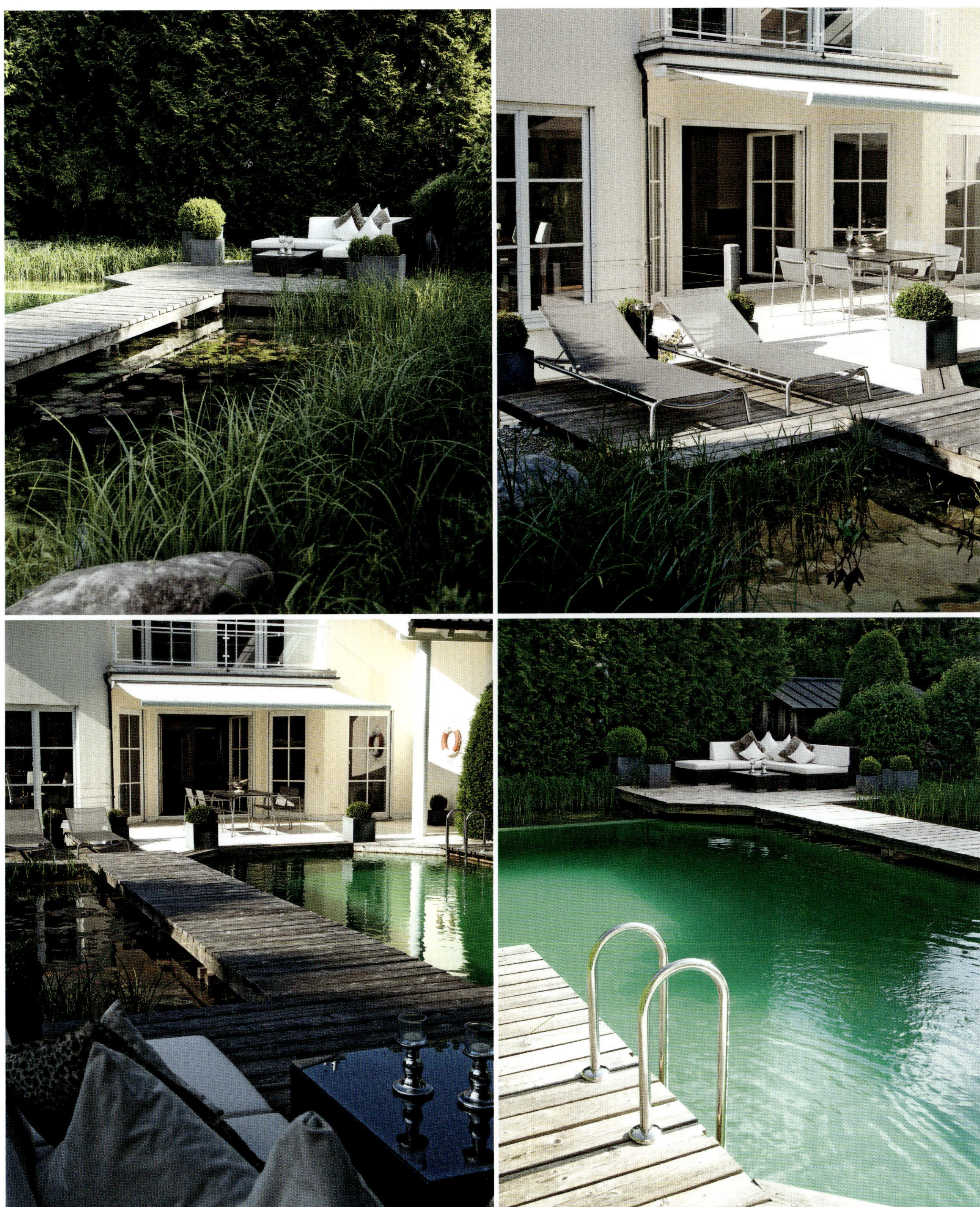

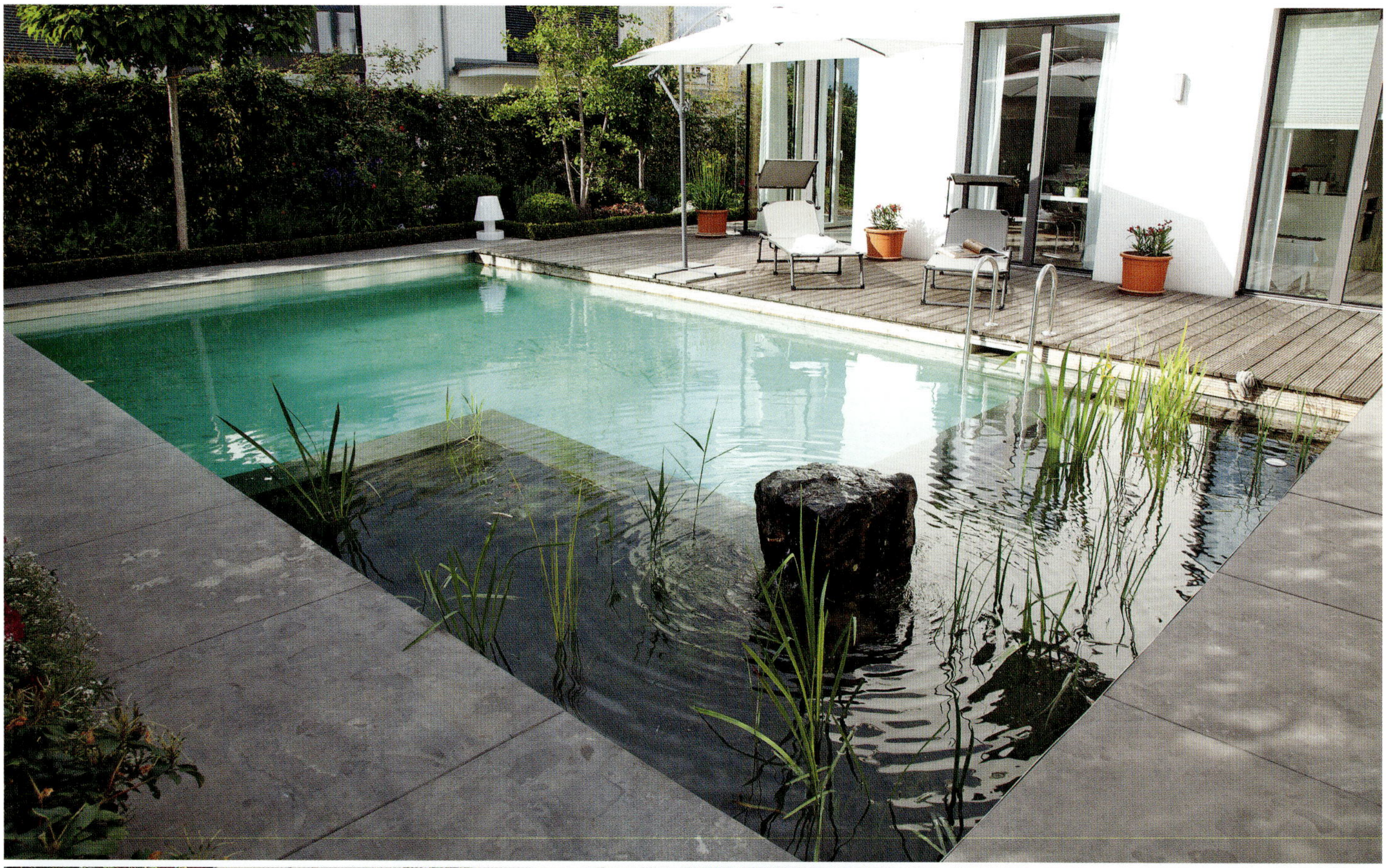

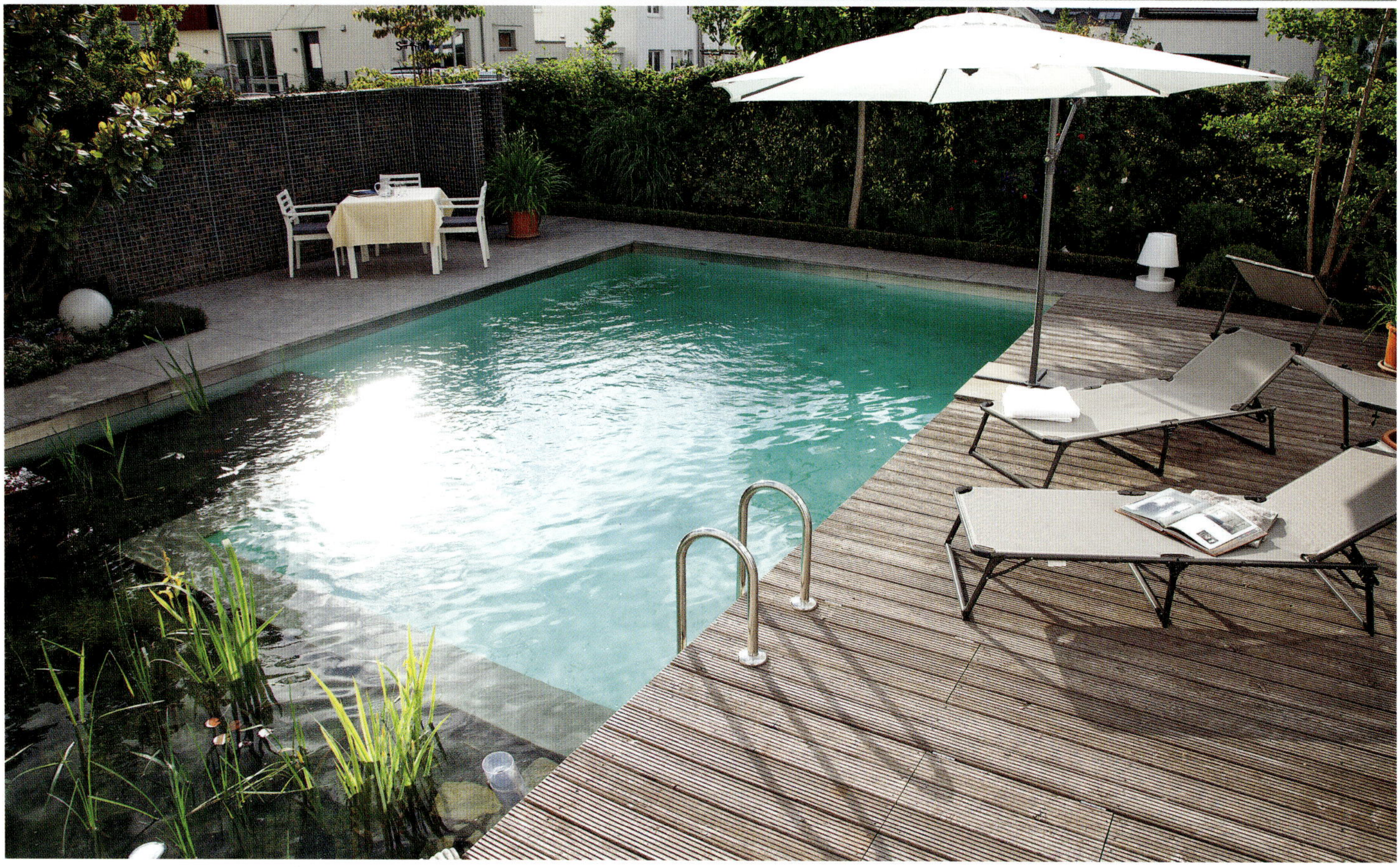

Marokkanische Gelassenheit trifft Teich

In dem 2009 entstandenen Wohngebiet haben zwei Lebenspartner für sich und ihr Pflegekind dem Rasen Lebewohl gesagt und stattdessen einen Schwimmteich im Vorgarten errichten lassen. Das Becken ist der Mittelpunkt des kleinen Gartens, der mit zwei Sitzecken und edlen Gehölzen ein harmonisches Gesamtbild abgibt.

Von Marokko nach Köln

Die Bauherren besaßen früher ein marokkanisches Riad an der Westküste des Landes und zwar in Essaouria. Dabei handelte es sich um ein traditionelles Haus mit einem Innenhof bzw. inneren Garten. Dieses wurde verkauft, als sie sich für das Grundstück in der Nähe von Köln interessierten und den Neubau planten. Was sie jedoch nicht aufgegeben haben: die typisch marokkanische Gelassenheit und den Wunsch, den kleinen Garten als private Oase zum Relaxen, Schwimmen oder ganz einfach zum gemeinsamen Zusammensein anzulegen. So ließ es sich denn auch einer der Hausherren, Lehrer für Mathe, Physik und Chemie, nicht nehmen, die komplette Außenanlage inklusive Schwimmteich selbst zu konzipieren. Seine Ideen und Vorschläge wurden von der Teichbaufirma aufgegriffen und fachlich angepasst.

Oben: Durch die Übereckführung des Pflanzenfilters wirkt die glar gegliederte Anlage spannender.

Unten: Beides ist möglich: in der Sonne liegen am Haus oder sitzen im angenehmen Schatten vor der Gabionenwand.

Klar, strukturiert, gradlinig

Nichts blieb dem Zufall überlassen, »mathematische« Harmonie beherrscht das Ambiente, ohne jedoch formelhaft, kühl oder unpersönlich zu wirken. Der rechtwinklige Vorgarten ist zur linken Hand durch die Garagenwand, nach vorn durch eine Gabionenwand und zur rechten Seite durch einen blickdichten Stabgitterzaun abgeschirmt. Die Linien des Pflanzenfilters sind exakt auf die Fenster in der Hausfassade abgestimmt.

Alternative zum Rasen

Die beiden Bauherren wollten auf keinen Fall Rasen im Vorgarten, sondern lieber alles unter Wasser setzen und so den größtmöglichen Freizeit- und Badespaß für alle Beteiligten schaffen. Selbstverständlich spielte auch die optische Komponente eine große Rolle. Der fast in voller Breite vor dem Haus liegende Schwimmteich wird durch ein Lärchenholzdeck und ein Band aus Großformatplatten (1 × 1 m) aus vietnamesischem Blaustein umrahmt. Die Größe des Schwimmteichs ist exakt auf die Plattengröße abgestimmt, damit diese nicht zugeschnitten werden mussten. Durch die hellen und dunklen Äderungen, die sich durch den Naturstein ziehen, und wegen des bläulichen Schimmers ergibt sich ein zeitlos modernes Gesamtbild. Auch die dunkle Gabionenwandbefüllung aus Lavagestein ist auf das bläulich schimmernde Becken optisch perfekt abgestimmt. Dieses ist mit einer Edelstahlkante eingefasst, die nicht nur den Natursteinplatten Halt gibt, sondern die Sonnenstrahlen reflektiert und mit einem wunderschönen Glitzern an der Wasserlinie punktet.

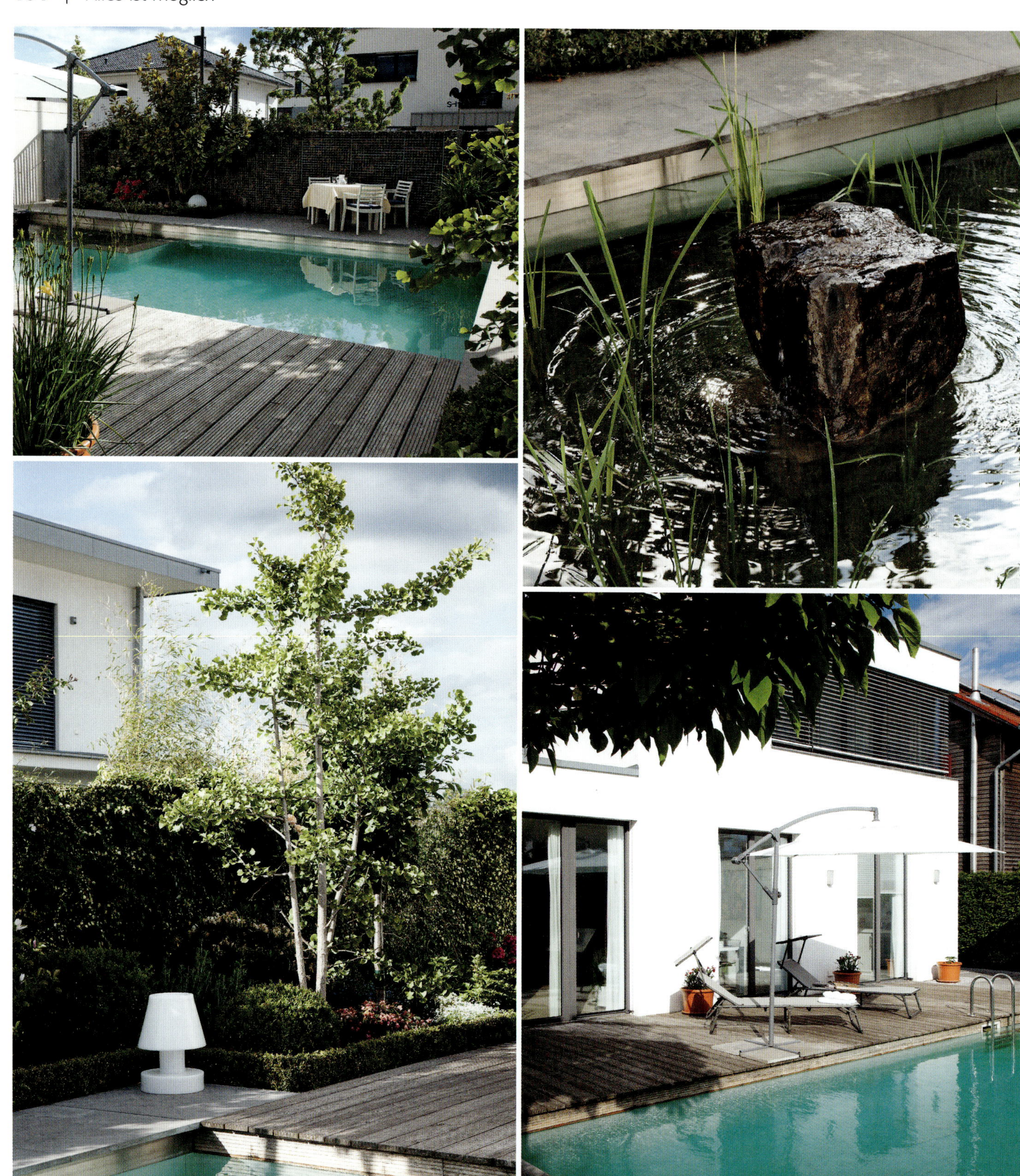

Die Gartenanlage ist genauso gradlinig wie das Haus, beides passt daher perfekt zusammen. Es stehen zwei Sitzplätze zur Verfügung: einer auf dem Holzdeck am Haus, der andere geschützt vor der Gabionenwand.

Um den Schwimmbereich möglichst groß zu gestalten, wurde der bepflanzte Bereich komplett als Pflanzenfilter ausgebaut. Einen typischen Regenerationsbereich gibt es nicht. Ein Phosphorfilter unterstützt die Wasserreinigung.

Räume schaffen mit Pflanzen

Vier Großgehölze wurden gepflanzt, um dem Vorgarten Tiefe zu verleihen und ihn größer wirken zu lassen. Hier steht die etwa 3,5 m hohe immergrüne Magnolie *(Magnolia grandiflora)* im Mittelpunkt, vor allem während der Blütezeit von Mai bis Juni. Die reinweißen und angenehm duftenden Blüten gehören mit einer Größe von 15 bis 30 cm zu den größten Baumblüten überhaupt. Auch mit den anderen Gehölzen wie der Amerikanischen Gleditschie *(Gleditsia triacanthos),* dem Kugel-Trompetenbaum *(Catalpa bignonioides* 'Nana') und dem Ginkgo *(Ginkgo biloba),* bewiesen die Hausherren das richtige Gespür, dem Garten das gewissen Etwas zu verleihen. Das gesamte Gartenleben spielt sich inzwischen aufgrund des Schwimmteichs im Vorgarten ab. Der Pflegeaufwand ist gering und wird durch einen Roboter erleichtert.
Ein Projekt steht jedoch noch aus: Da sich das Wasser wenig erwärmt, denkt man nun über die Kopplung mit dem Solarmodul auf dem Dach nach. Mit einem Wärmetauscher soll das die Badesaison verlängern. Das sollte kein Problem sein …

DIE FAKTEN AUF EINEN BLICK

Größe des Gartenraums	150 m²
Baustart und Bauende	Februar bis Mai 2010
Marke	Biotop
Schwimmbereich	Breite 5,0 m , Länge 6,0 m, Tiefe 1,6 m
Regenerationsbereich	nein
Pflanzenfilter	13,6 m²
Abdichtungsart	PVC-Folie, 1,5 mm, grau
Technik	Tauchpumpenschacht, Bogensiebskimmer, Phosphatfilter
Beleuchtung	nein
Heizung	in Planung
Abdeckung	nein
Wasserattraktion	Quellstein
Zusatzausstattung	Poolroboter
Materialien für Deck und Terrasse	Lärche, Naturstein Blaustein

Oben links: Blick auf den kleinen, dem Haus gegenüberliegenden Sitzplatz; links daneben die immergrüne Magnolie.

Oben rechts: Der Quellstein sorgt für eine schöne Geräuschkulisse und ist gleichzeitig ein Blickfang.

Unten links: In einem mit einer Buchsbaumhecke umrahmten Beet wird der malerische Ginkgobaum perfekt in Szene gesetzt und zeigt sich von seiner schönsten Seite.

Unten rechts: Blick vom Kugeltrompetenbaum mit seinem schattigen Sitzplatz zum Haus hin. Schattenplätze im Garten sind vor allem im Sommer angenehme Ruheoasen.

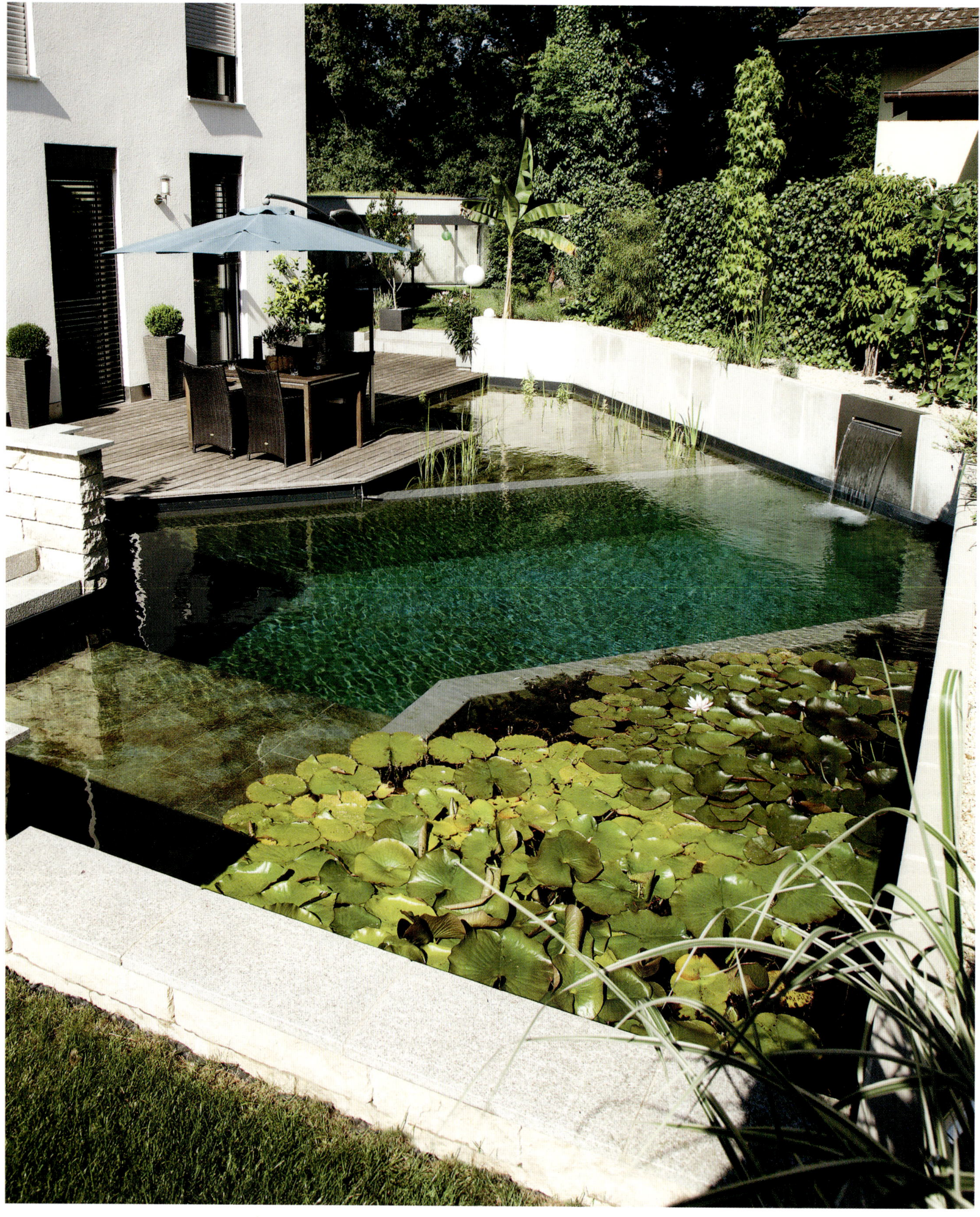

Polygone Formen in der Großstadt

Ein ungetrübtes Badevergnügen, ganz ohne Chemie, aber mit Fauna und Flora hat sich ein Ehepaar im eigenen Garten von einem Fachbetrieb bauen lassen. Nichts blieb, wie es war: Aus dem schmalen Gelände wurde ein Wassergarten, der durch die polygone Form des Schwimmteiches den Raum bestens ausnutzt, optisch vergrößert und den Bedürfnissen des berufstätigen Paares ganz genau gerecht wird.

Exakte Planung, perfekter Einbau

Auf der Suche nach einem Ausgleich zum anstrengenden Arbeitsalltag hat sich der Badegarten als ideale Lösung erwiesen. Die Inhaber hatten zuvor das Haus neu gebaut. Unter Berücksichtigung der Grenzabstände und unterschiedlicher Höhen wurde der Schwimmteich dann in den Garten eingepasst. Jede Ecke, jeder Winkel wurden genauestens geplant. Dies war notwendig auch wegen der Abfangung der unterschiedlichen Höhen, die mit Sichtbetonteilen zum Nachbargrundstück, das 60 cm höher liegt, befestigt sind. Als Sichtschutz dienen zudem Bambusholzelemente, die mit Efeuberankungen kombiniert sind.

Ein Einstieg vom Feinsten

Das Schwimmbecken betritt man über eine großzügig gestaltete Stufenanlage aus Granit. Hier wird man von einem Seerosenbecken empfangen – schöner kann ein Einstieg wohl kaum sein! Nichts ist dabei dem Zufall überlassen: So sorgt eine Rinne vor der Einstiegstreppe dafür, dass kein Oberflächenwasser von der Terrasse in den Teich gelangt und diesen verschmutzen könnte. Ein angenehmes Plätschern

Links: Klar zu erkennen: Die polygone Form des Schwimmteichs wiederholt sich auch im Seerosenbecken.

WASSERSCHÜTTEN ODER -SPIELE

Kaum etwas schafft so entspannende Atmosphäre wie ein Wasserspiel. Sei es der Blick auf das bewegte Wasser oder das angenehme Plätschern – bewegtes Wasser ist pure Lebensfreude. Deshalb können wir uns auch nur schwer ihrem Zauber entziehen. Im Gegensatz zu den eher funktionalen Brunnen steht bei diesen Anlagen die spielerische und dekorative Wirkung im Vordergrund.
Dabei wirkt ein einfacher Findling als Sprudelstein genauso spannend wie eine aus Edelstahl geformte Wasserschütte oder eine schöne Fontäne.
Bei Kombination mit einem Schwimmteich muss der Wasserkreislauf stets vorher eingeplant und eine zusätzliche Wasserleitung vom Pumpenschacht zum Wasserspiel in der richtigen Dimensionierung verlegt werden.
Wichtig: Die Pumpenleistung muss auf die Förderleistung abgestimmt sein. Dabei spielen auch Rohrlänge und Förderhöhe eine Rolle.
Ist ein Wasserspiel direkt im Badeteich gewünscht, muss oft ein Rohr durch die Folie führen. Diese Arbeit sollte nur von einem Profi ausgeführt werden.

»Endlich müssen wir in unserer Freizeit nicht mehr in die überfüllten Freibäder der Umgebung gehen, sondern haben unseren ganz privaten Badegarten im eigenen Zuhause. Das ist Luxus pur!«

umfängt den Besucher: Es stammt von der Wasserschütte in der Stützwand aus Betonwinkeln. Hier wurde nachträglich eine Edelstahlblende angebracht, um Wasserflecken auf dem Beton zu verdecken und zukünftig zu vermeiden.

Plätze und Perspektiven

Von jedem Winkel aus kann man den Garten genießen. So ragt die Holz-Hauptterrasse am Haus wie eine kleine Insel in den Filterbereich und bietet Platz für Tisch, Stühle und Sonnenschirm. Eine kleine Leseecke befindet sich in einer der Grundstücksecken oberhalb der Wasserschütte, auf Kiesbelag stehen dort ein Bistrotisch und zwei Stühle. Einen weiteren Sonnenbereich gibt es unmittelbar am Hauseck, wo genug Platz ist für bequeme Liegestühle. Trotz der dichten Bebauung sind der Schwimmteich sowie die Sitz- und Ruhebereiche von außen kaum einsehbar:

Eigene Zitrusfrüchte ernten

In der kälteren Jahreszeit bietet sich die selbst gebaute Orangerie als warme Oase an. Dort überwintern auch viele frostempfindliche Pflanzen wie Zitronenbäumchen *(Citrus × limon)*, Palmen und ein Granatapfel *(Punica granatum)*. Im Sommer stehen sie jedoch auf der Terrasse und verbreiten südländisches Flair. Und die Zitrone liefert frisches Obst für eine köstliche Limonade. Zitruspflanzen sind dekorativ und nützlich zugleich. Gute Sorten bieten verlässliche Ernten. Wer sich für Zitrusbäumchen interessiert, sollte am besten bei einer örtlichen Baumschule anfragen und sich über Pflege, Schnitt und das Überwintern der Pflanzen informieren.

DIE FAKTEN AUF EINEN BLICK

Größe des Gartenraums	190 m²
Baustart und Bauende	Mai bis Juni 2012
Marke	Biotop
Schwimmbereich	Breite 3,5 m, Länge 7,0 m, Tiefe 2,0 m
Regenerationsbereich	9 m²
Pflanzenfilter	12 m²
Abdichtungsart	PVC-Folie, 1,5 mm, olivgrün
Technik	Tauchpumpenschacht, tierfreundlicher Skimmer, Phosphatfilter
Beleuchtung	nein
Heizung	nein
Abdeckung	nein
Wasserattraktion	Wasserschütte mit Edelstahlblende
Zusatzausstattung	nein
Materialien für Deck und Terrasse	Lärche, Naturstein Granit

Oben: Von der Terrasse direkt am Haus hat man den besten Blick über den Garten und sitzt hautnah am kühlen Nass.

Unten links: Der oberhalb der Wasserschütte gelegene Sitzplatz lädt zum gemütlichen Lesen oder Relaxen ein.

Unten rechts: Das Wasser aus der eleganten Edelstahlschütte fällt weiß schäumend in den Schwimmteich und erzeugt ein beruhigendes, sanftes Plätschern.

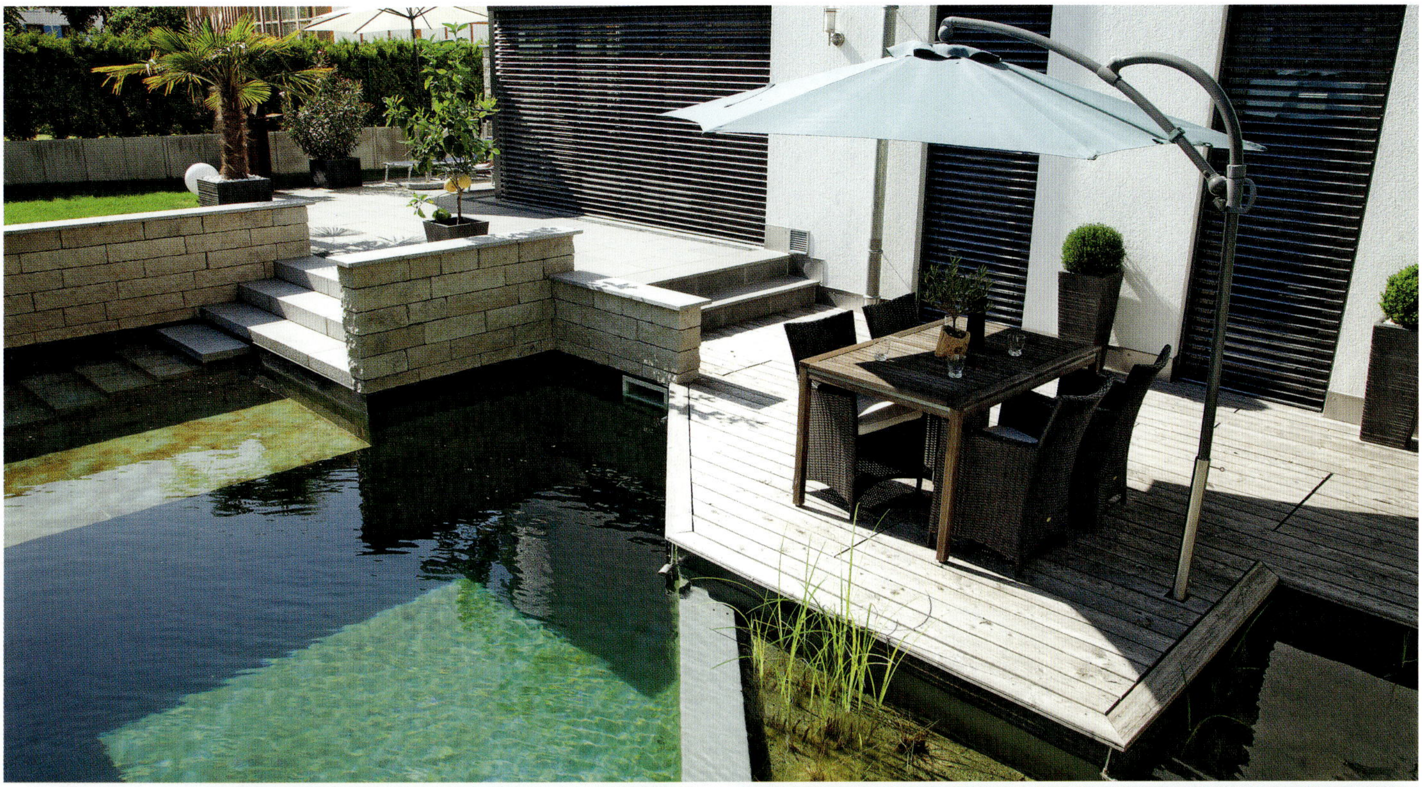

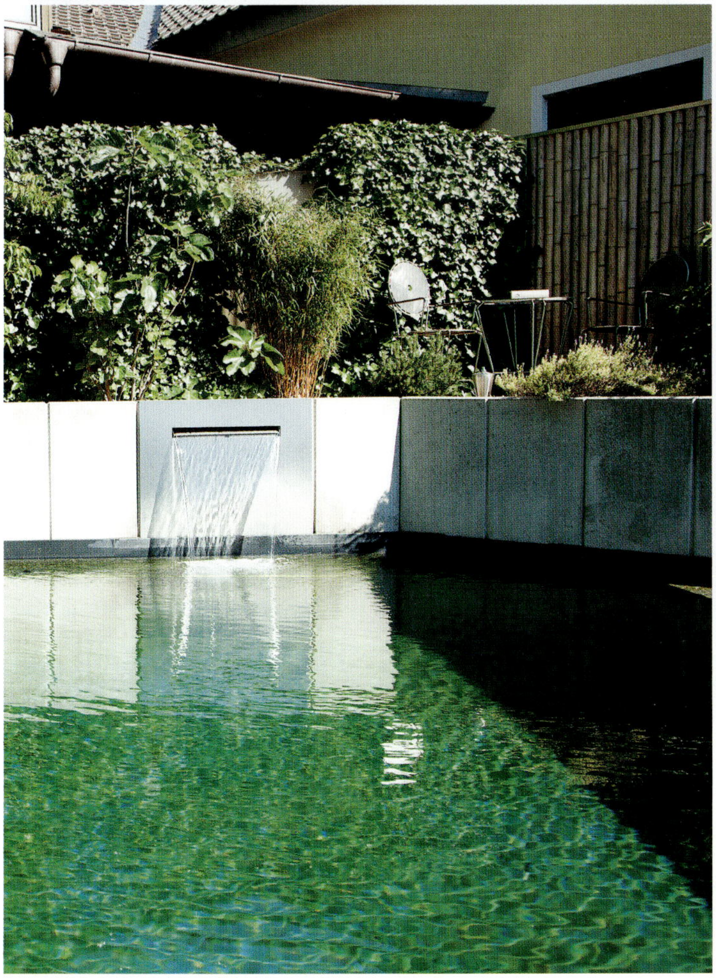

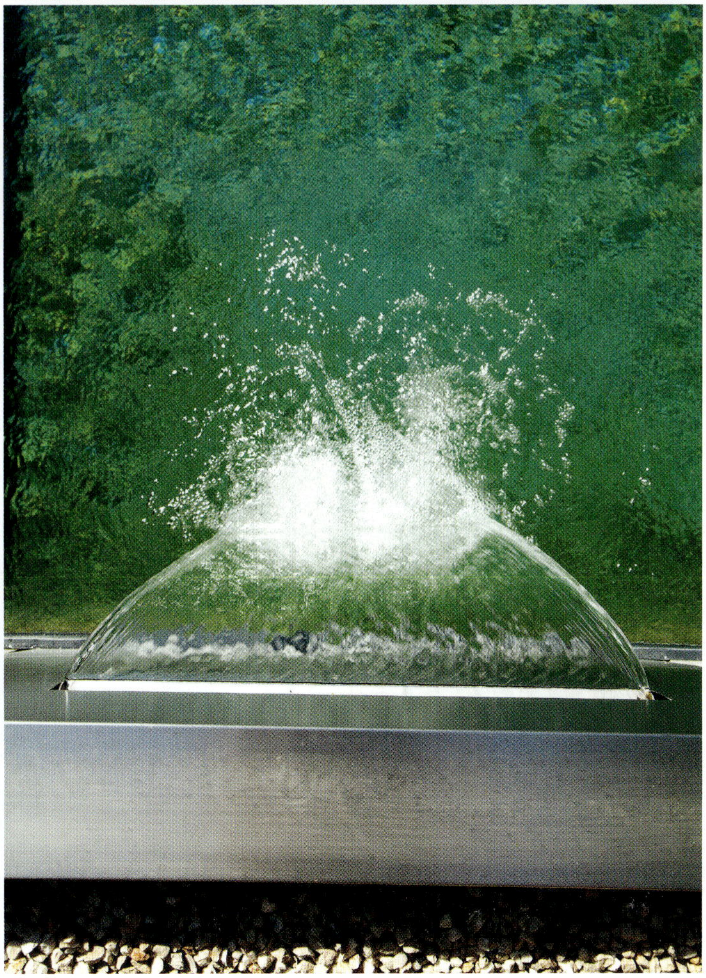

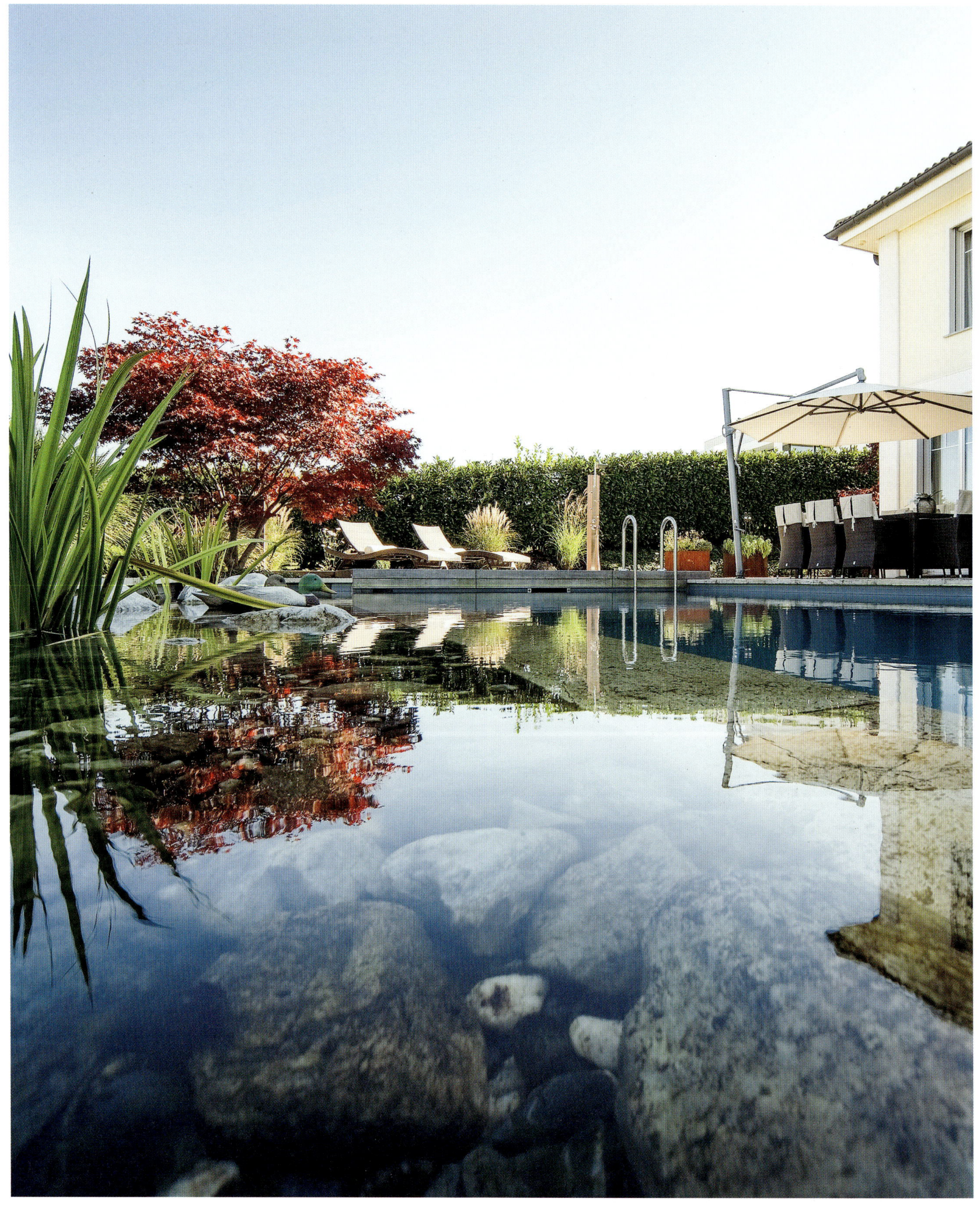

Bilderbuch-Badegarten am Bodensee

Das modern konzipierte Haus mit herrlichem Ausblick auf die Landschaft am Bodensee wurde 2014 durch einen Schwimmteich bereichert. Der formalen Architektur eines Swimmingpools steht er in nichts nach. Gestalterisch perfekt ist der Schwimmteich in den bestehenden Garten integriert worden. Er bildet nicht nur die vollkommene Ergänzung zur modernen Architektur des Wohnhauses, sondern bietet auch alle Vorteile, die eine Wasseraufbereitung durch natürliche Mechanismen mit sich bringt. Für die vierköpfige Familie ist er ein absolutes Highlight.

Reduziert auf das Wesentliche: das natürliche Wasser

Der 8,5 × 5,5 m große Schwimmteich ersetzte ein Rasenstück im Nordbereich des Gartens, der rund 200 m² umfasst und durch das mittig gesetzte Haus relativ schmal ausfällt. Die Inhaber legten bei der Planung nicht nur wert auf die Ästhetik des Schwimmteichs mit einer geradlinigen und designorientierten Linie des Beckens, ganz ohne Schnörkel und Winkel. Wichtig war auch die natürliche Wasseraufbereitung.
In der offen bepflanzten Einströmzone wachsen beispielsweise Pflanzen wie die Sumpf-Schwertlilie *(Iris pseudacorus)* und das Zypergras *(Cyperus longus)*, die beide markante Akzente setzen. Ein Chlorbecken wäre für die Eltern nicht in Frage gekommen, da sie gerne und viel schwimmen und chemiefreies Wasser sehr schätzen.

Links: Ein Schwimmteich klar wie ein Bergsee in den Schweizer Alpen, in dem sich die Steine, Pflanzen und der Himmel wunderbar spiegeln. Der bepflanzte Regenerationsbereich verläuft entlang der Längsseite der Schwimmzone.

IPE – EIN TROPISCHER HARTHOLZTRAUM

Ipe-Holz stammt aus Mittel- und Südamerika und ist ein Highlight unter den Harthölzern: Noch schwerer, noch stabiler, noch haltbarer als die übrigen Hartgehölze. Es arbeitet so gut wie gar nicht und wird überall dort eingesetzt, wo das Holz über Jahrzehnte höchsten Ansprüchen genügen muss, zum Beispiel bei Bootsstegen. Weder große Temperaturschwankungen noch hohe Luftfeuchtigkeit schaden diesem Holz, wodurch eine langjährige Haltbarkeit gewährleistet ist. Seine Farbnuancen reichen von grüngelb über rötlich und hellbraun bis dunkeloliv. Das praktisch astfreie Holz gehört zur Dauerhaftigkeitsklasse 1 (sehr dauerhaft). Unter natürlicher Dauerhaftigkeit versteht man die Haltbarkeit von Holz in Bezug auf dessen Widerstandsfähigkeit gegenüber Pilzen, Insekten, Meerwasser. Zum Vergleich: Unsere heimische Fichte steht in Dauerhaftigkeitsklasse 4 und damit eher am Ende der Skala.

Dunkel-hell-Kontraste

Schwimmteich und Wege sind in dunkle Hartschotterflächen gelegt, sie bilden einen stilvollen Kontrast zum gelben Haus.

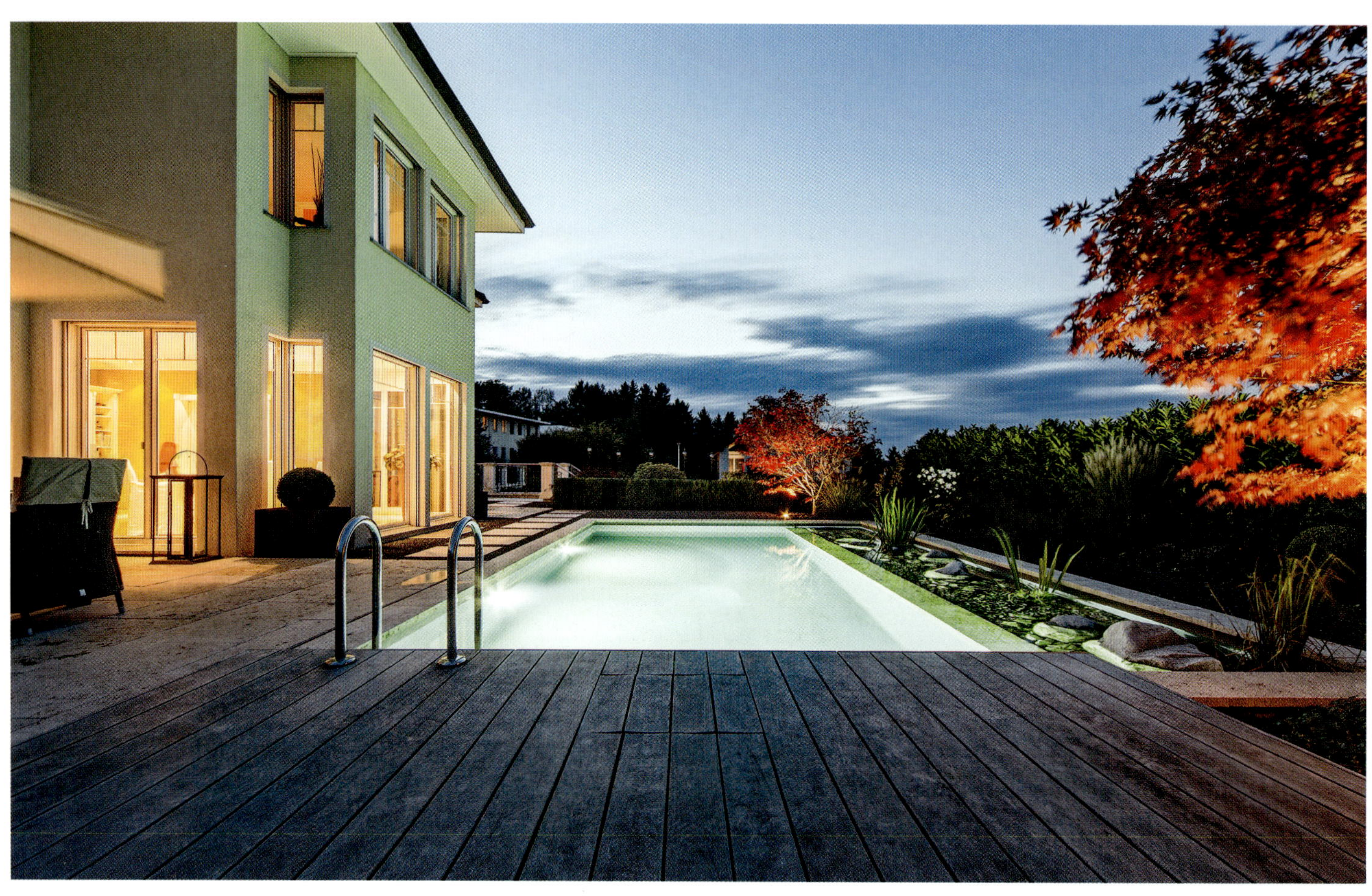

DIE FAKTEN AUF EINEN BLICK

Größe des Gartenraums	200 m²
Baustart und Bauende	Juni bis Juli 2012
Marke	System Erni
Schwimmbereich	Breite 5,5 m, Länge 8,5 m, Tiefe 1,5 m
Regenerationsbereich	11 m²
Pflanzenfilter	12 m²
Abdichtungsart	PP- Folie, 1,3 mm, grau
Technik	Pumpenschacht, Skimmer
Beleuchtung	2 LED
Heizung	nein
Abdeckung	nein
Wasserattraktion	nein
Zusatzausstattung	Poolroboter, elektrische Niveauregulierung
Materialien für Deck und Terrasse	IPE-Holz, Naturstein Travertin, Splitt Hartkalkschottter

Am Becken bilden gelbliche Travertin-Platten, die direkt in den Kies aufgelegt sind, eine schöne Umrandung. Charakteristisch für Travertin sind die offenen Gesteinsporen an seiner Oberfläche. Diese unterstützen den natürlichen Charakter von den sonst architektonisch wirkenden gesägten Platten.
Der vordere Bereich mit der Liegezone besteht aus einem Holzdeck aus hochwertigem Ipe (siehe Kasten Seite 111), einem der haltbarsten Harthölzer überhaupt. Darunter versteckt sich der Biofilter. Von hier aus kann man sich über die Edelstahl-Einstiegsleiter auch direkt ins kühlende Nass begeben. Die Schwimmzone des Pools liegt direkt vor dem Wohnzimmer, von dort schweift der Blick über eine großzügige Wasserfläche zur Pflanzenzone und zum dichten Grün der Sichtschutzhecke am Rand des Grundstücks.

Ein privates Refugium

Intimität war für die Besitzer des Hauses, das im touristisch geprägten Bodenseegebiet liegt, sehr wichtig. Die Familie genießt ihr Zuhause als Rückzugsort ins Private. Hier stören

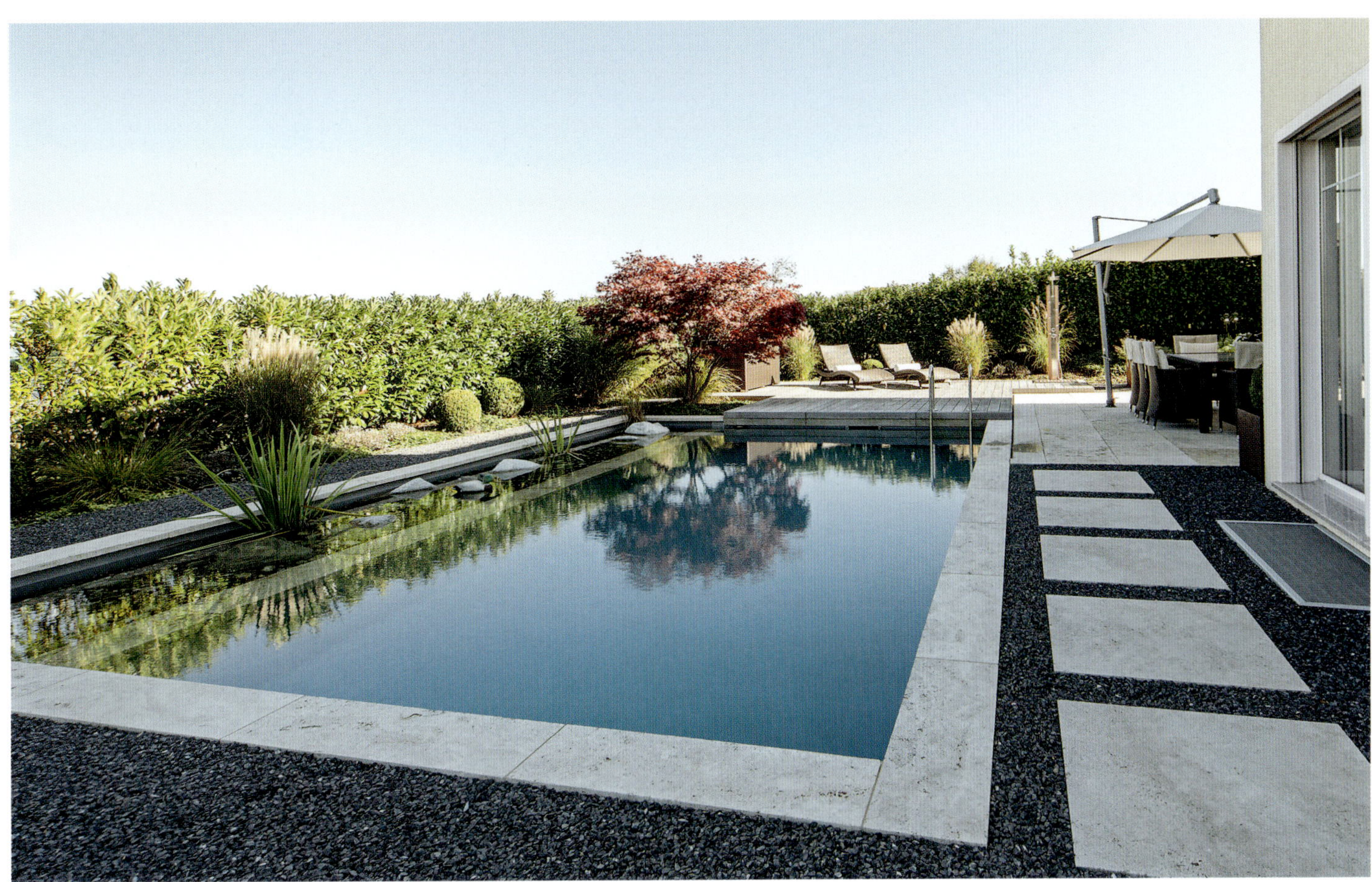

keine neugierigen Blicke, hier kann man den Garten und den Schwimmteich ganz entspannt nutzen. Das liegt auch an der Hanglage der repräsentativen Villa.

Ein fester Rahmen

Eine blickdichte Hecke aus Glanzmispel *(Photinia fraseri)* macht den Garten ebenfalls uneinsehbar und schützt. Gleichzeitig wirkt die grüne Wand beruhigend und bietet eine gute Kulisse für die dezente auflockernde Bepflanzung davor. In einem ganz schmalen Beet wachsen Bodendecker, Gräser und Stauden. Ein paar eingestreute formal geschnittene Buchsbaumkugeln unterbrechen die Pflanzung rhythmisch. Die beiden großen Hingucker sind die rotblättrigen Fächer-Ahorne *(Acer palmatum atropurpureum)* an den Beckenenden.
Die Bewohner sind begeistert von ihrem neuen Schwimmteich. Er bildet das aufsehenerregende Zentrum des Gartens. Durch eine professionell inszenierte Beleuchtung von Schwimmteich und den Pflanzen wird der Garten zum zweiten Wohnzimmer und ist auch abends und im Winter das visuelle Highlight des Hauses. Freunde der Kinder kommen gern zu Besuch, ebenso genießen Gäste der Eltern bei Feiern und Treffen den Blick auf das Wasser.
Die Pflege der Badeanlage übernimmt übrigens der Hausherr selbst. Ein Poolroboter unterstützt das Ganze.

Linke Seite: Durch eine professionell installierte Beleuchtung kann man punktuell Strukturen, Formen und Farben im Garten hervorheben. Der Pool ist dadurch nachts und insgesamt länger im Jahr visuell anwesend und wirkt wie ein zusätzlicher Wohnraum. Bodenstrahler eignen sich vor allem, um Solitärgehölze von unten zu beleuchten.

Oben: Der großzügig geschnittene Schwimmteich füllt den ganzen Gartenraum aus. Die gelbliche Umrandung sowie die Trittsteine passend zum Haus werden durch den dunklen Kies betont. Optimiert wird die Anlage zusätzlich durch den schmalen Pflanzbereich und den Pflanzenfilter.

Naturpool – eintauchen und chemiefrei genießen

Sommer, Sonne, Badezeit! Jetzt nichts wie raus in den Garten und rein ins kühle Nass! Herrlich ist es sicher, schon morgens ein paar Runden zu schwimmen und den Tag mit einem Fitnessprogramm der besonderen Art zu beginnen oder abends nach einem anstrengenden Tag die Seele und die Füße im Wasser baumeln zu lassen. Vollkommen wird dieses Sport- und Wellness-Erlebnis, wenn man es im natürlich gereinigten Wasser des eigenen Naturpools genießen kann. Das Beste: Dies sind Träume, die man auch in kleinen Gärten verwirklichen kann!

Perfekte Kombination aus Schwimmteich und Swimmingpool

Pool oder Schwimmteich? Lange hatte man lediglich die Wahl zwischen naturnahem Badeteich oder dem konventionellen Swimmingpool auf Chlorbasis. Seit einigen Jahren gibt es die perfekte Kombination beider: den Naturpool. Er ist eine Weiterentwicklung des Schwimmteiches für diejenigen, die auf das natürlich saubere Wasser von Schwimmteichen schwören, aber auf Komfort und Ästhetik eines klassischen Pools nicht verzichten möchten.

Der Naturpool gleicht optisch durch seine formale, geometrische Linienführung, seine senkrechten Wände und seine ebene Bodenfläche dem herkömmlichen Pool, bietet aber mit seiner hochwertigen biologischen Wasserreinigung alle Vorteile eines naturnahen Schwimmteiches. Vor allem in formal gestalteten Gärten fügen sich Naturpools hervorragend in das Ambiente ein.

Oben: Der formale Charakter des Gartens und des Naturpools wird durch den bunten Bauwagen sowie durch die kleine Sitzecke spielerisch durchbrochen.

Unten: Dieser Naturpool gleicht optisch durch seine formale Struktur, seine senkrechten Wände und die ebene Fläche einem herkömmlichen Pool.

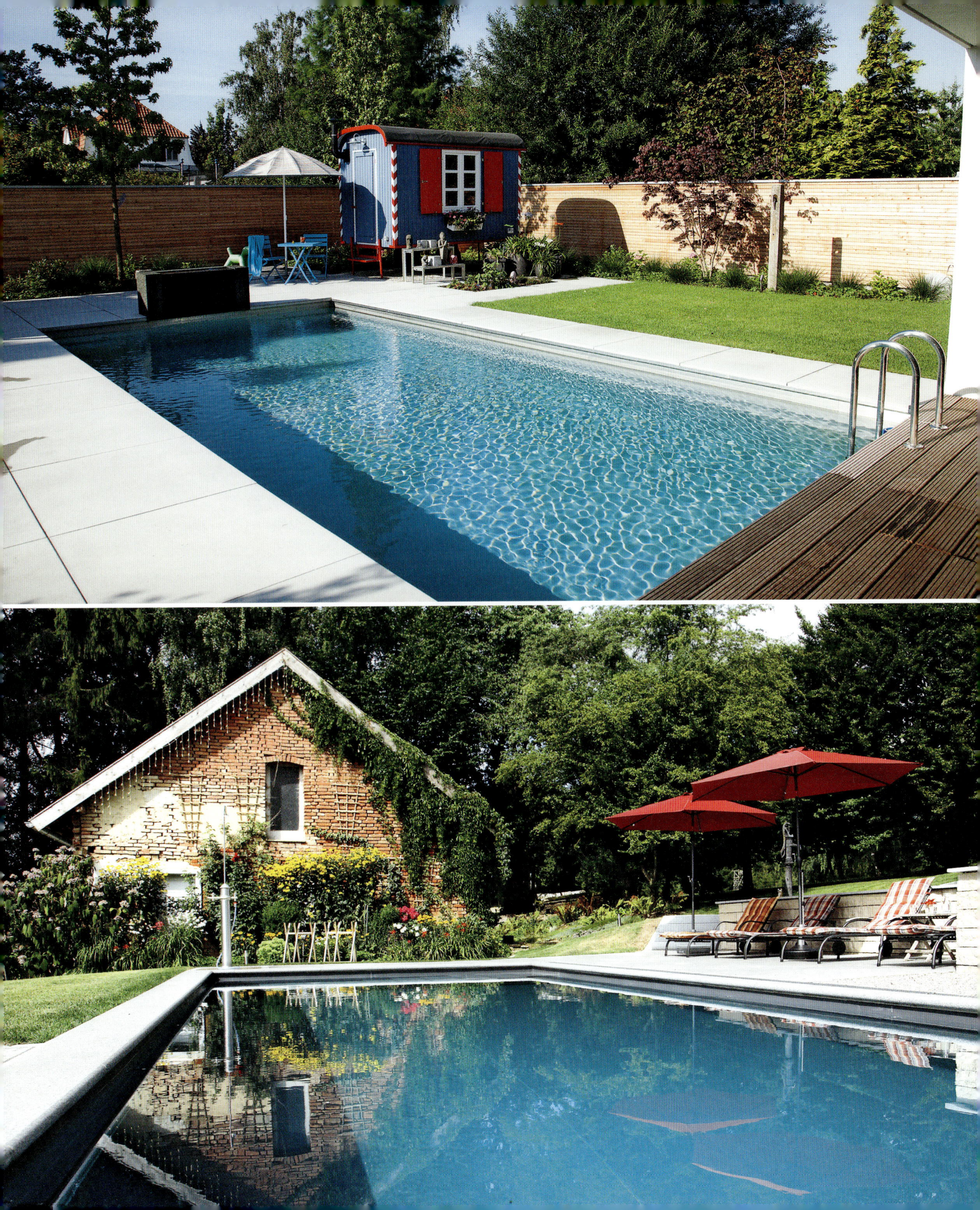

Das Wasser fühlt sich auf der Haut weicher an als das chlorgereinigte Wasser des Swimmingpools und es duftet angenehm frisch. Anders als Schwimmteiche haben Naturpools nur eine kleine separate bepflanzte Regenerationszone. Manchmal kann sie sogar ganz fehlen. Im Winter wird das Wasser nicht abgelassen. In dieser Zeit ist die Kombination einer Wellnesslandschaft aus Naturpool mit Sauna und Dampfbad besonders reizvoll.

Der Biofilter – das Herzstück

Beim Naturpool übernehmen Mikroorganismen im Biofilter die Wasseraufbereitung. So kann komplett auf Wasserpflanzen verzichtet werden. Anders als beim Schwimmteich sind Schwimmzone und Filterzone räumlich voneinander getrennt. Während das Wasser im Schwimmteich zwischen Schwimmzone und Regenerationszone auf natürliche Weise zirkuliert, ist beim Naturpool immer Pumpentechnik notwendig. Damit wird das Wasser aus dem Schwimmbereich durch das Filtersystem geleitet und von dort dann wieder in den Schwimmbereich zurückgeführt.

Natürliches Wasser dank ausgefeilter Technik

Durch die Trennung von Schwimmzone und Biofilter kann man beide Elemente örtlich getrennt im Gartenbereich unterbringen – ein Vorteil insbesondere bei kleinen Hanggrundstücken. Dafür sind effiziente Filterpumpen im Einsatz und ein exakt ausgelegtes hydraulisches Rohrsystem notwendig.
Je nach persönlichem Geschmack kann der Biofilter bepflanzt in einem dekorativen Becken neben dem Naturpool platziert sein oder unbepflanzt unter der Oberfläche, z. B. unter einem Holzdeck, verschwinden. Da aufgrund der verringerten Pflanzenmasse nur ein Teil der Phosphate im Wasser gebunden werden kann, wird beim Naturpool eine weitere Technikkomponente in Form eines Phosphorfilters benötigt.

Formen und Materialien

Wie bei Swimmingpools können bei Naturpools Fertigbecken verwendet werden. Der Vorteil fugenloser Einstückbecken besteht darin, dass beispielsweise mit Metallic- und Glitzereffekten noch edlere Oberflächen erzielt werden können als allein mit Folien. Auch das Formdesign lässt keine Wünsche offen. Alternativ sind ganz elegant wirkende Edelstahlbecken erhältlich. In den meisten Fällen werden jedoch die im Schwimmteichbau erprobten Betonwände mit Folienauskleidung gebaut. »Das« Highlight ist ein Naturpool mit Fertigbecken und einer integrierten Überlaufrinne. Der Wasserstand ist so hoch, dass die Wasserfläche wie ein Spiegel wirkt, der direkt an die Terrasse grenzt.

Oben links: Bei diesem Naturpool sitzt der mit Zypergras *(Cyperus longus)* bepflanzte Biofilter neben dem Naturpool.

Oben rechts: Wie bei einem Swimmingpool setzt man auch beim Naturpool mit Beleuchtung tolle Akzente.

Unten: Ein Naturpool kann mit Extras wie Unterwasserbeleuchtung, Gegenstromanlage u. v. m. ausgestattet werden.

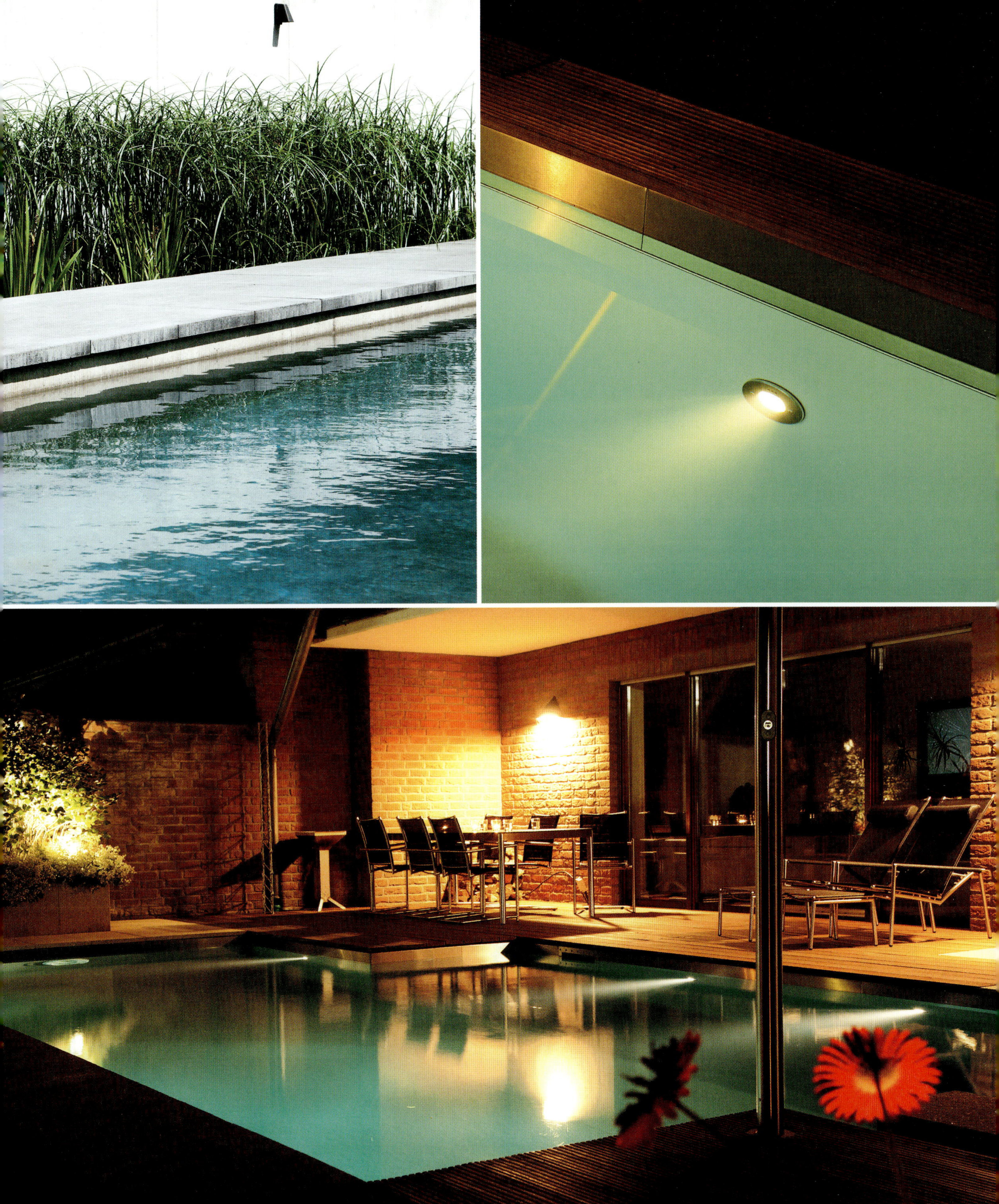

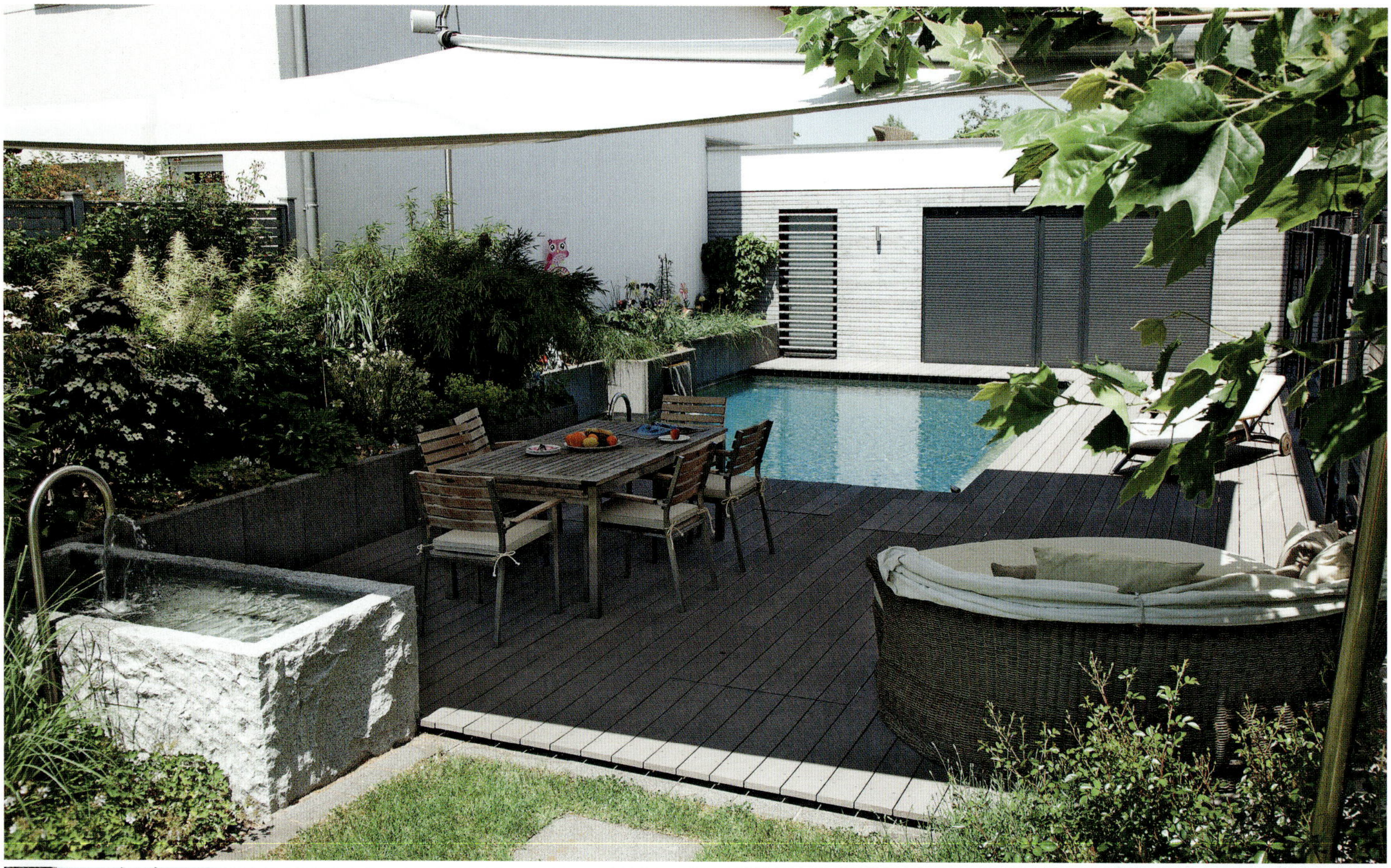

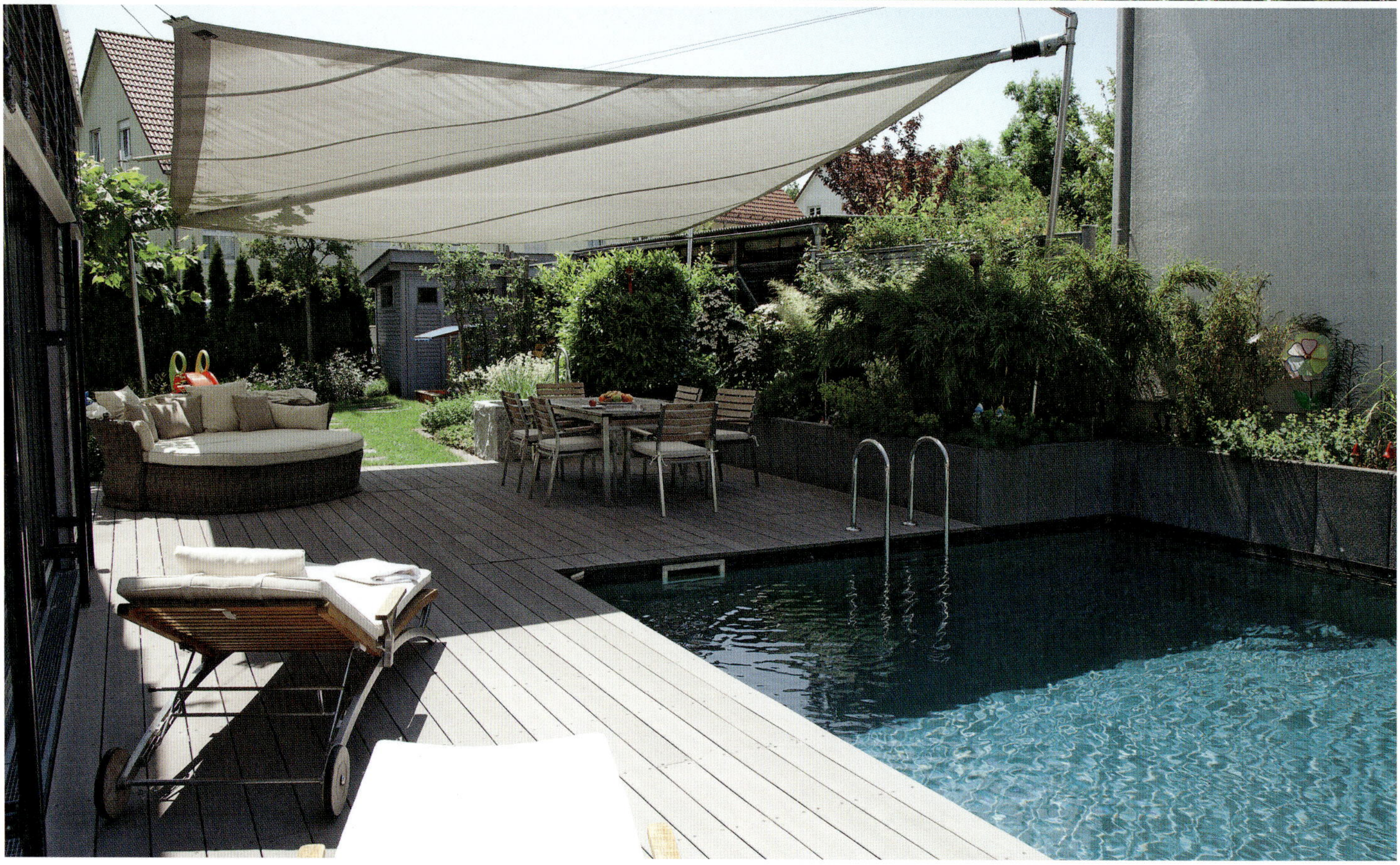

Der Innenhof als Bade-Lounge

Direkt auf die Grenze eines Eckgrundstücks hat eine dreiköpfige Familie in der Nähe von München ihren Neubau gesetzt. Der Abstand zum nächsten Haus ist so 8 m breit. Elegant, modern und schnörkellos präsentiert sich der L-förmige Neubau, der aus einem Haupthaus und einem einstöckigen Bürotrakt besteht und sich direkt an das angrenzende Nachbargebäude anschließt. Auf diese Weise ist ein dreiseitig geschlossener Innenhof entstanden, eine Ruhe- und Badeoase aus Naturpool und Terrasse, deren entspannte Atmosphäre auch in die umliegenden Wohnräume strahlt.

Haus, Terrasse und Pool mit klarer Formensprache

Die zurückhaltende Architektur des Wohnhauses wirkt sich direkt auf die Formgebung des Gartenraums und des Pools aus. So entsteht durch axiale Bezüge eine unmittelbare Verbindung von Innen- und Außenraum. Die Terrasse ist mit einem Resysta-Holzdeck belegt, auf dem ein modernes Loungesofa und die Sitzecke zum Verweilen einladen. Terrasse und Pool bestechen durch reduzierte Farbgebung und die Beschränkung auf wenige ausgewählte Materialien. Die Folien- und Holzfarbe sind dem Gebäude angeglichen und in Grau-Weiß gehalten.

SONNENSEGEL

Sonnensegel sind nicht nur optisch reizvolle Gestaltungselemente, sie bieten optimalen Schutz vor Hitze und Feuchtigkeit. Wie gut, wenn der Lieblingsplatz im lichten Schatten liegt! Gefiltert durch ein Sonnensegel verliert die Sonne ihre Kraft, aber nicht das warme Licht des Sommers. Eine optimale Flächennutzung wird durch individuelle Maßanfertigung gewährleistet. Besonders angenehm ist die einfache Bedienung durch den Einbau automatischer Steuerungssysteme. Dabei messen Windwächter den Wind und sorgen dafür, dass ab einer bestimmten Stärke das vollautomatische Segel in passendem Ausmaß aufgerollt wird. Wer sich für ein Sonnensegel interessiert, sollte folgende Fragen berücksichtigen: Welche Größe braucht man? Wie kann das Segeltuch befestigt werden (Pfosten und/oder an der Hauswand)? Soll es vollautomatisch sein oder von Hand zu bedienen? Soll es fest installiert werden oder nur temporär aufgestellt werden? Soll es schreiend bunt sein oder eher schlicht? Soll es aufrollbar oder feststehend sein?

Oben: Die Gestaltung besticht durch klare Formen. Der Wasserkreislauf des Troges ist an den Pool angeschlossen.

Unten: Gut bedacht: Ein doppelflügeliges, automatisch betriebenes Sonnensegel schützt den Sitzbereich.

Da das Nachbarhaus etwa 80 cm höher liegt, wurde der Höhenunterschied mit Winkelelementen aus anthrazithfarbenem Beton abgefangen. Die schmale Aufkantung bildet eine erhöhte Pflanzfläche, die mit pflegeleichten Stauden und Gräsern ausgefüllt ist. Integriert wurde darin eine Wasserschütte. Den Abschluss der Sitzterrasse bildet ein Granitbrunnen mit Edelstahlrohr als zweites Wasserspiel.

Der Innenhof ist der Lieblingsplatz der Familie – und das zu jeder Jahreszeit. Er ist der perfekte Raum zum Schwimmen, Relaxen und Genießen: Ein Treffpunkt für die Familie und für Freunde.

Immer im Mittelpunkt: das Schwimmbecken

Der mit grauer Folie beschichtete Naturpool dient sowohl als belebendes wie auch als raumbildendes Element im Innenhof. An das Schwimmbecken schließt sich die Holzterrasse an, die die Ruhe einer Outdoor-Lounge ausstrahlt und eine Einheit mit fließenden Übergängen zum hinteren Garten bildet. Dort befindet sich auf dem Rasen auch der Spielbereich für die Tochter. Als Sichtschutz nach außen dienen eine immergrüne Hecke sowie Bambus. Ein weiteres gestalterisches Element ist der Hausbaum: eine Dachplatane *(Platanus acerifolia),* deren Standort im Bebauungsplan vorgeschrieben war.

DIE FAKTEN AUF EINEN BLICK

Größe des Gartenraums	200 m²
Baustart und Bauende	September 2009 bis Juni 2010
Marke	Biotop
Schwimmbecken	Breite 4,50 m, Länge 7,50 m, Tiefe 1,50 m
Biofilter	Substratfilter
Pflanzenfilter	nein
Abdichtungsart	PVC Folie, 1,5 mm, grau
Technik	Tauchpumpenschacht, Bogensiebskimmer, Phosphatfilter
Beleuchtung	nein
Heizung	nein
Abdeckung	Unterflurrollladen
Wasserattraktion	Edelstahlschütte
Zusatzausstattung	Poolroboter
Materialien für Deck und Terrasse	Verbundwerkstoff Resysta

Nicht nur im Sommer ist der Innenhof ein Genuss. Zu jeder Jahreszeit ist das Schwimmbecken ein Hingucker, wenn sich das Wasser im Wind kräuselt, wenn im Winter die Oberfläche zufriert oder sich mit dem Sonnenspiel die Farbe des Wassers verändert. Nie kann man sich daran sattsehen. Und das Beste: Das Wasser wirkt wie ein Spiegel, es vergrößert den Raum optisch und der Innenhof wirkt durch die Lichtreflektionen an der Wasseroberfläche viel heller. Darüber hinaus ist das Schwimmbecken mit LED-Scheinwerfern ausgestattet, die das Wasser und damit den Innenhof abends in ein atmosphärisches Licht eintauchen.

Neben dem hohen ästhetischen Anspruch ist auch die pflegeleichte Handhabung der Teichtechnik inklusive Poolroboter von großer Bedeutung. Auch die Sicherheit kommt nicht zu kurz: Der Unterwasserrollladen wird vor allem bei Kindergeburtstagen geschlossen, damit keiner der Gäste ins Wasser fällt und Schaden nimmt.

Oben links: Ein bezaubernder Blumenhartriegel *(Cornus kousa)* schmückt den Sitzplatz auf dem Holzdeck.

Oben rechts: Hier ist die Rollladenabdeckung am Beckenboden des Naturpools deutlich zu erkennen.

Unten links: Das glasklare Wasser des Naturpools lädt zum Schwimmen ein und glitzert in der Sonne.

Unten rechts: Die Wasserschütte ist direkt in den Betonwinkel eingebaut und plätschert munter vor sich hin.

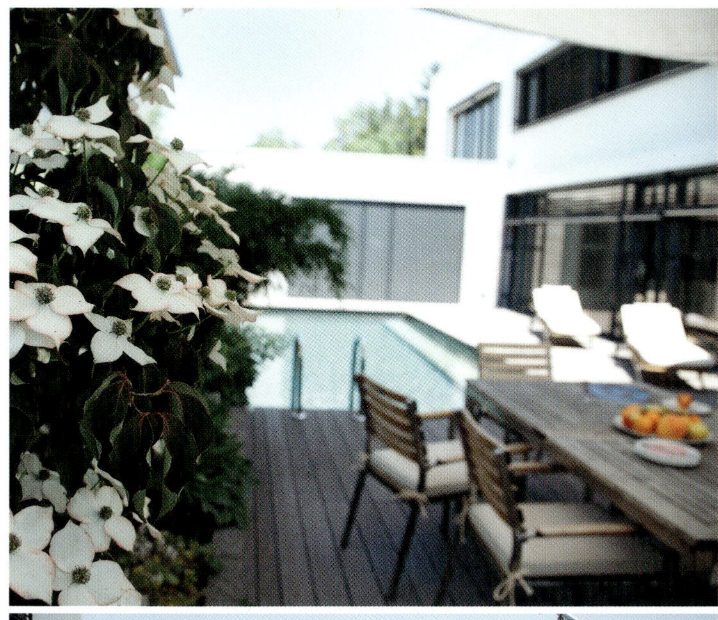

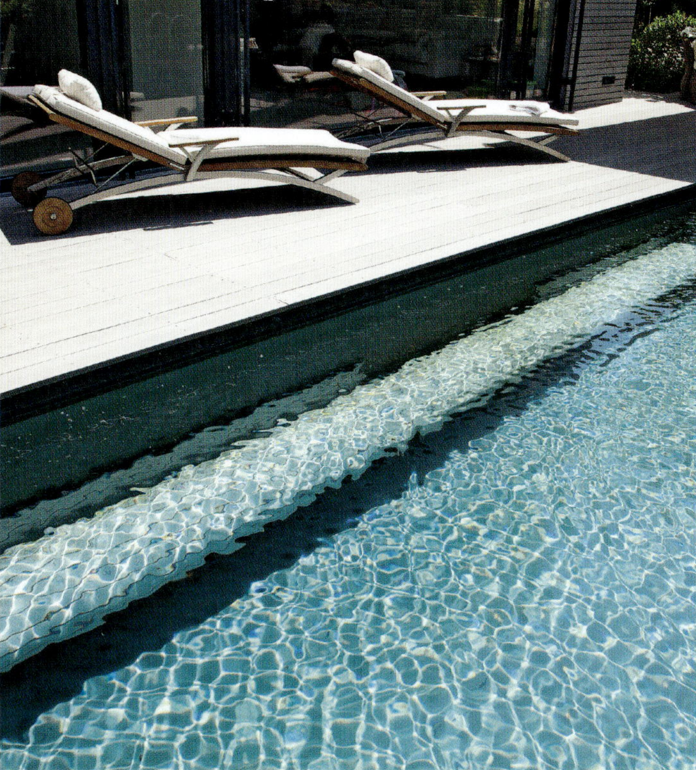

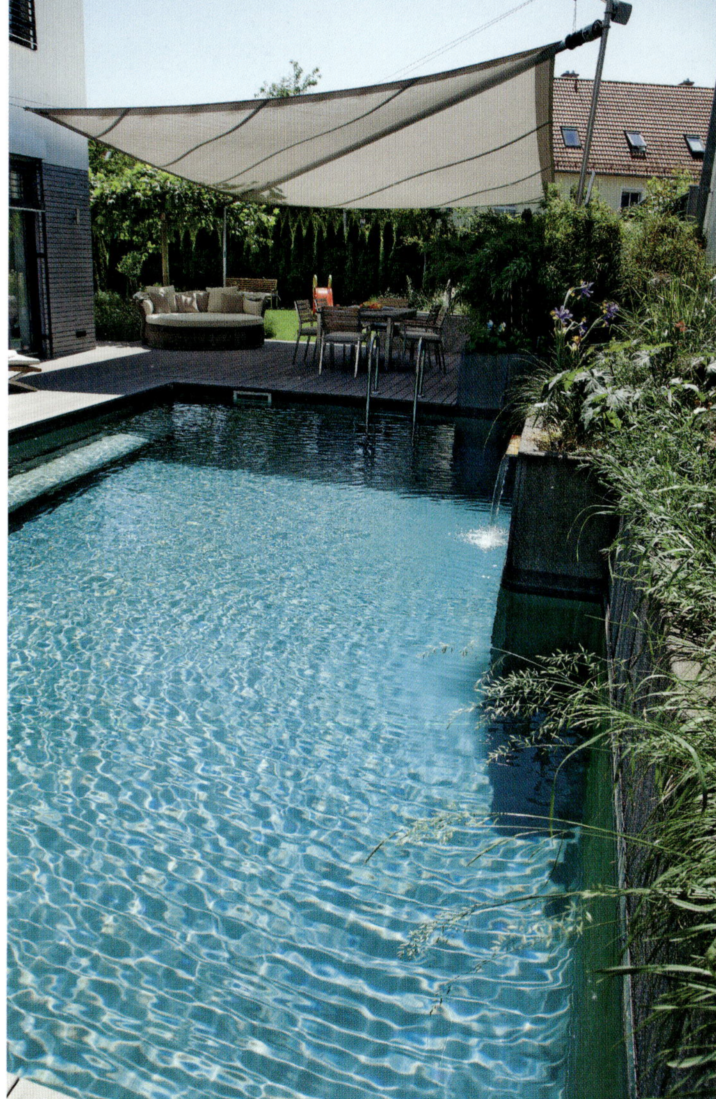

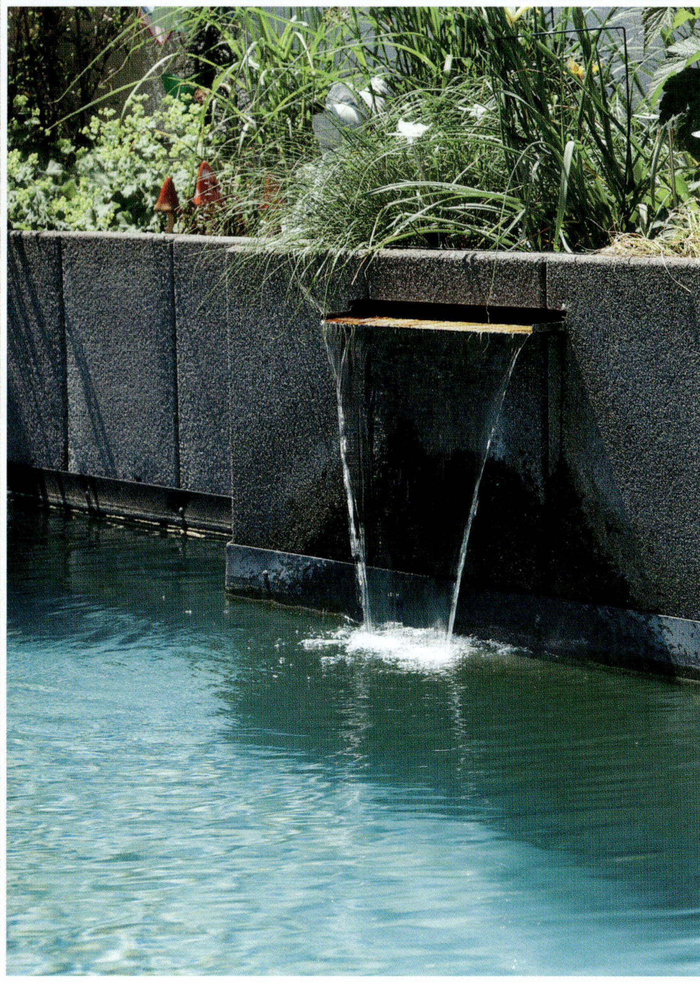

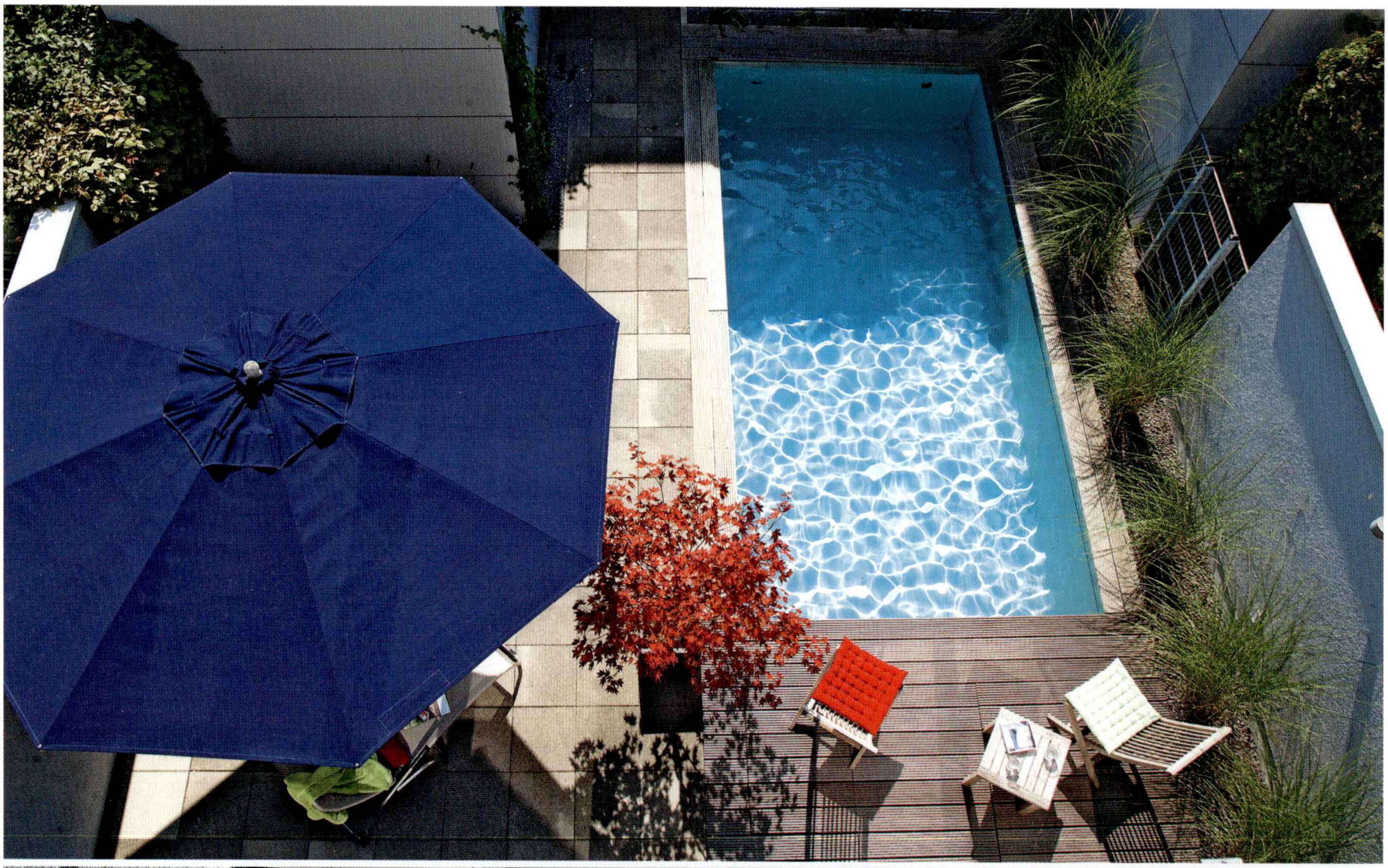

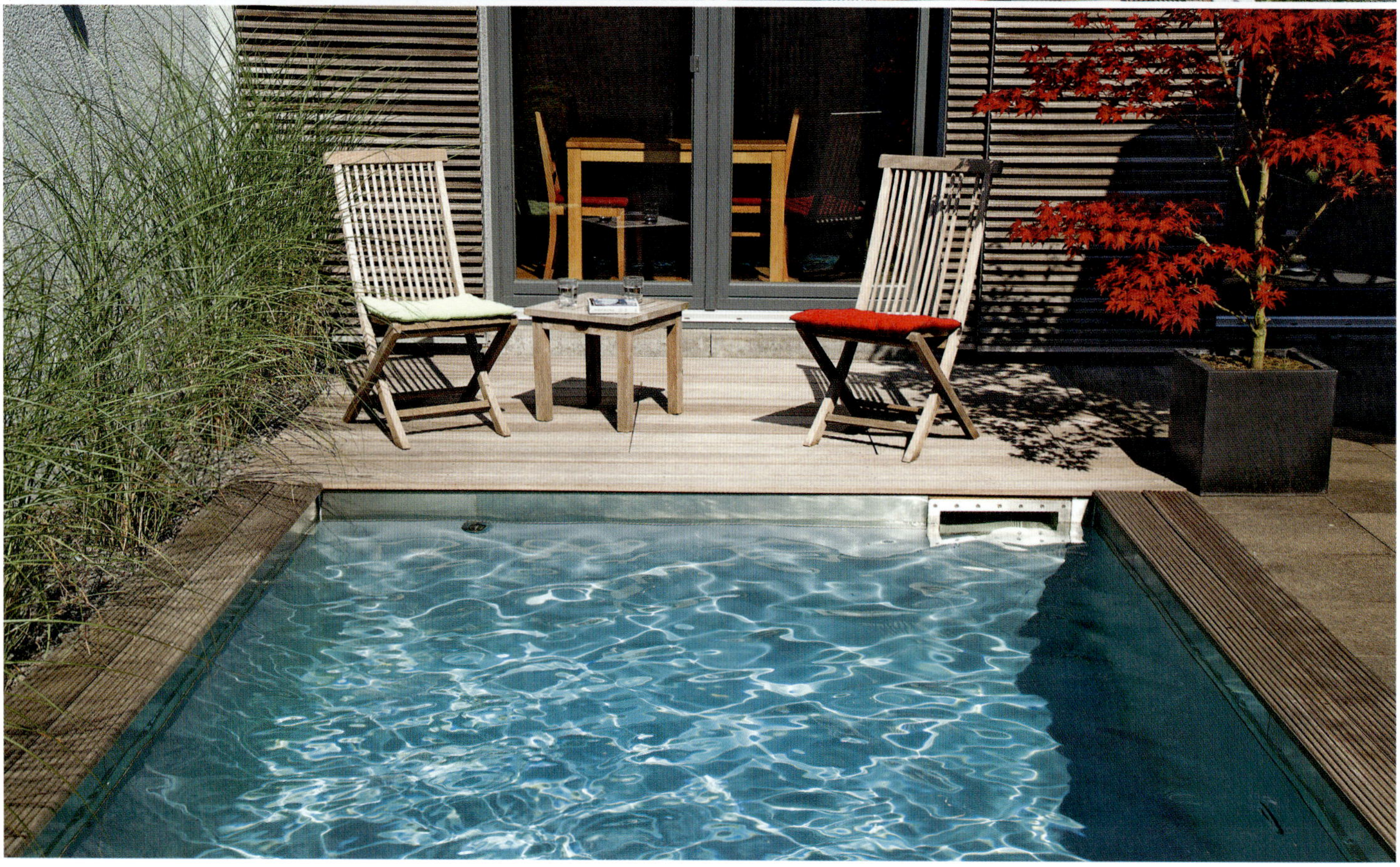

Maximaler Badespaß auf minimaler Fläche

Auf einer extrem kleinen Gartenfläche von lediglich 65 m² des 2005 erbauten modernen Reihenhauses im Münsterland entstand im September 2013 ein Naturpool, der von einer Familie mit ihren beiden Kindern fast täglich genutzt wird.

Konkrete Wünsche, exakte Planung

Bei diesem kniffligen Projekt mussten die Gartenplaner gleich eine ganze Reihe unterschiedlichster Anforderungen in ihrer Gestaltung berücksichtigen: Für die Neugestaltung ihres Gartens wünschten sich die Kunden nämlich möglichst viel Wasser – aufgrund von Allergien natürlich gereinigtes, ohne Chlor. Ein wichtiger Punkt war zudem der optische Aspekt einer großzügigen und architektonischen Wirkung der Wasserfläche. Der Naturpool musste also so geplant werden, dass er sich harmonisch in das geradlinige Grundgerüst der kleinen Gesamtanlage einfügt, ohne dabei eintönig zu wirken. Für die Kinder stand natürlich Spiel und Spaß, Plantschen und Schwimmen im Vordergrund.

Oben: Blick von der Dachterrasse auf das türkisfarbige Wasser. Hier wird deutlich, wie perfekt sich der Naturpool in den kleinen Garten einfügt. Gräser und Pflanzkübel lockern farblich und strukturell den formalen Charakter auf.

Unten: Der Sitzplatz direkt am Wasser befindet sich neben dem Esszimmer im Haus. Gleich unter dem Holzdeck ist die Teichtechnik untergebracht. Das Wasser plätschert fröhlich zu Füßen der Sitzecke. Hier kann man es aushalten!

Als schwierig erwies sich vor allem die Baustellenlogistik, weil der Zugang nur über einen 1 m schmalen Gartenweg und ein schmales Gartentor möglich war. Dies hatte zur Folge, dass beim Bau lediglich ein Mikrobagger und ein Minidumper genutzt werden konnten. Viel Handarbeit war gefragt!

Klein, aber oho!

Dennoch: In nur vier Wochen Bauzeit wurde aus dem 08/15-Reihenhausgarten ein einzigartiges Bade- und Erholungsparadies. Mit knapp 14 m² Gesamtfläche und einer Tiefe von 1,25 m ist der Naturpool der jungen Familie ein wahrer Platzsparer, ohne Spielverderber zu sein! Die geringe Tiefe war dem hohen Grundwasserstand geschuldet. Denn eine Wasserhaltung während der Bauphase war wegen der Enge des Gartens nicht möglich. Zudem hätten die Sichtschutzwände zu den Nachbarn abrutschen können.
Das betonierte Becken ist axial auf das Esszimmer ausgerichtet. Es nimmt durch seine formale Gradlinigkeit die moderne Architektur des Reihenhauses auf und fügt sich mit dem würfelförmigen Gartenhaus harmonisch in die Gesamtstruktur ein. Ausgekleidet ist es mit fenstergrauer Folie, was durch den Lichteinfall ein frisches Hellblau ergibt. Zwei Halogen-Unterwasserscheinwerfer wurden integriert, dadurch kann der Pool auch abends genutzt werden. Dieser ist von der Terrasse wie auch von Ess- und Wohnzimmer aus ein hinreißender Blickpunkt. Wunderschöne Lichtreflexe an der Wasserlinie erzeugt auch die Edelstahlkante am Pool. Daraus ergibt sich ein fast südländisches Licht im ostwestfälischen Sommer.
Insgesamt wirkt nun der Innenhof durch den Naturpool viel heller und strahlt den Charakter eines Urlaubsortes aus.

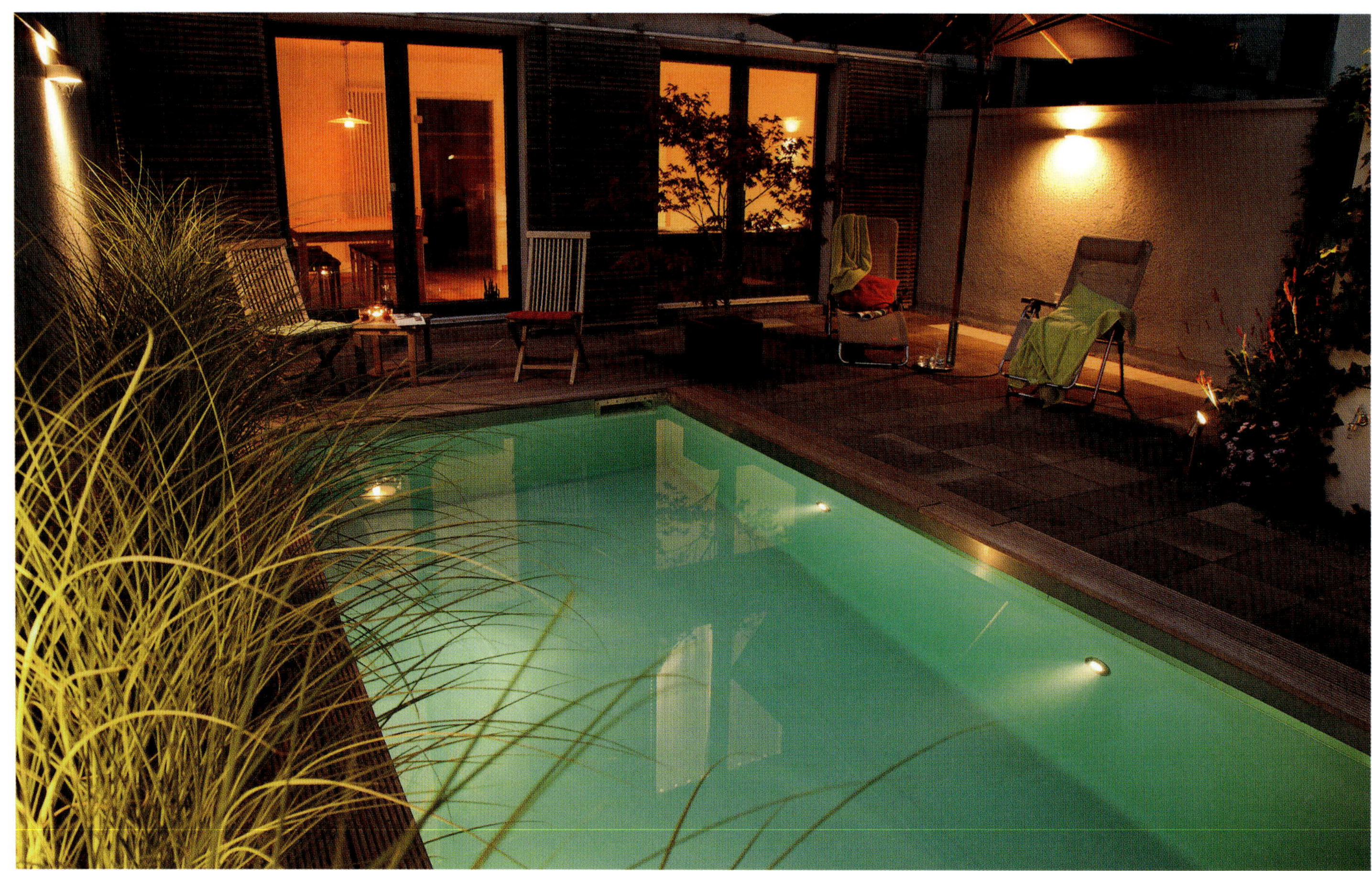

Sonnendeck mit verborgener Technik

Dank exakter Planung wird trotz des bescheidenen Platzangebotes der Gartenraum so genutzt, dass kein Gefühl beklemmender Enge auftritt. Dies liegt u. a. auch daran, dass die gesamte Pooltechnik, bestehend aus dem Converter-Schacht mit dem Pumpenskimmer, dem Biofilter-Schacht zur Feinfiltrierung und dem Phosphat-Druckfilter mit Spezial-Filtergranulat zur Aufbereitung des phosphatbelasteten Füllwassers, unter der Holzterrasse vor dem Esszimmer untergebracht ist. Auf diese Weise bleibt genug Platz zum Sonnen und Toben.

UMBAU DES SWIMMINGPOOLS

Nichts ist unmöglich ... Ein herkömmlicher Swimmingpool kann auch zum attraktiven Naturpool umgebaut werden. Dabei wird der existierende Wasserkreislauf aus Skimmer, Pumpe und Sandfilter weiterhin verwendet, die Chlorierung hingegen stillgelegt. Dafür wird der Bio- und Phosphorfilter neben dem Pool, z. B. unter einem Holzdeck, eingesetzt und über einen eigenen Wasserkreislauf mit diesem verbunden. So entsteht einfach und schnell eine chemiefreie Zone.

Die Bepflanzung des Gartens

Da aber nur wenig Raum für Gräser und kleine Gehölze zur Verfügung steht, setzt ein rotlaubiger Ahorn im Kübel auf der Terrasse einen markanten optischen Akzent. Gerade in kleinen Gärten kommt Pflanzen eine wichtige Bedeutung zu, sei es zur strukturellen oder zur visuellen Auflockerung des Ambientes. Pflanzgefäße, bestückt mit dem jeweiligen Lieblingsgehölz, eignen sich für Terrasse oder Holzdeck. Besonders schön ist auch die vertikale Begrünung von Rankelementen, Gebäudeteilen oder Mauern durch verschiedene ein- oder mehrjährige Kletterpflanzen.

Das Projekt hat sich gelohnt: Die Kinder nutzen den Naturpool täglich intensiv, auch Freunde kommen gern zu Besuch.

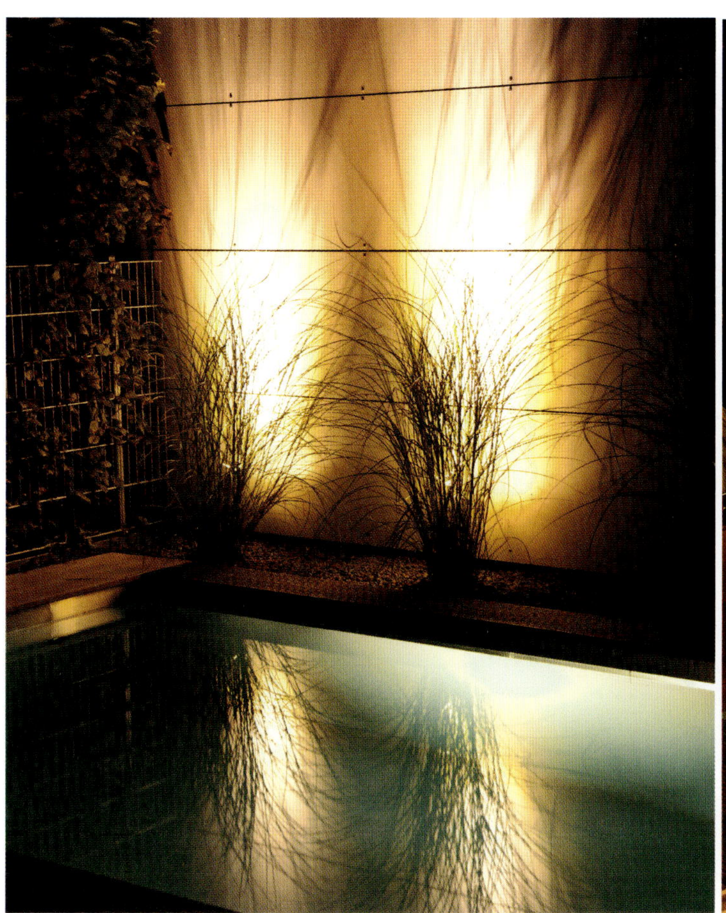

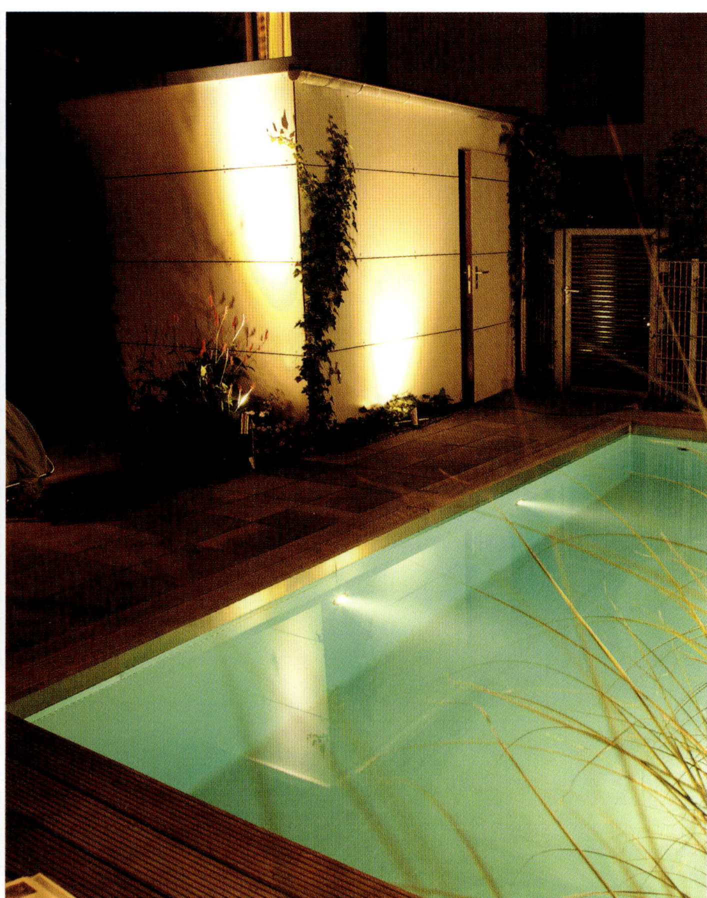

Die Eltern sind von der gesamten Neugestaltung begeistert. Sie empfinden ein Gefühl von Geborgenheit, vor allem in lauen Sommernächten präsentiert sich die Anlage sensationell.

Linke Seite: Auch abends sind die beleuchtete Terrasse und der mit Unterwasserscheinwerfern illuminierte Naturpool sehenswert. Hier kann man erkennen, wie ein kleines Grundstück durch eine perfekte Beleuchtung groß rauskommt.

Oben links: Zwei filigrane, aufstrebend wachsende Gräser vor dem Gartenhaus des Nachbarn spiegeln sich im Wasser und unterstreichen den formalen Charakter des Gartens.

Oben rechts: Das Gartenhaus ist die einzige Möglichkeit, auf dem kleinen Grundstück etwas zu lagern und wetterfest abzustellen. Es passt sehr gut zur Gesamtarchitektur des Gartens. Hier sind nicht nur Gartengeräte, sondern auch der Poolroboter und Ähnliches untergebracht.

DIE FAKTEN AUF EINEN BLICK

Größe des Gartenraums	65 m²
Baustart und Bauende	September 2013
Marke	Biotop
Schwimmbecken	Breite 2,50 m , Länge 5,50 m, Tiefe 1,25 m
Biofilter	Schwammfilter
Pflanzenfilter	nein
Abdichtungsart	Folie FPO, 1,3 mm, fenstergrau
Technik	Pumpenskimmer, Phosphatfilter
Beleuchtung	2 Halogen à 50 Watt
Heizung	nein
Abdeckung	nein
Wasserattraktion	nein
Zusatzausstattung	Poolroboter
Materialien für Deck und Terrasse	Bangkirai-Holz, Betonplatten

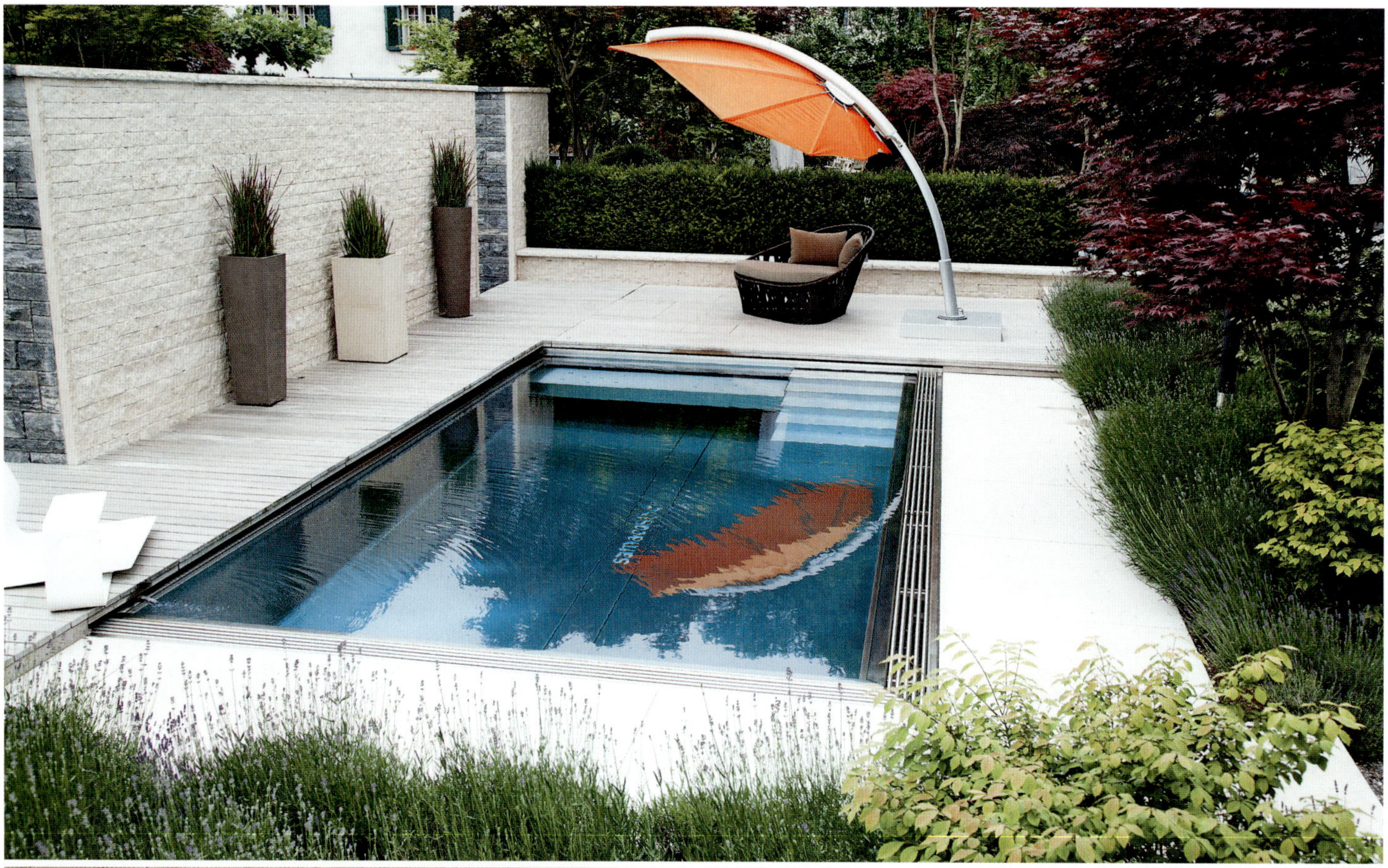

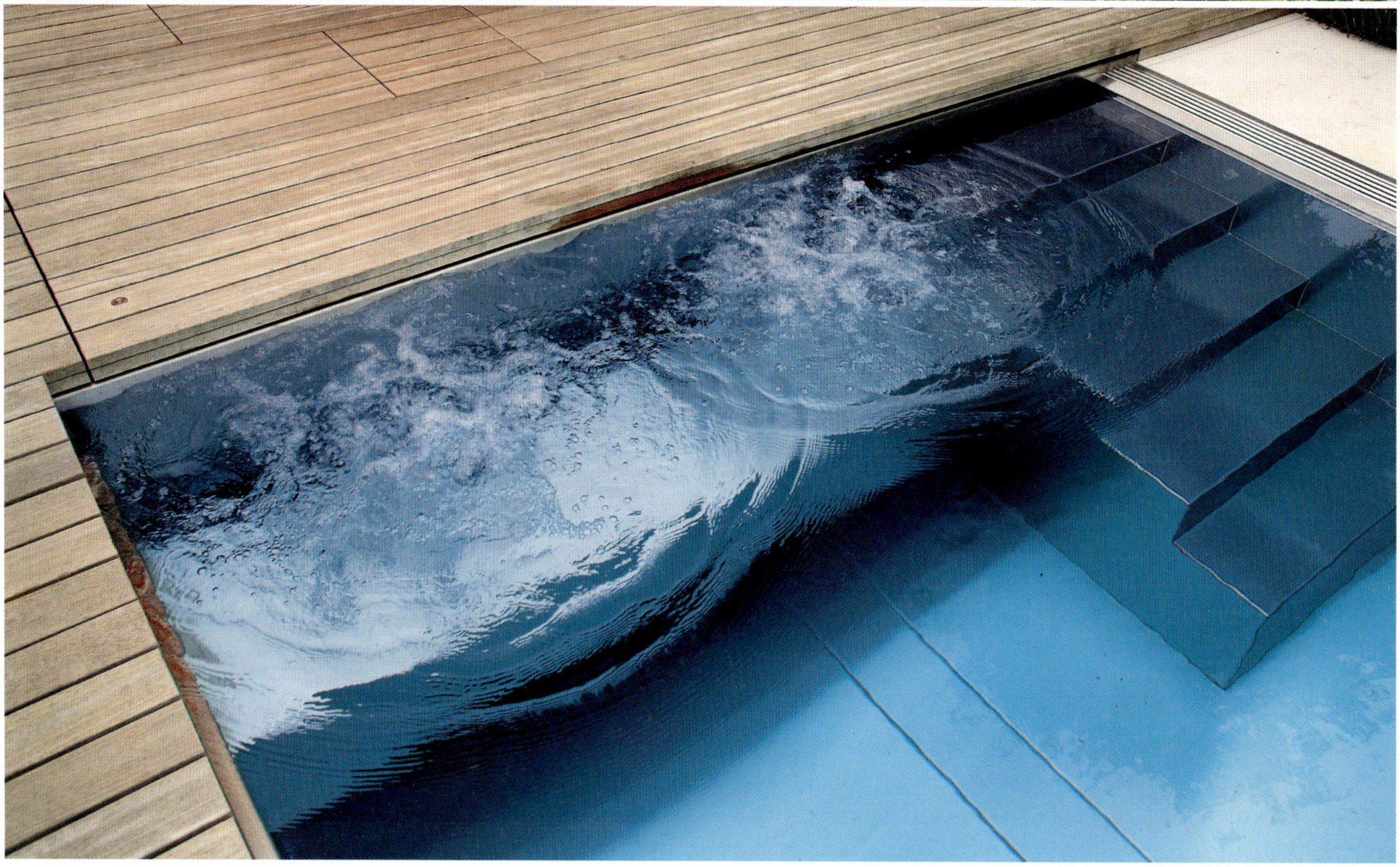

Klein, aber fein: Naturpool aus Edelstahl

Bei der Umgestaltung ihres kleinen, gerade einmal 99 m² großen Gartens hat ein Schweizer Ehepaar aus der Nähe von Zürich 2014 keine Kosten und Mühen gescheut.
Ein exklusiver Gartenraum war gewünscht, ganz minimalistisch, unter Verwendung von modernem Material in Form von Jurakalk und Sipo-Holz in Kombination mit einer kühlen, aber schicken Edelstahloptik des Poolbeckens. Das gelieferte, 6 m lange und 3 m breite Einstückbecken entsprach ganz ihren Vorstellungen und ist eine Maßanfertigung für das kleine Grundstück. Zusätzlich wählten sie eine Edelstahl-Überlaufrinne für die Längs- und Querseiten, die mit dem Längsstab-Rost besonders ästhetisch ansprechend wirkt. Dadurch konnte das Becken ebenerdig eingelassen werden.
Zum Schutz vor Blättern und möglichem Schmutzeintrag haben sich die Besitzer für einen Unterflurrollladen entschieden. Dieser ist bei geöffnetem Zustand unterhalb der Sprudelbank untergebracht und damit perfekt verborgen. Geschlossen erwärmt er mit seinen Solarmodulen das Wasser.

DIE FAKTEN AUF EINEN BLICK

Größe des Gartenraums	99 m²
Baustart und Bauende	Mai 2014
Marke	Biotop
Schwimmbecken	Breite 3,00 m, Länge 6,00 m, Tiefe 1,40 m
Bio**filter**	Schwammfilter
Pflanzenfilter	nein
Abdichtungsart	Edelstahlpool Edelstahl: CNS-1.4404/1.4571 von samaco rain ag
Technik	Pumpe, Skimmer, Überlaufrinne, Rinne am Boden
Beleuchtung	2 LED
Heizung	nein, Solarabdeckung
Abdeckung	Unterflurrollladen
Wasserattraktion	Sprudelbank, Überlaufrinne
Zusatzausstattung	Poolroboter
Materialien für Deck und Terrasse	Naturstein Jurakalkstein, Holz Sipo

Es kann nur einen geben

Das Becken ist mit Steinplatten aus Jurakalk sowie aus Sipo-Holzdielen eingefasst. Edelstahlbecken sind leicht zu reinigen, dies geschieht am besten nur von Hand und in Schleifrichtung, damit keine Kratzer entstehen können. Zudem haben Edelstahlbecken eine hygienische Oberfläche, sind absolut dicht, überaus langlebig und UV-beständig.
Die Gartenbepflanzung ist mediterran zurückhaltend gestaltet. Lediglich der Texturkontrast zwischen glatter Bodenoberfläche und rauer Mauerwand lockert die ansonsten streng orthogonale Form des Badebereichs auf. Hier spielt nur einer die Hauptrolle: der Naturpool in seiner glänzendsten Form.

Oben: Einstückbecken aus Edelstahl können für den privaten Bereich bis 12 x 5 m maßangefertigt werden.

Unten: Sprudelbank und Treppe. Aus 16 Düsen strömt das Wasser für eine angenehme Wassermassage.

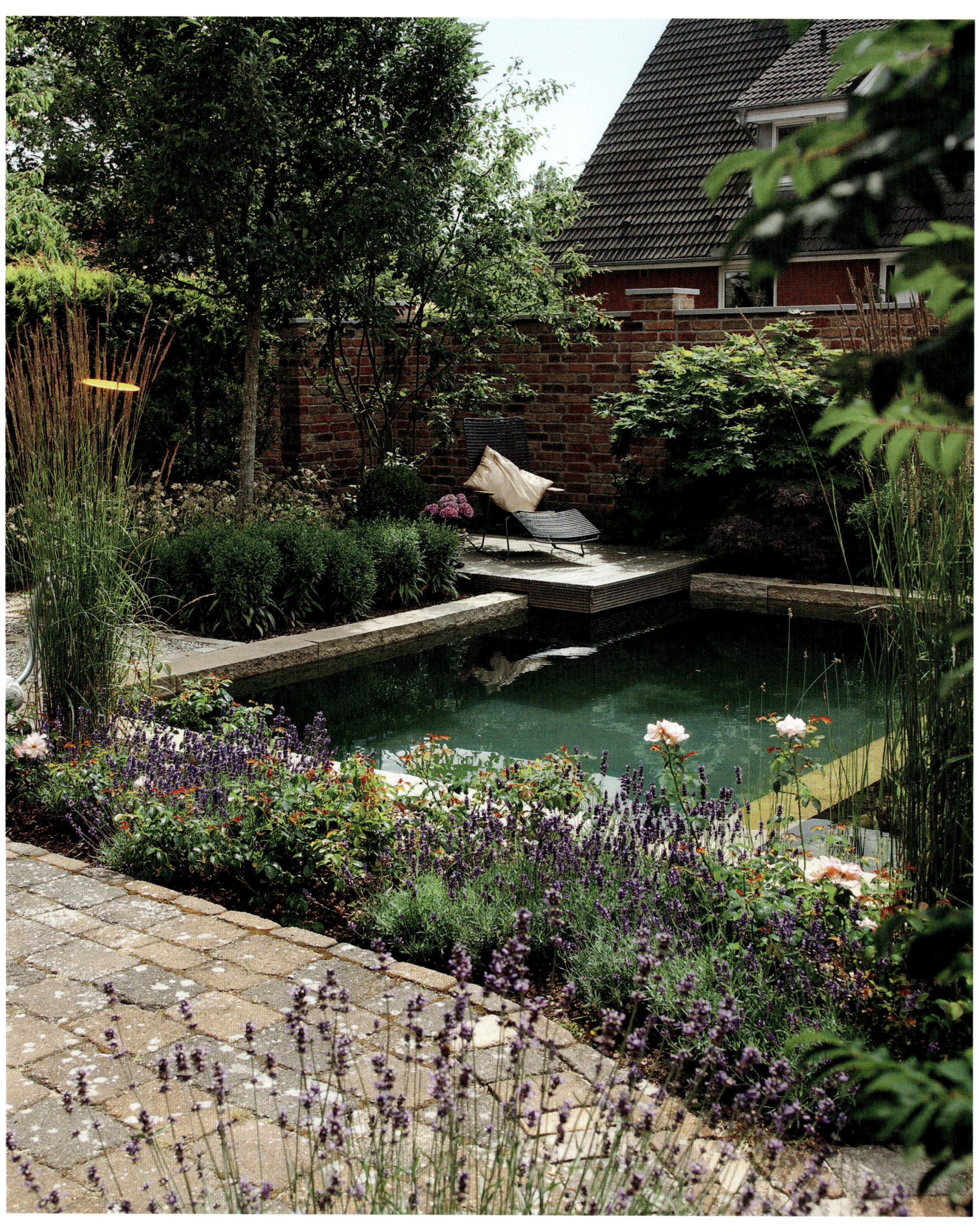

Naturpool am niedersächsischen Ziegelhaus

In den kleinen Garten einer Doppelhaushälfte in der Nähe von Hannover wünschten sich die Bewohner, ein Ehepaar, dessen erwachsene Kinder bereits aus dem Haus sind, eine Veränderung: einen Swimmingpool, aber keinen modernen Pool mit blauer Folie, sondern eher ein natürlich anmutendes Gewässer. Keines der Angebote konnte das Paar überzeugen, bis der Besuch einer Fachmesse den Durchbruch brachte: Ein Naturpool sollte es werden.

Was wollen wir, was nicht?

Durch zahlreiche Gespräche und Besuche von Referenzanlagen kristallisierte sich schließlich heraus, was den Ehepartnern vorschwebte: kein steriler, clean wirkender Garten. Kein blauer Pool, denn der passt weder zum Klinkerhaus noch zum eigenen Lebensstil. Was ist aber das Passende? Ein Becken zum Abkühlen, Plantschen und ein wenig Schwimmen, ein Holzdeck zum Sonnen und Lesen, Raum zum Chillen, Beobachten, Lauschen und Schlafen. Genau das sollte es werden.

Das Ergebnis

Was herauskam, war ein zum Klinkerhaus passender Garten mit Naturpool. Dieser ist mit olivgrüner, natürlich wirkender Folie ausgelegt. Ein kleines Holzdeck mit Platz für den Liegestuhl ragt an einer Ecke über das Schwimmbecken hinaus. Die Terrasse am Haus ist geblieben. Sie besteht aus gerumpeltem Betonsteinpflaster, ist halb überdacht und mit einem zusätzlichen Schirm bestens vor der Sonne geschützt. Die Klinkerwände wärmen sich tagsüber auf und geben die Wärme abends wieder ab – perfekt für das Leben draußen. Statt der bisherigen vergreisten Thujahecke mit kleiner Rasenfläche und der üblichen Beetbepflanzung bildet heute eine Klinkermauer mit Pfeilern, farblich passend zum Haus, den Abschluss des Grundstücks. Sie dient nicht nur als Sichtschutz, sondern hindert Fremde auch vor dem Betreten des Grundstücks und mindert den Verkehrslärm.

Links: Der Garten ist liebevoll mit Staudenbeeten sowie kleinen und großen Gehölzen gestaltet. Der Naturpool lädt zum Abkühlen, Plantschen und Schwimmen ein.

BIOFILTER

Der Biofilter ist die Grundlage für die Wasserreinigung jeden Naturpools. Er kann über- oder auch unterirdisch aufgestellt sein, z. B. unter einem Holzdeck oder wie bei dieser Anlage hinter einem Sichtschutzzaun.
Biofilter werden als Substratfilter mit unterschiedlichen mineralischen Körnungen in mehreren Schichten oder als Schwammfilter aus synthetisch hergestellten Filtermedien angeboten. Die enormen inneren Oberflächen der Filter werden von Biofilm besiedelt, einer Mischung von Mikroorganismen, die ihren Nährstoffbedarf aus dem langsam vorbeiströmenden Badewasser decken. Feine Partikel, die das Wasser trüben, haften am Biofilm und werden so äußerst effizient ausgefiltert.

Wenn es im Gartenteich keckert und quakt, sind Wasserfrösche bei der Balz: ein Graus für manchen Nachbarn. Doch Frösche sind geschützte Tiere. Das Bundesnaturschutzgesetz verbietet, sie zu fangen, zu verletzen, zu töten oder ihren Lebensraum zu zerstören.

Durch die neu installierte Beleuchtung wirkt der Garten abends wie die Erweiterung des Wohnzimmers nach draußen. Um später ein Wasserspiel, evtl. eine Schütte, nachrüsten zu können, wurden bereits Rohrleitungen verlegt.

Der Biofilter des Naturpools

Das Pflanzbecken der Schwimmanlage hat eher dekorativen Charakter. Die Pflanzen unterstützen die Wasserreinigung, die Hauptarbeit übernimmt jedoch der Biofilter. Er ist oberirdisch hinter einem kleinen Holzzaun versteckt und besteht aus einer Abfolge von Schaummatten, durch die das Wasser fließt. Da die Matten verschiedenporige Oberflächen besitzen, werden Schmutzpartikel abgefangen. Der dort ansiedelnde Biofilm übernimmt die Wasserreinigung. Das Wasser wird durch den Schwimmskimmer angesaugt, dann durch die UVC-Lampe geleitet und abschließend durch den Biofilter. Die Einströmung in den Pool erfolgt unter dem Holzdeck.

Für jeden das Beste

Die Besitzer sind total begeistert, der Garten hat ein völlig neues Gesicht bekommen und lädt zum Verweilen, zum Träumen, Lesen und Beobachten ein. Während der Herr des Hauses, der unter der Woche beruflich unterwegs ist, am Wochenende gern am Beckenrand sitzt und Flora und Fauna betrachtet, das Plätschern des Wassers genießt und die Seele baumeln lässt, lässt es sich die Gattin nicht nehmen, fast täglich im natürlichen Wasser zu tauchen, plantschen oder auch zu schwimmen. Fazit: Sie haben alles richtig gemacht. Auch der Hausfrosch ist bestens zufrieden.

DIE FAKTEN AUF EINEN BLICK

Größe des Gartenraums	100 m²
Baustart und Bauende	Juni bis August 2014
Marke	nein
Schwimmbecken	Breite 3,00 m, Länge 5,00 m, Tiefe 1,50 m
Biofilter	Schwammfilter
Pflanzenfilter	2,50 m²
Abdichtungsart	Folie PVC, 1,5 mm, olivgrün
Technik	Pumpenschacht, Schwimmskimmer, UVC-Lampe
Beleuchtung	nein
Heizung	nein
Abdeckung	nein
Wasserattraktion	nein
Zusatzausstattung	nein
Materialien für Deck und Terrasse	Bangkirai, Betonsteine, Perlkies

Oben: Das leise Plätschern des Wassers beim Durchströmen des Biofilters (rechts hinten) wirkt beruhigend und lässt an einen Bachlauf denken.

Unten links: Aus optischen Gründen hat die Hausherrin auf eine Leiter oder eine Einstiegstreppe verzichtet.

Unten rechts: Der niedrig wachsende Schlangenknöterich *(Polygonum bistorta)* ist ein ideales Teichrandmotiv. Er wächst aber außerhalb des Wassers.

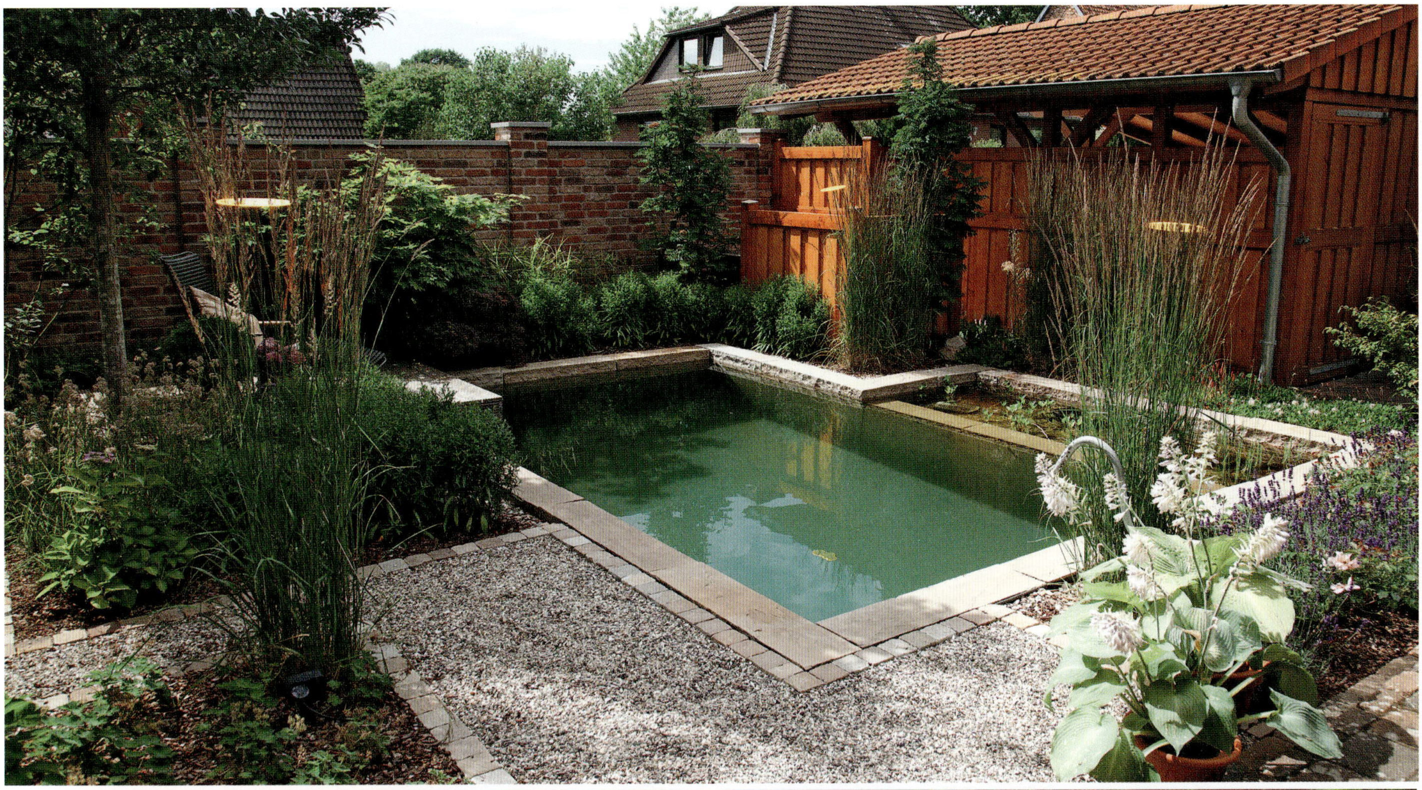

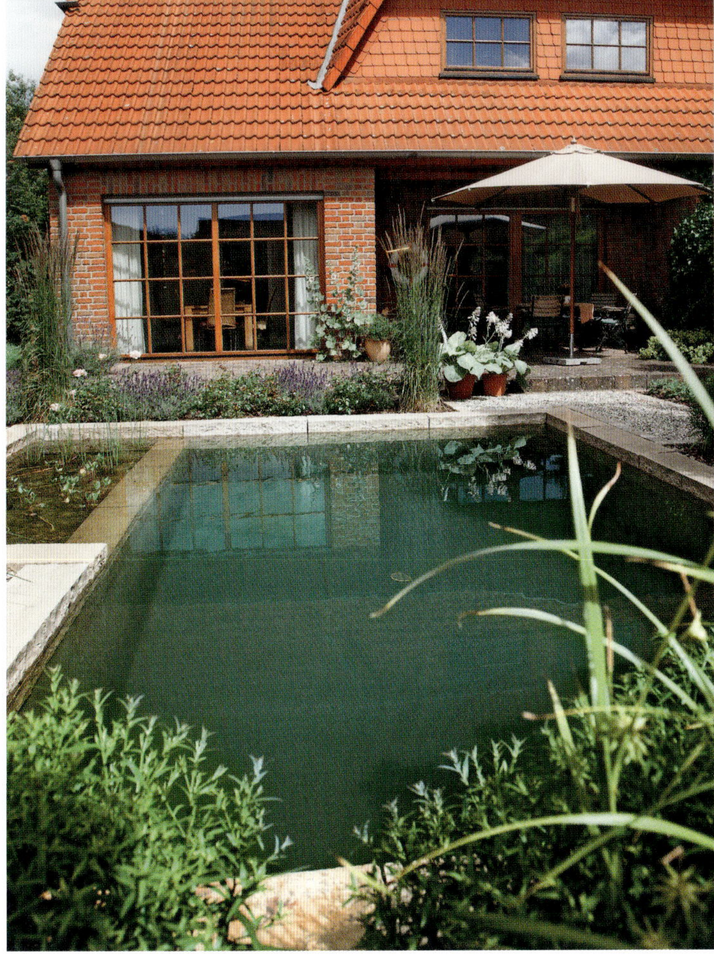

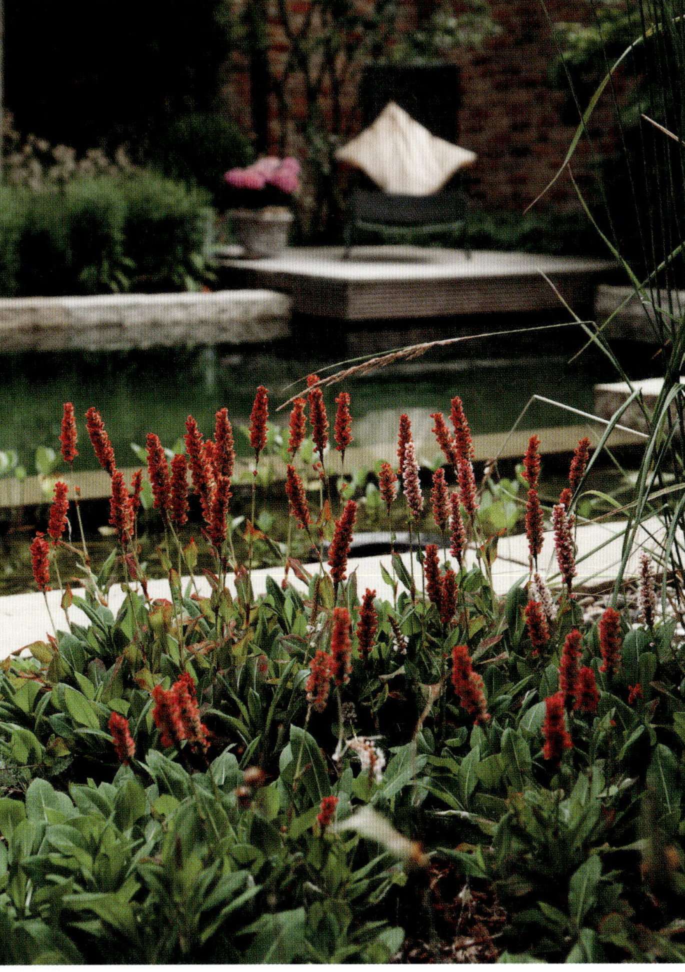

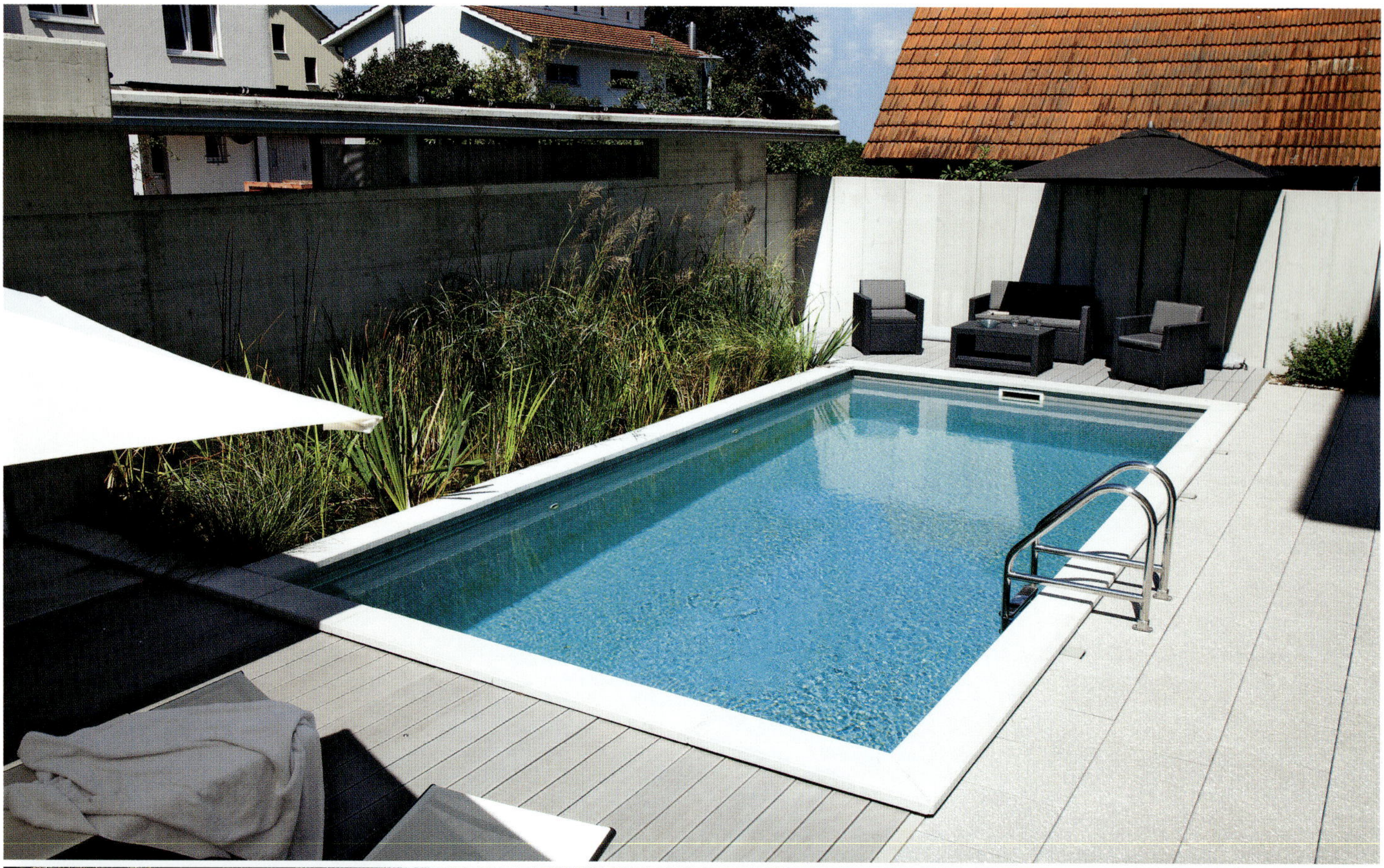

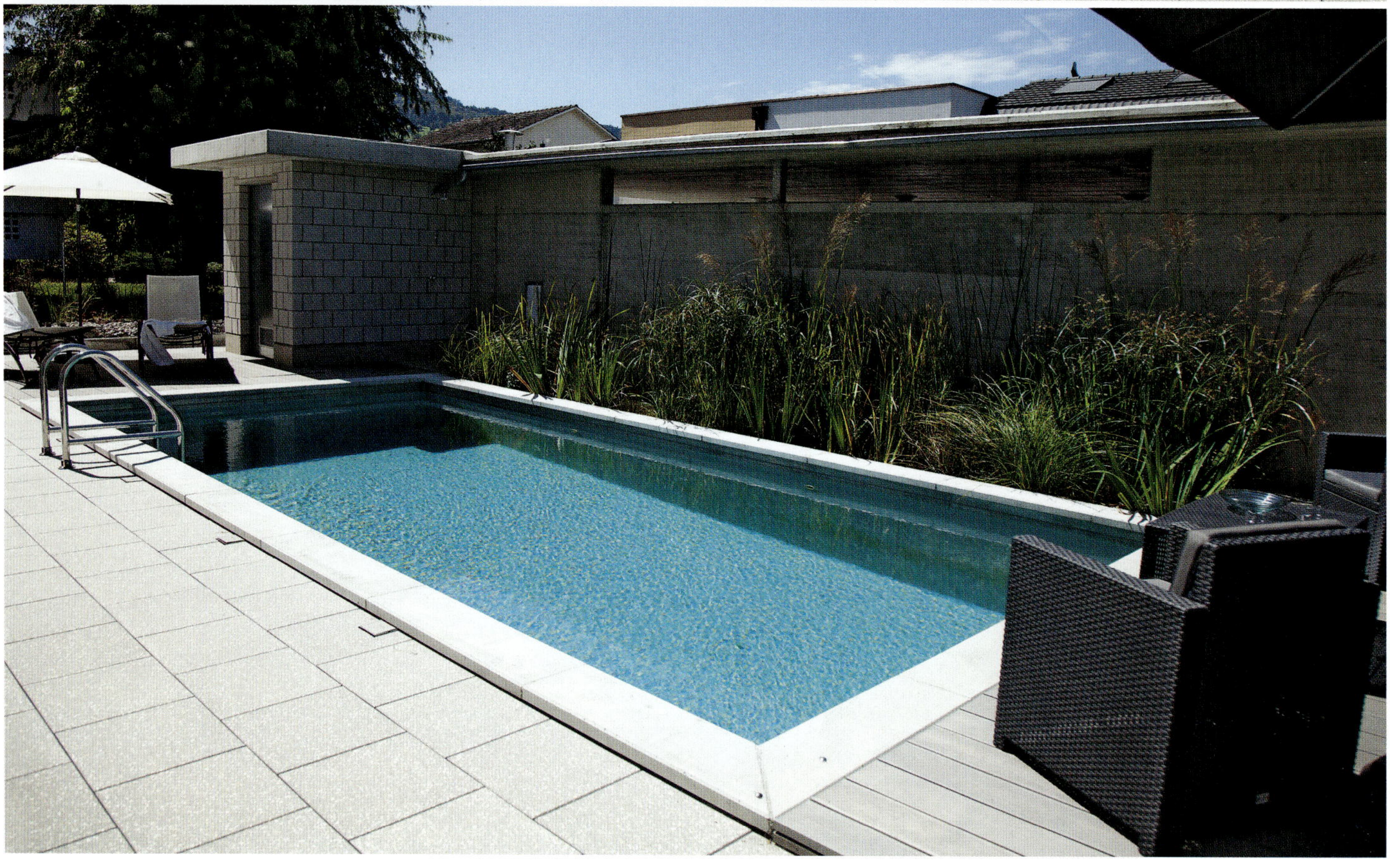

Badeparadies mit Bachlauf

In der Nähe von Basel hat sich ein Ehepaar 2010 ein kleines Badeparadies bestehend aus einem Naturpool und einem integrierten Biotop geschaffen. Es liegt im Innenhof an der westlichen Stirnseite eines lang gestreckten Mehrfamilienhauses. Einen besonderen Akzent setzt ein angeschlossener Bachlauf mit Flowform-Schalen. Das viel beschäftigte und beruflich eingespannte Ehepaar genießt es, sich im eigenen Garten zu jeder Tageszeit erholen zu können und dazu die Wohlfühlzone ihres Heims nicht verlassen zu müssen. Der Hausherr, der sein Büro vor Ort hat, nutzt den Pool auch zwischendurch in der Mittagszeit. Dann kann er sich nach einem Bad erfrischt wieder an die Arbeit machen.

Wasser in unterschiedlichen Variationen

Mit der Neugestaltung des Innenhofs haben sich die Bauherren einen lang gehegten Wunsch erfüllt: zu Hause im eigenen Teich baden zu können und sich fürs Schwimmen nicht erst auf den Weg in ein Freibad zu machen. Das bedeutete zugleich: Baden in biologisch aufbereitetem Wasser. Dem Hausherrn schwebte allerding kein klassischer, von Pflanzen bewachsener Schwimmteich vor. In Anlehnung an die Architektur des Hauses mit dem kleinen Innenhof stellte er sich vielmehr eine eher puristische, technisch gesteuerte und vor allem pflegeleichte und energieeffiziente Anlage vor. Auf besonderen Wunsch seiner Ehefrau sollte ergänzend ein naturnaher Teich als Pendant und Ruhepol zum formalen Pool angelegt werden. Aus diesen Überlegungen heraus entwickelte man zusammen mit dem Teichbauspezialisten einen Naturpool mit integriertem Biotop und Bachlauf.

BACHLAUF MIT FLOWFORMSCHALEN

Ein Augenmerk der Anlage ist sicherlich der Bachlauf, der über drei Flowform-Schalen in das Biotop strömt. Die Flowform-Methode© wurde in den 1970er-Jahren von dem englischen Bildhauer und Naturforscher A. John Wilkes entwickelt, der sich Jahrzehnte mit archetypischen Fließmustern und Fließrhythmen in der Natur beschäftigte. Daraus entstanden Wirbelschalen, die dem Wasser in seiner natürlichen Bewegungsform Raum geben. Klang und Schönheit des Wassers werden so zum Erlebnis, wenn es rhythmisch wirbelnd mit dem authentischen Geräusch eines natürlichen Bachlaufs in Form einer liegenden Acht von Schale zu Schale fließt.
Die Mehrfachverwirbelung des Wassers soll die Selbstreinigungskräfte des Wassers anregen, dessen Qualität verbessern und auf die gesamte Umgebung eine positive energetische Wirkung ausüben.

Oben: Sitz- bzw. Ruheplätze befinden sich jeweils an der Stirnseite des Beckens. Das mit Gräsern bestückte Pflanzbecken lockert die puristische Struktur auch farblich auf.

Unten: Der Hofabschluss in Form einer Betonmauer ist gleichzeitig die Rückwand des Carports. Der Innenhof selbst hat den Charakter einer Lounge-Landschaft.

Bachläufe lockern Gärten auf und passen sowohl zu naturnahen wie auch zu formal gestalteten Gärten. Um Pflanzen und Tiere zu schonen, sollte das Wasser in den Bachsegmenten stehen bleiben können.

Ein Innenhof mit Lounge-Charakter

Der Innenhof ist an drei Seiten von Mauern umschlossen. In diesem geschützten und nicht einsehbaren Areal liegt der rund 26 m² große Naturpool, an dessen Längsseite sich der Pflanzenfilter befindet. Er ist mit Gräsern und Sumpfiris *(Iris ensata)* bepflanzt. An die offene Seite grenzt das Biotop mit Seerosen und Gräsern, in das – von einem Quellstein gespeist – über drei flache Flowformschalen sachte das Wasser plätschert – ein schöner Kontrast zum formal gestylten Innenhof. Die Anlage verströmt eine angenehme, zurückhaltende Atmosphäre, ein Effekt, der auch der dezenten Farbwahl geschuldet ist. Einzig das Grün der Pflanzen sowie die dunkelgrauen Loungemöbel heben sich von den grauen Steinplatten am Boden sowie den Sichtschutzwänden aus Betonplatten ab. Bunt bepflanzte Pflanzkübel oder Ähnliches fehlen. Hier möchten sich der Hausherr und seine Gattin entspannen, beim Schwimmen in dem mehr als 7 m langen Pool Energie tanken und dem meditativen Plätschern des nahen Bachlaufs lauschen.

DIE FAKTEN AUF EINEN BLICK

Größe des Gartenraums	150 m²
Baustart und Bauende	September bis Oktober 2010
Marke	Biotop
Schwimmbecken	Breite 3,60 m, Länge 7,60 m, Tiefe 1,85 m
Biofilter	Substratfilter
Pflanzenfilter	12 m²
Abdichtungsart	Folie FPO, 1,3 mm, fenstergrau,
Technik	Tauchpumpenschacht, Bogensiebskimmer, Phosphatfilter
Beleuchtung	4 LED
Heizung	mit Sonnenkollektoren (Solarabsorber) 25 m²
Abdeckung	Sicherheitsabdeckung, manuell aufgerollt
Wasserattraktion	Biotop (25 m²) mit Bachlauf aus Flowforms aus Granit
Zusatzausstattung	Poolroboter, Edelstahlhandlauf
Materialien für Deck und Terrasse	Bangkirai-Holz, Betonplatten

Warmes Wasser dank Absorbermatten

Ein wesentlicher Punkt bei der Planung des Badegartens war der Wunsch nach einer energieeffizienten, kostengünstigen Poolwassererwärmung durch Sonnenkollektoren. Hierfür entschied man sich für einen auf dem Carportdach platzierten Absorber, der angenehm warmes Wasser liefert. Es handelt sich dabei um Matten aus hitze- und UV-beständigem schwarzem Kunststoff. In diese Matten sind Schläuche eingebettet, durch die das kalte Poolwasser strömt und dabei erwärmt wird. Solche Absorbermatten erreichen Temperaturen von 20–40 °C. Zwar kann die Wärme mit ihnen nicht gespeichert werden, sie erfüllen dennoch ihren Zweck, da sie nur im Sommer bei schönem Wetter funktionieren müssen. Damit sich in den Standzeiten keine Keime und Bakterien in den Leitungsbahnen vermehren, wird das System nach jeder Nutzung automatisch mit Druckluft leer geblasen. Die Betriebskosten der Anlage sind attraktiv, denn sie beschränken sich auf geringe Stromkosten für den Betrieb

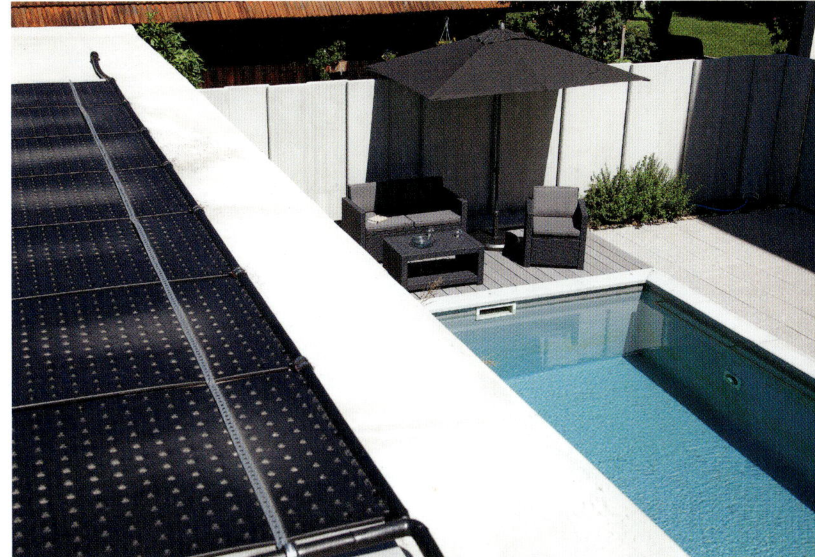

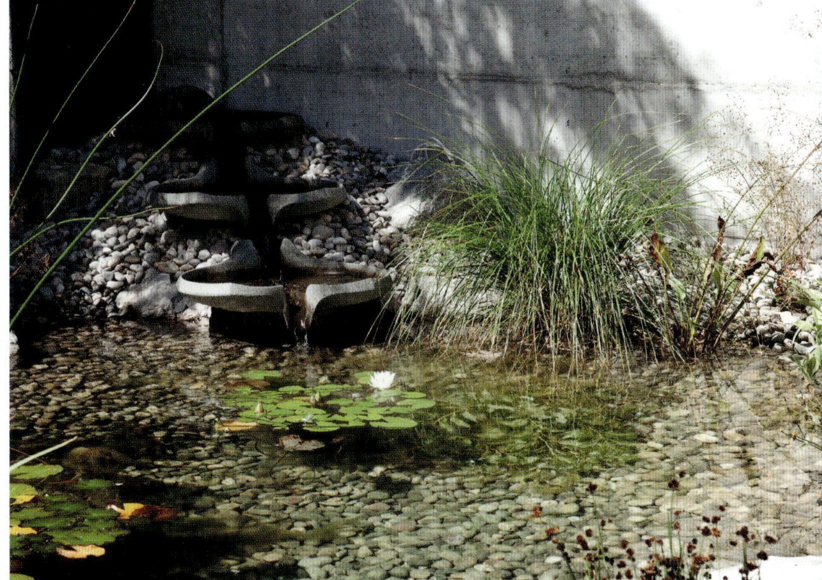

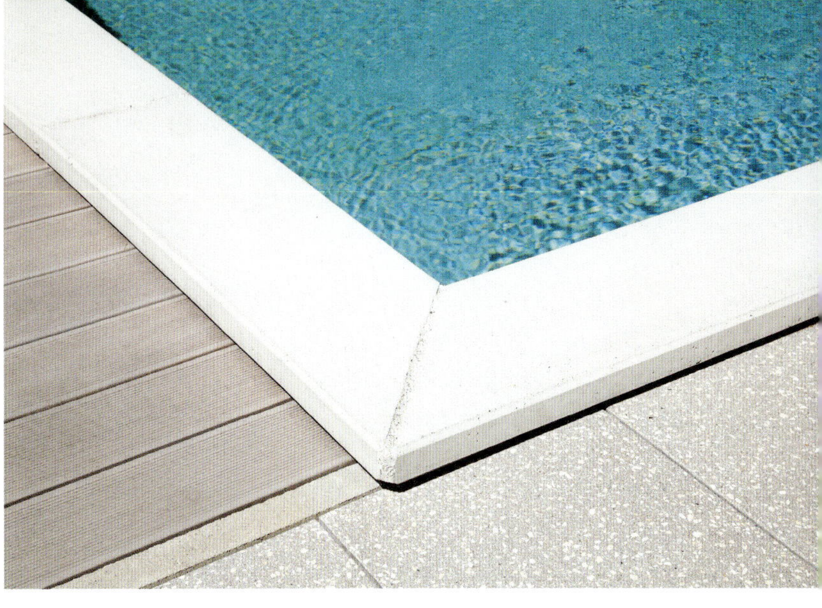

der elektrischen Umwälzpumpe. Darüber hinaus fällt alle zwei Jahre noch eine Wartungsüberprüfung an.

Perfekte Wasserqualität und wenig Pflege

Die Grundstücksbesitzer sind von ihrer Badeanlage begeistert. Die Wasserqualität des Naturpools ist hervorragend. Auch die Pflegeleichtigkeit ist ein Pluspunkt. Das installierte System verlangt von den Nutzern lediglich, den Phosphorfilter nach Herstellerangaben rückzuspülen, das Skimmersieb hin und wieder sauber zu machen sowie täglich den Reinigungsroboter ins Wasser zu lassen. Die Sommertage kann man so ganz entspannt am Pool verbringen.

Oben: Das Wasser des Naturpools strömt mit Hilfe einer Pumpe durch die Sonnenkollektoren auf dem Carport-Dach und erwärmt in der Folge den gesamten Wasserkörper um bis zu vier Grad je nach Sonnenintensität.

Mitte: Ein Bachlauf aus Flowformschalen fließt in ein kleines, natürlich wirkendes Wasserbecken mit Seerosen und Gräsern am Rand des Grundstücks. Dieser Bereich ist mit dem Wasserkreislauf des Naturpools verbunden.

Unten: Die Einfassung des Naturpools besteht aus weißen Betonplatten. Die Ecken des Beckens sind mit auf Gehrung geschnittenen Platten ausgebildet. Auch solche interessanten und ausgefeilten Details sind ein Zeichen für eine fachmännische Planung und Ausführung.

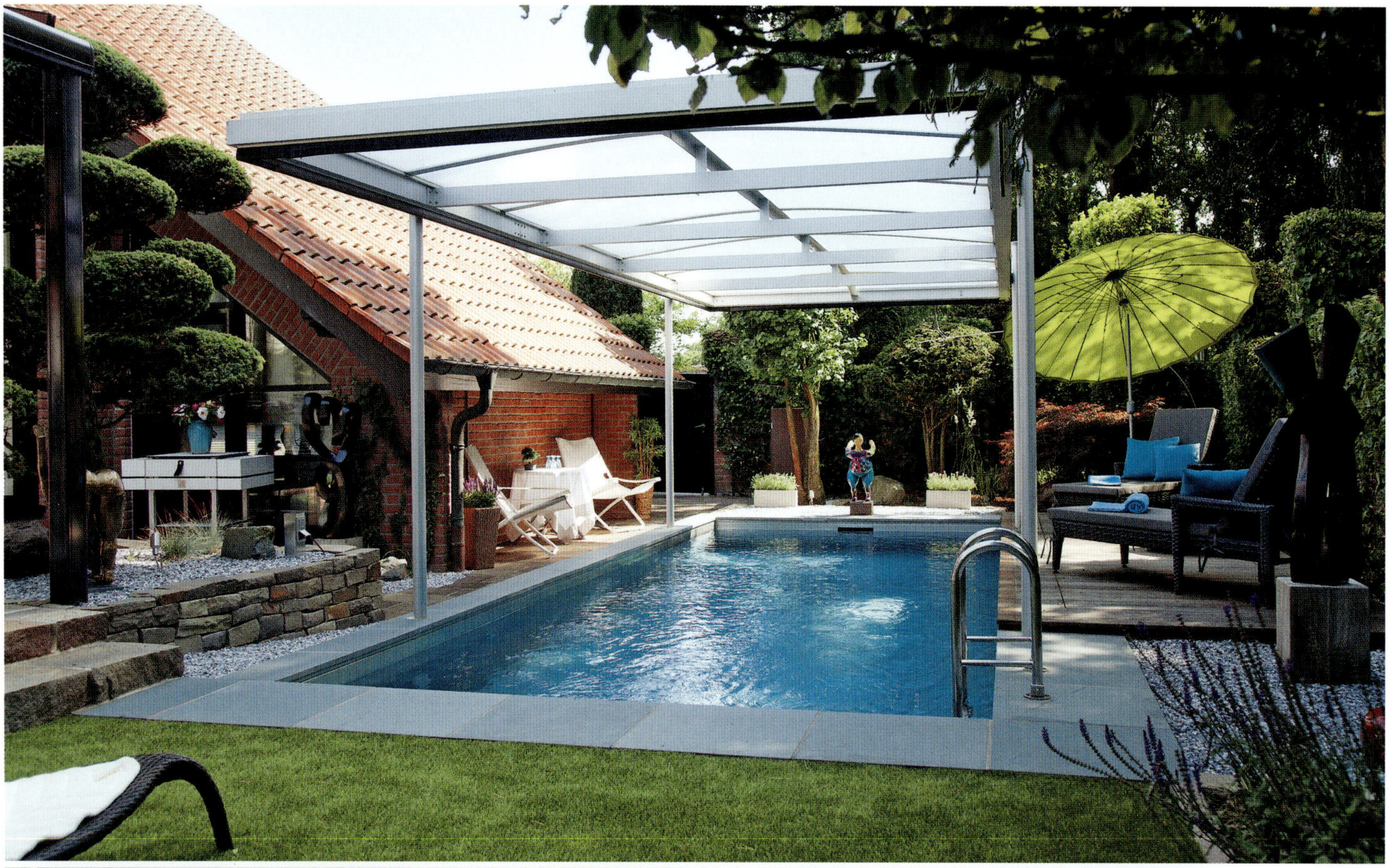

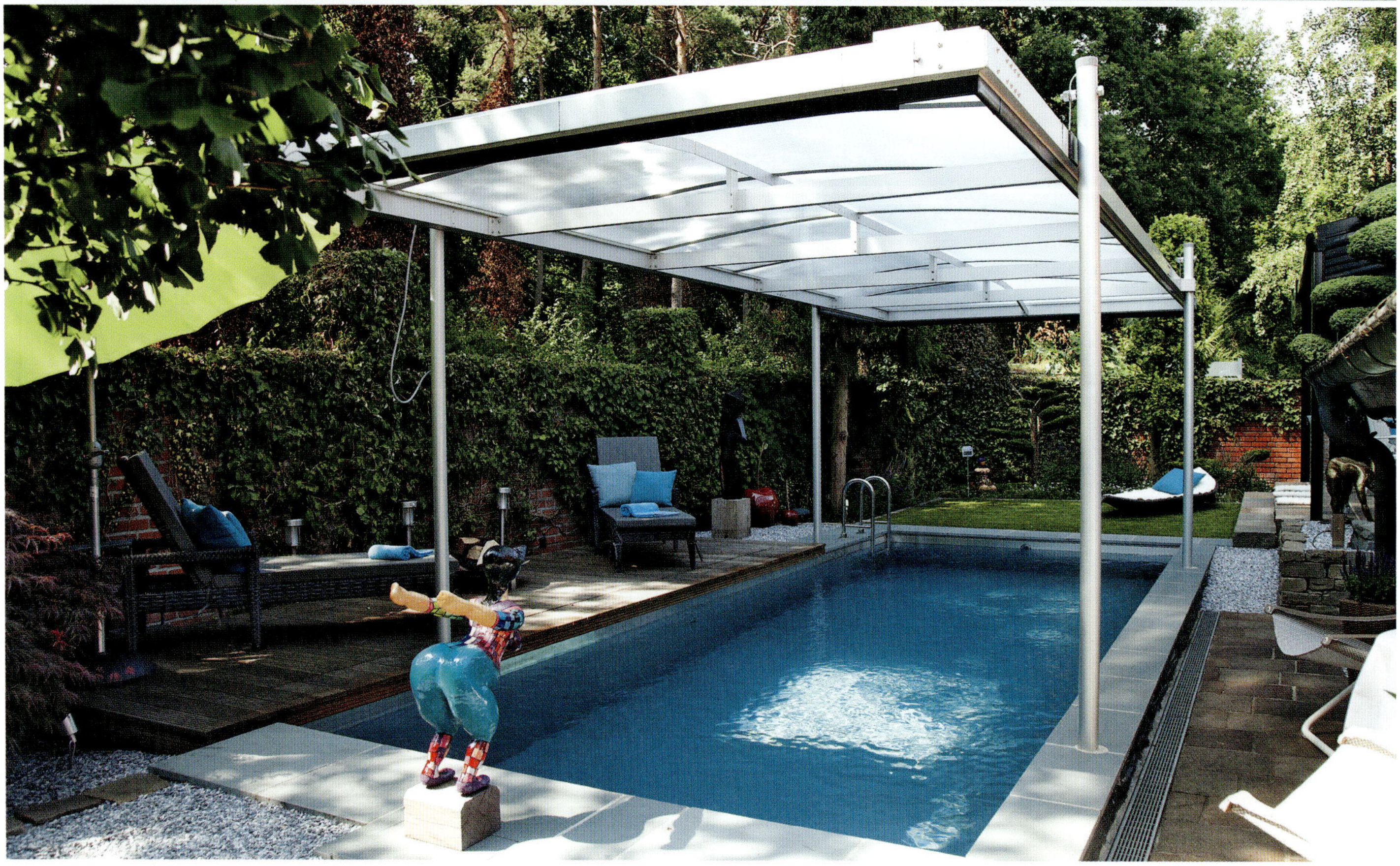

Ein Schattengarten auf der Sonnenseite

So fühlen sich jedenfalls die Gartenbesitzer in der Nähe von Dorsten, die ihren direkt an einem Waldstück gelegenen 180 m² großen Garten komplett umgestalten ließen. Die gesamte Anlage sollte geradlinig, architektonisch formal und ohne Schnörkel sein. So gliedert sich das Grundstück heute in vier Bereiche: Naturpool, die Hauptsitzterrasse am Haus sowie zwei weitere Liegeplätze. Von den Ruhestationen aus genießen sie den Blick auf den Pool und auf die mächtigen Bäume des angrenzenden Waldes.

Andere Zeiten, andere Gärten

Nachdem die Kinder aus dem Haus waren, wünschte sich das berufstätige Paar einen attraktiveren, einfachen und pflegeleichten Garten. Weniger Gehölze, mehr Licht: Das waren der Wunsch und der Auftrag an das Gartenbau-Unternehmen. Denn ab Mittag liegt das Grundstück im Schatten. Bei einem Besuch des Mustergartens auf dem Gelände des Fachbetriebs waren beide vom dortigen Naturpool angetan. Nach einer kurzen innerfamiliären Diskussion, ob das Geld nicht doch lieber für ein paar Reisen ausgegeben werden sollte, entschied sich das Paar für den Pool.

Oben: Das Pooldach schützt das Wasserbecken vor Laubeintrag von den angrenzenden Bäumen. Je nach Sonnenstand nutzt man die verschiedenen Sitz- und Ruheplätze.

Unten: Trotz der Poolabdeckung kommt genug Licht in den Garten, der von einer bepflanzten Klinkermauer begrenzt ist.

LUFTWÄRMEPUMPE

Mit einer Luftwärmepumpe kann man die Sonne als Energielieferanten nutzen. Dabei wird die Außenluft mittels eines Ventilators angesaugt und dem Verdampfer der Wärmepumpe zugeführt. Dort wird die Wärme an ein Kältemittel abgegeben und mit Hilfe von Druck verdichtet, was einen weiteren Temperaturanstieg zur Folge hat. Über den Wärmetauscher wird diese Wärme an den Wasserkreislauf des Pools abgegeben.
Der Vorteil einer Luftwärmepumpe ist, dass sie unabhängig von berg- und wasserrechtlichen Genehmigungsverfahren sowohl im Innenbereich als auch im Außenbereich installiert werden kann.

Liegeplätze zum Lesen und Krafttanken

Für den Liegeplatz direkt an der Terrasse hatte der Hausherr ein kleines Restrasenstück vorgesehen. Nachdem der neue Rasen aufgrund der schattigen Lage nicht wirklich funktionierte, wich er einem Kunstrasen. Dieser ist zu allen Jahreszeiten gleichmäßig grün, muss nie geschnitten und nur je nach Laub- und Nadelfall abgefegt werden. Bei der Auswahl achtete man darauf, dass der Kunstrasen optisch so natürlich wie möglich wirkt und das Gesamtbild der Anlage nicht stört.
Ein zweiter Liegeplatz ist auf dem Holzdeck aus Bangkirai angesiedelt, unter dem die gesamte Technik zur Wasseraufbereitung und Umwälzung eingebaut ist.

»Wir waren fasziniert, wie der Umbau organisiert wurde: Da der Garten zu klein für die Maschinen und nur durch eine Gartentür zu erreichen ist, musste die Baugrupe für den Pool mit einem Mobilbagger und einem Greifer von außen ausgehoben werden.«

Ein Sonnenlift fürs Schwimmbecken

Wegen des Waldes war eine Abdeckung des Schwimmbeckens notwendig. In diesem Fall entschied man sich für eine sogenannte Liftabdeckung. Diese ist an vier Stützen befestigt und kann mittels Motor und per Fernbedienung hoch- und hinuntergefahren werden. Die Abdeckung ist mit knapp 100 kg/m² belastbar, sodass sie im geschlossenen Zustand betreten und einfach gesäubert werden kann. Wichtig war den Eigentümern auch der Sicherheitsaspekt, damit die Enkelkinder nicht in den Pool fallen können. Die anfängliche Befürchtung der Besitzer, dass es nun noch dunkler in ihrem Garten wird, hat sich nicht bestätigt: Durch die transparenten Deckengläser flutet genügend Licht nach unten.
Bei geschlossenem Dach heizt sich das Poolwasser durch die Einstrahlung des Sonnenlichts sogar auf. Beim Schwimmen schwebt das Dach ansonsten in einer Höhe von 2,20 m. So ist man auch bei Regen gut geschützt.
Die restliche Gartenanlage mit der Bepflanzung haben die Kunden selber organisiert. Nach dem Umbau kommen die Kunstwerke, aber auch die kunstvoll geschnittenen Bonsaipflanzen bestens zur Geltung. Die Besitzer nutzen die Anlage, wann immer es möglich ist. Im Keller befindet sich ihre Sauna, nun können sie sich nach einem Gang im eigenen Naturpool abkühlen, dessen Wasser mittels einer Luftwärmepumpe angenehm temperiert ist.

DIE FAKTEN AUF EINEN BLICK

Größe des Gartenraums	180 m²
Baustart und Bauende	Juli bis August 2014
Marke	Biotop
Schwimmbecken	Breite 3,00 m, Länge 8,00 m, Tiefe 1,50 m
Biofilter	Schwammfilter
Pflanzenfilter	nein
Abdichtungsart	Folie FPO, 1,5 mm, grau
Technik	Tauchpumpenschacht, Bogensiebskimmer, Phosphatfilter, UV-Lampe
Beleuchtung	2 LED
Heizung	Luftwärmepumpe
Abdeckung	Liftabdeckung
Wasserattraktion	nein
Zusatzausstattung	Poolroboter
Materialien für Deck und Terrasse	Bangkirai-Holz, Porphyr

Oben links: Die Poolabdeckung bei geschlossenem Zustand. Die Liftabdeckung ist an vier Stützen befestigt.

Oben rechts: Da der neu eingesäte Rasen auf dem Schattengrundstück nicht gut wuchs, verlegte man Kunstrasen.

Unten links: Achtung, fertig – los! Die bunte Dame scheint mit Elan ins Wasser springen zu wollen.

Unten rechts: Vom Liegeplatz hat man einen schönen Blick auf die Sitzterrasse am Haus und den Wintergarten, wo ein Hometrainer für zusätzliche Fitness sorgt.

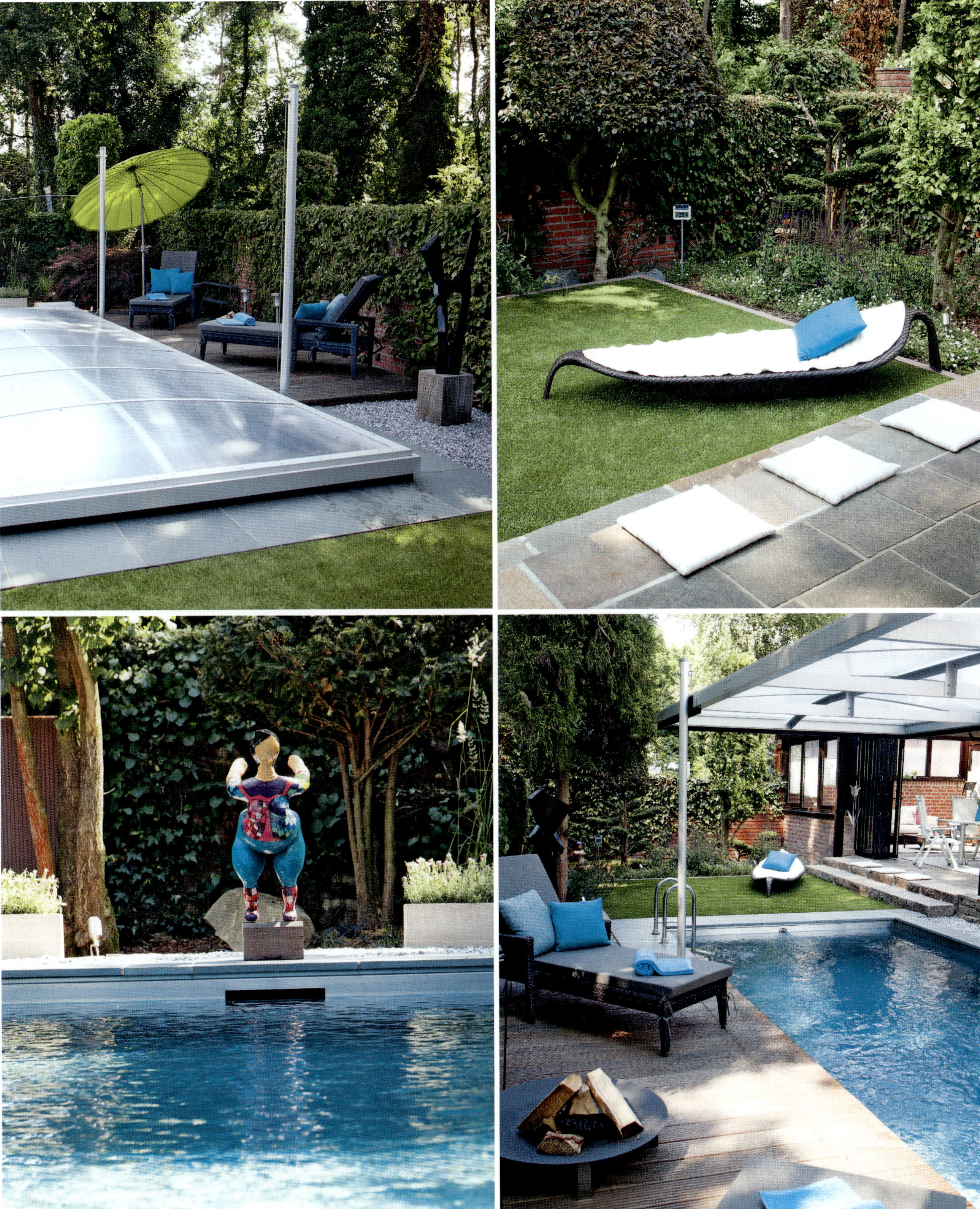

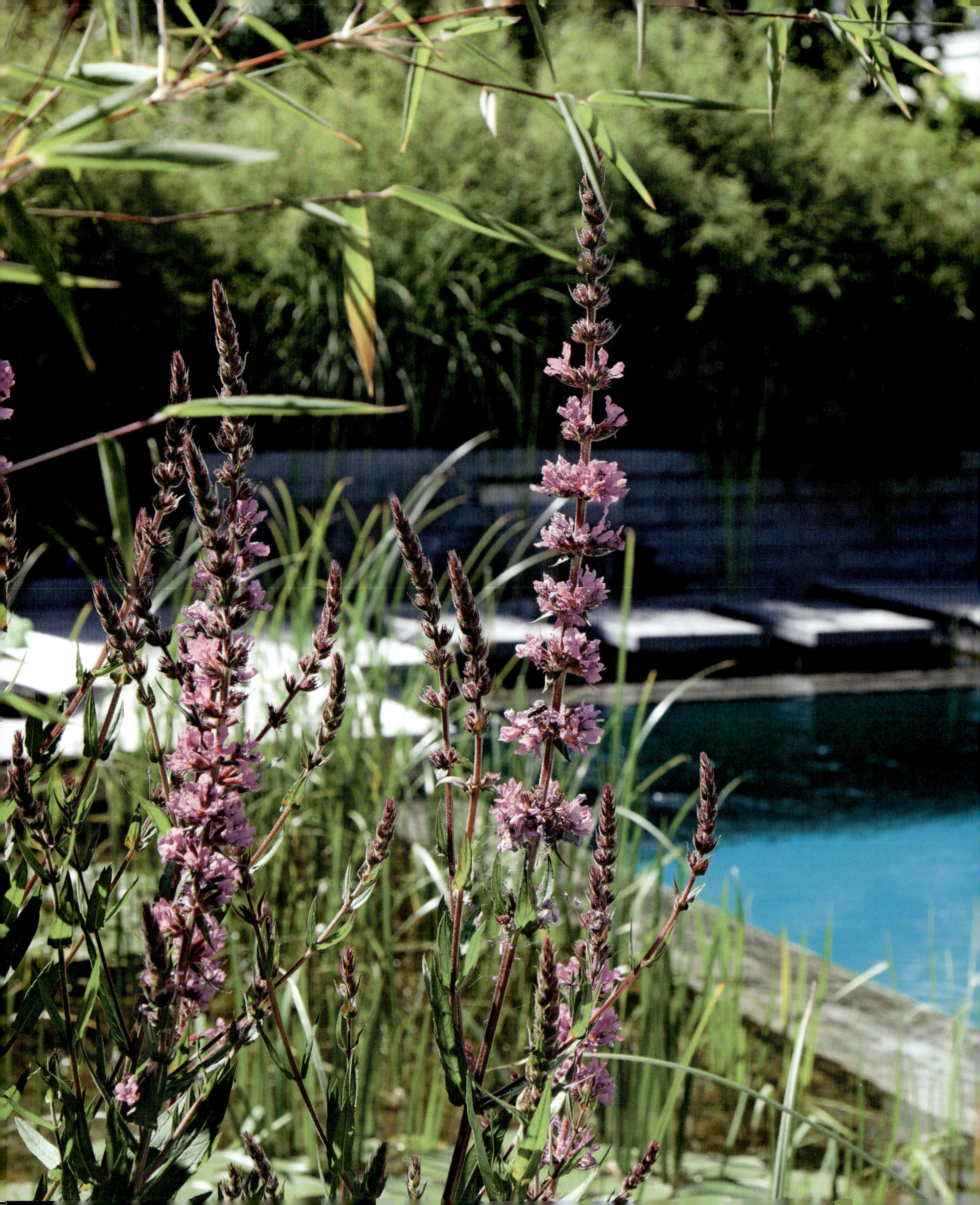

Jetzt wird's konkret

Jetzt wird's konkret

Badegärten sind langfristige Projekte, nichts geht daher über eine detaillierte Planung! Ganz gleich, was Sie auch vorhaben: Nehmen Sie sich Zeit, um ausführliche Informationen und Tipps zu sammeln, damit Sie auch später stressfrei genießen können.

Das Projekt durchführen

Planung ist alles, gerade wenn der Platz knapp ist. Gute Ideen sind gefragt! Mit gestalterischem Geschick und sorgfältiger Detailplanung lässt sich beinahe jedes kleine Grundstück als Badegarten nutzen. Ob Swimmingpool, Whirlpool, Schwimmteich oder Naturpool: Wasser soll zukünftig den zentralen Platz einnehmen und stellt eine größere Investition dar. Daher ist es entscheidend, das Projekt exakt zu planen und mit den richtigen Partnern durchzuführen. Nehmen Sie sich Zeit und lassen Sie sich auf das Thema ein, ohne sofort auf eine Lösung zuzusteuern. Machen Sie sich auf eine Reise durch die Medien – Bücher, Zeitschriften, Kataloge, Internet – und sammeln Sie alles Material, das Sie interessiert. Entwickeln Sie mit Ihrer Familie Ihr ganz individuelles Storyboard. Schreiben Sie eine Liste Ihrer Erwartungen an das neue Badeparadies. Erstellen Sie auf einem großen Blatt eine Collage aller Ihrer Ideen aus Fotos, Listen und Zeichnungen. Bei einem Projekt dieser Tragweite muss jeder an Bord sein!

Beantworten Sie einige Kernfragen und finden Sie heraus, welcher Badetyp Sie sind:
- Soll der Badegarten eine ruhige Oase sein oder Spiel und Spaß garantieren?
- Wollen Sie Bahnen schwimmen oder einfach baden, abkühlen und relaxen?
- Steht Wellness im Vordergrund?
- Wie naturnah soll das Objekt sein?
- Wie wichtig ist das Design? Welche Formensprache passt zu Ihnen?

Wägen Sie diese Fragen ab, dadurch ergeben sich logische Kriterien für Gestalt und Planung. Lassen Sie technische Details noch außer Acht, denn das ästhetische Gesamtbild von Architektur, Garten und Wasser steht in dieser Phase im Vordergrund. Technik ist Mittel zum Zweck.

Oben: Sammeln Sie Ideen aus Katalogen, Büchern, Zeitschriften oder im Internet und kreieren Sie Ihr Storyboard.

Unten: Hilfe vom Profi: Ein Garten- und Landschaftsarchitekt arbeitet Ihre Ideen in einen maßstabsgerechten Plan ein.

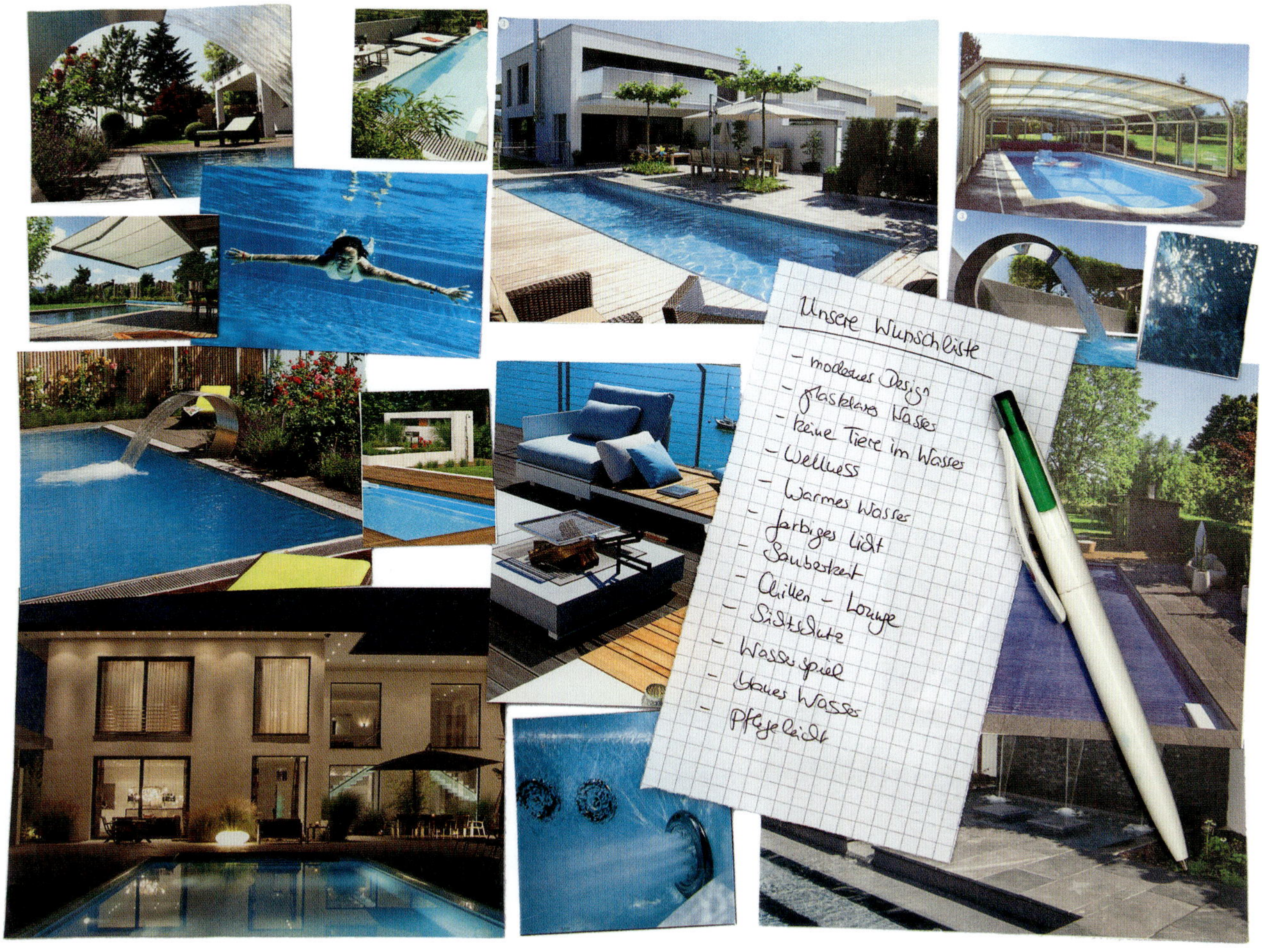

Unsere Wunschliste
- modernes Design
- glasklares Wasser
- keine Tiere im Wasser
- Wellness
- Warmes Wasser
- farbiges Licht
- Sauberkeit
- Chillen - Lounge
- Sichtschutz
- Wasserspiel
- blaues Wasser
- pflegeleicht

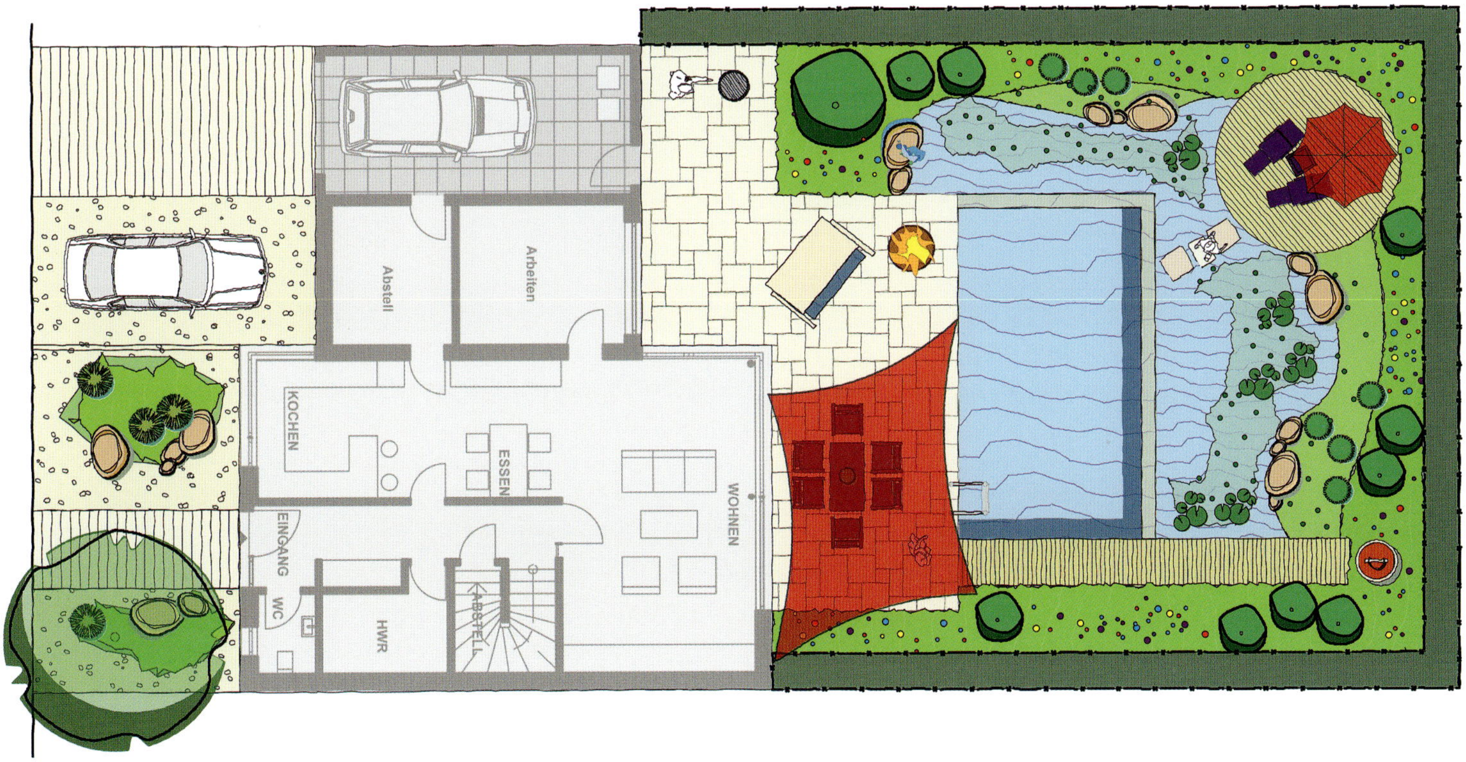

Abstell
Arbeiten
KOCHEN
ESSEN
WOHNEN
EINGANG
WC
HWR
ABSTELL

Es kann losgehen!

Spätestens wenn das Storyboard fertig ist, begreift man, wie komplex das Projekt werden wird. Nun ist es an der Zeit, vertrauenswürdige und professionelle Partner für die Umsetzung zu finden. Auch wenn Sie über außergewöhnliche handwerkliche Fähigkeiten verfügen, werden Sie die Unterstützung von Profis benötigen. Während Ihrer Recherchen sind Ihnen sicherlich einige Anbieter aufgefallen, die infrage kommen.

Zwei Wege können Sie beschreiten:

- Wenn Sie mit einem Garten- und Landschaftsarchitekten zusammenarbeiten, benötigen Sie weitere Partner für die Umsetzung. Der Architekt übernimmt das Design, schlägt Handwerker vor, steuert das Projekt bis zur Fertigstellung.
- Wenn Sie sich an ein auf Wasseranlagen spezialisiertes Unternehmen aus dem Garten- und Landschaftsbau wenden, können Sie Ihr Projekt vom Entwurf bis zur Übergabe schlüsselfertig aus einer Hand beziehen.

Für welches Verfahren Sie sich auch entscheiden – lassen Sie sich unbedingt Referenzobjekte möglichst verschiedenen Alters zeigen. Sprechen Sie mit den Besitzern über ihre Erfahrungen mit dem Partner und der fertigen Anlage. Berücksichtigen Sie, dass ein qualifiziertes Unternehmen aus Ihrer Nähe

CHECKLISTE

Baurecht:

- Sind Baugenehmigungen erforderlich für das Becken selbst und/oder eventuelle Sichtschutzmaßnahmen? Maßgeblich sind Baugesetzbuch, Landesbauordnung, Bebauungsplan, Nachbarschaftsrecht, örtliche Gestaltungssatzungen und Schutzbestimmungen für Grundwasser, Baumbestände sowie Natur und Landschaft. Auskunft beim Bauamt.

Verhältnisse auf dem Grundstück:

- Die Architektur Ihres Hauses gibt Bezugspunkte für die Einbindung der Wasseranlage.
- Himmelsrichtung, Sonnenstände, Gebäude und Bäume bestimmen die Belichtung des Gartens.
- Der Pflanzenbestand (Bäume, Sträucher, Bodendecke) wird erfasst und bewertet.
- Die Bodenart (Lehm, Sand, felsiger Boden, Auffüllung) bestimmt, wie standfest der Baugrund ist und welche Bauweise zu wählen ist.
- Hindernisse im Boden (Fundamente, Bauschutt, Öltanks, Wurzelwerk, Findlinge, Blindgänger u. Ä.) erschweren Erdarbeiten.
- Ist ein Grundstück geneigt, werden Abstützungen erforderlich.
- Grund- und Hangwasser muss beseitigt werden, wenn es im Baubereich vorkommt.
- Die Lage möglicher Leitungen im Boden (Elektro, Gas, Wasser, Abwasser, Telefon, Kabelfernsehen u. Ä.) und eventuelle Leitungsrechte Dritter müssen festgestellt werden, um Konflikte zu erkennen und die Versorgung der Badeanlage zu planen.
- Zugangs- und Zufahrtsmöglichkeiten für Baumaschinen und Fahrzeuge haben großen Einfluss auf Bauweisen und Kosten.
- Steht eine nutzbare Energiequelle für eine eventuelle Beheizung des Badewassers zur Verfügung oder gibt es dafür einen geeigneten Ort zur Installation?
- Sämtliche Konturen (Gebäudekanten, Grenzen, Bepflanzung, Einbauten, Höhen) des Grundstücks werden detailliert vermessen.

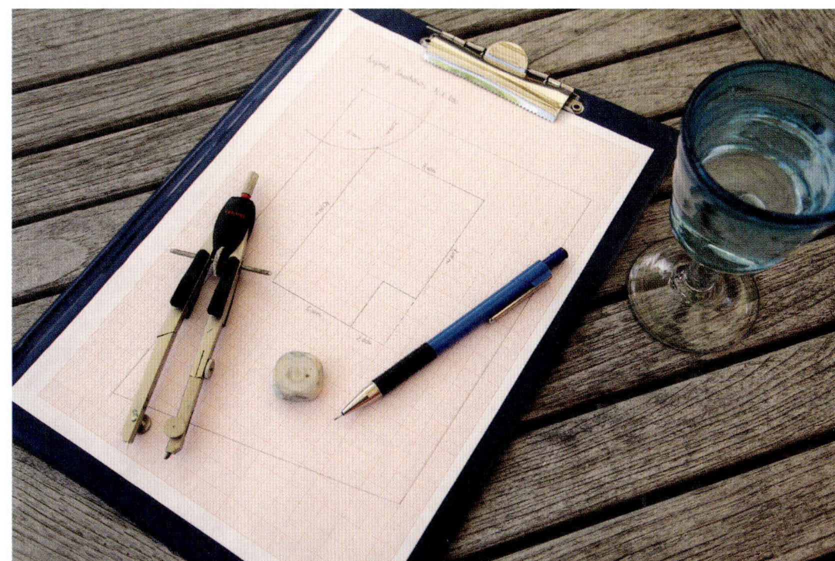

die örtlichen Verhältnisse am besten kennt und den späteren Service am kostengünstigsten anbieten kann. Scheuen Sie sich nicht, mehrere Anbieter zu testen. Bewerten Sie die Ergebnisse Ihrer Besichtigungen und wählen Sie nur den Partner, dem Sie wirklich vertrauen.

- **Grundlagen ermitteln** Mit dem Storyboard haben Sie selbst die wichtigste Grundlage geschaffen. Sie hilft Ihrem neuen Partner, Ihr Badeparadies so individuell zu planen, wie Sie es erwarten. Doch bevor ein Entwurf entsteht, gilt es noch eine Vielzahl weiterer Rahmenbedingungen zu erfassen und auszuwerten (siehe Checkliste links).
- **Der Entwurf** Sobald diese Planungsgrundlage vorliegt, können Sie kreativ werden. Die Ideen des Storyboards müssen mit den realen Verhältnissen abgeglichen werden. Daraus ergeben sich meist recht bald Lösungsansätze, die schrittweise zu einem ästhetisch ausgereiften Entwurf weiterentwickelt werden. Nutzen Sie die Erfahrung professioneller Planer, die über ein großes gestalterisches Repertoire verfügen. Manchmal erscheint es auf den ersten Blick schwierig, technische Anlagen der Wasseraufbereitung optisch befriedigend in das Gartenkonzept zu integrieren. Lassen Sie an dieser Stelle nicht locker.

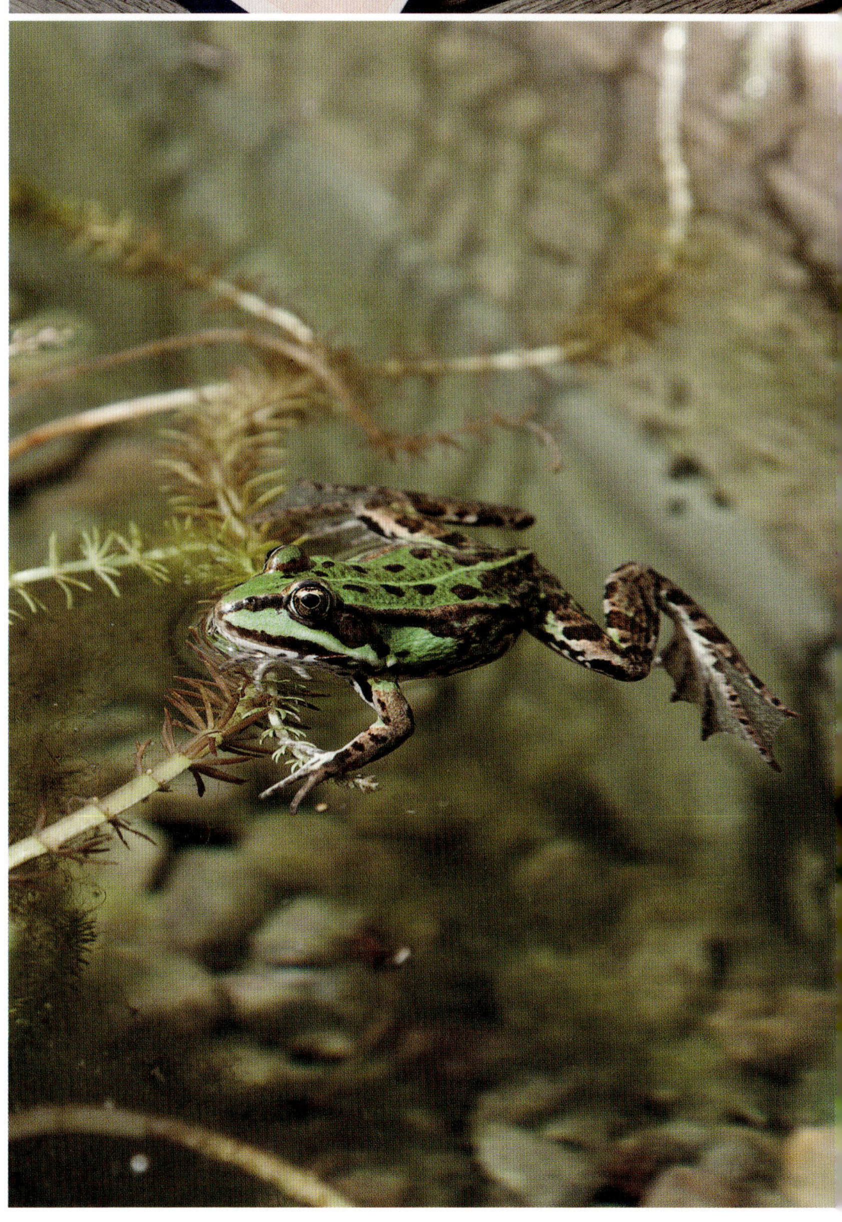

Oben: Alle Ergebnisse der Grundlagenermittlung werden in einem Bestandsplan zusammengefasst.

Unten: Ob das Badegewässer einen Lebensraum für Tiere bieten soll, ist entscheidend für die Wahl des Bautyps.

Wasserpflanzen für natürliche Badeanlagen

Wasserpflanzen bringen Leben in den Schwimmteich und machen den wesentlichen Unterschied zum Swimmingpool aus. Sie tragen zur Reinigung und Klärung des Wassers bei und erfüllen eine entscheidende ökologische Funktion zur Schaffung eines Biotops. Allen Pflanzengruppen kommen spezielle Aufgaben zu, die für das Funktionieren der Anlage von Bedeutung sind. Darüber hinaus sind Schwimmteichpflanzen natürlich eine Augenweide im Garten!

Sauberes, klares Wasser – Auf die richtige Auswahl kommt es an!

Bei der Auswahl der Wasserpflanzen für den Schwimmteich bzw. den Naturpool müssen die jeweiligen Standortfaktoren am Pflanzort berücksichtigt werden. Hierzu zählen Licht- und Bodenverhältnisse sowie Wuchsverhalten der Pflanzen. Entscheidend ist auch die Wassertiefe, in der die jeweiligen Arten gesetzt werden. Man unterscheidet Pflanzen für das Sumpf- und Flachwasser sowie für die Tiefwasserzone. Jede Zone erfüllt bestimmte Aufgaben hinsichtlich der Wasserreinigung und der Sauerstoffanreicherung. Sie gleichen Belastungen aus, die durch das Baden entstehen. Gerade bei kleinen Teichen ist auf die Auswahl der Arten und Sorten zu achten. Sie sollten nicht stark wuchern und sich auch hinsichtlich ihrer Größe in die Umgebung einpassen. Am besten ist es, heimische Wasserpflanzenarten zu nehmen, sie sind winterhart. Einige der im Handel erhältlichen tropischen Pflanzen sehen zwar sehr schön aus, müssen aber frostfrei überwintert werden. Insgesamt ist die Wuchsbereitschaft der Pflanzen abhängig vom Nährstoffgehalt des Wassers und der Wasserhärte, was im Kapitel »Pflege, Kontrolle und Wartung von Swimmingpool & Co.« erläutert wird (siehe Seite 150 ff.).

FISCHE IM SCHWIMMTEICH?

Fische im Gartenteich sind dekorativ, haben allerdings in einem Schwimmteich nichts zu suchen! Sie vertilgen die Mikroorganismen, die für die Algenreduzierung notwendig sind. Hinzu kommt, dass Fische meist zugefüttert werden und durch ihren Kot das Wasser mit Phosphaten und Nitraten verschmutzen. Ein absolutes Tabu sind Koi, da sie einen noch größeren Koteintrag haben als kleinere Teichfische. Wer auf Fische im Schwimmteich nicht verzichten möchte, benötigt auf jeden Fall eine spezielle Filtertechnik. Ist genügend Platz vorhanden, kann für den Koi-Liebhaber ein zusätzliches Fischbecken mit eigener Filtertechnik eingebaut werden.

Die Sumpf- und Flachwasserzone

Die Sumpf- und Flachwasserpflanzen, die in einer Wassertiefe von 0–20 cm wachsen, haben einen hohen ästhetischen

Oben: Naturpool trifft Koiteich: Die beiden durch eine dünne Wand getrennten Becken haben auch getrennte Technik.

Unten: Die gelbe Gauklerblume *(Mimulus guttatis)* stammt ursprünglich aus Nordamerika und schmückt die Sumpfzone.

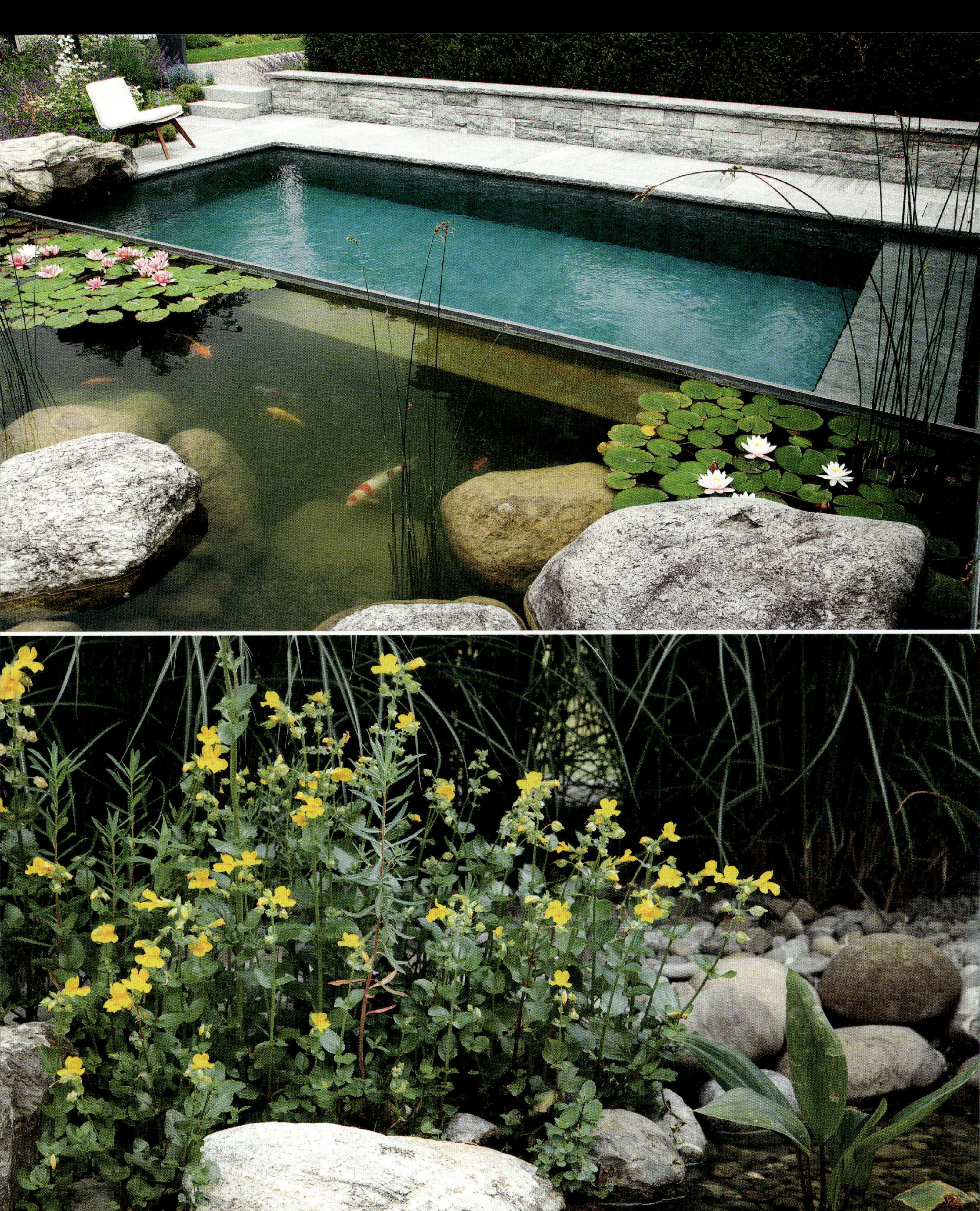

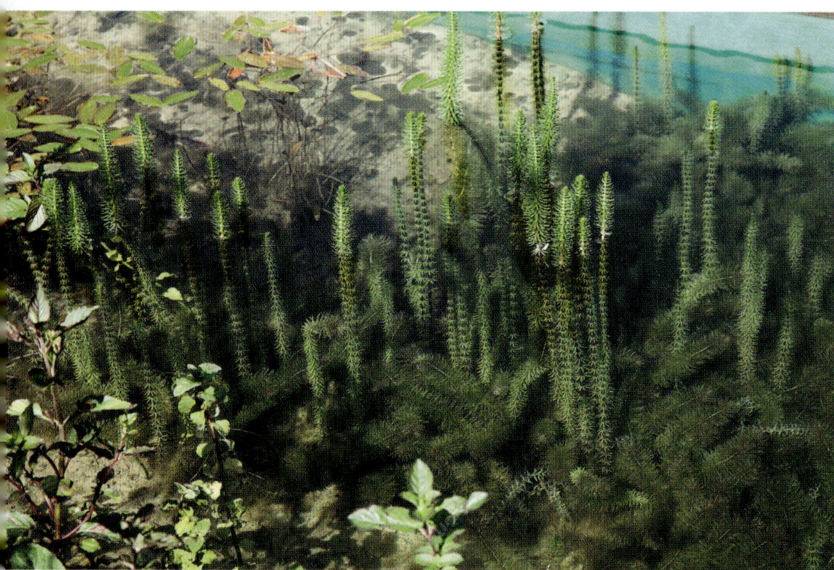

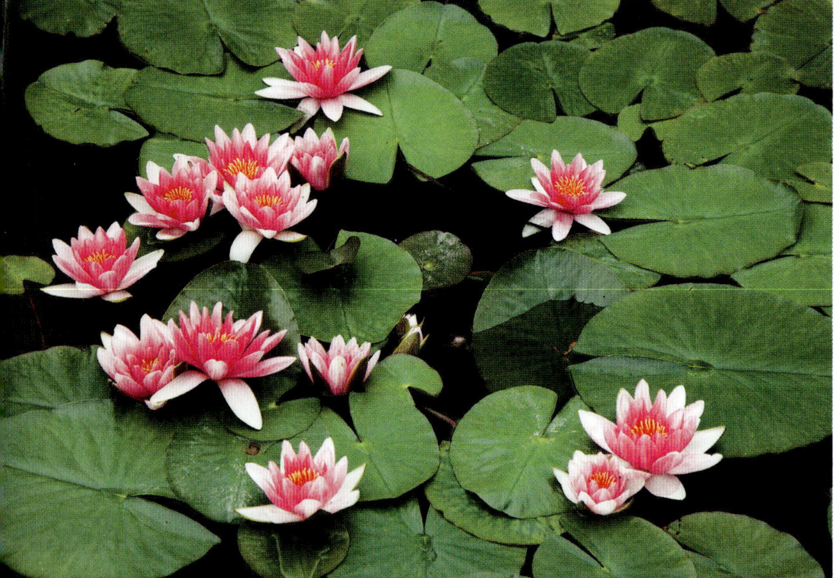

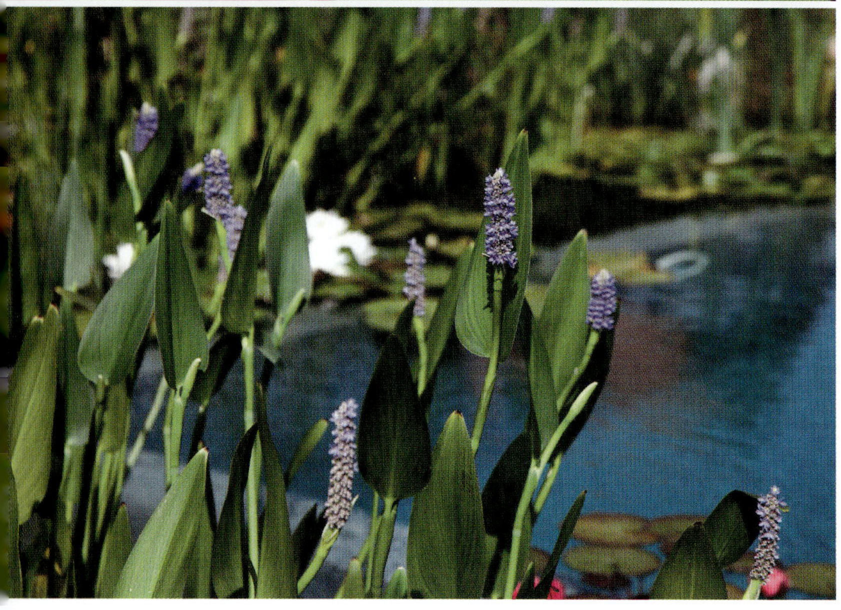

Wert, da sie sehr schön blühen und den Teichrand sowie die Folie verdecken. Durch ihr kräftiges Wurzelwachstum halten sie den Boden locker. Typische Pflanzenarten für kleinere Schwimmteiche sind die Asiatische Sumpf-Schwertlilie *(Iris laevigata)* und Sumpfdotterblume *(Caltha palustris).* Der Übergang zu der Flachwasserzone mit ca. 10–30 cm Wassertiefe ist fließend. Durch das Wachstum der Pflanzen werden dem Wasser Nährstoffe entzogen, die somit den Algen nicht mehr zur Verfügung stehen. Typische Vertreter der Flachwasserzone sind die Schwanenblume *(Butomus umbellatus)* und das Pfeilkraut *(Sagittaria sagittifolia).*

Die Tiefwasserzone

Die Bereiche der Regenerationszone mit einer Wassertiefe von über 50 cm sind von großer Bedeutung. Biologisch stabile Teiche zeichnen sich durch eine artenreiche Vegetation aus.

- **Schwimmblattpflanzen** Die hier lebenden Schwimmblattpflanzen wurzeln am Gewässergrund, ihre Blätter schwim-

Oben: Unterwasserpflanzen wie Tannenwedel *(Hippuris vulgaris)* tragen entscheidend zur Wasserklärung bei.

Mitte: Die Königin der Wasserpflanzen, die Seerose, gibt es in zahlreichen Farben und für verschiedene Wassertiefen.

Unten: Das blau bis blauviolett blühende Hechtkraut *(Pontederia cordata)* erreicht Wuchshöhen von 30 bis 100 cm.

men auf der Wasseroberfläche. Bekannteste Vertreterin dieser Zone ist die Seerose *(Nymphaea)*. Sie gibt es in zahlreichen Arten und Sorten für verschiedene Wassertiefen. Ihre großen Blätter spenden Schatten und verhindern, dass sich Wasser zu sehr erwärmt. Sie bieten überdies optimale Lebensbedingungen für das Zooplankton. Schwimmblattpflanzen vertragen aber keine ständig starke Wasserbewegung und sollten deshalb in einen beruhigten Bereich gesetzt werden, nicht unmittelbar neben den Wasserzulauf.

- **Unterwasser- und Schwimmpflanzen** Die wichtigsten Pflanzen zur Klarhaltung des Wassers und damit zur Erhaltung des biologischen Gleichgewichts sind die Unterwasser- und Schwimmpflanzen! Während Unterwasserpflanzen im Boden wurzeln, treiben Schwimmpflanzen frei auf der Wasseroberfläche oder dicht darunter. Ein Vertreter der Schwimmpflanzen für kleinere Schwimmteich ist der Froschbiss *(Hydrocharis morsus-ranae)*, als Unterwasserpflanzen sind Wasserhahnenfuß *(Ranunculus aquaticus)* und Krauses Laichkraut *(Potamogeton crispus)* zu empfehlen. Sie nehmen Nährstoffe mit ihren Blättern direkt aus dem Wasser auf und entziehen den Algen die Nahrungsgrundlage (Phosphate und Nitrate). Schwimmpflanzen beschatten zusätzlich zu den Schwimmblattpflanzen das Wasser und vermindern damit den UV-Anteil des Lichts in den tieferen Bereichen. Doch gerade die kleineren Arten können sich stark ausbreiten und in kleinen Schwimmteichen lästig werden. Eine sachgerechte Planung ist also wichtig und das Auslichten der Unterwasserpflanzen gehört daher zu den regelmäßigen Pflegearbeiten. Die meisten Arten sind im Vergleich zu den anderen Sumpf- und Wasserpflanzen vom Aussehen her eher unscheinbar.

EINE AUSWAHL GEEIGNETER PFLANZEN

DEUTSCHER NAME	BOTANISCHER NAME
Sumpfpflanzen	
Asiatische Sumpf-Schwertlilie	*Iris laevigata*
Sumpfdotterblume	*Caltha palustris*
Kleiner Rohrkolben	*Typha minima*
Sumpf-Vergissmeinnicht	*Myosotis scorpioides*
Zwergbinse	*Juncus ensiflorus*
Bachnelkenwurz	*Geum rivale*
Flachwasserpflanzen	
Sumpf-Schwertlilie	*Iris pseudacorus*
Schwanenblume	*Butomus umbellatus*
Tannenwedel	*Hippuris vulgaris*
Brennender Hahnenfuß	*Ranunculus flammula*
Fieberklee	*Menyanthes trifoliata*
Rundblättriger Froschlöffel	*Alisma parviflora*
Hechtkraut	*Pontederina cordata*
Pfeilkraut	*Sagittaria sagittifolia*
Schwimmblattpflanzen	
Seerose (in versch. Sorten)	*Nymphaea*-Hybride
Schwimmendes Laichkraut	*Potamogeton natans*
Unterwasserpflanzen	
Krauses Laichkraut	*Potamogeton crispus*
Wasserstern	*Callitriche palustris*
Nadelkraut	*Crassula recurva*
Wasserhahnenfuß	*Ranunculus aquaticus*
Schwimmpflanzen	
Froschbiss	*Hydrocharis morsus-ranae*

Pflege, Kontrolle und Wartung von Swimmingpool & Co.

Sobald das Wasser des neu errichteten Badeparadieses in Kontakt mit dem Tageslicht kommt, beginnt das Leben. Die Natur ergreift die Initiative und würde in Windeseile jede benetzte Oberfläche besiedeln, wenn wir das zuließen. Moderne Anlagen sind nach dem aktuellen Stand der Technik sorgfältig konzipiert, um die gewünschte Wasserqualität zu erzeugen. Nur ganz von selbst, ohne dass man aktiv steuert, wird das kaum gelingen. Betrachten Sie Ihre Anlage als lebendigen Organismus, mit dem Sie auf lange Zeit zusammenleben und der Ihre Zuwendung braucht. Kontrolle, Pflege und Wartung aller Einrichtungen sind Pflicht! Dabei gilt: Bleiben Sie dran, denn regelmäßig ein wenig Einsatz zu zeigen bringt die allerbesten Ergebnisse.
Welcher Aufwand dafür entsteht, hängt hauptsächlich von den ästhetischen Ansprüchen und den hygienischen Anforderungen, sprich dem persönlichen Reinlichkeitsgefühl der Besitzer ab. Bequemlichkeit, Betriebssicherheit, Nutzungsintensität und äußere Einflüsse wie Witterung und Stoffeinträge sind weitere bestimmende Faktoren. Jede Anlage ist einzigartig und erfordert ihre absolut individuelle Betreuung. Eine ausführliche, verständliche Bedienungs- und Pflegeanleitung gehört unbedingt dazu. Jeder Hersteller muss sie übergeben. Damit sollte man zumindest in der Lage sein, die regelmäßige Kontrolle und Pflege selbst zu erledigen. Kompliziertere technische Wartungen, die für den Erhalt der Gewährleistung erforderlich sind, müssen vom Hersteller durchgeführt werden. Professionelle Anbieter leisten kontinuierliche Unterstützung durch geschultes Servicepersonal und telefonische Beratung. Viele Wasserfreunde pflegen ihre Anlage mit Hingabe selbst und finden dabei Entspannung vom Alltagsstress, andere vereinbaren einen Rund-um-sorglos-Wartungsvertrag. Worauf es dabei ankommt, erfahren Sie im Folgenden.

Oben: Wuchernde Algen im Frühjahr oder Sommer müssen abgeharkt oder mit einem Kescher entfernt werden.

Unten: Der pH-Wert liegt mit 7,4 im optimalen Bereich. Das Messgerät misst auch das freie und das Gesamtchlor.

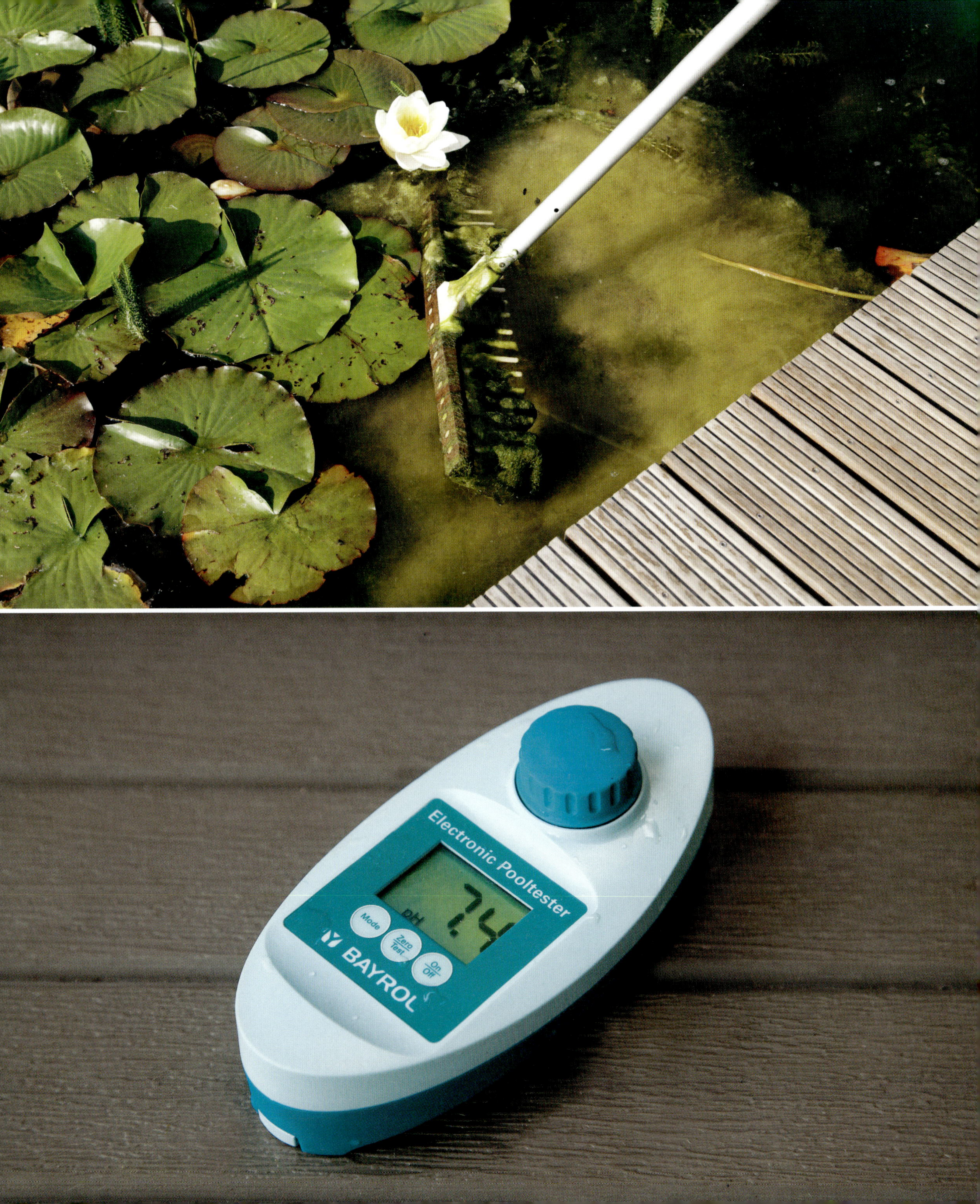
Electronic Pooltester
pH
7.4
Mode
Zero Test
On Off
BAYROL

Pflege und Wartung von Swimming- und Whirlpool

Wann die Badesaison eröffnet wird, bestimmt jeder Poolbesitzer selbst. Worum aber keiner herum kommt, das ist die regelmäßige Pflege, Kontrolle und Wartung, damit der Badespaß in einer sauberen und langfristig funktionstüchtigen Anlage gewährleistet bleibt.

Frühjahrsputz beim Swimmingpool

Klares, frisches Wasser kommt nicht von allein, Voraussetzung ist die intensive Reinigung des Beckens und der technischen Komponenten vor der Inbetriebnahme. Hier steht beim Frühjahrs-Check zunächst das Wasser im Vordergrund.

- **Wasserniveau** Während man früher das Poolwasser im Spätherbst vor den ersten Frostnächten abgelassen hat (nicht auf Grundstücken mit sehr hohem Grundwasserspiegel!), bleibt es heute meist den Winter über im Becken. Allerdings senkt man den Wasserspiegel bis unterhalb der Einlassdüsen ab. Bei der Verwendung einer Poolabdeckung und der Zugabe eines Überwinterungsmittels im Spätherbst kann das Wasser sogar bis zu fünf Jahre ohne Bedenken im Pool bleiben! Achtung: Lassen Sie bei hohem Grundwasserstand nie das ganze Wasser aus.
- **Reinigung** Das Wasser wird abgelassen, danach werden die Wände gesäubert. Achten Sie auch auf den Grundwasserstand!
- **Kalkbeseitigung** Kalkablagerungen lassen sich am besten mit sauren Reinigern lösen, gegen organischen Schmutz setzt man alkalische Reiniger ein, allerdings keine Haushaltsreiniger. Sie können die Wirksamkeit der Wasseraufbereitungsprodukte beeinträchtigen und bei der Neubefüllung zu Schaumbildung führen.
- **Hardware-Kontrolle** Nach den Wänden werden Einbauteile wie Unterwasserscheinwerfer, Einströmdüsen, Skimmer, Gegenstromanlage usw. kontrolliert und gereinigt.
- **Nachfüllen** Jetzt kann frisches Wasser in das Becken gefüllt werden. Am besten normales Leitungswasser, denn Brunnenwasser kann zu eisenhaltig sein. Bei sehr hartem Wasser empfiehlt es sich, das Wasser zuerst über eine Enthärtungsanlage laufen zu lassen, ansonsten könnte es den pH-Anstieg, Filterverstopfung und Kalkausfall verursachen.
- **Nachjustieren** Falls es nach einigen Tagen zur Verfärbung des Wassers kommt, liegt das an den im Füllwasser enthaltenen Metallionen, die vom Chlor oxidiert werden. Hier empfiehlt sich eine Stoßchlorung, wodurch das Wasser wieder strahlend klar wird.

Was im Sommer im Pool zu tun ist

Die Wasserqualität in einem Schwimmbad ist von der Qualität des Filters abhängig, dessen Pflege nicht vernachlässigt werden darf. Dabei ist Folgendes zu beachten:

DIE MESSUNG DES PH-WERTES

Zu Beginn der Saison sollte der pH-Wert etwas häufiger gemessen werden. Am besten täglich, da er bei frischem Wasser ansteigt. Wichtig ist, dass man nie gleichzeitig pH-Wert und Desinfektionsmittel verändert. Immer erst den pH-Wert regulieren und dann das Desinfektionsmittel dementsprechend verändern!

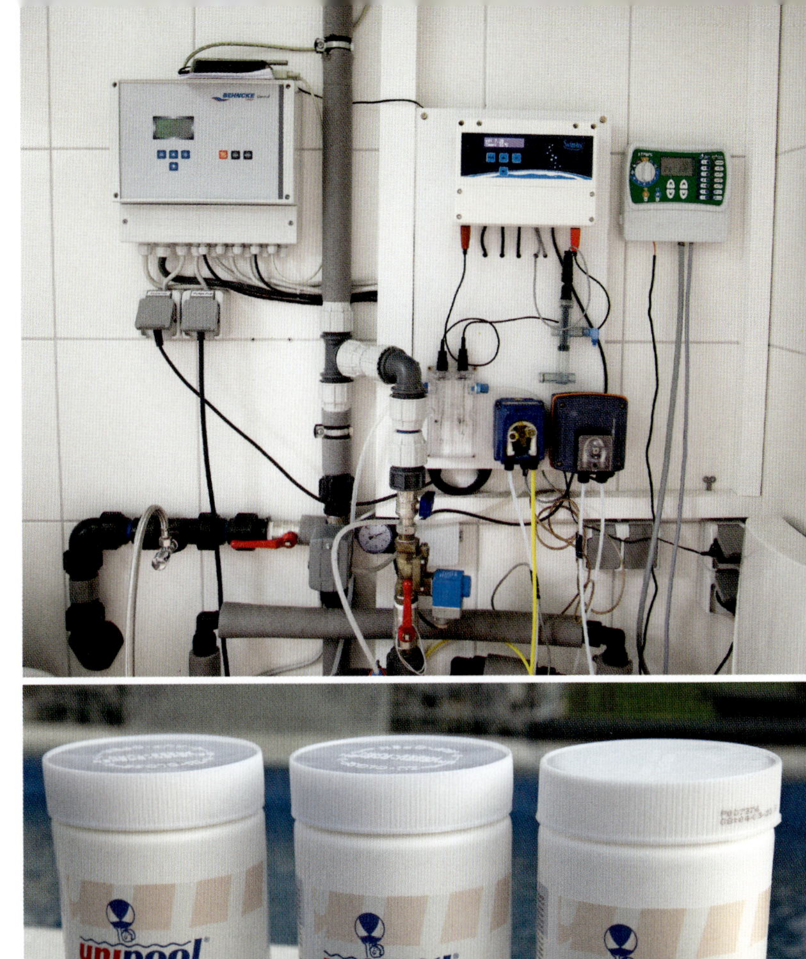

- **Filterarten** Während Sandfilter das geeignete Medium für Swimmingpools sind, werden Kartuschenfilter eher für kleinere Becken und Whirlpools verwendet.
- **Filterdesinfektion** Ist beim Sandfilter die Rückspülung im Filterbett nicht ausreichend, kommt es dort zur Vermehrung von Bakterien und Keimen. Mikroorganismen sowie weiteres organisches Material werden eingespült – häufig ein Grund für trübes und grünes Wasser. Deshalb empfiehlt es sich, den Filter zusätzlich auch zu desinfizieren.
- **Entkalkung** Durch Kalkablagerungen kann sich die Filterleistung verschlechtern. Die Ablagerungen müssen mit einem sauren Entkalker aufgelöst und durch Rückspülung entfernt werden. Kartuschenfilter baut man zur Reinigung aus und reinigt sie manuell. Grundsätzlich sollte die Filteranlage gemäß Herstellerangaben jeden Tag über mehrere Stunden laufen.
- **Wasser ergänzen** Durch Verdunstung bzw. Rückspülungen geht regelmäßig Wasser verloren, das durch Frischwasser aufgefüllt werden muss.

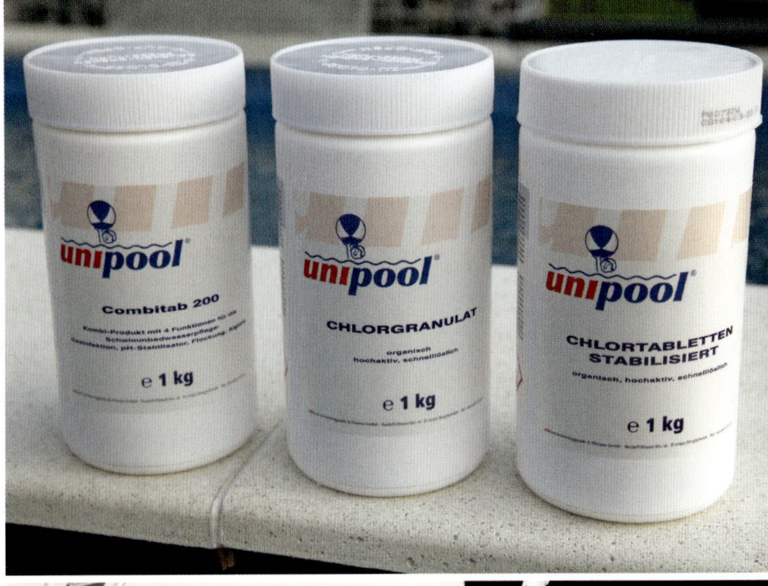

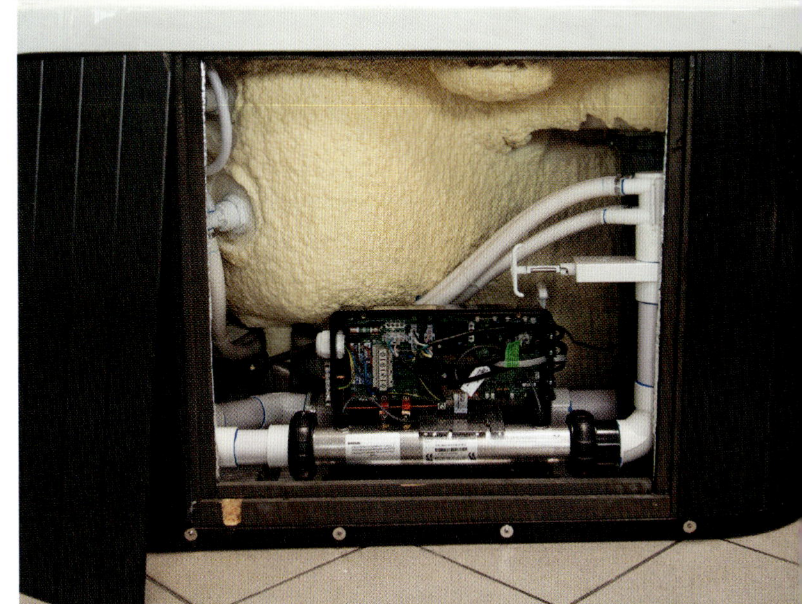

Oben: Mess-, Regeltechnik und Desinfektionseinheit eines Swimmingpools, wo sämtliche Funktionen gesteuert werden.

Mitte: Im Fachhandel erhalten Sie vielerlei Produkte für die Pool-Wasserpflege, z. B. Chlortabletten, -granulat, Kombi-Tabs.

Unten: Ein Einblick ins Innenleben eines Whirlpools zeigt die Pool-Heizung (runder Stab), die Platine und die aus gelblichem Schaum bestehende Isolierung.

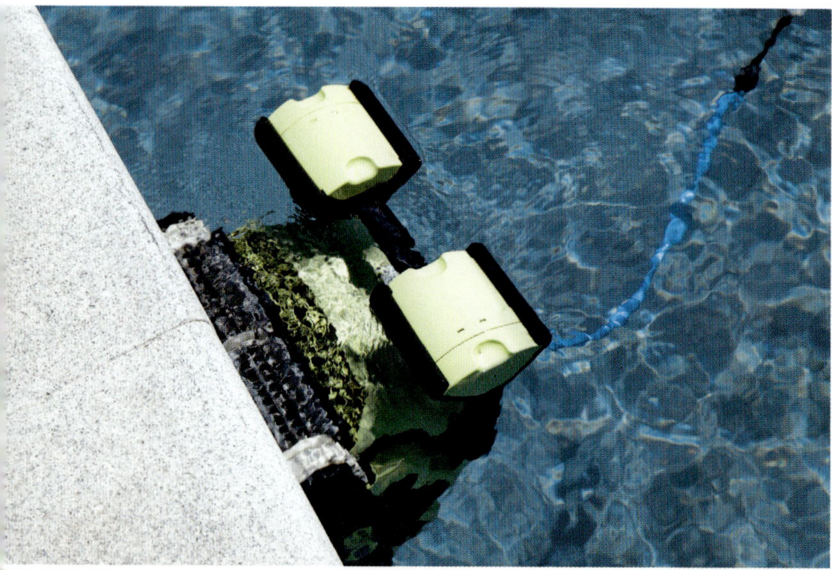

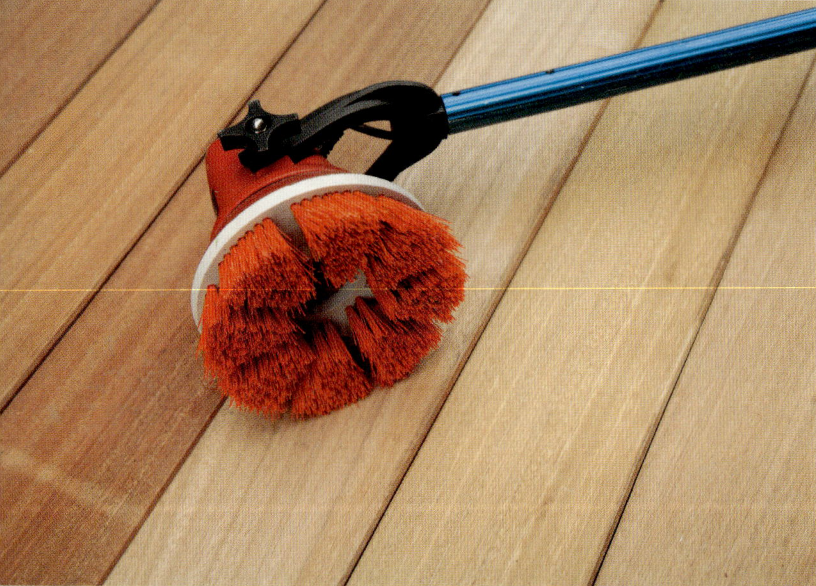

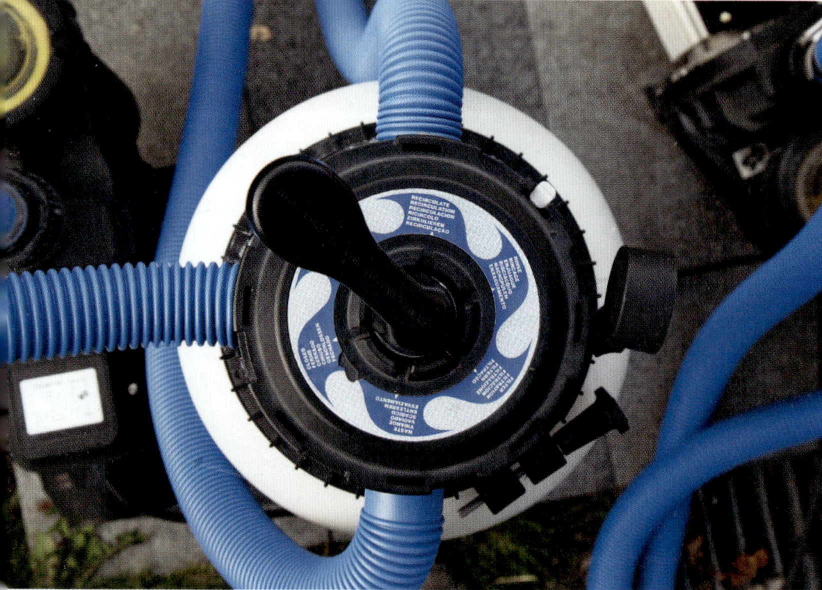

- **pH-Wert-Kontrolle** Damit das eingelassene Wasser hygienisch rein und klar bleibt, ist die regelmäßige Kontrolle des pH-Wertes wichtig. Er muss meist mit einem pH-Senker in den Bereich von 7–7,4 gebracht werden.
- **Desinfektion** Auch Desinfektions- (Chlor, Aktivsauerstoff, Brom), Oxidationsmittel und Algizide sollten regelmäßig nach Produktvorschrift zugegeben werden. Zur Schnelldesinfektion und zur Problemlösung wird schnell lösliches Chlor verwendet.
- **Laufende mechanische Reinigung** Ein nützlicher Helfer zur Reinigung von Beckenwänden und -boden ist ein Poolroboter. Er saugt feinste Schmutzpartikel auf, die man dann durch das Ausspülen der Kartuschen leicht entfernen kann.
- **Laufende manuelle Reinigung** Regelmäßig anfallende Reinigungsarbeiten betreffen Vorfilter, Haarfangfilter und Skimmerkorb, die von Hand gesäubert werden, damit sie sich nicht zusetzen. Dies kann je nach Schmutzeintrag täglich, aber auch alle zwei bis drei Tage sein. Auch die regelmäßige Kontrolle der Mess- und Regeltechnik sowie der Sonden ist unbedingt notwendig.

Oben: Der Poolroboter sollte bei größerem Schmutzeintrag von außen am besten täglich eingesetzt werden.

Mitte: Für die manuelle Reinigung von Poolwänden und Poolecken gibt es auch batteriebetriebene Motorscrubber.

Unten: Das Sandfilter-Ventil zeigt an, in welcher Stellung der Hebel zum Filtern oder Nachspülen eingestellt wird.

Mit der richtigen Ausrüstung sind Arbeiten zur Pflege Ihrer Badeanlage kein Problem. Wichtig ist bei allem was Sie tun die gebotene Sorgfalt und keine übereilte Hast. Das gilt auch bei der Kontrolle und Wartaung von automatischen Poolhelfern.

Vorbereitung des Swimmingpools auf den Winter

Zum Ende der Badesaison sollte der Pool dauerhaft abgedeckt sein, damit er nicht durch Laub, Äste etc. verschmutzt wird. Dann hat man im Frühjahr weniger Arbeit.

- **Wasserabsenkung** Vor Winterbeginn muss der Wasserspiegel bis unter die Einlaufdüsen abgesenkt werden.
- **Eisbrecher** Dazu werden Eisdruckpolster in den Skimmerhals und an den Seitenwänden eingesetzt, damit der Pool nicht komplett zufriert und Beckenwände sowie Einbauelemente nicht beschädigt werden.
- **Überwinterungsmittel** Um die Frühjahrsreinigung zu erleichtern, kann ein Überwinterungsmittel dem Wasser zugegeben werden, allerdings noch während der Betriebsphase, damit es sich gleichmäßig in der Anlage verteilt und auch in den Filter gelangt.
- **Kontrolle** Auch jetzt muss ab und zu der pH-Wert überprüft und die Umwälzanlage eingeschaltet werden. Weitere Pflegemaßnahmen sind nicht notwendig.

Frühjahrsputz beim Whirlpool

Wegen der kleinen Wassermengen in Whirlpools sind regelmäßige Pflegemaßnahmen sehr wichtig.

- **Reinigung und Kontrolle** Becken sowie Einström- und Massagedüsen, Skimmer und Unterwasserscheinwerfer müssen mit den zugelassenen Produkten gereinigt und kontrolliert werden.
- **Wasserpflege** Die Zugabe des Frischwassers und die Regulierung des pH-Wertes bzw. des Härtegrads erfolgen wie beim Swimmingpool beschrieben. Wichtig zu Saisonbeginn ist eine ausreichende Rückspülung der Filteranlage. Sollte der Kartuschenfilter nicht mehr funktionsfähig sein, kann er leicht ausgetauscht werden.

Was im Sommer im Whirlpool ansteht

Das Wasser im Whirlpool wird im Normalfall vier bis fünf Mal pro Jahr ausgewechselt. Um es für den Betrieb sauber zu halten, ist ein ständiger Wasserfluss mit einer dauerhaften Filterung notwendig.

- **Filterung** Dafür sorgen Umwälzpumpe und Kartuschenfilter. Die Pumpe dient zum Filtern des Wassers und zur Durchströmung der Elektroheizung.
- **Desinfektion** Ist nach einer längeren Nutzungspause der Whirlpool unzureichend desinfiziert, lagern sich Bakterien an den Beckenwänden und im Rohrleitungsbereich ab. Diese werden mit einer Stoßchlorung (Chlorgranulate) problemlos entfernt.
- **Wasserwechsel** Empfohlen wird ein Wasserwechsel alle vier bis sechs Wochen, was mit einer Reinigung kombiniert werden sollte. Die regelmäßige Rückspülung der Filteranlage während der Saison ist dabei unumgänglich.

Vorbereitung des Whirlpools auf den Winter

Für die kalte Jahreszeit wird das Wasser aus dem Becken abgelassen und die Technik eingewintert. Sie kann bei laufender Umwälzung und Heizung aber auch im Winter im Pool verbleiben. Wichtig ist dann, dass alle Maßnahmen der Wasseraufbereitung und -reinigung berücksichtigt werden.

Laufende Arbeiten an Schwimmteich und Naturpool

Schwimmteiche und Naturpools sind sensible ökologische Systeme, deren biologisches Gleichgewicht von zahlreichen Faktoren abhängt. Voraussetzungen für ein einwandfreies Funktionieren sind eine sorgfältige Planung sowie ein fachgerechter Bau. Auch Größe und Volumen, Lage, Substratauswahl sowie Bepflanzung und Mikroorganismentätigkeit sind von wesentlicher Bedeutung; alles muss aufeinander abgestimmt sein. Um die natürlichen Selbstreinigungskräfte zu fördern, sind regelmäßige Pflegemaßnahmen über das Jahr notwendig, damit langfristig eine gute Wasserqualität erhalten bleibt.

Frühjahrsputz im Badegarten

Oberstes Ziel ist die Minimierung von Nährstoffen im Wasser. Staub, Laub und Insekten werden nur zum Teil durch den Oberflächenskimmer abgesaugt. Der Rest sinkt zu Boden und lagert sich als Sedimentschicht ab.

- **Manuelle Reinigung** Im Frühjahr werden die Beckenwände manuell oder mit einer Motorbürste gesäubert und nach Absinken der Feinteile der Boden mit einem Unterwasserstaubsauger abgesaugt. Der beste Zeitpunkt ist vor dem Austrieb der Pflanzen. Erst danach wird das verloren gegangene Wasser durch Frischwasser ersetzt.
- **Pflanzenpflege** Nach den letzten Frostnächten werden abgestorbene Pflanzenteile in der Regenerationszone abgeschnitten und entfernt. So reduziert man die Nährstoffanreicherung des Wassers, beugt einer Überdüngung und einem verstärkten Algenwachstum vor. Achtung: Der Schnitt von Sumpf- und Röhrichtpflanzen muss unbedingt über der Wasseroberfläche erfolgen, da die Pflanzen sonst unter Wasser verfaulen.

Algen natürlich bekämpfen

Keine Angst bei gelegentlicher Grünfärbung des Wassers oder bei langen Fadenalgen! Das ist vollkommen natürlich. Gerade im zeitigen Frühjahr, wenn das Pflanzenwachstum noch nicht begonnen hat, die Temperaturen und Sonnenstunden steigen, kann es zum vermehrten Algenwachstum kommen. Man entfernt die Algen weitestgehend mit einem Kescher und fördert mit einem Spezialdünger das Wachstum der Wasserpflanzen. Die Düngung sollte von April bis Ende August alle vier Wochen wiederholt werden. Sie beeinträchtigt nicht die Badequalität des Wassers! Auch Tiere und Pflanzen werden nicht in Mitleidenschaft gezogen. Achtung: Niemals herkömmliche Dünger verwenden. Diese geben ihre Nährstoffe

KEIN KLARES WASSER OHNE ZOOPLANKTON

Es ernährt sich von den frei im Wasser lebenden ein- und mehrzelligen Algen, dem Phytoplankton. Beteiligt sind vor allem Wasserflöhe (Daphnien), winzig kleine, bis zu 1,5 mm große Krebse, die die eigentliche Filteranlage eines Schwimmteichs sind. Zu Hunderttausenden schwimmen die Mikroorganismen im Wasser. Unentwegt strudeln sie Wasser durch die Mundöffnung und nehmen so Sauerstoff und Phytoplankton als Nahrung auf. Je mehr Plankton vorhanden ist, desto schneller und größer wird die Population der Wasserflöhe und desto mehr Phytoplankton wird vernichtet. Die Transparenz des Wassers nimmt zu und das Klarwasserstadium entsteht.

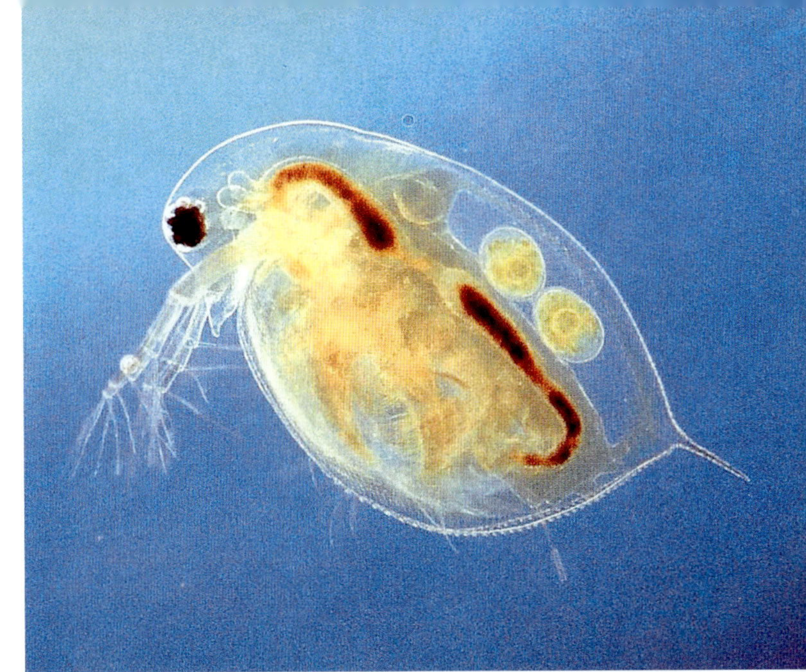

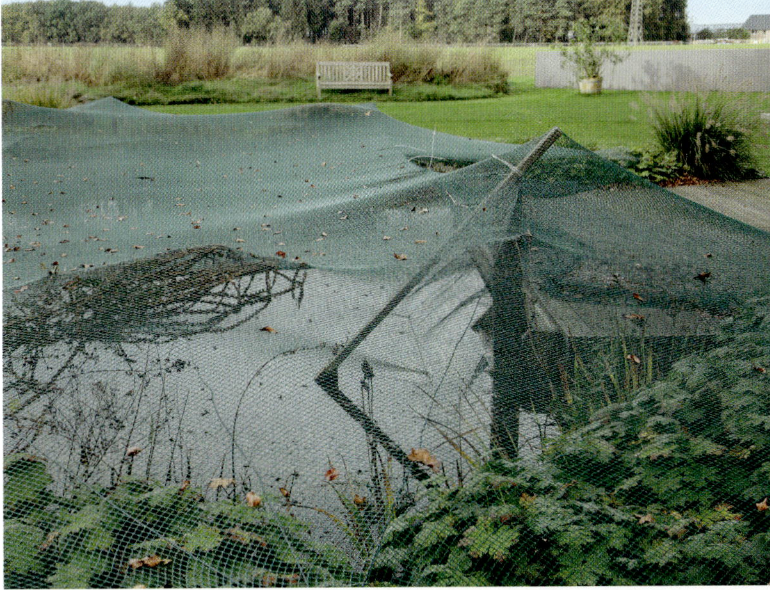

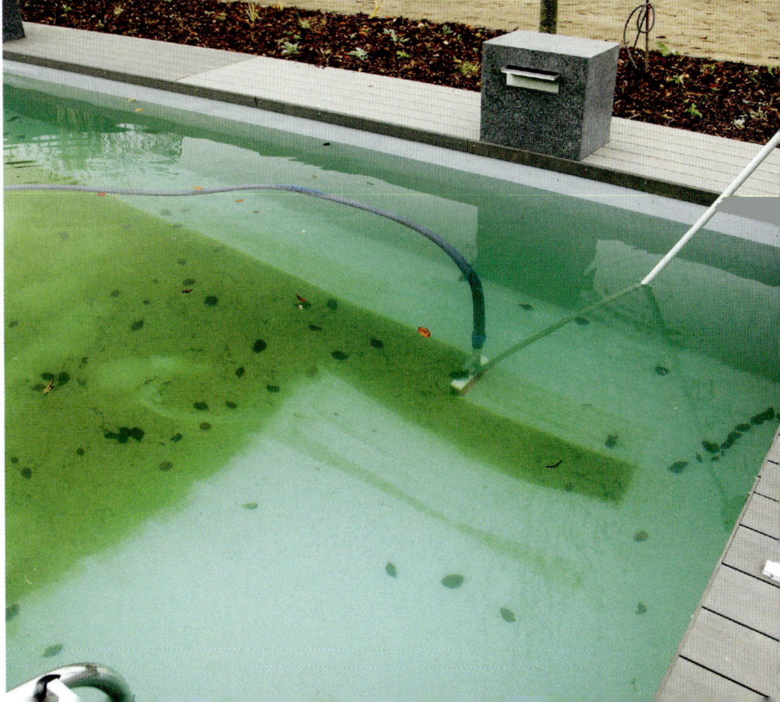

in Verbindung mit Wasser schlagartig frei und führen somit erst recht zu einer zu hohen Nährstoffkonzentration.

Kontrolle und Wartung der Teichtechnik

Die filtrierenden Organsimen schaffen es nicht alleine, die Algen zu unterdrücken. Die technischen Einrichtungen des Schwimmteichs helfen, den Nährstoffgehalt möglichst gering zu halten. Einige benötigen eine mehr oder weniger intensive Wartung. Im Frühjahr nach den letzten Frostnächten wird die Teichtechnik wieder in Betrieb genommen. Folgende Arbeiten fallen nun an:

- Entfernung von Ausgleichskörpern, die zum Frostschutz der Skimmer verwendet wurden
- Säuberung des Skimmerbehälters, Einsetzen des Siebs
- Entfernung der Eisdruckpolster aus dem Becken
- Aktivierung der Pumpentechnik für den Wasserkreislauf und ggfs. der Filteranlagen
- Reinigung und Inbetriebnahme des Roboters, der Pegelsteuerung, Solaranlage, Gegenstromanlage und Abdeckung

Oben: Die bis zu 1,5 mm großen Krebse (Daphnien) sind die eigentliche Filteranlage der Schwimmteiche.

Mitte: Laubnetze schützen die Badeanlagen im Herbst vor Laubeintrag. Das erleichtert die Grundreinigung im Frühjahr.

Unten: Im Frühjahr wird die Sedimentschicht am Beckenboden mit Hilfe eines Unterwasserstaubsaugers entfernt.

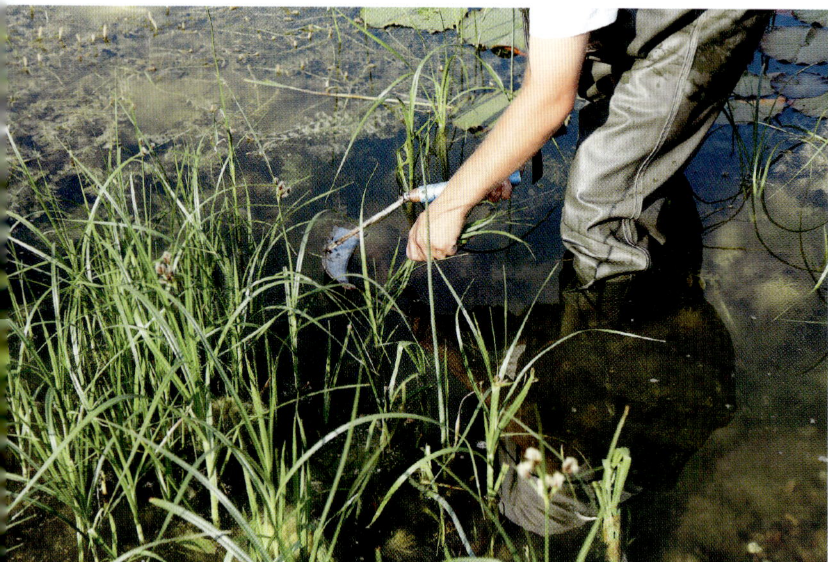

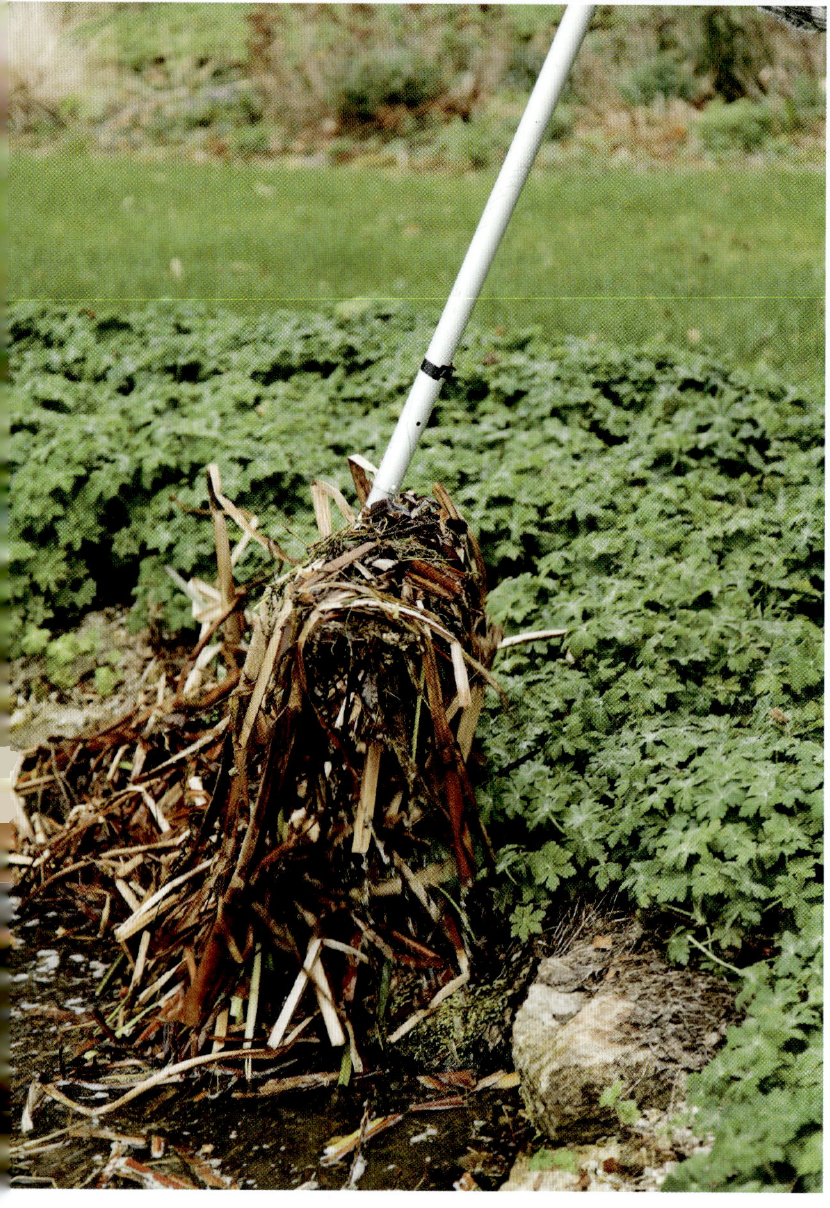

Wartung der Technik während der Badesaison

- **Skimmer** müssen kontinuierlich gereinigt werden. Je nach Laub- oder Schmutzeintrag unter Umständen täglich.
- **Pumpen** werden grundsätzlich frostfrei überwintert, es sei denn, man verfügt über frostfrei errichtete Pumpenschächte. Je nach Teichkonzeption gibt es auch Pumpen, die ganzjährig laufen.
- **Filter** Phosphorfilter, die unter Druck stehen, werden regelmäßig gespült. Bei anderen Filtern ist teilweise eine Rückspülung erforderlich. Je nach Bauweise kann es sinnvoll sein, Kiesfilter nach dem Winter durchzuspülen. Biofilter, die als Nassfilter konzipiert sind, sollten permanent durchströmt sein, mindestens zwölf, besser 24 Stunden pro Tag. Trockenfilter (Rieselfilter) können trocken fallen, da sie nicht anaerob werden. Ein stoßweiser Betrieb von z. B. fünf Stunden am Tag reicht aus.

Pflegearbeiten im Sommer

Zusätzlich zur Frühjahrsreinigung sollte der Beckenboden in der Schwimmzone zwei bis drei Mal im Jahr gereinigt werden.

Oben: Im Sommer erntet man die Wasserpflanzen mit einer Unterwassersense ab, man schneidet nah am Grund.

Unten: Abgestorbene Pflanzenteile müssen im Frühjahr bei Inbetriebnahme der Anlage mit einer Harke entfernt werden.

Alle Materialien und Werkzeuge, wie Sense, Harke, Kescher, Scrubber oder Roboter, sollten stets an einem geschützten Lagerplatz aufbewahrt werden und schnell zur Hand sein. Kontrollieren Sie diese vor Beginn der Badesaison auf ihre Funktionalität.

DER BESTE SCHNITTZEITPUNKT

Einige immergrüne Unterwasserplanzen sollten im Spätsommer nicht abgeschnitten werden, denn sie sorgen im Winter für ausreichend Sauerstoff und sind im Frühjahr als Konkurrenz zu den Algen aktiv. Pflanzen im Sumpf- und Röhrichtbereich bleiben den Winter über bis zum Frühjahr stehen. Sie wirken auch im Winter dekorativ. Der richtige Zeitpunkt für den Rückschnitt ist hier das Frühjahr vor dem neuen Austrieb der Pflanzen.

- **Reinigung** Hierfür ist ein automatischer Poolroboter äußerst hilfreich. Für einen dauerhaften Erfolg sollte er täglich arbeiten. Reinigungsroboter funktionieren übrigens nur in Becken mit geraden Wänden, einer betonierten Sohle und der darauf faltenfrei verlegten Folie!
- **Pflanzenschnitt** Wasserpflanzen in der Regenerationszone sehen schön aus. Aber: Ab einer Standzeit von drei Jahren werden sie mit einer Unterwassersense abgeerntet, um darin gebundene Nährstoffe zu entfernen. Man schneidet sie nahe am Grund ab, am besten in der Zeit von Juli bis August. Aber nicht alle Pflanzen auf einmal, maximal die Hälfte.

Maßnahmen im Herbst

Der Herbst ist der schonendste Zeitpunkt für einen generellen Teichservice, da die meisten Tiere ihr Winterquartier bereits aufgesucht haben und die Wasserpflanzen in Winterruhe sind.

- **Sediment erneuern** Nach drei bis fünf Jahren ist die Sedimentschicht im Regenerationsbereich meist so hoch, dass durch Fäulnis das ökologische Gleichgewicht in Gefahr gerät. Daher wird der Regenerationsbereich leer gepumpt, die Sedimente abgespült. Anschließend ergänzt man die Substratschicht wieder mit frischem Material.
- **Pflanzenfilter** Beim Pflanzenfilter werden die oberen 5 cm des Materials entfernt und durch neues ergänzt.
- **Pflanzenpflege** Zu üppig wachsende Sumpfpflanzen sollten fachgerecht entfernt werden, das erfordert einigen Aufwand. Die Rhizome sind stark verwurzelt und müssen vorsichtig entfernt, benachbarte Wasserpflanzen dürfen dabei nicht gestört und die Folie darf nicht verletzt werden.
- **Einwintern** Im Winter ruhen die meisten Anlagen. Dafür ist es notwendig, dass vor dem Frost der Schwimmteich oder Naturpool mit der gesamten Technik eingewintert wird. Pflegerische Maßnahmen fallen im Winter nicht an.

SCHUTZ VOR LAUBFALL

Bei Grundstücken mit einem dichten Baumbestand ist es sinnvoll, während des Laubfalls im September und Oktober ein Laubschutznetz über den Schwimmteich zu spannen, damit dieser sauber bleibt. Zu Beginn des Winters wird das Netz wieder entfernt, sodass man im Winter den ungestörten Blick auf seinen Teich genießen kann. Wer eine Poolabdeckung auf seinem Naturpool hat, benötigt kein zusätzliches Laubschutznetz.

Systemschnitt eines Swimmingpools

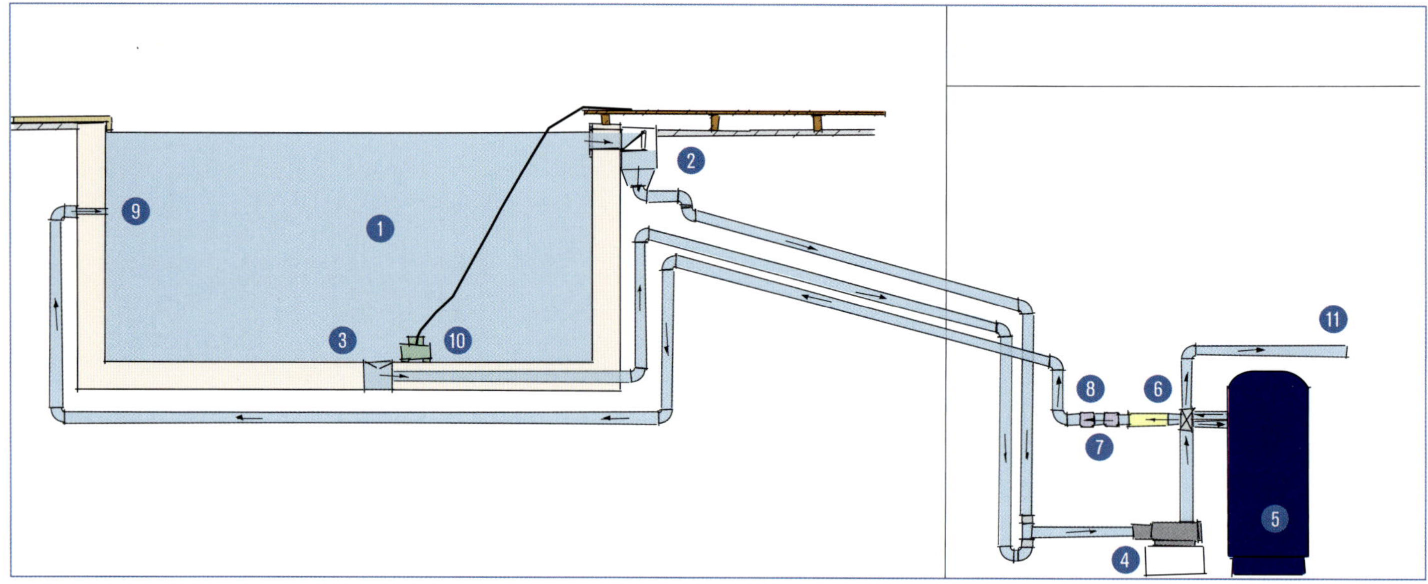

① Schwimmbereich ② Skimmer ③ Bodenablauf ④ trocken aufgestellte Pumpe ⑤ Sandfilter mit 6-Wege-Ventil ⑥ Wärmetauscher ⑦ Mess- und Regeltechnik ⑧ Wasserdesinfektion ⑨ Einströmdüse ⑩ Poolroboter ⑪ Rückspülung

Systemschnitt eines Whirlpools

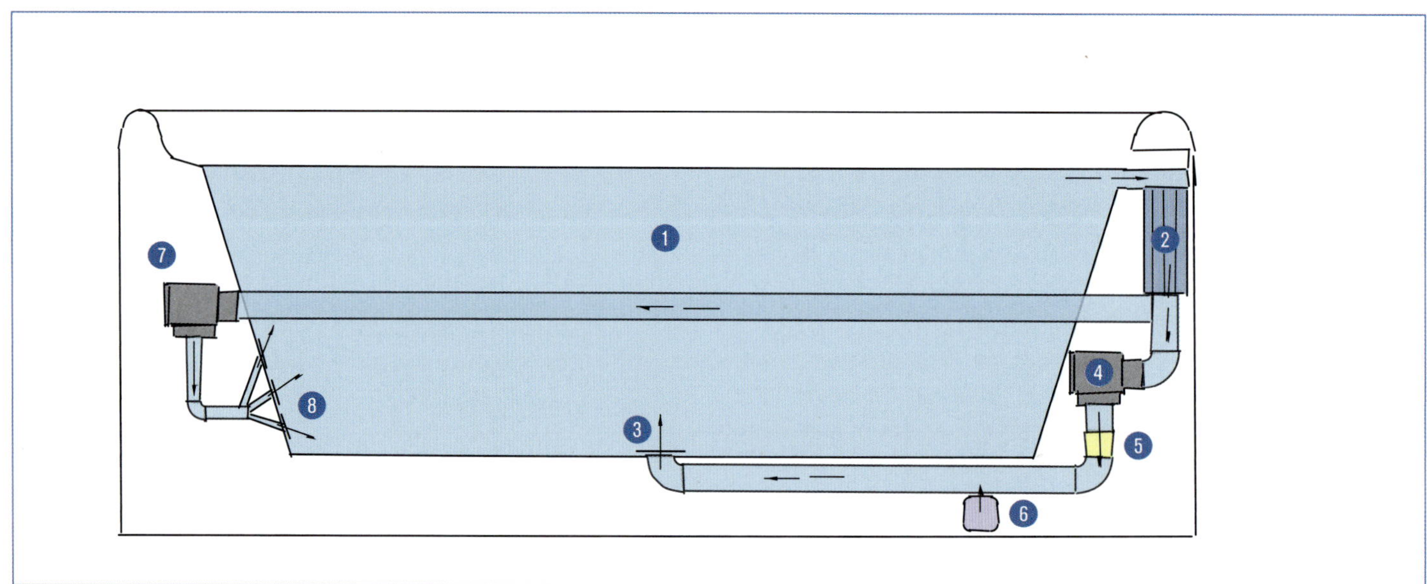

① Whirlbereich ② Skimmer ③ Bodeneinlaufdüse ④ Umwälzpumpe ⑤ Heizung ⑥ Ozonator ⑦ Düsenpumpe ⑧ Massagedüsen

Systemschnitt eines Schwimmteichs

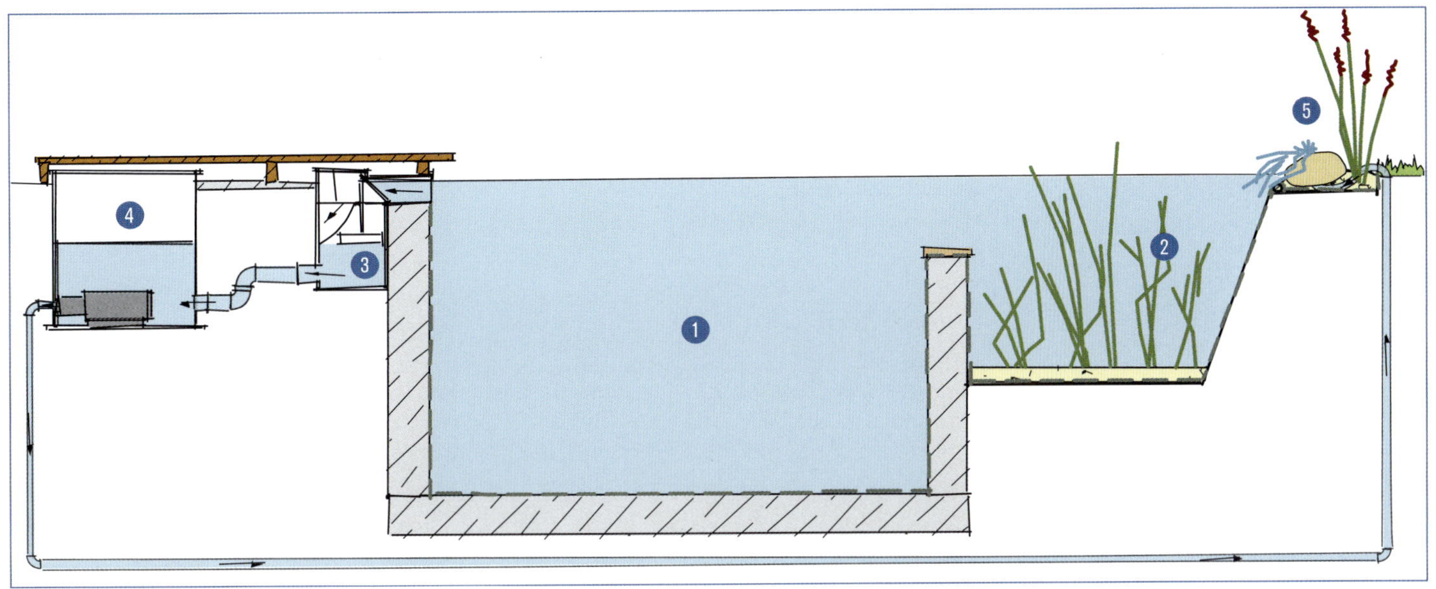

① Schwimmbereich ② Regenerationsbereich ③ Bogensiebskimmer ④ Tauchpumpenschacht ⑤ Quellstein

Systemschnitt eines Naturpools

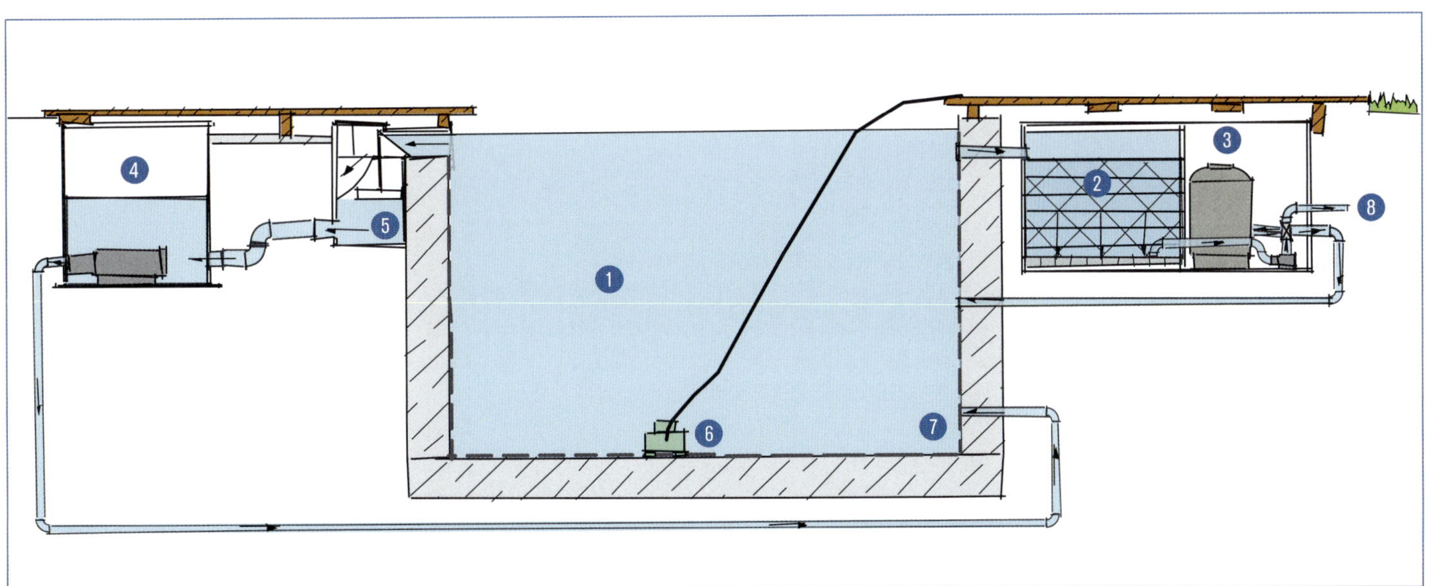

① Schwimmbereich ② Biofilter ③ Phosphatfilter mit 6-Wege-Ventil ④ Tauchpumpenschacht ⑤ Bogensiebskimmer ⑥ Poolroboter ⑦ Einströmdüse ⑧ Rückspülung

Adressen, die Ihnen weiterhelfen

(Die Adressen sind nur eine Auswahl der am Markt befindlichen Firmen.)

WHIRLPOOL

Jacuzzi Concept Store
Beach Bad Handelsgesellschaft
mbH & Co. KG
Ferdinandstr. 40
20095 Hamburg
Tel.: 0 40/21 99 99 88
www.jacuzzi-hamburg.de

WHIRLPOOL Import GmbH
Carl-Zeiss-Straße 1
21614 Buxtehude
Tel.: 0 41 61/50 27 - 0
www.hotspring.de

Whirlpool Center Bielefeld
vivo spa
Detmolder Straße 316
33605 Bielefeld
Tel.: 05 21/5 46 79 48-0
www.whirlpool-center.de

RivieraPool Fertigschwimmbad GmbH
Klöcknerstraße 2
49744 Geeste-Dalum
Tel.: 0 59 37/6 60
www.rivierapool.com

Canadian Spa GmbH
Lützerathstraße 127
51107 Köln
Tel.: 02 21/94 65 53 44
www.canadian-whirlpools.de

Armstark Handels GmbH
Gutshof Birndorf
94167 Tettenweis
Tel.: 0 85 32/92 57 - 0
www.armstark.de

Reps GmbH
Am Lehmhügel 7
94530 Auerbach
Tel.: 0 99 01/93 25 - 0
www.reps-pools.de

SWIMMINGPOOL

RivieraPool Fertigschwimmbad GmbH
Klöcknerstraße 2
49744 Geeste-Dalum
Tel.: 0 59 37/6 60
www.rivierapool.com

sopra AG
Schwimmbad- und Freizeittechnik
Ferdinand-Nebel-Straße 3
56070 Koblenz
Tel.: 02 61/98 30 80
www.sopra.de

Reps GmbH
Am Lehmhügel 7
94530 Auerbach
Tel.: 0 99 01/93 25 - 0
www.reps-pools.de

Leidenfrost-Pool GmbH
Josef Wimmer-Straße 1–4
A-3730 Eggenburg
Tel.: +43 (0)29 84/26 89
www.leidenfrost.at

POLYTHERM
Kunststoff und Metalltechnik Gesellschaft m.b.H.
Pesendorf 10
A-4675 Weibern
Tel.: +43 (0)77 32/38 11
www.polytherm.at

SCHWIMMTEICHE & NATURPOOLS

MINNOVA BNS GmbH
Straße der Freundschaft 3a
06279 Farnstädt/OT Alberstedt
Tel.: 03 47 74/4 12 27
www.bluebase5.com

teich-i-tekten sales GmbH & Co.KG
Dorfstrasse 174
21365 Adendorf/OT Erbstorf
Tel.: 0 41 31/8 30 90 - 0
www.teich-i-tekten.de

re-natur GmbH
Charles-Roß-Weg 24
24601 Ruhwinkel
Tel.: 0 43 23/90 10 - 0
www.re-natur.de

OASE GmbH
Tecklenburger Str. 161
48477 Hörstel
Tel.: 05 41/9 33 99 98 00
www.oase-livingwater.com

Pool for nature – Die Schwimmteichbauer eG
Werner Straße 29
59368 Werne an der Lippe
Tel.: 0 23 89/40 28 23
www.pool-for-nature.com

Balena GmbH
Gottlieb-Daimler-Straße 5–7
75050 Gemmingen
Tel.: 0 72 67/91 26 - 0
www.balena-gmbh.de

Deutsche Gesellschaft für naturnahe Badegewässer e.V.
Geschäftsstelle
Enterstrasse 23
80999 München
Tel.: 0 70 00/7 00 87 87
www.dgfnb.de

Bionova
Dipl.-Ing. Rainer Grafinger
Neufeldstr. 9A
85232 Bergkirchen
Tel.: 0 81 31/66 56 51
www.bionova.de

Biotop Landschaftsgestaltung Gesellschaft m.b.H.
Hauptstrasse 285
A-3411 Klosterneuburg-Weidling
Tel.: +43 (0)22 43/3 04 06
www.swimming-teich.com

eco-pool
Schönenboden
CH-9658 Wildhaus
Tel.: +41 (0)71/9 99 94 94
www.eco-pool.ch

SCHAUANLAGEN

Otten Gartengestaltung
Liedstraße 8 A
49124 Georgmarienhütte – Holzhausen
Tel.: 0 54/3 26 99
www.otten-gartengestaltung.de

Schleitzer baut Gärten creativ & innovativ GmbH
Enterstrasse 23
80999 München
Tel.: 0 89/89 28 65 23
www.schleitzer.de

Gartenvilla GmbH
Zürichstrasse 24
CH-8607 Aathal-Seegräben
Tel.: +41 (0)44/9 33 06 06
www.garten-villa.ch

DIE GEZEIGTEN PROJEKTE SIND VON FOLGENDEN FIRMEN

Wrede GmbH & Co. KG
Baumschulenweg 1
31234 Edemissen
Tel.: 0 51 76/2 39
www.wrede-galabau.de

GrünForm Achtermann GmbH
Garten- und Landschaftsbau
Horstfeldstraße 7
31832 Springe
Tel.: 0 50 45/97 46 60
www.gruenform-achtermann.de

Lütkemeyer
Ihr Gärtner von Eden GmbH & Co. KG
Steinhagener Str. 13
33334 Gütersloh
Tel.: 0 52 41/9 65 01 - 0
www.luetkemeyer.de

Gartenhof Küsters GmbH
St. Antoniusstr. 1a (Am Gartenhof)
41470 Neuss
Tel.: 0 21 37/95 33 - 0
www.gartenhof-kuesters.de

Gartenplan Esken&Hindrichs GmbH
Stöcken 10
42799 Leichlingen
Tel.: 0 21 75/88 97 90
www.gartenplan.de

Ulrich Menke
Freigrafendamm 54
44803 Bochum
Tel.: 02 34/35 10 57
www.menke-galabau.de

Daldrup Gärtner von Eden
Schonebeck 6
48329 Havixbeck
Tel.: 0 25 34/64 67 - 0
www.daldrup.de

Dipl.-Ing. Brigitte Röde
Planungsbüro Garten und Freiraum
Jakobusstraße 36
50767 Köln
Tel.: 02 21/97 94 14 90
www.brigitte-roede.de

Frank Dahl Gartenkontor GmbH
Lessingstraße 3
71229 Leonberg
Tel.: 0 71 52/33 11 40
www.@gartenkontor.de

Lebendige Gärten
Lüdemann und Teske GbR
Gartenstrasse 7
71735 Eberdingen-Hochdorf
Tel.: 0 70 42/79 20 12
www.lebendige-gaerten.eu

Maute GmbH & Co. KG
Eschachstraße 15
72459 Albstadt-Lautlingen
Tel.: 0 74 31/95 82 - 0
www.maute-garten.de

Schleitzer baut Gärten creativ & innovativ GmbH
Enterstrasse 23
80999 München
Tel.: 0 89/89 28 65 - 23
www.schleitzer.de

Fuchs baut Gärten GmbH
Schlegldorf 91 a
83661 Lenggries
Tel.: 0 80 42/9 14 54 - 0
www.fuchs-baut-gaerten.de

Herrhammer GbR – Gärtner von Eden
Laubachweg 5
88178 Heimenkirch
Tel.: 0 83 81/94 06 50
www.herrhammer-gaerten.de

freiraum* Gartenarchitektur GmbH
Gärtner von Eden
Emling 29
A-4072 Alkoven
Tel.: +43 (0)72 74/61 34 40
www.freiraum.cc

Bruno Müller
Gartenbau AG
Götzentalstrasse 1
CH-6044 Udligenswil
Tel. +41 (0)3 75/80 50
www.mueller-gartenbau.ch

Niederberger + von Wyl AG
Brünigstrasse 44
CH-6056 Kägiswil
Tel.: +41 (0)41/6 66 50 30
www.nvw.ch

Erni Gartenbau + Planung AG
Seestrasse 32
CH-8598 Bottighofen
Tel.: +41 (0)71/6 77 11 66
www.erni-gartenbau.ch

egli jona ag
Buechstrasse 38
CH-8645 Rapperswil-Jona
Tel.: +41 (0)55/2 24 30 30
www.eglijona.ch

Glossar

Acrylkunststoff: Viele transportablen Whirlpools bestehen aus robustem Acrylkunststoff, deren Oberflächen mit verschiedenen Lackierungen weiter veredelt und mit Metallkonstruktionen gestützt werden.

Aktivsauerstoff: Eine Wasserdesinfektionsmethode für Whirl- und Swimmingpools nutzt Aktivsauerstoff. Sie wird gerne als Alternative zu Chlor angeboten, insbesondere wenn Chlorallergien oder Chlorgeruch vermieden werden sollen. Allerdings ist das Mittel teuer und hat nur eine kurze Wirkungszeit. Durch die geringe Pufferwirkung muss schnell nachdosiert werden.

Brom: Brom wird gern zur Wasserdesinfektion in Whirlpools verwendet. Es hat den Vorteil, dass es sich nicht so schnell verflüchtigt wie Chlor, hat allerdings ein etwas geringeres Desinfektionspotenzial. Brom arbeitet als Desinfektionsmittel geruchsarm und verfügt über eine breitere Toleranz, was den pH-Wert betrifft (Brom wirkt zwischen 7,2 und 7,8). Auch wenn es milder wirkt kann es zu Haut-, Augen- und Schleimhautreizungen führen.

Biofilm: Besonders bei Schwimmteichen und Naturpools bildet sich auf der Oberfläche von Beckenwänden, -boden und Substraten ein Biofilm. Das ist eine dünne Schicht, in der Mikroorganismen wie vorwiegend Bakterien, aber auch Algen, Pilze etc. eingebettet sind. Die das Wasser verunreinigenden Stoffe sind für Mikroorganismen Energiequelle und Nahrung. Der Biofilm wird oft als »Schleimschicht« oder »Belag« wahrgenommen und hat eine grünlich-bräunliche Färbung.

Biofilter: Der Biofilter ist das Herz der Wasseraufbereitung in Naturpools. Sie werden als Substratfilter mit unterschiedlichen mineralischen Körnungen in mehreren Schichten oder als Schwammfilter aus synthetisch hergestellten Filtermedien angeboten. Die enormen inneren Oberflächen der Filter werden von Biofilm besiedelt, einer Mischung von Mikroorganismen, die ihren Nährstoffbedarf aus dem vorbeiströmenden Badewasser decken. Feine Partikel, die das Wasser trüben, haften am Biofilm und werden so äußerst effizient ausgefiltert.

Biotop-Carbonator: Der Biotop-Carbonator, ein Patent von Biotop, wird eingesetzt, um das Pflanzenwachstum im Teich zu fördern. Er funktioniert ohne Chemie auf natürliche und sanfte Art: Der Carbonator bringt CO_2 ins Wasser, das er über außerhalb des Teiches verlegte Drainagerohre erhält. Die im Boden durch Mikroorganismen mit dem Spurengas angereicherte Luft wird angesaugt und tagsüber, wenn der pH-Wert im Wasser ansteigt, in den Teich gepumpt. Die Luft strömt durch den Carbonator und wird über Linienbelüfter oder Injektordüsen im Teich verteilt.

Chlor: Chlor ist ein chemisches Element mit dem Symbol Cl. Es ist stark oxidierend und wirkt so bleichend und desinfizierend. Chlor ist das am häufigsten verwendete Mittel zur Wasserdesinfektion in Whirl- und Swimmingpools, da es kostengünstig, effektiv und einfach zu handhaben ist. Allerdings kann Chlor zu Haut-, Augen- und Schleimhautreizungen führen.

Daphnie: Daphnien *(Daphnia)* sind eine Gattung von Krebstieren *(Crustaceae)*. Die zwischen 1 mm und 5 mm großen Tiere werden häufig als Wasserflöhe bezeichnet. Sie sind die eigentliche Filteranlage der Schwimmteiche. Sie nehmen durch ihre Mundöffnung Phytoplankton auf und scheiden klares Wasser wieder aus.

Flachwasserpflanzen: In der Flachwasserzone eines Teiches wachsen Pflanzen der Röhrichtzone wie sie in einem natürlichen See zu finden sind. Sie wurzeln im Teichsediment und ragen mit ihren Sprossen und Blütenständen weit über die Wasseroberfläche hinaus. Sie benötigen einen überfluteten Boden.

Flachwasserzone: Die Flachwasserzone leitet von der Sumpf- und feuchten Uferzone zur Tiefwasserzone über. Ihre Wassertiefe sollte von 10 cm in Ufernähe bis auf etwa 30 cm abfallen.

Flockung: Trübstoffe, Metallionen oder sonstige Schmutzpartikel und Schwebstoffe, die so fein sind, dass diese vom Filtermaterial nicht aufgefangen werden können, werden mit Flockungsmittel gebunden. Es bilden sich Flocken, die die Schwebstoffteilchen binden und somit filtrierfähig machen.

Folie EPDM: Die EPDM-Folie (Ethylen-Propylen-Dien-Kautschuk) ist sehr flexibel und geschmeidig, wodurch sie sich sehr gut den Formen anpasst. Sie hat eine enorme, hohe UV- und Ozon-Stabilität, gilt als sehr umweltfreundlich und ist extrem lange haltbar. Die EPDM-Teichfolie ist ca. 75 % teurer als PVC-Teichfolie, dafür hält sie aber auch fast doppelt so lange.

Folie FPO: FPO-Folien bestehen aus einem modernen, weichmacherfreien Kunsstoff (Flexibles PolyOlefin), der aus ökologischer Sicht, insbesondere im Bezug auf die Lebensdauer eine Alternative zu herkömmlichen PVC-Folien darstellt.

Folie FPP: Flexible Polypropylene Teichfolie (FPP) hat eine hohe chemische Beständigkeit und Reißfestigkeit, ist leichter als PVC aber fester/steifer als PVC. Sie lässt sich daher nicht so einfach in einer Badeanlage, die viele unterschiedliche Stufen hat, verarbeiten.

Folie PE: Polyethylen (PE) gilt als sehr umweltfreundlich, ist jedoch wegen der Steifigkeit für kleinere Anlagen weniger geeignet. Bei einer Beschädigung der PE-Folie ist oft keine Reparatur möglich. Sie eignet sich nur für große, geometrisch gestaltete Formen.

Folie PVC: PVC (Polyvinylchlorid) ist hart und spröde und wird erst durch Zugabe von Weichmachern und Stabilisatoren weich und formbar. PVC-Folien sind einfach zu verarbeiten, sind geschmeidig und flexibel. Das Preis-Leistungs-Verhältnis ist sehr gut.

GFK: Glasfaserverstärkter Kunststoff, GFK genannt, ist ein Faser-Kunststoff-Verbund aus einem Kunststoff und Glasfasern. Als Basis kommen duroplastische Kunststoffe (z. B. Polyesterharz oder Epoxidharz) als auch thermoplastische Kunststoffe (z. B. Polyamid) infrage. GFK wird für den Bau von Fertigbecken z. B. im Swimming- und Naturpoolbau verwendet.

Infinitykante: Becken, bei denen ein Rand so abgesenkt ist, dass man den Eindruck hat, das Wasser verschwände im Nichts oder in der Unendlichkeit, nennt man Infinity-Pool (dt. Unendlichkeits-Becken). Sie sind mit einer Infinitykante ausgerüstet, die den Wasserspiegel definiert. Das Wasser läuft über die Infinitykante in eine dahinter verborgene Überlaufrinne, die in einen Schwallbehälter entwässert.

Karbonathärte: Eine wichtige Rolle spielen die im Wasser gelösten Magnesium- und Calciumionen. Sie werden auch als Härtebildner bezeichnet. Ihre Konzentration im Wasser bildet die Gesamthärte des Wassers. Für die pH-Wert-Stabilität ist die im Wasser vorhandene Konzentration an Calciumhydrogencarbonat, die Karbonathärte, entscheidend. Eine genügend hohe Karbonathärte kann den pH-Wert stabilisieren und einer Erhöhung oder Erniedrigung erfolgreich entgegenwirken. Sie sollte bei Schwimmteichen und Naturpools zwischen 5 und 9 °dH liegen.

Kartuschenfilter: In Whirlpools werden hauptsächlich Kartuschenfilter verwendet. Sie können zum Reinigen einfach entnommen oder ggf. ersetzt werden. Für Swimmingpools sind sie auf Grund des darin größeren Wasservolumens nicht ausreichend.

Pflanzenfilter: Der Pflanzenfilter ist in die Regenerationszone integriert, sodass er keine zusätzliche Wasserfläche benötigt. Das Wasser strömt durch das Feinporensystem des Filtersubstrates – zumeist Kies oder Lava. Dadurch werden auch feine Partikel aus dem Wasser entfernt. An der Oberfläche der Filterkörner entsteht ein Biofilm, der die aufgefangenen organischen Substanzen zu Pflanzennährstoffen mineralisiert.

Phosphorfilter: Der Nährstoff Phosphor (P) ist der begrenzende Faktor für das Wachstum von Pflanzen und Algen. Da oftmals nur mit Phosphor belastetes Füllwasser zur Verfügung steht, ist der Einsatz eines Phosphorfilters unbedingt notwendig. Dessen Füllmaterial lagert Phosphor aus dem Wasser an und entzieht den Algen ihre Nahrungsgrundlage. Der Grenzwert für Phosphor in Schwimmteichen und Naturpools liegt bei 10 µg/l.

Ozonator: Ein Ozonator wird hauptsächlich als technische Komponente in Whirlpools eingebaut. Er fügt dem Wasser eine winzige Menge Ozon hinzu und unterstützt so die Wasserreinigung. Dabei tötet das Ozon schnell Bakterien und Viren. Ein Ozonator kann ebenfalls zur Unterstützung bei der Wasseraufbereitung verwendet werden, aber reicht alleine nicht aus.

pH-Wert: Dem pH-Wert kommt bei der Wasseraufbereitung eine Schlüsselrolle zu. Er muss bei Whirl- und Swimmingpools stets zwischen 7,0 und 7,4 liegen. Bei Schwimmteichen und Naturpools liegt ein guter pH-Wert zwischen 6,0 und 8,5. Wichtig ist, dass immer erst der pH-Wert richtig eingestellt wird und erst danach weitere Maßnahmen durchgeführt werden.

Plankton: Zum Plankton zählen alle im Wasser lebenden mikroskopisch kleinen Lebewesen. Ein- und mehrzellige Algen bilden das Phytoplankton. Das Zooplankton umfasst die sehr große Gruppe tierischer Kleinstlebewesen. Das im freien Wasser lebende filtrierende Zooplankton wie Daphnien (Wasserflöhe) ernährt sich vom Phytoplankton und leistet dadurch den entscheidenden Betrag zur Wasserreinigung im Schwimmteich.

Regenerationszone/-bereich: In der Regenerationszone wachsen die Pflanzen und bilden zusammen mit den Mikroorganismen eine komplexe Lebensgemeinschaft. Sie dient der Reinigung des Wassers von Nährstoffen und Schmutzpartikeln.

Rückspülung: Bei einer Rückspülung eines Sandfilters wird das Filtermaterial aufgewirbelt und die einzelnen Elemente, z. B. Sandkörner oder Glasgranulate, reiben aneinander. Die Schmutzpartikel lösen sich und das vorbeifließende Wasser nimmt sie mit. Dabei wird das Filtermaterial aufgelockert. Beim Rückspülvorgang wird das Spülwasser zusammen mit den ausgespülten Schmutzpartikeln und dem Filtermaterialabrieb in den Abwasserkanal geleitet. Anschließend wird das Frischwasser ins Becken nachgefüllt.

Salzelektrolyse: Bei Salzelektrolyse-Systemen wird durch Zugabe von Natrium-Chlorid (NaCl) Chlor erzeugt. Die Wasserbehandlung ist ein geschlossenes System. Das generierte Chlor zerstört organische Masse und Krankheitserreger im Wasser, bevor es sich erneut wieder in Natrium-Chlorid zurückverwandelt. Das Chlor entsteht als Spaltprodukt der Elektrolyse, wirkt und zersetzt sich dann wieder zu Salz. Dies erklärt, wieso die Salzkonzentration im Wasser ständig gleich bleibt und sich das Salz nicht verbraucht. Diese Aufspaltung geschieht innerhalb der technischen Einheit, so gelangen weder Chlor noch Salz in das Poolbecken und es entsteht nicht der sonst übliche Chlorgeruch. Es ist somit auch geeignet für Personen mit Chlor-Allergie und Hautproblemen.

Sandfilter: Sandfilteranlagen werden am häufigsten bei den Swimmingpools eingesetzt. Sie spielen für die Wasserqualität die wichtigste Rolle. Feinteile und andere organische Materialien setzen sich an dem Füllmaterial ab und werden so dem Poolwasser entzogen. Der

Filter muss deshalb regelmäßig rückgespült werden. Heutzutage wird anstatt einer Quarzsandfüllung Glasmaterial verwendet. Auf Grund der glatten Kornoberfläche und der fehlenden Poren kann sich kein Biofilm mehr bilden, der Filter kann damit leichter rückgespült werden und der Desinfektionsmittelverbrauch wird gesenkt.

Schwimmblattpflanzen: Die Schwimmblattpflanzen wurzeln am Gewässergrund, ihre Blätter schwimmen auf der Wasseroberfläche. Die bekannteste Vertreterin ist die Seerose.

Schwimmpflanzen: Die Blätter von Schwimmpflanzen schwimmen teilweise auf oder knapp unterhalb der Wasseroberfläche und ihre Wurzeln, falls Wurzeln vorhanden sind, erreichen nicht den Teichgrund, um sich im Bodensubstrat zu verankern. Schwimmpflanzen nehmen die benötigten Nährstoffe direkt aus dem Wasser auf, teilweise über ihre im Wasser flottierenden Wurzeln, teilweise über ihre Blätter.

Schwimmzone: Die Schwimmzone ist der Bereich, in dem gebadet, geschwommen und getobt wird. Er sollte groß und tief genug sein.

Skimmer: Skimmer werden zur Reinigung der Wasseroberfläche eingebaut, sie saugen den Schmutz von der Oberfläche ab. Sie laufen je nach Schmutzeintrag wenige bis mehrere Stunden pro Tag. Es gibt verschiedene Formen, z.B. in der Beckenwand eingebaute Skimmer oder Schwimmskimmer, die im Becken stehen. Der Skimmerkorb muss regelmäßig entnommen und gesäubert werden. Es ist bei der Auswahl von Skimmermodellen darauf zu achten, dass keine Tiere in das Leitungssystem gezogen werden können und dort verenden.

Stoßchlorung: Die Stoßchlorung (auch Stoß-Chlorierung) beschreibt eine kurzfristige Überdosierung von Chlor im Schwimmbadwasser. Bei einer starken Veralgung, trübem, undurchsichtigem und grünem Wasser kann eine effektive Bekämpfung durch eine Stoßchlorung vorgenommen werden. Der pH-Wert sollte vorher grundsätzlich auf 7,2 eingestellt sein. Nur dann kann die Stoßchlorung vernünftig funktionieren.

Substratfilter: Biofilter können als Substratfilter aufgebaut werden. Sie sorgen auf biologische Weise für transparentes Wasser. Sie bestehen zumeist aus Kies oder Lava in einer mindestens 60 cm dicken Schüttung und werden permanent vom Beckenwasser durchströmt. Der Biofilm an der Oberfläche der Filterkörner fängt organische Partikel auf und mineralisiert sie.

Sumpfpflanze: Sumpfpflanzen wurzeln im stark vernässten, zeitweise auch überfluteten Boden und bilden ihre Blätter und Blüten oberhalb der Wasserlinie in der Luft aus.

Sumpfzone: Die Sumpfzone ist die flachste Zone in einem Teich. Im Durchschnitt beträgt der Wasserstand 0–20 cm.

Tiefwasserzone: Die Tiefwasserzone schließt sich an die Flachwasserzone an. Die Wassertiefe liegt zwischen 50 und 120 cm. Hier haben Seerosen, Unterwasserpflanzen und Schwimmpflanzen ihren Lebensraum.

Überlaufrinne: Durch die Einfassung einer Badeanlage mit einer Überlaufrinne ist es möglich, den Wasserspiegel bis auf die Höhe des Terrassenbelags anzuheben. Die Wasserfläche wirkt darin wie ein Spiegel. Die Überlaufrinne verursacht ein permanentes plätscherndes Geräusch. Becken mit Überlaufrinne benötigen einen Schwallbehälter als Wasserreservoir.

Unterwasserpflanzen: Unterwasserpflanzen leben ständig untergetaucht. Sie bilden meist lange Stängel, die entweder im Wasser treiben oder im Untergrund wurzeln. Nur die Blütenstände ragen über die Wasserfläche hinaus, manche Wasserpflanzen blühen aber auch unter Wasser. Die Nährstoffe nehmen sie in der Regel über die Blätter auf. Die Wurzeln dienen in erster Linie zur Verankerung im Boden.

UV-Lampe: UV steht für Ultraviolette Strahlung. In unseren Badeanlagen werden häufig UVC-Lampen eingesetzt. Dabei wird das Wasser an einer UV-Lampe vorbei geführt, durch den UV-C Anteil in der ausgesendeten Strahlung werden die Zellmembranen von Algen, Algensporen, Bakterien und Mikroorganismen zerstört. Solche Lampen können zur Unterstützung bei der Wasseraufbereitung verwendet werden, aber reichen nicht alleine aus.

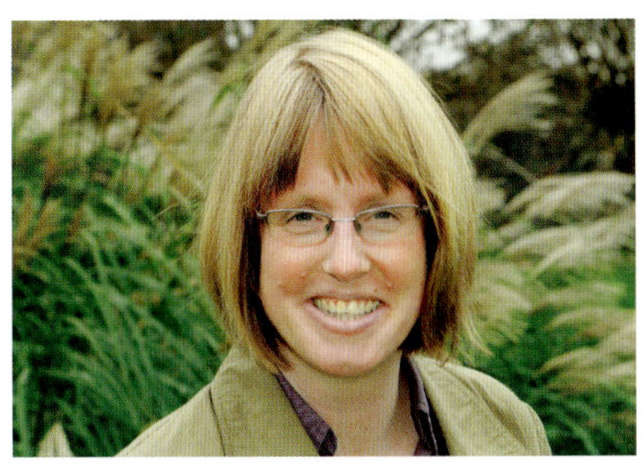

Über die Autorinnen

Daniela Toman kennt die Gartengestaltung aus vielen Perspektiven. Die Diplom-Ingenieurin für Landschaftsarchitektur betreute als Bauleiterin die Anlage von Privatgärten und war am Aufbau der Premium-Marke »Gärtner von Eden« beteiligt. Heute ist sie freiberuflich als Gartengestalterin und Gartenfotografin tätig. Sie hat bereits mehrere eigene Bücher veröffentlicht und an weiteren mitgearbeitet.

Kunigunde Wannow (M.A.), freiberufliche Redakteurin und Autorin, schreibt seit über 20 Jahren über Garten, Natur und Freizeit. Sie hat bereits mehrere Bücher sowie Kinder-, Ratgeber- und Freizeit-Kalender veröffentlicht.

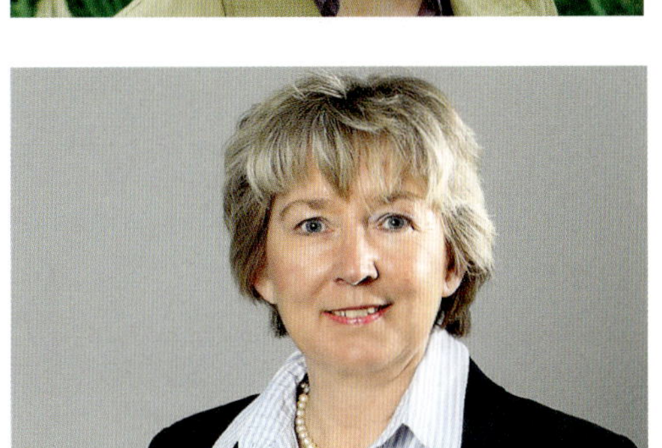

Danksagung

Wir danken allen, die uns unterstützt haben, dieses interessante Buch zu erstellen. Besonders Roland Lütkemeyer für die Unterstützung mit seinem umfangreichen Wissen, den vielen befreundeten Gärtnern, die uns ihre Projekte zur Verfügung gestellt haben, den Gartenbesitzern, die uns ihre Gärten gezeigt haben und viele interessante Geschichten erzählen konnten. Wir danken ebenso den Herstellern der verschiedenen Produkte, die uns Einblicke in ihr Unternehmen gaben und natürlich auch unseren Familien, die zeitweilig viel Geduld für uns aufbringen mussten und uns immer wieder unterstützt haben, das Buch zu vollenden.

Impressum

BLV ist eine eingetragene Marke der GRÄFE UND UNZER VERLAG GmbH, www.blv.de

ISBN 978-3-8354-1433-4

2. Auflage 2021

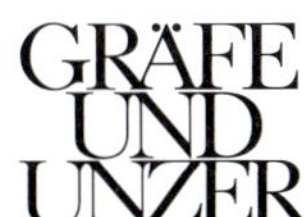

Ein Unternehmen der
GANSKE VERLAGSGRUPPE

Bildnachweis
Alle Grafiken und Fotos stammen von Daniela Toman außer:
S. 6–7, 34, 40, 43: Miquel Tres, Gärtner von Eden
S. 17 oben, 45 oben, 47 unten: Tom Bendix, RivieraPool
S. 48, 51: Ann-Kathrin Singer, Fotodesign Singer
S. 54, 56, 57: Thorsten Scherz, Gärtner von Eden
S. 157 oben: Biotop Landschaftsgestaltung GmbH
S. 110, 112, 113: Erni Gartenbau + Planung AG

Umschlagfotos:
Titelbild: Daniela Toman
Rückseite: Daniela Toman (links, Mitte), Miguel Tres (rechts)

Projektleitung Garten: Dr. Thomas Hagen
Lektorat: Schreibergarten Judith Starck, München
Herstellung: Angelika Tröger
Layout: Kathrin Michel, Satz+Layout Fruth GmbH, München
Druck und Bindung: Printer Trento, Italien

Gedruckt auf chlorfrei gebleichtem Papier

Hinweis
Das vorliegende Buch wurde sorgfältig erarbeitet. Dennoch erfolgen alle Angaben ohne Gewähr. Weder Autoren noch Verlag können für eventuelle Nachteile oder Schäden, die aus den im Buch vorgestellten Informationen resultieren, eine Haftung übernehmen.

DIE KÖNNTEN SIE AUCH INTERESSIEREN.

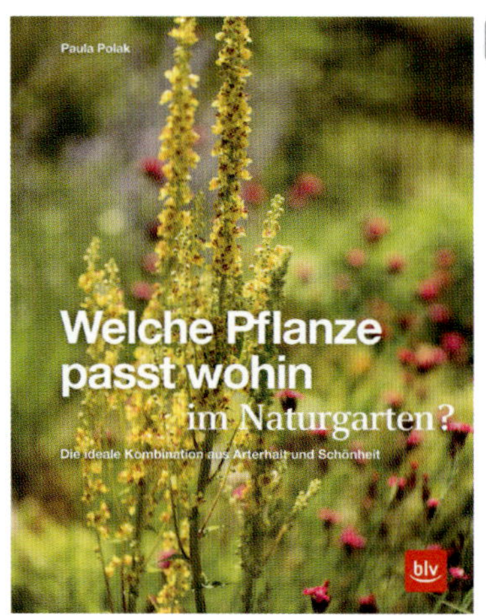

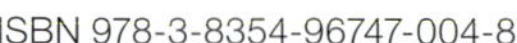
ISBN 978-3-8354-96747-004-8

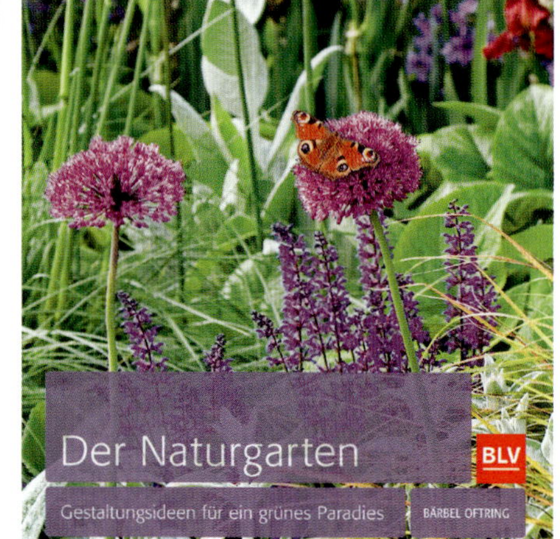

ISBN 978-3-8354-1084-8

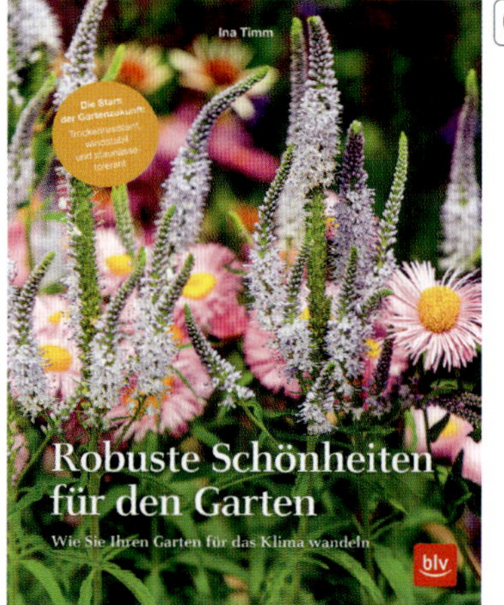

ISBN 978-3-96747-001-7

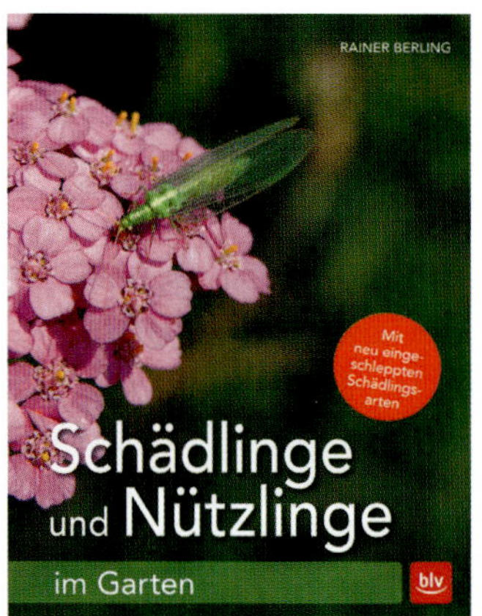

ISBN 978-3-8354-1615-4

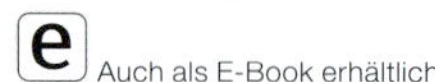
Auch als E-Book erhältlich

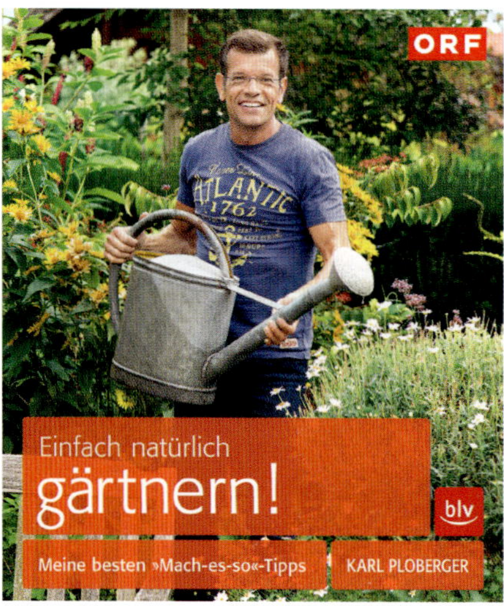

ISBN 978-3-8354-1368-9

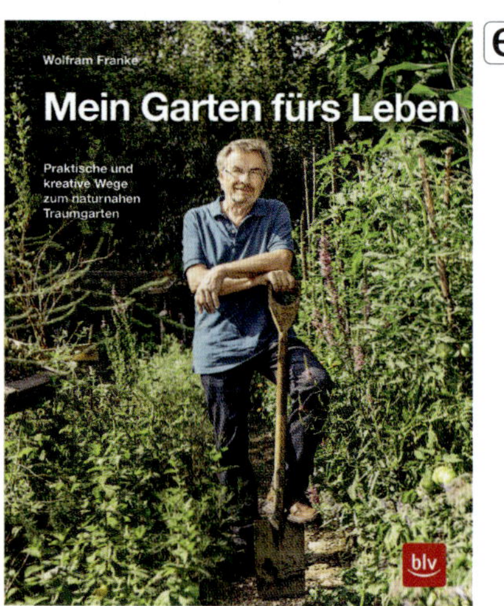

ISBN 978-3-96747-002-4

Mehr von BLV auf **www.blv.de**